JN219422

JILPT 第3期プロジェクト研究シリーズ *No.2*

人口減少社会における 高齢者雇用

労働政策研究・研修機構 編

まえがき

　労働政策研究・研修機構（JILPT）は、独立行政法人として中期目標期間ごとに厚生労働省から労働政策上の課題の提示を受け、それに対応した研究計画を立てた上でプロジェクト研究として推進することを第一のミッションとしている。

　第3期（2012〜2016年度）においては、厚生労働省から6つの課題が提示され、調査研究活動を行ってきた。それぞれの成果は、とりまとめの都度、JILPT労働政策研究報告書等の形で公表してきているところであるが、今般、第3期が終了するに当たり、そうした調査研究成果のうち政策担当者や労使関係者はもとより、広く社会的に関心が深いテーマを取り上げ、これまでの研究成果をベースとしつつ、それぞれ1冊の書籍にまとめて、「JILPT第3期プロジェクト研究シリーズ」として刊行することとした。

　本書（シリーズNo.2）は、日本の人口減少が進展する中で、我が国の成長力を確保していくためにも、高齢者の社会参加を進め、生産性を向上させていくことが重要であるとの観点から、外部の著名な研究者にも参加いただき、調査研究成果をとりまとめたものである。とりまとめに当たっては、「60代前半層を中心とした雇用の課題」、「60代後半層以降又は高齢者全般の雇用の課題」、「高齢者の活躍や関連施策の課題」に3つのグループに分けて、各研究成果を整理している。

　この報告書が、国などの政策担当者をはじめ、高齢者の雇用・就業問題に関心のある社会各層の方々に、何らかの参考になれば幸いである。また、本書が契機となって、高齢者の雇用・就業の取組の一層の促進につながれば望外の喜びである。

2017年3月

独立行政法人労働政策研究・研修機構

理事長　菅野和夫

目　次

序章 高齢者雇用の現状と課題

　日本の人口は 2011（平成 23）年より減少に転じている。さらに、生産年齢人口（15 ～ 64 歳）が将来大幅に減少すると見込まれており、日本の経済社会の活力の維持・発展のためにも高齢者の活躍が喫緊の課題となっている。

　政府の「「日本再興戦略」改訂 2015」も、人口減少社会を迎え、高齢者の活躍が必要であり、意欲ある高齢者が、年齢にかかわりなく生涯現役で活躍し続けられる社会環境を整えていくことは、高齢者の希望をかなえ、豊かな生活を送れるようにするためにも極めて重要であると述べている。

　高齢者雇用をめぐる環境が変化する中で、60 代前半層については、企業内における継続雇用が定着しつつある中で、一層の能力発揮、円滑な雇用管理などによる生産性の向上が重要になっている。また、60 代後半層以降については、将来、人口減少が進展し、労働力不足となることを考えれば、更なる活躍が課題となるであろう。

　本章においては、まず、高齢者雇用をめぐる状況やこれまでの研究成果を概観した後、高齢者の雇用・就業をめぐる課題を説明し、本書の構成を示すこととしたい。

第 1 節　高齢者雇用をめぐる状況

1．平成 24 年の高年齢者雇用安定法の改正と実施状況

①　平成 24 年の高年齢者雇用安定法の改正

　年金の支給開始年齢については、2013（平成 25）年度に老齢厚生年金の定額部分の支給開始年齢が 65 歳に達し、報酬比例部分も 65 歳に向けて引上げが開始されている状況である。男性の場合（女性の場合は 5 年遅れ）、2013（平成 25）年度 61 歳、2016（平成 28）年度 62 歳、2019（平成 31）年度 63 歳、2022（平成 34）年度 64 歳、2025（平成 37）年度 65 歳に段階的に引き上げられ、それらの年度以降は当該年齢に達するまでは基本的には無年金の状況となる。

　このような状況を踏まえ、2012（平成 24）年に改正され、2013（平成 25）年度から施行されている改正高年齢者雇用安定法では、「継続雇用

制度」の対象者を労使協定で限定できる仕組みを廃止することとし、希望者全員を対象とする65歳までの雇用（高年齢者雇用確保措置）が義務化[1]されたところである。

ただし、改正高年齢者雇用安定法が施行されるまで（2013（平成25）年3月31日）に労使協定により継続雇用制度の対象者を限定する基準を定めていた事業主については、経過措置として、老齢厚生年金の報酬比例部分の支給開始年齢以上の者について継続雇用制度の対象者を限定する基準を定めることが認められている。

② 改正高年齢者雇用安定法の実施状況（平成27年「高年齢者の雇用状況」より）

上記①の2013（平成25）年度の改正高年齢者雇用安定法の施行後の状況を、「高年齢者の雇用状況」（平成28年）（従業員31人以上企業を対象）よりみると、希望者全員が65歳以上まで働ける企業の割合は74.1％となっている。企業規模別にみると、中小企業（31人〜300人規模）では76.5％、大企業（301人以上規模）では53.8％となっている（**図表序 -1**）。

一方、基準該当者を選別している場合も含め、70歳以上まで働ける企業については、報告のあった全ての企業に占める割合が21.2％となっている。企業規模別にみると、中小企業では22.1％、大企業では13.9％となっている（**図表序 -2**）。

このように、改正高年齢者雇用安定法の施行に伴う、希望者全員を対象とする65歳までの雇用の義務化により、65歳までの雇用については着実に定着しつつあることが窺われる。一方、65歳を超えた雇用については、70歳以上まで働ける企業が、基準該当者を選別している企業を含めても2割程度であり、人口減少社会が進展する中で、高齢者を活用する観点からも大きな課題となっている。

---

[1] 高年齢者雇用安定法は、65歳までの安定した雇用を確保するため、高年齢者確保措置（①定年の引上げ、②希望者全員を対象とする継続雇用制度の導入、③定年の廃止）を講ずることが義務づけられている。本書では、分かりやすいよう「65歳までの雇用の義務化」等の表現が出てくるが、正確には、高年齢者雇用確保措置の義務化のことを指している。

図表序 -1　希望者全員が 65 歳以上まで働ける企業

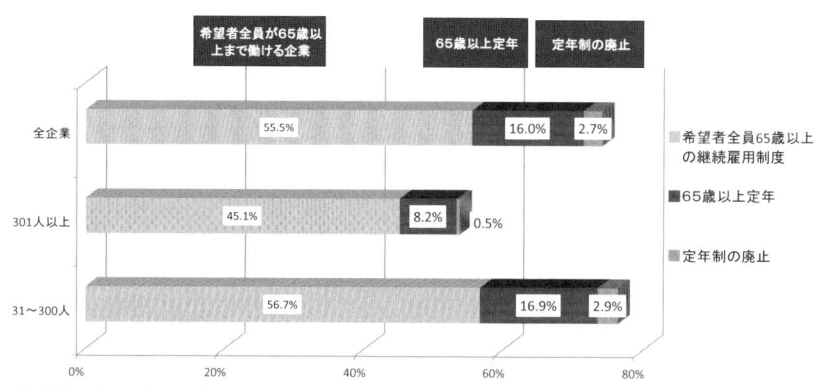

（資料出所）厚生労働省「高年齢者の雇用状況（高年齢者雇用状況報告）（平成 28 年）」

図表序 -2　70 歳以上まで働ける企業

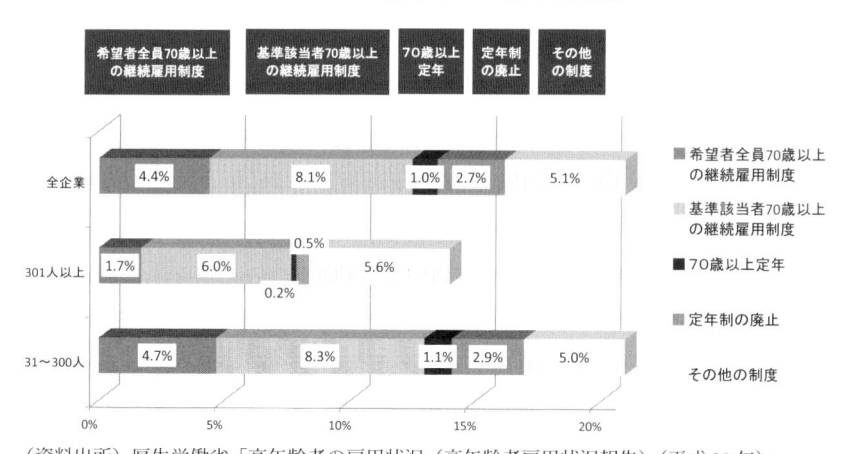

（資料出所）厚生労働省「高年齢者の雇用状況（高年齢者雇用状況報告）（平成 28 年）」

2．最近の政府、厚生労働省の動き

①アベノミクス（「日本再興戦略」）

　2012（平成 24）年 12 月に発足した安倍内閣は、発足した同月に、日本経済再生本部を設置し、長引くデフレからの早期脱却と日本経済の再生のため、「大胆な金融政策」、「機動的な財政政策」、「民間投資を喚起する成長戦略」を「三本の矢」として、一体的な取組を始め、2013（平

成 25）年度以降、毎年、政府の経済政策の方針を示す「日本再興戦略」を策定・改訂している。

　高齢者の雇用・就業に関しては、「「日本再興戦略」改訂 2014」[2] において、「人口減少社会への突入を前に、女性や高齢者が働きやすく、また、意欲と能力のある若者が将来に希望が持てるような環境を作ることで、いかにして労働力人口を維持し、また労働生産性を上げていけるかどうかが、日本が成長を持続していけるかどうかの鍵を握っている。」と、その問題意識を明確に述べている。

　また、「「日本再興戦略」改訂 2015」[3] においては、高齢者雇用について、「高齢者の活躍も一層促進していく。高齢者が長年の仕事の経験の中で培ったビジネスノウハウや築き上げた人脈という、若者にはない財産を活かさない手はない。意欲ある高齢者が、年齢にかかわりなく生涯現役で活躍し続けられる社会環境を整えていくことは、高齢者の希望をかなえ、豊かな生活を送れるようにするためにも極めて重要である。」と、高齢者の活躍促進の重要性を述べている。

　このように、政府の政策として、高齢者の雇用・就業に関して、人口減少の中で、日本の経済社会の活力を維持していくという観点から、その更なる活躍と生産性の向上が求められている。

②　雇用保険法等の一部を改正する法律案の可決、成立（2016.3）

　厚生労働省は、政府の方針を踏まえ、雇用保険法等の一部を改正する法律案を 2016（平成 28）年 1 月 29 日国会に提出し、同法案は同年 3 月 29 日に可決・成立した。

　同法の具体的な改正事項としては、以下のとおりである。

　① 65 歳以降新たに雇用される者を雇用保険の適用対象とする。

　②地方公共団体、シルバー人材センター、事業主団体などの高齢者の就業等に係る地域の関係者は、協議会を組織することができ、当

2　首相官邸ホームページ（http://www.kantei.go.jp/jp/singi/keizaisaisei/pdf/honbun2JP.pdf）に掲載

3　首相官邸ホームページ（http://www.kantei.go.jp/jp/singi/keizaisaisei/pdf/dai1jp.pdf）に掲載

該協議会の協議を経て地方公共団体が策定し、厚生労働大臣の同意が得られた計画に定める高年齢者の雇用に資する事業については、雇用保険二事業として実施する。

③シルバー人材センターにおける業務について、従来、「臨時的・短期的（概ね月 10 日程度まで）」又は「軽易な業務（概ね週 20 時間を超えないこと）」に限定されていたが、派遣・職業紹介に限り、週 40 時間までの就業を可能とする。

これまで、65 歳以上の高齢者は雇用保険の被保険者とならないため、65 歳以上の高齢者の国の施策は主に一般財源により実施されてきた。今後は、雇用保険二事業も活用しつつ、65 歳以上の雇用促進に積極的に取り組むとともに、高齢者の雇用以外の就業についても積極的に取り組むものと考えられ、高齢者の雇用・就業による積極的な活躍促進対策を打ち出した意味は大きいと思われる。

第 2 節　JILPT における調査研究活動の流れ（第 3 期中期計画期間）

労働政策研究・研修機構（以下「JILPT」という。）では、各調査研究テーマについて、5 年間の中期計画期間で計画的に調査研究活動を行っている。

高齢者雇用の調査研究活動に関しては、第 2 期中期計画期間（2007 年度〜 2011 年度）では、65 歳までの雇用確保のための条件を明らかにすることが主な研究対象（目的）であった。

第 3 期中期計画期間（2012 年度〜 2016 年度）においては、当初は、第 2 期と同じ環境であったが、2013（平成 25）年度から、改正高年齢者雇用安定法の施行により、65 歳までの雇用が義務化（継続雇用の対象者を労使協定で限定できる仕組みが廃止）された。この制度改正に伴い、2013（平成 25）年度以降は、65 歳までの雇用に関しては、雇用確保よりも、賃金制度も含めた雇用管理、生産性の向上に研究の重点が移っている。また、継続雇用などの雇用確保に関しては、65 歳以降の高齢者が研究の中心になった。

このような環境変化を踏まえ、JILPT の研究成果としては、まず、2013（平成 25）年度にディスカッションペーパー「これからの高齢者雇用政策」（2014 年 3 月）をとりまとめた。

　2014（平成 26）年度には、高齢者に対するアンケート調査である「60 代の雇用・生活調査」を実施し、2015（平成 27）年度に調査シリーズ No.135「60 代の雇用・生活調査」（2015 年 7 月）をとりまとめた。

　2014（平成 26）年度の終わりに、厚生労働省から今後の高齢者雇用対策の制度改正を検討するための基礎資料として各種調査の依頼があり、それも踏まえ 2015（平成 27）年度に、高年齢求職者給付金受給者を対象とする「高年齢求職者給付金のアンケート調査」、中高年齢層を対象とした「中高年齢者の転職・再就職調査」、企業に対する調査である「高年齢者雇用に関する調査（企業調査）」を実施し、それぞれ調査シリーズ No.147「高年齢求職者給付金に関するアンケート調査」（2016 年 2 月）、調査シリーズ No.149「中高年齢者の転職・再就職調査」（2016 年 4 月）、調査シリーズ No.156「高年齢者の雇用に関する調査（企業調査）」（2016 年 5 月）をとりまとめた。

　2015（平成 27）年 10 月には、外部の有識者も入った「高年齢者の雇用に関する研究会」を設置（同年 12 月に第 1 回研究会開催）し、これらの調査結果も活用しながら、労働政策研究報告書 No.186「労働力不足時代における高年齢者雇用」（2016 年 11 月）をとりまとめた。

　2016（平成 28）年度は第 3 期中期計画期間の最終年度に当たり、本書は第 3 期中期計画期間中の成果のとりまとめとして、プロジェクト研究シリーズの一冊として発刊したものである。

　なお、高齢者については、雇用以外の形態も含めた多様な活躍が重要であるが、地域によって特色のある高齢者の活躍に関する取組が行われている場合が多い。このため、地域における高齢者の活躍について、2016（平成 28）年に地域における高齢者の活躍に関する成功事例をヒアリングし、その結果を資料シリーズ No.182『地域における高齢者の多様な活躍のヒアリング事例―地方公共団体等の取組を中心に―』（2017 年 3 月）にとりまとめる予定。

「高年齢者の雇用に関する研究会」メンバー一覧

※所属は、2015（平成 27）年 12 月（第 1 回研究会開催）時点のものである。

今野浩一郎	学習院大学経済学部教授
山田　篤裕	慶應義塾大学経済学部教授
馬　欣欣	一橋大学経済研究所准教授
三村　国雄	一橋大学経済研究所講師
田原　孝明	労働政策研究・研修機構統括研究員
浅尾　裕	労働政策研究・研修機構特任研究員
藤本　真	労働政策研究・研修機構主任研究員
堀　春彦	労働政策研究・研修機構副主任研究員
鎌倉　哲史	労働政策研究・研修機構アシスタント・フェロー

第 3 節　高齢者の雇用・就業をめぐる課題

　第 1 節で述べた高齢者雇用・就業をめぐる状況変化及び、第 2 節で述べた最近行った各種アンケート調査の結果等を踏まえて、高齢者の雇用・就業をめぐる課題を再整理することとしたい。その際、「60 代前半層を中心とした高齢者の雇用の課題」、「60 代後半層以降又は高齢者全般の雇用の課題」、「高齢者の活躍や関連施策の課題」の 3 つのグループに分けて整理することとする。

1．60 代前半層を中心とした高齢者の雇用の課題

　2013（平成 25）年度からの改正高年齢者雇用安定法の施行により、希望者全員を対象とする 65 歳までの雇用が義務化され、60 代前半層の雇用確保は着実に定着しつつある。

　一方、高齢者は 60 代前半層の働き方について十分に納得しているであろうか。今後、人口減少社会が進展する中で、労働力人口も減少し、生産性の向上が求められているが、高齢労働者が納得して働くことが生

産性の向上につながり、労働者本人にとっても、企業にとっても、更には社会全体にとっても有益なことであると考えられる。

このような問題認識の下、ここでは、60代前半層の高齢者の雇用管理、賃金制度などについて、評価制度や定年後の賃金低下から60代前半層の雇用管理の課題を示すとともに、現在、政府を挙げて取り組んでいる同一労働同一賃金の検討などとも関係する課題であることを示すこととしたい。

⑴ 60代前半層の高齢者の雇用管理、賃金制度

① 60代前半層の雇用管理 〜評価制度について〜

65歳までの雇用が義務化されたところであるが、企業は60代前半層の高齢者が高い生産性を目指すような雇用管理を行っているであろうか。

60代前半の従業員を対象とした評価制度については、導入済の企業が26.3%、検討中の企業が27.7%である。導入済企業の割合は規模による差が顕著で、100人未満企業における導入済の割合が20.0%、100〜300人未満では27.9%であるのに対し、1000人以上の企業では58.6%と多数を占める。業種別の状況をみると、金融・保険業で導入済み企業の割合が57.8%と群を抜いて高い。また電気機械器具製造業も導入済み企業の割合が4割に達し（40.3%）、他業種に比べて高くなっている（**図表序-3**）。

評価制度を導入している1628社に評価結果の活用について尋ねたところ、「評価結果に基づき個別面談等を行い、賃金を改定」するという企業が55.0%、「評価結果に基づき個別面談等を行うが賃金に反映なし」が19.9%、「評価は行うが個別面談等は行わず賃金にも反映しない」が11.1%となっている。評価結果に基づき賃金を改定するという回答は、情報通信業や飲食業・宿泊業では約7割に達しており、他業種よりも割合が高くなっている（**図表序-4**）。

60代前半層の高齢者については、定年後に嘱託などの雇用形態で継続雇用されている者が多いが、高い生産性を望むのであれば、きちんと評価し賃金に反映させていくことは避けられないと考える。しかしながら、評価制度導入済の企業の割合が26.3%に過ぎず、更にその評価を賃

図表序 -3　60 代前半層を対象とした評価制度の導入状況

（業種別・従業員規模別、単位：%）

	n	評価制度を導入済	評価制度の導入を検討中	評価制度を導入する予定はない	無回答
合計	6187	26.3	27.7	37.4	8.6
【業種】					
建設業	460	24.6	33.9	35.4	6.1
一般機械器具製造業	251	33.1	30.3	33.9	2.8
輸送用機械器具製造業	184	26.1	27.2	42.4	4.3
精密機械器具製造業	114	29.8	27.2	36.8	6.1
電気機械器具製造業	186	40.3	21.0	31.7	7.0
上記以外の製造業	1022	30.7	26.9	37.0	5.4
電気・ガス・熱供給・水道業	28	28.6	25.0	39.3	7.1
情報通信業	187	24.6	23.0	25.1	27.3
運輸業	613	17.8	26.6	50.9	4.7
卸売・小売業	1141	29.4	26.7	35.9	7.9
金融・保険業	64	57.8	14.1	20.3	7.8
不動産業	50	22.0	28.0	42.0	8.0
飲食業・宿泊業	237	24.9	31.6	34.6	8.9
医療・福祉	195	22.6	29.7	38.5	9.2
教育・学習支援業	85	22.4	21.2	37.6	18.8
サービス業	1000	21.9	30.0	37.0	11.1
その他	181	21.5	25.4	42.5	10.5
【従業員数】					
100人未満	2856	20.0	27.9	41.6	10.5
100〜300人未満	2205	27.9	27.3	38.1	6.6
300〜1000人未満	695	37.8	29.5	28.2	4.5
1000人以上	222	58.6	21.6	15.3	4.5

（資料出所）JILPT「高年齢者の雇用に関する調査（企業調査）」（2016 年 4 月）

金に反映させているのは、そのうちの 55.0％で全体の 14.5％に過ぎないという結果となっている。また、業種別、従業員規模別でも大きな格差が存在する状況となっている。今後、60 代前半層の雇用管理については、高い生産性を発揮するという観点から更に検討を進めていく必要があろう。

②　定年後の賃金低下について

　今後、労働力人口も減少し、生産性の向上が求められているが、高齢労働者が納得して働くためには、賃金の問題は避けて通れないと考えら

図表序-4　60代前半層を対象とした評価制度の活用

（業種別・従業員規模別、単位：%）

	n	評価結果に基づき個別面談等を行い、賃金を改定	評価結果に基づき個別面談等を行うが賃金に反映なし	評価は行うが個別面談等は行わず賃金にも反映しない	その他	無回答
合計	1628	55.0	19.9	11.1	12.7	1.3
【業種】						
建設業	113	57.5	16.8	12.4	13.3	–
一般機械器具製造業	83	57.8	14.5	15.7	10.8	1.2
輸送用機械器具製造業	48	37.5	27.1	18.8	14.6	2.1
精密機械器具製造業	34	58.8	23.5	8.8	8.8	–
電気機械器具製造業	75	50.7	21.3	9.3	17.3	1.3
上記以外の製造業	314	47.5	22.9	12.1	15.0	2.5
電気・ガス・熱供給・水道業	8	87.5	–	–	12.5	–
情報通信業	46	69.6	15.2	2.2	13.0	–
運輸業	109	51.4	20.2	15.6	12.8	–
卸売・小売業	336	54.8	21.1	8.3	14.3	1.5
金融・保険業	37	48.6	35.1	10.8	5.4	–
不動産業	11	72.7	18.2	9.1	–	–
飲食業・宿泊業	59	71.2	11.9	8.5	8.5	–
医療・福祉	44	59.1	22.7	11.4	6.8	–
教育・学習支援業	19	68.4	10.5	10.5	10.5	–
サービス業	219	58.4	19.2	11.4	9.6	1.4
その他	39	61.5	10.3	7.7	17.9	2.6

（資料出所）JILPT「高年齢者の雇用に関する調査（企業調査）」（2016年4月）

れる。

　定年後も同じ会社で継続して仕事をした人について、定年に到達した直後の賃金額の変化についてみると、80.3%が賃金額は減少したと回答しており、その減少率は、「41～50%」が24.2%と最も多くなっている（**図表序-5、6**）。

　継続雇用者に、このような定年後の賃金低下についての考えを尋ねたところ（複数回答）、肯定的な意見として「雇用が確保されるのだから賃金の低下はやむを得ない」47.5%、「仕事によって会社への貢献度は異なるので賃金が変わるのは仕方がない」14.6%、「仕事は全く別の内容に変わったのだから、賃金の低下は仕方がない」6.0%となっている一方、否定的な意見として「仕事がほとんど変わっていないのに、賃金が下がるのはおかしい」30.0%、「会社への貢献度が下がったわけではないに賃金が下がるのはおかしい」20.8%、「仕事の責任の重さがわずかに変わった程度なのに下がりすぎだ」17.0%、「在職老齢年金や高年齢雇用継続給

図表序 -5　定年に到達した直後の賃金額

（％）

	総数 （千人）	計	賃金額は 減少した	賃金額は 余り変化し ていない	賃金額は 増加した	無回答
男女計	11,329	100.0	41.9	32.5	2.7	22.9
60～64歳	6,146	100.0	42.0	32.9	2.1	23.0
65～69歳	5,183	100.0	41.8	32.1	3.3	22.8
男性計	6,348	100.0	56.0	23.6	2.4	17.9
男性・60～64歳	3,418	100.0	55.4	24.2	2.3	18.1
男性・65～69歳	2,930	100.0	56.8	23.0	2.5	17.7
女性計	4,981	100.0	23.9	43.8	3.0	29.3
女性・60～64歳	2,729	100.0	25.1	43.8	1.9	29.1
女性・65～69歳	2,252	100.0	22.4	43.8	4.3	29.5
うち継続雇用者計	2,352	100.0	80.3	13.8	1.2	4.7
60～64歳	1,227	100.0	83.8	10.4	1.2	4.8
65～69歳	1,125	100.0	76.4	17.6	1.4	4.7

（資料出所）JILPT「60代の雇用・生活調査」（2015 年 7 月）

図表序 -6　賃金額の減少率

（％）

	総数 （千人）	計	1％～ 5％	6％～ 10％	11％ ～ 15％	16％ ～ 20％	21％ ～ 30％	31％ ～ 40％	41％ ～ 50％	51％ ～ 60％	61％ ～ 70％	71％ ～	無回 答
男女計	4,748	100.0	2.1	3.4	2.3	10.0	17.9	12.1	19.1	9.9	6.6	6.5	10.2
60～64歳	2,579	100.0	2.5	3.8	2.4	9.7	15.3	12.9	19.7	11.7	7.5	6.0	8.5
65～69歳	2,168	100.0	1.5	2.8	2.2	10.3	20.9	11.2	18.3	7.7	5.6	7.1	12.2
男性計	3,558	100.0	1.1	2.3	1.9	9.6	17.2	13.4	22.0	11.6	7.0	7.1	6.9
男性・60～64歳	1,893	100.0	1.3	2.6	1.7	9.2	14.2	15.0	23.0	14.3	8.2	6.1	4.3
男性・65～69歳	1,665	100.0	0.9	1.9	2.0	10.1	20.6	11.5	20.8	8.5	5.6	8.2	9.9
女性計	1,190	100.0	4.9	6.6	3.5	11.1	19.8	8.4	10.5	4.8	5.6	4.8	20.0
女性・60～64歳	686	100.0	6.0	7.2	4.2	11.0	18.2	7.1	10.6	4.4	5.5	5.7	20.0
女性・65～69歳	504	100.0	3.4	5.8	2.6	11.3	22.0	10.1	10.3	5.3	5.6	3.6	20.0
うち継続雇用者計	1,888	100.0	1.1	2.6	2.2	8.3	18.6	13.7	24.2	10.8	7.2	4.8	6.4
60～64歳	1,029	100.0	2.1	2.6	3.0	5.0	15.7	15.2	25.2	13.0	10.3	4.3	3.5
65～69歳	859	100.0	0.0	2.7	1.3	12.3	22.1	12.0	23.0	8.0	3.4	5.3	9.9

（資料出所）JILPT「60代の雇用・生活調査」（2015 年 7 月）

　付が出るといって下げるのはおかしい」15.3％となっている。複数回答のため単純には比較できないが、否定的な意見の合計が83.1％、肯定的な意見の合計が68.1％となっており、肯定的な意見よりも否定的な意見の方が多くなっている（**図表序 -7**）。

　このような状況を踏まえると、高齢労働者が納得し、ひいては生産性の向上が期待できる賃金制度の構築は喫緊の課題であり、60 歳以降の大

図表序 -7　賃金が下がったことについての考え（複数回答）

		賃金低下に否定的な意見				賃金低下に肯定的な意見				（%）
	総数（千人）	仕事がほとんど変わっていないのに、賃金が下がるのはおかしい	会社への貢献度が下がったわけではないのに賃金が下がるのはおかしい	仕事の責任の重さがわずかに変わった程度なのに、下がりすぎだ	在職老齢年金や高年齢雇用継続給付が出るといって下げるのはおかしい	仕事によって会社への貢献度は異なるので賃金が変わるのは仕方がない	仕事は全く別の内容に変わったのだから、賃金の低下は仕方がない	雇用が確保されるのだから、賃金の低下はやむを得ない	その他	無回答
男女計	4,748	21.9	14.9	11.3	10.1	15.6	13.1	43.9	11.3	3.8
60〜64歳	2,579	23.1	15.4	13.8	10.2	15.1	11.6	44.3	12.1	3.0
65〜69歳	2,168	20.4	14.2	8.4	10.0	16.2	15.0	43.5	10.4	4.8
男性計	3,558	20.3	14.9	12.8	11.3	16.9	13.2	46.8	8.1	3.5
男性・60〜64歳	1,893	21.7	15.5	14.8	11.7	16.3	12.1	47.7	9.6	2.4
男性・65〜69歳	1,665	18.7	14.2	10.5	10.9	17.5	14.4	45.8	6.5	4.7
女性計	1,190	26.7	14.8	7.0	6.4	11.9	13.0	35.3	20.9	4.7
女性・60〜64歳	686	27.2	15.1	11.0	6.0	11.8	10.2	34.9	19.0	4.4
女性・65〜69歳	504	26.0	14.5	1.6	7.1	12.0	16.9	35.8	23.4	5.1
うち継続雇用者計	1,888	30.0	20.8	17.0	15.3	14.6	6.0	47.5	8.5	1.2
60〜64歳	1,029	33.7	20.6	21.2	14.2	13.9	4.5	47.7	8.0	0.3
65〜69歳	859	25.6	21.0	12.0	16.5	15.6	7.9	47.3	9.0	2.3

（資料出所）JILPT「60代の雇用・生活調査」（2015年7月）

幅な賃金低下の再考も含めて、検討していく必要があろう。

　また、高年齢雇用継続給付は、60歳以降の継続雇用を促進するために導入された制度であるが、高年齢雇用継続給付の存在によって、逆に、同給付を最大限受給するために、高齢者の賃金を削減しているという面もあると考えられる。実際、継続雇用者の定年後の賃金額の減少率について「41〜50％」が24.2％と最も多くなっていることは、高年齢雇用継続給付を最大限に受給できるのは4割削減した場合であることと符合している。今後、60代前半層の望ましい賃金制度を検討するに当たっては、高年齢者雇用継続給付の雇用や賃金に与える影響等も含めて検討する必要があろう。

⑵　同一労働同一賃金の問題

　2012年の労働契約法の改正により、新たに、同法第20条に有期契約労働者に対する「不合理な労働条件の禁止」が規定され、2013年度より

施行されている。同条に定める有期契約労働者に対する「不合理な労働条件の禁止」は、同一の使用者と労働契約を締結している有期契約労働者と無期契約労働者との間で、期間の定めがあることにより不合理に労働条件を相違させることを禁止するものである。

　高齢者は 60 歳で定年を迎えた後、嘱託などの有期契約の雇用形態で継続雇用されることが多い。厚生労働省の通達（平成 24 年 8 月 10 日付け基発 0810 第 2 号「労働契約法の施行について」厚生労働省労働基準局長発）において、定年後の雇用契約の変更について、「定年後に有期労働契約で継続雇用された労働者の労働条件が定年前の他の無期契約労働者の労働条件と相違することについては、定年の前後で職務の内容、当該職務の内容及び配置の変更の範囲等が変更されることが一般的であることを考慮すれば、特段の事情がない限り不合理と認められないと解されるものであること。」としている。

　一方、定年後の継続雇用者について「仕事の内容の変化」についてみると、「仕事内容は変化していない」が 50.7％と最も多く、「同じ分野の業務ではあるが、責任の重さが変わった」が 34.8％と続いている（**図表序 -8**）。また、定年後に継続雇用された者の業務内容と賃金の増減についてみると、「仕事内容は変化していない」と回答した者の 77.2％が「賃金額は減少した」と回答している（**図表序 -9**）。このアンケート調査結果については、労働者サイドにのみ聞いたもので、必ずしも客観的な事実とは限らないが、定年前後で、業務内容や責任が同じであるにも関わらず、契約期間の定めがある雇用契約に変更したことにより賃金低下している場合には、労働契約法第 20 条（有期契約労働者と無期契約労働者との間で、期間の定めがあることによる不合理な労働条件の禁止）との関係が出てくる可能性も考えられる。

　2016（平成 28）年 5 月 13 日に、定年退職後に再雇用された嘱託社員のトラック運転手 3 人が、正社員との賃金格差の是正を求めた訴訟で、東京地方裁判所は、「業務内容が同じなのに賃金が異なるのは不合理」として原告の請求通り正社員との賃金の差額計約 400 万円を支払うよう運送会社に命じた。判決は「定年前と同じ立場で仕事をさせながら、給

図表序 -8　定年年齢後の仕事の内容の変化

(%)

	総数（千人）	計	全く別の業務分野の仕事に変わった	同じ分野の業務ではあるが、責任の重さが変わった	業務内容の一部が変わった	変わっていない	その他	無回答
男女計	11,329	100.0	13.5	16.9	2.7	49.0	1.0	16.9
60～64歳	6,146	100.0	11.8	17.4	2.7	50.1	0.9	17.0
65～69歳	5,183	100.0	15.5	16.4	2.7	47.6	1.1	16.8
男性計	6,348	100.0	16.9	22.3	3.3	43.5	1.2	12.7
男性・60～64歳	3,418	100.0	15.5	22.6	3.3	44.0	1.1	13.5
男性・65～69歳	2,930	100.0	18.7	21.9	3.2	43.0	1.3	11.9
女性計	4,981	100.0	9.1	10.1	1.9	55.9	0.8	22.2
女性・60～64歳	2,729	100.0	7.3	10.9	2.0	57.9	0.7	21.3
女性・65～69歳	2,252	100.0	11.3	9.2	1.9	53.5	0.9	23.2
うち継続雇用者計	2,352	100.0	7.4	34.8	2.8	50.7	0.5	3.8
60～64歳	1,227	100.0	6.9	35.1	3.4	51.2	0.9	2.5
65～69歳	1,125	100.0	8.1	34.5	2.1	50.2	0.0	5.1

（資料出所）JILPT「60代の雇用・生活調査」（2015年7月）

図表序 -9　定年後に継続雇用された者の業務内容の変化と賃金の増減

	総数（千人）	計	賃金額は減少した	賃金額は余り変化していない	賃金額は増加した	無回答
全く別の業務分野の仕事に変わった	175	100.0%	70.7%	17.1%	2.5%	9.7%
同じ分野の業務ではあるが、責任の重さが変わった（軽くなった・重くなった）	818	100.0%	92.5%	5.2%	1.6%	0.8%
業務内容の一部が変わった	66	100.0%	100.0%	0.0%	0.0%	0.0%
変わっていない	1,193	100.0%	77.2%	21.2%	0.9%	0.8%
その他・無回答	100	100.0%	10.7%	0.0%	0.0%	89.3%
合　　計	2,352	100.0%	80.3%	13.8%	1.2%	4.7%

（資料出所）JILPT「60代の雇用・生活調査」（2015年7月）より作成

与水準を下げてコスト圧縮の手段にするのは正当ではない」と指摘。再雇用者の賃金を下げる運送会社の社内規定について、正社員と非正社員の不合理な待遇の違いを禁じた労働契約法に違反すると判断している。なお、トラック運転手の場合には、定年前後の業務内容が外形的にも完全に一致していることに留意する必要がある。

運送会社は、同年5月16日、東京高裁に控訴し、同年11月2日の高裁判決は、逆に、定年前と比較して、一定程度賃金が減額されることは一般的で、社会的にも容認されていると考えられるとして、「不合理であるとは言えない」と地裁判決を取り消し、原告の請求を棄却している。現時点では、原告は最高裁に上告している段階である。今後、労働契約法第20条の判例が積み重なることとなれば、その解釈も定まっていくものと考えられ、その趨勢を注視していく必要がある。

また、一億総活躍国民会議（平成28年2月23日）において、我が国の雇用慣行には十分に留意しつつ、同時に躊躇なく法改正の準備を進めるとともに、どのような賃金差が正当でないと認められるのかについて、政府としても、早期にガイドラインを制定していくとし、2016（平成28）年3月23日から、政府において、「同一労働同一賃金の実現に向けた検討会」が開催され、同年12月20日、働き方改革実現会議においてガイドライン案が示された。

併せて、前述したとおり、高年齢雇用継続給付の存在により、企業は同給付を最大限に受給することを目的に、定年後の継続雇用者の賃金を削減している面もあると考えられる。今後、労働契約法第20条の判例の蓄積や、同一労働同一賃金の立法化の状況によっては、高年齢雇用継続給付との関係も含め、高齢者の定年後の賃金をめぐる環境が変化することも考えられ、そうした変化に対応した調査研究が求められよう。

2．60代後半層以降又は高齢者全般の雇用の課題

希望者全員を対象とする65歳までの雇用が義務化されたところであるが、労働者がこれまで培った知識・経験を更に生かしていくためには、企業における65歳以降の雇用を促進する必要がある。

また、雇用保険法の改正により、65歳以上で新たに雇用された高齢者も雇用保険の被保険者となり、失業給付（高年齢求職者給付金）を複数回、受給できるようになり、高齢者をめぐる転職・再就職市場が活性化することが見込まれるところである（**図表序 -10**）。

　さらに、高齢者が納得した職業生活を送るためには、高年齢求職者のキャリアチェンジや、高齢期に入る前からの職業能力開発が重要である。

　このような問題認識の下、ここでは、①企業における65歳以降の継続雇用、②就職希望の高齢者の就職促進、③高齢者のキャリアチェンジ、能力開発について、その課題を明らかにすることとしたい。

図表序 -10　65歳以上の高齢者に関する雇用保険の変更

	2016年12月まで ⇒	2017年1月から		
	雇用保険への加入	雇用保険への加入	失業した場合	家族の介護で休業した場合
同じ会社で65歳以降も働く人	可能 （高年齢求職者給付金は1回限り。介護休業給付金はなし）	可能	高年齢求職者給付金あり ■ 賃金の50〜80%の最大50日分 ■ 回数制限なし	介護休業給付金あり ■ 賃金の67% ■ 家族1人につき最大93日分
65歳以上で新たに雇用される人	不可			

(1)　企業における65歳以降の継続雇用

　労働者がこれまで培った知識・経験を更に生かしていくためには、企業における65歳以降の継続雇用や定年延長を促進していくことが重要である。

　図表序 -2（前掲）によると、70歳以上まで働ける企業の割合（必ずしも希望者全員ではない）は21.2％に過ぎない。このような中で、希望者全員を対象とした65歳を超える継続雇用制度の普及（定年延長も含む。）が大きな課題となっている。

　企業に対するアンケート調査により、60代後半層及び70代前半層の

雇用確保の予定ありと回答した企業に、それぞれの年齢層の雇用確保措置に必要になると思われる取組を尋ねたところ、「高年齢者の健康確保措置」が60代後半層で34.9％、70代前半層で40.9％と、いずれも最も高くなっている。次いで「継続雇用者の処遇改定」が60代後半層で31.3％、70代前半層で25.6％、「新たな勤務シフトの導入」が60代後半層で19.9％、70代前半層で20.7％となっている。「特に必要な取組はない」との回答も60代後半層で26.8％、70代前半層で25.1％となっている（**図表序-11、12**）。

このように、65歳以降の継続雇用を促進していくためには、「高年齢者の健康確保措置」とともに、「継続雇用者の処遇改定」が必要になると思われる取組みとする割合が高くなっており、高齢者が健康で能力を発揮できる雇用管理の構築が企業にとって大きな課題となっていると考えられる。

今般の雇用保険等の改正により、65歳以上の高齢者も雇用保険の対象となったこともあり、雇用保険二事業による、65歳超雇用推進助成金

図表序-11　60代後半層（65 〜 69歳）の雇用確保に必要となると思われる取組

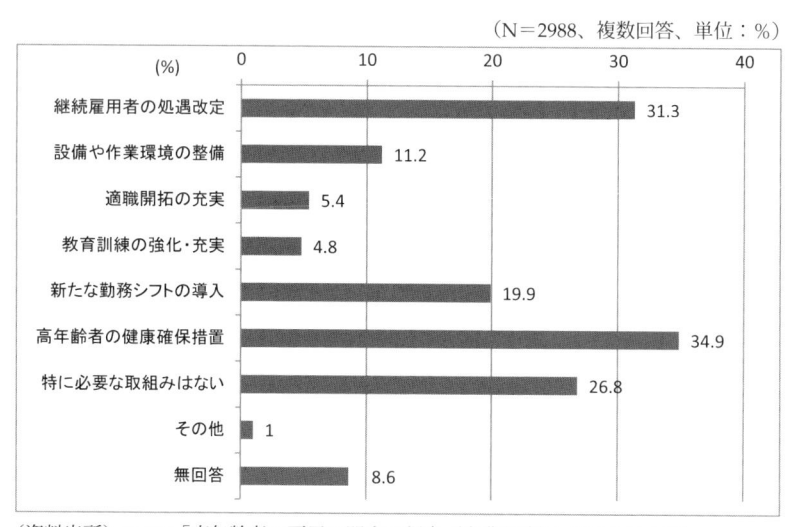

（N＝2988、複数回答、単位：％）

項目	(%)
継続雇用者の処遇改定	31.3
設備や作業環境の整備	11.2
適職開拓の充実	5.4
教育訓練の強化・充実	4.8
新たな勤務シフトの導入	19.9
高年齢者の健康確保措置	34.9
特に必要な取組みはない	26.8
その他	1
無回答	8.6

（資料出所）JILPT「高年齢者の雇用に関する調査（企業調査）」（2016年4月）

図表序-12　70代前半層（70〜74歳）の雇用確保に必要になると思われる取組

(N=1479、複数回答、単位：%)

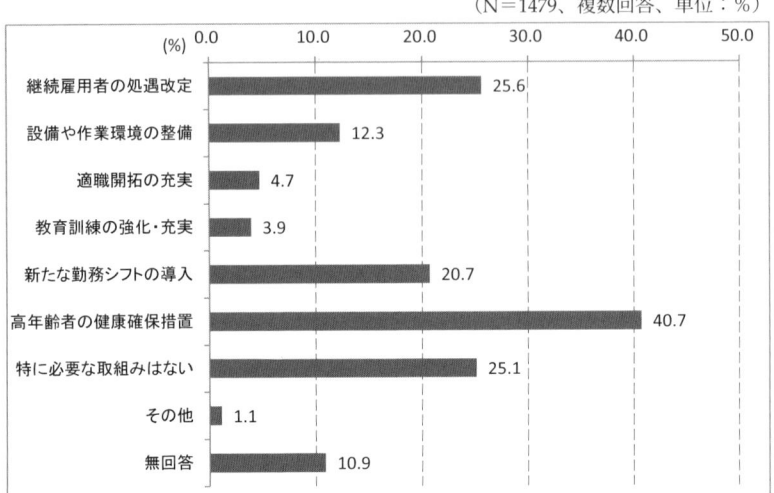

（資料出所）JILPT「高年齢者の雇用に関する調査（企業調査）」（2016年5月）

（65歳以上への定年引上げ等を行う企業に対する支援）の創設や、高年齢者雇用安定助成金の拡充（健康管理制度の導入支援の新設）が行われた。今後も、企業サイドのニーズを踏まえながら、65歳以降の継続雇用を実施する上での必要な支援策についても検討していく必要があろう。

⑵　就業希望の高齢者の就職促進

①　就業希望の高齢者

　60代前半層の不就業者の割合は37.3％、60代後半層は52.6％となっている。このうち、仕事をしたいと思いながら、仕事に就けなかった者は、不就業者のうち60代前半層で28.0％、後半層で24.4％となっている。特に、男性の60代前半層の不就業者のうち、42.9％が就業を希望している（**図表序-13**）。

　人口減少社会の進展が見込まれる中、就業を希望していながら就業できていない者を就業に結び付けていくことは重要な課題である。

図表序 -13　高年齢者の就業状況（平成 26 年 6 月中）

（単位：%）

区分		高年齢者総数（千人）	計	就業者（収入になる仕事をした者）	不就業者（収入になる仕事をしなかった者）	うち就業希望者（仕事をしたいと思いながら仕事に就けなかった者）	うち非就業希望者（仕事をしたいと思わなかった者）
総数		18,199	100.0	55.5	44.5 (100.0)	11.6 (26.0)	32.0 (71.9)
60〜64歳		9,650	100.0	62.7	37.3 (100.0)	10.4 (28.0)	26.0 (69.7)
65〜69歳		8,549	100.0	47.4	52.6 (100.0)	12.8 (24.4)	38.6 (73.6)
男性(計)		8,861	100.0	65.9	34.1 (100.0)	11.9 (35.0)	20.8 (61.1)
	60〜64歳	4,761	100.0	74.8	25.2 (100.0)	10.8 (42.9)	13.2 (52.5)
	65〜69歳	4,100	100.0	55.6	44.4 (100.0)	13.2 (29.8)	29.7 (66.9)
女性(計)		9,337	100.0	45.6	54.4 (100.0)	11.2 (20.6)	42.5 (78.2)
	60〜64歳	4,889	100.0	50.8	49.2 (100.0)	10.1 (20.5)	38.5 (78.3)
	65〜69歳	4,448	100.0	39.9	60.1 (100.0)	12.4 (20.7)	47.0 (78.2)

（注）1. 無回答の者は図表より省略している。
　　　2. 行中の下段の数値は、不就業者＝100.0 とした場合の内訳を表す。
　　　3. 総数について、不就業者＝100.0 とした場合の内訳における無回答率は 2.1%（下段）
（出所）JILPT「60 代の雇用・生活調査」（2015 年 7 月）

　また、60 〜 64 歳で働いている人を対象に 65 歳以降の仕事の継続を尋ねたところ、「まだ決めていない。分からない」が 31.4％と最も多く、次に「すでに働くことが（ほぼ）決まっている（誘い・雇用契約がある）」が 15.9％、「採用してくれる職場があるなら、ぜひ働きたい」13.5％と続いている（図表序 -14）。同様に、65 歳以上で働いている人を対象に、70 歳以降の就業継続意向を尋ねたところ、「生きがいや健康のために、元気な限り働きたい」が 30.8％と最も多く、次に「まだ決めていない。わからない」が 23.4％、「年金だけでは生活できないので、なお働かなければならない」18.9％と続いている（図表序 -15）。

　このように、高齢者の中には、「積極的に働きたい」、又は「引退するつもり」という回答のほかに、「まだ決めていない、わからない」と回

図表序 -14　65 歳以降の仕事の継続

(％)

	総数(千人)	計	まだ決めていない。わからない	仕事はしたくない。仕事からは引退するつもり	自分の健康、家庭の事情等で働けないと思う	健康ではあるが、私の職種は体力等を要する仕事なので働けないと思う	採用してくれる職場があるなら、ぜひ働きたい	すでに働くことが(ほぼ)決まっている(誘い・雇用契約がある)	その他	無回答
男女計	6,005	100.0	31.4	11.7	2.0	3.4	13.5	15.9	13.4	8.7
男性	3,541	100.0	33.2	12.3	1.1	3.5	13.5	14.9	14.0	7.5
女性	2,464	100.0	28.8	10.8	3.4	3.2	13.5	17.3	12.6	10.5

（資料出所）JILPT「60 代の雇用・生活調査」（2015 年 7 月）

図表序 -15　70 歳以降の就業継続意向

(％)

	総数(千人)	計	まだ決めていない。わからない	もう十分に働いたので、引退して好きなことを楽しみたい	年金だけでは生活ができないので、なお働かねばならない	生きがいや健康のために、元気な限り働きたい	すでに働くことが(ほぼ)決まっている(誘い・雇用契約がある)	その他	無回答
男女計	3,994	100.0	23.4	10.4	18.9	30.8	2.6	2.8	11.0
男性	2,238	100.0	24.4	11.0	20.6	28.2	3.5	2.2	10.2
女性	1,756	100.0	22.3	9.8	16.8	34.1	1.6	3.5	12.1

（資料出所）JILPT「60 代の雇用・生活調査」（2015 年 7 月）

答する人も多く存在しており、元気で働ける状態の高齢者に働いてもらうよう動機づけしていくことも重要と思われる。

②　需給調整（マッチング）機能の強化

（高齢者の就業ニーズ）

　60 代の高齢者で就業希望の不就業者に、仕事に就けなかった主な理由を尋ねたところ、「適当な仕事が見つからなかった」が 36.2％と最も多く、「あなたの健康上の理由」32.7％、「家族の健康上の理由（介護等）」15.9％と続いている（**図表序 -16**）。次に、「適当な仕事が見つからなかった」と回答した人に、その主な理由を尋ねたところ、「条件にこだわらないが仕事がない」37.6％、「職種が希望と合わなかった」30.1％、「労

働時間が希望と合わなかった」16.1％と続いている（**図表序-17**）。さらに、「適当な仕事が見つからなかった」と回答した人に、最も希望する働き方を尋ねたところ、「短時間勤務で会社などに雇われたい」50.1％、「普通勤務（フルタイム勤務）で会社などに雇われたい」19.3％、「近所の人や会社などに頼まれたりして、任意に行う仕事をしたい」15.3％となっている（**図表序-18**）。

図表序-16　仕事に就けなかった主な理由

(％)

	総数（千人）	計	適当な仕事が見つからなかった	起業・開業の準備中であった	請負や内職の仕事の注文がこなかった	あなたの健康上の理由	家族の健康上の理由（介護等）	家庭の事情（5を除く。家事など）	その他	無回答
男女計	2,099	100.0	36.2	0.6	1.5	32.7	15.9	9.5	3.0	0.6
60～64歳	1,006	100.0	35.2	0.7	0.7	34.2	16.0	9.5	3.4	0.4
65～69歳	1,093	100.0	37.1	0.5	2.3	31.3	15.8	9.5	2.7	0.8
男性計	1,054	100.0	40.8	1.2	3.0	35.6	12.9	4.0	2.5	0.0
男性・60～64歳	513	100.0	43.0	1.4	1.3	35.7	12.2	3.5	3.0	0.0
男性・65～69歳	541	100.0	38.7	0.9	4.6	35.6	13.7	4.4	2.0	0.0
女性計	1,044	100.0	31.5	0.0	0.0	29.7	18.9	15.1	3.5	1.2
女性・60～64歳	493	100.0	27.0	0.0	0.0	32.6	20.0	15.8	3.7	0.7
女性・65～69歳	551	100.0	35.5	0.0	0.0	27.1	18.0	14.5	3.3	1.6

（資料出所）JILPT「60代の雇用・生活調査」（2015年7月）

図表序-17　適当な仕事が見つからなかった主な理由

(％)

	総数（千人）	計	職種が希望と合わなかった	労働時間が希望と合わなかった	賃金、報酬が希望と合わなかった	通勤時間が希望と合わなかった	条件にこだわらないが、仕事がない	その他	無回答
男女計	759	100.0	30.1	16.1	4.1	1.5	37.6	4.7	5.8
60～64歳	354	100.0	36.0	19.2	8.8	0.0	25.7	4.4	6.1
65～69歳	405	100.0	24.9	13.5	0.0	2.9	48.1	5.0	5.7
男性計	430	100.0	36.1	9.1	6.0	1.2	36.2	5.1	6.4
男性・60～64歳	220	100.0	35.7	11.7	11.7	0.0	29.6	4.5	6.8
男性・65～69歳	210	100.0	36.4	6.4	0.0	2.4	43.0	5.7	6.0
女性計	329	100.0	22.2	25.2	1.6	2.0	39.6	4.3	5.1
女性・60～64歳	133	100.0	36.5	31.2	4.0	0.0	19.1	4.4	4.8
女性・65～69歳	196	100.0	12.5	21.1	0.0	3.4	53.6	4.2	5.3

（資料出所）JILPT「60代の雇用・生活調査」（2015年7月）

図表序 -18　最も希望する働き方

(%)

	総数 (千人)	計	普通勤務(フ ルタイム勤務) で会社などに 雇われたい	短時間勤務で 会社などに 雇われたい	近所の人や 会社などに 頼まれたり して、任意に 行う仕事を したい	家庭で内職 をしたい	自分で事業 をしたい	その他	無回答
男女計	759	100.0	19.3	50.1	15.3	1.4	2.2	4.2	7.4
60〜64歳	354	100.0	22.7	59.3	8.9	0.0	1.1	1.0	7.1
65〜69歳	405	100.0	16.4	42.1	20.9	2.6	3.3	7.0	7.7
男性計	430	100.0	23.7	50.6	11.5	2.5	0.9	3.6	7.3
男性・60〜64歳	220	100.0	27.9	51.1	9.2	0.0	1.7	1.6	8.5
男性・65〜69歳	210	100.0	19.4	50.0	13.8	5.0	0.0	5.7	6.0
女性計	329	100.0	13.5	49.6	20.4	0.0	4.0	5.0	7.6
女性・60〜64歳	133	100.0	14.0	72.8	8.3	0.0	0.0	0.0	4.8
女性・65〜69歳	196	100.0	13.2	33.7	28.6	0.0	6.7	8.3	9.4

（資料出所）JILPT「60代の雇用・生活調査」（2015 年 7 月）

　このように、高齢者の仕事に就けなかった理由としては、「適当な仕事が見つからなかった」とする人が多く、その内訳としては「条件にこだわらないが、仕事がない」とする人も多いものの、合わなかった条件としては、「職種が希望と合わなかった」、「労働時間が希望と合わなかった」が多く、就業ニーズとしては、短時間、近場で働きたいというニーズがかなり高いことが窺われる。

（高齢者を中途採用した企業の実態）

　55 歳以上の高齢者を中途採用した企業に、採用経路、採用理由、賃金（月額）、採用時の雇用形態を尋ねたところ、まず、採用経路については、55 〜 59 歳、60 〜 64 歳、65 歳以上のいずれの年齢区分においてもハローワークを利用した人の割合が最も多くなっている。採用理由については、55 〜 59 歳、60 〜 64 歳、65 歳以上のいずれの年齢区分においても「応募があったから」という回答が最も多くなっているとともに、「高い技能・技術・ノウハウの活用」や「勤務態度や仕事ぶりがまじめ」と高齢者を評価する回答も多くなっている。賃金（月額）の平均額は、55 〜 59 歳で 28.5 万円、60 〜 64 歳で 25.4 万円、65 歳以上で 22.1 万円と年齢が上がるにつれて低くなっている。採用時の雇用形態については、55 〜 59 歳では正社員としての採用が最も多いが、60 〜 64 歳、65 歳以上はいずれも「パート、アルバイト」としての採用が最も多くな

っている（図表序-19）。

この中で、特に注目したいのは、高齢者の中途採用においては、①ハローワークの果たす役割が高いこと、②採用理由も「応募があったから」という理由が最も高いように、いい人材がいれば高齢ということは、それほどネックとなっていないとともに、高齢者を評価する回答も多かったことである。

図表序-19　55歳以上の中途採用者について

(N＝55～59歳1580、60～64歳1490、65歳以上1006、単位：%)

採用経路(MA)

中途採用時年齢(MA)	合計	ハローワーク	民間職業紹介機関	求人誌・新聞・広告	インターネット	親会社・関連会社	親戚	紹介予定派遣	その他	無回答
55～59歳	100.0	55.1	10.1	33.0	6.3	4.7	16.5	1.4	8.8	5.3
60～64歳	100.0	49.1	6.2	28.0	4.4	6.6	19.9	1.2	10.3	7.7
65歳以上	100.0	36.8	4.6	26.7	3.5	7.1	22.3	1.0	10.7	17.2

賃金(月額)

中途採用時年齢(MA)	合計	10万円未満	10～15万円未満	15～20万円未満	20～25万円未満	25～30万円未満	30万円以上	無回答	平均値(万円)
55～59歳	100.0	3.0	3.2	8.0	9.3	7.8	18.0	50.8	28.5
60～64歳	100.0	4.0	4.7	7.8	8.1	5.5	13.2	57.3	25.4
65歳以上	100.0	4.9	5.4	6.1	6.0	2.8	6.0	69.0	22.1

採用理由(MA)

中途採用時年齢(MA)	合計	経営幹部の確保	中間管理職の確保	高いノウハウ・技能・技術の活用	若い従業員へのノウハウの伝授	勤務態度や仕事ぶりがまじめ	応募があったから	比較的安い賃金で採用できるため	その他	無回答
55～59歳	100.0	5.2	8.7	26.3	5.5	21.0	49.9	7.5	6.5	8.5
60～64歳	100.0	4.4	5.6	28.8	6.8	18.9	44.5	11.7	6.4	10.4
65歳以上	100.0	2.8	2.1	25.2	6.5	19.3	38.4	11.0	7.0	20.2

採用時の雇用形態(MA)

中途採用時年齢(MA)	合計	正社員	契約社員	パート・アルバイト	嘱託	その他	無回答
55～59歳	100.0	41.7	13.2	30.6	5.5	0.7	8.4
60～64歳	100.0	18.7	16.2	37.0	16.0	1.1	10.9
65歳以上	100.0	10.0	10.6	45.5	13.2	1.3	19.3

（出所）JILPT「高年齢者の雇用に関する調査（企業調査）」（2016年5月）

（高齢者雇用のマッチングの課題）

以上見てきたとおり、高年齢労働者の供給サイドの特徴としては、①高齢者の中には就業希望があるにもかかわらず就業できない人が一定程度存在すること、②明確な就業希望者以外にも高齢者の中には態度未定の者もかなり存在すると考えられること、③高齢者の就業ニーズとしては、短時間、近場でというニーズがかなり高いこと、があげられる。

一方、高齢者の需要サイド（企業）としては、①企業の高齢者の中途採用においてはハローワークを頼りにしている場合が多いこと、②企業の中途採用においては高齢がそれほどネックとはなっていないことがあ

げられる。また、雇用政策研究会報告書（平成 27 年 12 月）には、対策の必要な人材不足分野として、特に、介護、保育、看護、建設、運輸（自動車運送事業）が取り上げられているところである。

このような状況を踏まえると、以下のとおり、ハローワークが一層、積極的な役割を果たす期待がもたれるところである。

まず、ハローワークには、障害者雇用の経験で培ったような、求職者個々人のニーズに合った求人開拓を行うというノウハウを持っているので、それを高齢者のマッチングに生かしていくことも考えられる。具体的には、高齢者は通常のフルタイムの勤務以外に、短時間、近場というニーズも高いので、そのような高齢者個々人のニーズに合った求人開拓を行うことが考えられる。その際、人手不足分野である介護、保育、看護、建設、運輸（自動車運送事業）などの分野を重点に求人開拓を行えば、高齢求職者のみならず、人手不足で困っている求人企業にとっても満足度が高まると思われる。介護、保育、看護などの分野では、資格保有者が行う業務は難しいと思われるが、それ以外の附帯業務を切り出して高齢者用の求人とすることも考えられる。建設の分野でも資格取得を奨励するなどして、高齢者でも行うことのできる業務を切り出すことも考えられるのではないか。運輸（自動車運送事業）の分野では、近年大きく伸びている宅配などの業務は、まさに、近場で働きたいとする高齢者のニーズに合っているので、高齢者用の求人を開拓することが考えられる。

また、高齢者の中には、ブルーカラー的な仕事を嫌う人もいるので、ハローワークの就職支援の手段である、職業相談、キャリアカウンセリング、職場体験、トライアル雇用、職業訓練などを通じて、新たな職種への挑戦の壁を取り除くことも重要と思われる。

現在、高齢者の雇用に際してハローワークが大いに活用されているので、特に人手不足分野からの高齢者のニーズに合った（短時間、近場を含めた）求人開拓の方策、高齢者のキャリアチェンジに有効な職業相談・キャリアカウンセリングの方法など、高齢者雇用を進める上でハローワークにとって有効な方策について検討することは重要な課題と考

えられる。

(3)　高齢者のキャリアチェンジ、能力開発

①　高年齢求職者のキャリアチェンジ

　就業希望の高齢者で、仕事に就けなかった理由として「適当な仕事が見つからなかった」と回答した人に、その主な理由を尋ねたところ「条件にこだわらないが、仕事がない」の 37.6％に次いで、「職種が希望と合わなかった」が 30.1％と多い結果となっている（図表 16（前掲））。

　高齢者の様々な形態による活躍の調査研究において、板橋区のシルバー人材センターや東京都のアクティブシニア就業支援センターでヒアリングを行ったところ[4]、同ヒアリングにおいては、高度成長期以降に就職した人はホワイトカラーの仕事をやってきた人が多く、そういう人はブルーカラー的な仕事をやりたがらないという声もあったところである。

　高年齢求職者が希望する職業に固執するあまり就職できないよりは、何らかの仕事を続けて社会との接点を持ち続けた方が、本人が社会から孤立せず、健康にもいいと思われる。その際、高齢求職者がある程度、納得してキャリアチェンジを行うことが重要である。

　ハローワークにおける高齢者のキャリアチェンジの促進方策としては、例えば、前述したように、高齢求職者との職業相談やキャリアカウンセリングを通じて、職種に対する心理的な壁を低くすることや、職場体験、トライアル雇用、あるいは職業訓練などを通じて、あらかじめ体験してみるという機会を持ってもらうことも、心理的な壁を低くすることに役立つと思われる。

　高齢者は、高年齢求職者給付金の支給などの機会を通じて、ハローワークとの接点があるので、高齢者のキャリアチェンジに効果的な方策を検討することは重要な課題と思われる。

---

[4] 資料シリーズ No.182『地域における高齢者の多様な活躍のヒアリング事例─地王公共団体等の取組を中心に─』（2017 年 3 月予定）

② 高齢期に入る前からの職業能力開発

　雇用政策研究会報告書（平成 27 年 12 月）は、高齢者が長く活躍し続けるためは、高齢期に入る前からの職業生活設計や、職業生活設計を踏まえた職業能力開発が重要と指摘している[5]。

　一方、高齢者に聞くと、定年時を意識しての職業能力向上や転職準備の取り組みについては、「特に取り組んだことはない」が 70.5％と他を引き離しており、その他では「過去の職務経歴を振り返って、自分の職務能力分析を行ったことがある」9.9％、「資格を取得するために自分で勉強したことがある」6.0％、「資格取得について調べたことがある」5.5％となっており、定年を意識した職業能力開発の取組は全般的に低調といえよう（**図表序 -20**）。

　現状においては、高齢期に入る前から、どのような職業能力開発を行えば、専門性を深め、高齢期も安心して長く働くことができるか必ずし

図表序 -20　定年時を意識しての職業能力向上や転職準備の取り組み

（％）

	総数 （千人）	自営業を始めるための準備をした	資格取得について調べたことがある	資格を取得するために自分で勉強したことがある	資格を取得するために学校に通ったり、通信講座を受講したりした	職業能力の向上に取り組んだことはないが転職の準備はしたことがある	過去の職務経歴を振り返って、自分の職務能力分析を行ったことがある	その他	特に取り組んだことはない	無回答
男女計	16,980	3.7	5.5	6.0	5.0	4.0	9.9	2.4	70.5	3.1
60～64歳	9,083	3.4	6.0	6.1	5.5	4.3	9.4	2.0	69.6	3.0
65～69歳	7,897	4.1	5.0	5.8	4.3	3.7	10.4	2.9	71.5	3.2
男性計	8,225	5.5	6.3	7.3	4.3	5.4	12.9	2.9	65.3	2.9
男性・60～64歳	4,412	5.1	6.7	6.9	3.7	5.4	12.6	2.5	66.2	2.7
男性・65～69歳	3,812	5.9	6.0	7.7	5.0	5.3	13.2	3.4	64.2	3.1
女性計	8,755	2.1	4.8	4.7	5.6	2.8	7.1	1.9	75.3	3.3
女性・60～64歳	4,671	1.7	5.3	5.4	7.3	3.3	6.5	1.4	72.7	3.3
女性・65～69歳	4,084	2.5	4.2	4.0	3.6	2.3	7.7	2.4	78.3	3.3

（資料出所）JILPT「60 代の雇用・生活調査」（2015 年 7 月）

---

[5] 厚生労働省「雇用政策研究会報告書」（平成 27 年 12 月）p12 参照。

も明確ではないため、高齢期に入る前からの職業能力開発の取組みが低調な面もあると思われる。

上述した雇用政策研究会報告書においても、「個々の労働者が高めた能力を最大限発揮できるようにするためには、企業内のみならず企業外でも客観的に評価可能な制度を構築し、能力の「見える化」をより一層推進していくことが必要である。」とし、「業界団体が主体となって実践的な検定を整備し、企業横断・業界内共通の能力評価ができるように推進していくことが求められる。」、「社内のキャリアラダーを明確化し、働き手の職業能力を適切に評価するためにも、社内検定の更なる普及促進を図ることが重要である。」としている[6]。

高齢期に入る前から、どのような専門性を深めれば、他の企業も含めて定年後も活躍し能力を発揮することができるのか、どのような職種転換を行えば、高齢期でも長く働くことができるのか、そのキャリアルートや職業生活設計の明確化、普及啓発が今後の課題と考えられる。

3．高齢者の活躍や関連施策の課題

人口減少社会が進展する中で、日本の活力を維持していくためには、高齢者が雇用という形態に限らず、様々な形で活躍していくことが重要である。

また、高齢者雇用の検討に当たっては、在職老齢年金、高齢者の健康・介護など高齢者雇用に関連する制度についても検討し、必要に応じて提言していくことも重要と考えている。

このような問題意識から、ここでは、①多様な形態による高齢者の活躍、②高齢者の雇用と年金、③高齢者の様々な活動と健康、介護について、その課題を示すこととしたい。

⑴　多様な形態による高齢者の活躍

人口減少社会が進展する中で、日本の活力を維持していくためには、

---

[6] 厚生労働省「雇用政策研究会報告書」（平成 27 年 12 月）p13 参照。

高齢者が雇用という形態に限らず、様々な形で活躍していくことが重要である。

　JILPT が行った「高齢者の雇用に関する調査（企業調査）」において「65 歳以上層の雇用・就業のあり方に関する企業の考え方」を 60 代後半層と 70 代前半層に分けて尋ねている。その結果、「高年齢者は、会社の基準を設けて適合者を雇用したい」が 60 代後半層で 55.6％、70 代前半層で 33.2％、「企業として希望者全員をできるだけ雇用したい」が 60 代後半層で 27.8％、70 代前半層で 10.8％と企業での雇用に積極的な回答があった一方、「雇用より、シルバー人材センターを利用してほしい」が 60 代後半層で 8.9％、70 代前半層で 13.4％、「雇用より、地域のボランティア活動で活躍してほしい」が 60 代後半層で 8.0％、70 代前半層で 13.6％との回答があったほか、「高年齢者の創業を支援したい」という回答も 60 代後半層で 2.3％、70 代前半層で 1.0％あったところである（**図表序 -21、22**）。

　企業における雇用については、60 代後半層、70 代前半層とも「雇用

図表序 -21　60 代後半層（65 〜 69 歳）の雇用・就業のあり方に関する企業の考え方

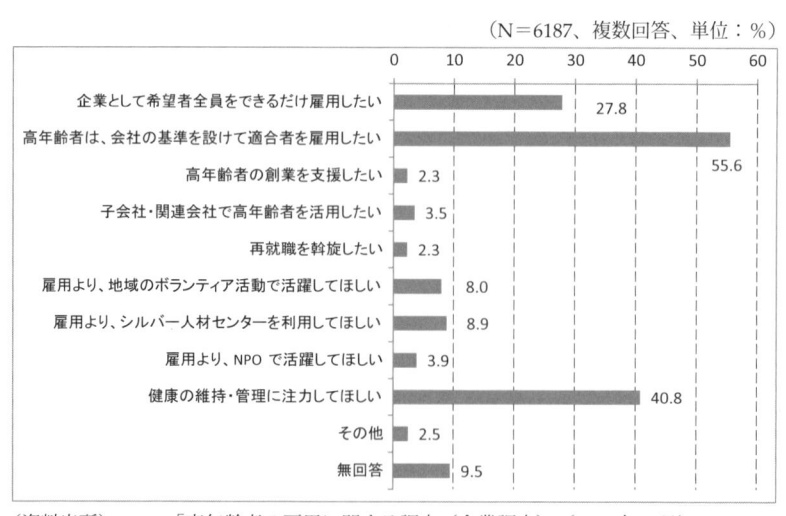

（N＝6187、複数回答、単位：％）

企業として希望者全員をできるだけ雇用したい	27.8
高年齢者は、会社の基準を設けて適合者を雇用したい	55.6
高年齢者の創業を支援したい	2.3
子会社・関連会社で高年齢者を活用したい	3.5
再就職を斡旋したい	2.3
雇用より、地域のボランティア活動で活躍してほしい	8.0
雇用より、シルバー人材センターを利用してほしい	8.9
雇用より、NPO で活躍してほしい	3.9
健康の維持・管理に注力してほしい	40.8
その他	2.5
無回答	9.5

（資料出所）JILPT「高年齢者の雇用に関する調査（企業調査）」（2016 年 5 月）

図表序 -22 70 代前半層（70 ～ 74 歳）の雇用・就業のあり方に関する企業の考え方

（N＝6187、複数回答、単位：%）

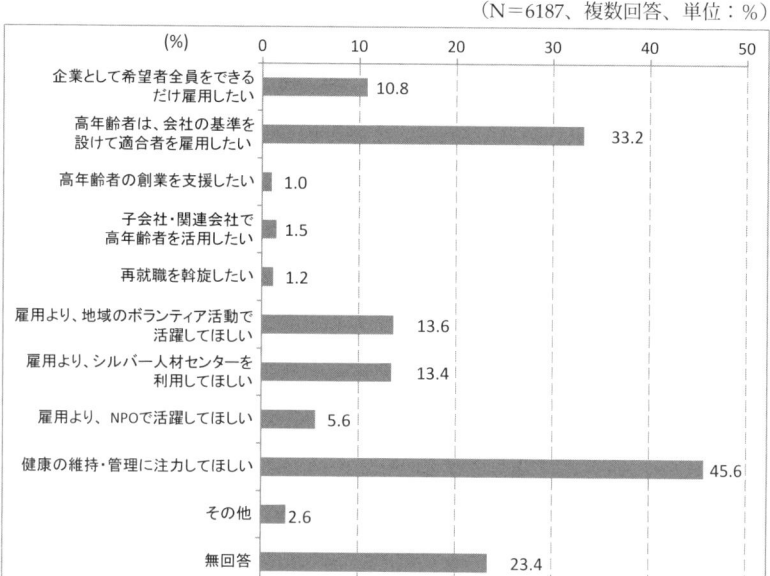

企業として希望者全員をできるだけ雇用したい　10.8
高年齢者は、会社の基準を設けて適合者を雇用したい　33.2
高年齢者の創業を支援したい　1.0
子会社・関連会社で高年齢者を活用したい　1.5
再就職を斡旋したい　1.2
雇用より、地域のボランティア活動で活躍してほしい　13.6
雇用より、シルバー人材センターを利用してほしい　13.4
雇用より、NPOで活躍してほしい　5.6
健康の維持・管理に注力してほしい　45.6
その他　2.6
無回答　23.4

（資料出所）JILPT「高年齢者の雇用に関する調査（企業調査）」（2016 年 5 月）

したい」との声があったが、業種、職種、個々の企業の年齢構成などによって、65 歳以降の高齢者の雇用について様々な考えがあると思われる。どのような産業等において高齢者の雇用の場を拡充できる可能性があるか検討する必要があるとともに、高齢者の活躍の場を雇用だけに限定することなく、様々な形で活躍してもらうことについても併せて検討していく必要があろう。

（自営業主・家族従業者）

　労働力調査により、就業している 65 歳以上の高齢者の内訳をみると、2015 年で「雇用者」62.7 ％、「自営業主・家族従業者」36.6 ％となっている。15 歳以上全体でみると、「雇用者」88.5 ％、「自営業主・家族従業者」11.1 ％であるので、高齢者ほど「自営業主・家族従業者」の割合が高くなっている。時系列で 65 歳以上の「自営業主・家族従業者」の割合を

みると、近年その割合は大幅に減少しており、農業従事者などの高齢による引退の影響が大きいと思われる（**図表序 -23**）。

　高齢者がこれまで培ってきた知識・技能を活用するという観点からも、一つの選択肢として「起業、創業」が考えられる。上述したアンケート調査（**図表序 -21、22**）の中にも、わずかではあるが、「高年齢者の創業を支援したい」との回答もあり、高齢者の起業、創業支援の効果的な方法について検討することも重要と思われる。

（シルバー人材センター、NPO・ボランティア活動など）

　次に、シルバー人材センターについては、既に、全国の市町村に設置され、広く認知されているところである。上述した雇用政策研究会報告書（平成 27 年 12 月）には、人材不足分野として、特に、介護、保育、看護、建設、運輸（自動車運送事業）が取り上げられている。既に、先駆的なシルバー人材センターにおいては、これらの人材不足分野において、派遣事業を中心に、人材不足分野に対して積極的に貢献しているところである。このような人材不足分野において、シルバー人材センターが側面援助してくれることは、当該分野における人材不足に一定の

図表序 -23　就業者（年齢、従業上の地位別）の経年推移

（単位：万人、%）

	15歳以上			65歳以上		
	就業者総数	自営業主・家族従業者	雇用者	就業者総数	自営業主・家族従業者	雇用者
1975年	5223 (100.0)	1567 (30.0)	3646 (69.8)	242 (100.0)	153 (63.2)	89 (36.8)
1980年	5536 (100.0)	1554 (28.1)	3971 (71.7)	274 (100.0)	172 (62.8)	102 (37.2)
1985年	5807 (100.0)	1475 (25.4)	4313 (74.3)	295 (100.0)	196 (66.4)	100 (33.9)
1990年	6249 (100.0)	1395 (22.3)	4835 (77.4)	357 (100.0)	227 (63.6)	129 (36.1)
1995年	6457 (100.0)	1181 (18.3)	5263 (81.5)	438 (100.0)	254 (58.0)	183 (41.8)
2000年	6446 (100.0)	1071 (16.6)	5356 (83.1)	482 (100.0)	273 (56.6)	208 (43.2)
2005年	6356 (100.0)	932 (14.7)	5393 (84.8)	495 (100.0)	265 (53.5)	228 (46.1)
2010年	6257 (100.0)	768 (12.3)	5463 (87.3)	570 (100.0)	253 (44.4)	314 (55.1)
2015年	6376 (100.0)	705 (11.1)	5640 (88.5)	730 (100.0)	267 (36.6)	458 (62.7)

（出所）総務省「労働力調査」
（注）1975 年は年齢別の就業上の地位の統計はない。1975 年、1980 年の 65 歳以上の「自営業主・家族従業者」の数字は「就業者総数」から「雇用者」を引いて算出したもの。

貢献となると考えられるので、そのような活動を行っているシルバー人材センターの取組みを広く紹介していくことも重要と考えられる。

NPO 活動やボランティア活動については、既に、JILPT においても様々な研究成果[7]があるが、今後も、高齢者が NPO 活動やボランティア活動を円滑に開始できるような支援、一旦始めた NPO 活動、ボランティア活動を長く継続できるような支援について、検討を続けることが重要と考える。

平成 28 年雇用保険法等の一部改正法による高年齢者雇用安定法の改正において、地域の関係機関（地方公共団体、シルバー人材センター、事業主団体など）による協議会を通じて、高齢者の就業、社会参加を促すこととしている。高齢者の就業、社会参加については、地域によって様々な特色ある取組みがなされているので、改正法で新たに設置できることとなった協議会による効果的な活用方法等も含めて、地域における特色ある取組みを収集・発信してくことも重要な課題と考えられる。

⑵ 高齢者の雇用と年金
① 高齢者の年金の受給実態と雇用について

年金の支給開始年齢については、2013（平成 25）年度に老齢厚生年金の定額部分の支給開始年齢が 65 歳に達し、報酬比例部分も 65 歳に向けて引上げが開始されている状況である。比例報酬部分の支給開始年齢も、男性の場合（女性の場合は 5 年遅れ）、2013（平成 25）年度から 61 歳、2016（平成 28）年度から 62 歳に引き上げられている。

2013（平成 25）年度より施行されている改正高年齢者雇用安定法により、希望者全員を対象とする 65 歳までの雇用が義務化されたが、対象者を限定する基準を定めていた事業主については年金の引上げスケジュールと同様の経過措置が設けられている。これは、雇用から年金への接

---

[7] 例えば、JILPT 労働政策研究報告書 No.183「NPO 就労に関する研究─恒常的成長と震災を機とした変化を捉える─」（2016 年 5 月）の「第 6 章 高齢者の NPO 活動開始年齢と活動への関与度」（梶谷真也）では「より早い時期（例えば 50 歳台）から NPO 活動に参加することが望まれる」としており、高齢者の就業を検討する上で有益な知見となっている。

続（円滑な移行）を意図した改正といえよう。

　しかしながら、今回の「60 代の雇用・生活調査」によると、そもそも老齢厚生年金の受給資格が「ある」と回答した人が、60 代前半層で 47.9 ％、60 代後半層で 53.9 ％にしか過ぎない（**図表序 -24**）。さらに、厚生年金の受給月額について尋ねたところ、そもそも受給資格のない人もいるので「記入なし」が半数を超えているが、受給している人の半数以上は、「10 万円未満」となっている（**図表序 -25**）。ただし、厚生年金以外の年金を重複して受給している人もいるので金額としては低めに出ている可能性は留意する必要がある。

図表序 -24　老齢厚生年金の受給資格

（%）

	総数（千人）	計	ある	ない	無回答
男女計	18,199	100.0	50.5	40.8	8.6
60〜64歳	9,650	100.0	47.9	43.3	8.8
65〜69歳	8,549	100.0	53.6	38.1	8.4
男性計	8,861	100.0	55.6	35.7	8.7
男性・60〜64歳	4,761	100.0	50.9	40.1	9.0
男性・65〜69歳	4,100	100.0	61.2	30.6	8.3
女性計	9,337	100.0	45.7	45.8	8.6
女性・60〜64歳	4,889	100.0	44.9	46.5	8.7
女性・65〜69歳	4,448	100.0	46.6	45.0	8.5

（資料出所）JILPT「60 代の雇用・生活調査」（2015 年 7 月）

図表序 -25　厚生年金の受給月額

（%）

	総数（千人）	計	0円	5万円未満	5〜10万円	10〜15万円	15〜20万円	20〜30万円	30〜50万円	50万円以上	記入なし	平均（千円）
男女計	18,199	100.0	2.3	17.3	12.3	9.3	5.2	2.9	0.1	0.0	50.6	81.5
60〜64歳	9,650	100.0	3.5	20.5	11.6	6.9	1.6	0.9	0.1	0.0	54.8	60.1
65〜69歳	8,549	100.0	1.0	13.7	13.0	11.9	9.2	5.0	0.2	0.0	46.0	100.6
男性計	8,861	100.0	2.7	9.2	12.8	12.2	8.8	5.0	0.2	0.0	49.0	108.1
男性・60〜64歳	4,761	100.0	4.1	10.7	14.2	9.8	2.1	1.4	0.2	0.1	57.5	80.7
男性・65〜69歳	4,100	100.0	1.0	7.5	11.1	15.1	16.6	9.3	0.3	0.0	39.1	128.5
女性計	9,337	100.0	2.0	24.9	11.9	6.5	1.7	0.8	0.0	0.0	52.2	54.9
女性・60〜64歳	4,889	100.0	3.0	29.9	9.2	4.2	1.1	0.5	0.0	0.0	52.1	43.0
女性・65〜69歳	4,448	100.0	1.0	19.4	14.8	9.0	2.4	1.1	0.0	0.0	52.3	67.5

（資料出所）JILPT「60 代の雇用・生活調査」（2015 年 7 月）

このような状況も踏まえると、雇用から年金への接続（円滑な移行）ができているかという観点よりはむしろ、そもそも年金の受給資格がない、あるいは年金だけでは生活できないという層に対する対策が重要と考えられる。というのも、定年まで雇用され、その後も一定期間継続雇用された者は、年金の受給資格があり、年金額も一定程度の額が支給されると考えられるからである。

年金だけでは生活できず、フルタイムに近い就労をせざるを得ない高齢者については、同じ年齢層で低賃金の者[8]が多いことから、低賃金で働かざるを得ない場合も多いと思われ、生活の苦しい高齢者の雇用・就業対策が最も緊急を要する課題と考えられ、その実態、支援策の検討が必要であろう。

② 在職老齢年金と雇用の関係

高齢者が仕事をして賃金収入がある場合、在職老齢年金が支給される。60代前半層と65歳以降では仕組みが異なるが、いずれの場合においても、年金額がカットされる可能性がある。年金の減額については、60代前半層では、例えば、老齢厚生年金の月額が18万円の人が年収360万円（月30万円）の収入がある場合には、月10万円（年間120万円）減額されることとなる。60代後半層では、例えば、老齢厚生年金の月額が15万円の人が年収500万円（月約42万円）の収入がある場合には、月5万円（年間60万円）減額されることとなる。

これまで、在職老齢年金については、できる限り就労意欲を阻害しない方向で逐次改善されてきたところである。しかし、今後、生産性の向上や同一労働同一賃金という社会的要請などから、60歳以降の賃金を大幅に減額しないという企業が増える場合には、逆に在職老齢年金により、年金を大幅に減額される人が増えることが想定される。そうなれば、在職老齢年金による年金額の減額を嫌がる人が増え、就労意欲の減

---

[8] 前述したとおり、JILPT「60代の雇用・生活調査」によると、定年後に継続雇用された高齢者の80.3％が賃金額が低下したと回答しており、賃金額の減少率についても「41～50％」の低下が24.2％と最も多くなっている。

退を促進してしまうという恐れも考えられる。

　また、老齢厚生年金には繰下げ加算の制度があり、65歳受給開始を70歳受給開始にすれば、42.0％の増額が見込まれる。しかしながら、65歳以降働いていた人は、在職老齢年金を適用した年金額を基に、繰下げ加算の計算がなされることとなっている。例えば、70歳までは現役で働いて、年金の受給は70歳から加算した年金額で受給しようと思っても、加算額の基礎は在職老齢年金で減額された年金額となってしまうこととなり、就労意欲にはマイナスの影響も考えられる。

　今後、人口減少社会が進展し、労働力人口が減少することを踏まえると、従来の就労意欲をできる限り阻害しないという観点よりも、一歩進んで、就労人口を増加させるという観点から、在職老齢年金や年金の繰り延べ制度について検討することも考えられる。アメリカ、イギリス、ドイツなどは満額支給開始年齢後、年金は減額されないとのことである。また、日本では現在、年金の保険料の支払いが国民年金が60歳まで、被用者が70歳までとなっているが、働いている人にとっては年金の減額よりも保険料の徴収の方が理解を得やすいかもしれない。

　いずれにしても、年金制度の設計が高齢者の雇用・就業に大きな影響を与えるので、雇用・就業促進という観点からも、今後の年金制度を検討していくことも重要な課題と考えられる。

(3)　高齢者の様々な活躍と健康、介護
（高齢者の様々な活躍と健康）

　高齢者が雇用・就業をはじめ様々な形態で活躍するためには、高齢者が健康でなくてはならない。健康寿命は、「健康上の問題ない状況で日常生活が制限されることなく生活できる期間のこと」で2015（平成27）年現在、男性の平均寿命が80.21歳で、健康寿命が71.19歳、女性の平均寿命が86.61歳で、健康寿命が74.21歳となっている。健康政策としては、この健康寿命を延ばすことが重要とされているところである。

　高齢者が雇用・就業をはじめ様々な形で活躍する場合、健康寿命の年齢までは問題なく活躍できると思われる。また、介護や障害者雇用など

の知見を活かしていけば、日常生活に多少の制限があっても様々な活躍
も可能と思われる。

　高齢者が様々な形態で活動することは、健康であるから活動ができる
のか、あるいは活動することによって健康となるのか、因果関係は難し
い面もある。しかし、JILPT が行った「60 代の雇用・生活調査」におい
て、調査時点で働いていた人にその理由を尋ねたところ、「経済上の理
由」71.4％のほかに、「いきがい、社会参加のため」31.5％、「健康上の
理由（健康に良いなど）」23.1％と続いており、高齢者が仕事を続けるこ
とは、本人の「生きがい」や「健康」にもプラスに働いていることが窺
われる（**図表序 -26**）。

　高齢者が様々な形で活躍することによって、健康を維持・向上できる
ということが明らかになれば、健康政策の面からも、日常生活に多少の
制限がある人も含めて、様々な活動を行うことが積極的に奨励されるべ
きであろう。さらに、高齢者に対して、年齢や健康状況によって、どの
ような強度の活動（雇用・就業や NPO・ボランティア活動の強度など）
を行うことが望ましいか、また、その活動が高齢者の生きがいや健康に

図表序 -26　就業者の働いた理由（複数回答）

(%)

	総数（千人）	経済上の理由	健康上の理由（健康に良いなど）	いきがい、社会参加のため	頼まれたから	時間に余裕があるから	その他	無回答
男女計	10,081	71.4	23.1	31.5	17.5	22.6	10.1	2.2
60～64歳	6,040	75.2	20.6	29.6	14.3	20.4	10.0	2.4
65～69歳	4,041	65.9	26.7	34.4	22.3	26.0	10.3	2.1
男性計	5,829	75.3	23.2	28.1	18.6	18.8	9.3	1.7
男性・60～64歳	3,559	80.0	20.5	26.2	14.1	15.4	8.8	2.0
男性・65～69歳	2,271	67.9	27.5	30.9	25.6	24.2	10.2	1.3
女性計	4,252	66.2	22.9	36.3	16.0	27.9	11.2	3.0
女性・60～64歳	2,481	68.2	20.9	34.5	14.7	27.5	11.7	2.9
女性・65～69歳	1,771	63.3	25.8	38.8	17.9	28.3	10.5	3.0

（資料出所）JILPT「60 代の雇用・生活調査」（2015 年 7 月）

どのように役に立つかを明らかにして、国民に提示し、啓発していくことも重要な課題と思われる。

いずれにしても、高齢者が雇用・就業も含めて様々な活動を行うことの効果を検証することは、健康政策と雇用・就業政策との連携に生かされる可能性もがあり、重要な課題と思われる。

（高齢者の様々な活躍と介護）

図表序 -15 でも述べたとおり、60 代の高齢者が仕事に就けなかった主な理由としては、「適当な仕事が見つからなかった」36.2％、「あなたの健康上の理由」32.7％、「家族の健康上の理由（介護等）」15.9％となっている。高齢者の就業の阻害要因としては、高齢者自身の健康問題や、介護などの家族の健康問題も大きなものとなっている。

また、今般の雇用保険法の改正により、65 歳以上の高齢者の雇用保険の被保険者となり、介護休業給付を受給できるようになった（**図表序 -10**（前出））。介護休業給付の活用を含め、どのように高齢者の介護負担を軽減すれば、高齢者の就業促進につながるかを検討することは重要な課題と考えられる。

第 4 節　本書の構成

高齢者の雇用をめぐる課題は第 3 節で述べたとおり、様々な課題がある。本書では、第 3 節で述べた課題の分類に従い、「60 代前半層を中心とした高齢者の雇用の課題」、「60 代後半層以降又は高齢者全般の雇用の課題」、「高齢者の活躍や関連施策の課題」の 3 分野に分類することとする。それぞれの分野には、以下の論文を収めている。

＜ 60 代前半層を中心とした高齢者の雇用の課題＞
（第 1 章）「実質 65 歳定年制」時代の定年制
（第 2 章）60 代前半継続雇用者の企業における役割と人事労務管理
＜ 60 代後半層以降又は高齢者全般の雇用の課題＞
（第 3 章）65 歳以降の就業・雇用を考える
（第 4 章）65 歳以降の継続的な就業の可否を規定する企業要因の検討

＜高齢者の活躍や関連施策の課題＞

（第 5 章）年金支給開始年齢引上げに伴う就業率上昇と所得の空白

（第 6 章）中高年齢者における NPO 活動の継続意欲の決定要因分析

（第 7 章）高齢者の就業と健康・介護

参考文献

閣議決定（2014）「「日本再興戦略」改訂 2014 －未来への挑戦－」
　　http://www.kantei.go.jp/jp/singi/keizaisaisei/pdf/honbun2JP.pdf

閣議決定（2015）「「日本再興戦略」改訂 2015 －未来への投資・生産性
　　革命－」
　　http://www.kantei.go.jp/jp/singi/keizaisaisei/pdf/dai1jp.pdf

閣議決定（2016）「ニッポン一億総活躍プラン」
　　http://www.kantei.go.jp/jp/singi/ichiokusoukatsuyaku/pdf/plan1.
　　pdf

厚生労働省（2016）「高年齢者の雇用状況」
　　http://www.mhlw.go.jp/stf/houdou/0000140837.html

厚生労働省（2015b）「生涯現役社会の実現に向けた雇用・就業環境の整
　　備に関する検討会報告書」
　　http://www.mhlw.go.jp/stf/houdou/0000087875.html

厚生労働省（2015c）「雇用政策研究会報告書－人口減少下での安定成長
　　を目指して－」
　　http://www.mhlw.go.jp/stf/houdou/0000105744.html

労働政策審議会（2015a）「労働政策審議会建議－今後の高年齢者雇用対
　　策について－」
　　http://www.mhlw.go.jp/stf/houdou/0000107938.html

労働政策審議会（2015b）「労働政策審議会 職業安定分科会雇用保険部
　　会報告」
　　http://www.mhlw.go.jp/stf/houdou/0000107715.html

労働政策研究・研修機構（2010）「高年齢者の雇用・就業の実態に関す
　　る調査」JILPT 調査シリーズ調査シリーズ No.75

労働政策研究・研修機構（2014）「これからの高齢者雇用政策－今から備えるべきこと－」JILPT ディスカッションペーパー 14-01

労働政策研究・研修機構（2015）「60 代の雇用・生活調査」JILPT 調査シリーズ No.135

労働政策研究・研修機構（2016a）「高年齢求職者給付金に関するアンケート調査」JILPT 調査シリーズ No.147

労働政策研究・研修機構（2016b）「中高年齢者の転職・再就職調査」JILPT 調査シリーズ No.149

労働政策研究・研修機構（2016c）「高年齢者の雇用に関する調査（企業調査）」JILPT 調査シリーズ No.156

労働政策研究・研修機構（2016d）「NPO の就労に関する研究－恒常的成長と震災を機とした変化を捉える－」労働政策研究報告書 No.183

<　60代前半層を中心とした高齢者の雇用の課題＞

第1章　「実質65歳定年制」時代の定年制[1]

第1節　はじめに

1．本章のねらいと背景

　高齢労働者にとって、仕事の内容、働き方、労働条件等がそれを契機に大きく変化するという点で、定年は重要なキャリア・イベントである。しかし、いまの定年制は、これまで働いてきた企業を退職する契機になるという意味を失いつつある。それは、すでに「実質 65 歳定年制」の時代にあるからである。

　多くの企業がとる定年制度は、後述するように定年年齢を 60 歳とする定年制度であるが、2013 年の高年齢者雇用安定法の施行によって、企業は希望者全員に対して 65 歳まで雇用確保措置をとることが義務づけられ、労働者は希望すれば 65 歳まで雇用が維持されるようになった。定年年齢をその歳まで雇用継続が保障される年齢と捉えると、わが国はすでに「実質 65 歳定年制」時代にある。そうなると、これまでの 60 歳を定年年齢とする定年制とは何なのかが問題になる。そこで本章では、次の 2 つのことを検討する。なお、以下では、多くの企業がとる定年年齢を 60 歳とする定年制を他の定年制と区別するために「伝統的定年制」、そのもとでの定年を「定年」、定年年齢を「定年年齢」と呼ぶことにする。

　第一に、「実質 65 歳定年制」のもとで「伝統的定年制」が人事管理上、どのような機能を持つ制度に変化しつつあるかを検討する。労働者は定年とともに会社を退職し引退する、あるいは、働き続けるにしても退職したうえで他の会社で働くというのであれば、定年制の機能は雇用関係を終了させることということになるが、「実質 65 歳定年制」のもとでは雇用関係の継続が前提になるので、「伝統的定年制」は間違いなく、こ

---

[1] 本章は高齢・障害・求職者雇用開発機構（2016）に所収されている拙稿「総論」をもとに作成したものである。同書はシニア社員の就労状況、人事管理の現状と将来の方向を捉えるために行った以下の 2 つの調査の結果をまとめたものである。①従業員規模 51 人以上の企業の経営者・管理職対象のインターネットを使ったモニター調査（有効回答 1,626人）。②従業員規模 31 人以上の企業の 60 歳以上の雇用者対象のインターネットを使ったモニター調査（有効回答 993 人）。

れまでとは異なる機能をもつ定年制度になるはずである。

　第二に、「伝統的定年制」と 60 歳前半層の労働者（以下「シニア社員」という）を対象とする人事管理との関連について検討する。シニア社員には、定年を経験してきたシニア社員と経験していないシニア社員の 2 つのタイプがある。「伝統的定年制」をとる企業で働くシニア社員は前者に、定年制のない企業や定年年齢を 60 歳超としている企業で働くシニア社員は後者に当たる。現状をみると、多くの企業が「伝統的定年制」のもとでシニア社員を有期雇用社員として再雇用し、仕事の内容、働き方、労働条件等が「定年」前後で大きく変わることから分るように、シニア社員には「定年」前とは大きく異なる人事管理が適用されている。

　ここで「定年」とシニア社員の人事管理の関係を整理した**図表 1-1** をみてほしい。横軸はシニア社員が「定年」を経験したか否か[2]を、縦軸はシニア社員の人事管理が 60 歳前の社員（以下「現役社員」という）

図表 1-1　「定年」とシニア社員の人事管理との関係

人事管理の変化の程度	大きい	タイプA	タイプB
	小さい（変わらない）	タイプD	タイプC
		有	無
		シニア社員の「定年」経験の有無	

---

[2] ここでは定年ではなく「定年」を経験したか否かによってシニア社員を類型化していること、つまり、シニア社員は 60 歳定年を経験した者と経験していない者の二つのタイプのみからなるとしていることに注意してほしい。これは議論を分かりやすくするためにシニア社員のタイプを単純化したものであるが、61 〜 64 歳の定年年齢をとる企業が極めて少ないことから現状にほぼ対応していると考えてよい。

の人事管理とどの程度異なるのかを示しており、両者を組み合わせると4つのタイプが考えられる。前述した「定年」前後で人事管理が大きく変わる、多くのシニア社員が経験するケースはタイプAに当たる。65歳超への定年延長や定年廃止は、一般的に現役社員の人事管理がシニア社員に引き継がれることが想定されるのでタイプCに当たる。

　しかし、必ずしも「定年」を経るとシニア社員の人事管理が変わり、定年を経ないと人事管理は維持されるということにはならず、タイプBやタイプDが選択されることもある。たとえば定年年齢が60歳超であっても、60歳あるいは60歳直前のある年齢を契機に仕事内容や賃金が変わることは珍しいことではなく、役職定年制がそうであるし、定年年齢を60歳超に延長する際に旧定年年齢の60歳以降のシニア社員の賃金を下げる場合もそうである。これはタイプBに対応する。また、「伝統的定年制」の下で「定年」後に再雇用され有期雇用社員になるが、現役社員時代の仕事を継続し、賃金の変化は小さいというシニア社員も少なからずおり、これがタイプDに当たる。

　「定年」とシニア社員の人事管理との関係をこのように類型化して捉えると、「実質65歳定年制」のもとでの「伝統的定年制」の機能が一様でないことが分かる。これまでは「伝統的定年制」の企業はタイプA、それがない企業はタイプCと考えられてきたが、現実にはタイプBをとる企業もタイプDをとる企業もありうるのである。つまり「伝統的定年制」とは何かについては複眼的な視点をもって捉える必要がある時代になっており、本章のねらいである前述の二つの検討の背景にはこのような事情がある。

2．多段階化する定年制の現状

⑴　3つの定年制

　本章のねらいである2つの検討に入る前に、定年制の現状について簡単に確認しておきたい。そのためには、まず定年制の定義を変える必要がある。定年制は、これまで「企業が一定の年齢を定めて社員を退職させる制度」と捉えられてきた。しかし「実質65歳定年制」時代になる

と、「伝統的定年制」が 60 歳をもって雇用を終了させる制度でなくなるので、この定義では定年制を正しく捉えたことにならない。そこで、ここでは定年制を「会社が一定年齢を定めて社員の雇用条件の転換を行う制度」と広く捉え、雇用条件の転換には雇用終了とともに、雇用が継続するなかでの役割や労働条件の変更が含まれるものとする。

この新しい定義に従うと、現状の定年制には従来型の定年制に加えて役職定年制、実質定年制の 3 タイプがある[3]。ここで分かりにくいのは実質定年制である。多くの企業は段階的ではあるが、高年齢者雇用安定法に従ってシニア社員を 65 歳まで継続雇用する施策をとっている。これは 65 歳をもって強制的に雇用関係を終了する施策でもあるので、ここでは、それを実質定年制と呼んでおり、希望者全員が働き続けることができる年齢が実質定年年齢になる。以下では、各タイプの定年制の現状を見ていくことにする。

⑵　役職定年制

役職定年制とは、「一定年齢に達した管理職が当該役職から外れ、専門職等の非管理職に異動する制度」であり、その現状には以下の特徴がある。第一に、「経営がどの程度必要としている制度であるのか」という経営上のニーズについては、高齢・障害・求職者雇用支援機構（2016）が管理者の意向を調べている。それによると、「必要である」が24.4％、「やや必要である」が 50.0％と役職定年制の必要性を肯定的に捉えている管理者は 8 割弱にのぼり、経営上のニーズは小さくないと捉えられている。また大手企業になるほど役職定年制を支持する管理者が多いことも注目される。

第二に「どの程度一般化している制度であるか」の観点からみると、**図表 1-2**[4]に示したように、役職定年制を導入している企業は 23.8％であり、大手企業ほど導入に積極的である。しかし、その大手企業でも導入

---

[3] この 3 タイプに加えて選択定年制も定年制の 1 タイプと考えられるが、社員が退職を選択できることから、ここでの定年制から除外してある。

[4] この表の出典である人事院「平成 19 年民間企業の勤務条件制度等調査」の結果は、人事院「公務員の高齢期の雇用問題に関する研究会」の第 15 回議事資料から引用したものである。

図表 1-2 役職定年制の導入企業比率

(%)

	役職定年年齢がある	役職定年年齢がない	検討中	不明
規模計	23.8	71.1	3.4	1.7
500人以上	36.6	60.3	2.7	0.4
100〜499人	25.5	69.2	3.7	1.7
50〜99人	17.1	77.6	3.2	2.1

（出所）人事院「平成 19 年民間企業の勤務条件制度等調査」

する企業は減少しつつある。

　資本金 5 億円以上、従業員数 1,000 人以上の大手企業を対象にした中央労働委員会事務局「賃金事情等総合調査（退職金、年金及び定年制事情調査）」によると、役職定年制を導入している企業の割合は平成 11 年には 56.0％であったが、それ以降は一貫して低下傾向を示し、平成 19 年には 45.7％になっている[5]。この間、企業は人事管理を成果重視の方向に変えつつあり、その傾向はとくに管理職で顕著である。そうなると管理職につく社員を成果と関係なく、特定年齢（役職定年年齢）で一律に管理職から降ろすことは人事管理の成果重視の方向に反することになる。役職定年制をとる大手企業が減少する背景にはこうしたことがある。

　第三は「何歳で役職を降りるのか」の観点からみた特徴である。**図表 1-3** をみると、役職定年制を導入している企業の多くが役職定年年齢を設けており、その企業比率は部長級で 79.6％、課長級で 84.0％である。さらに役職定年年齢のある企業の定年年齢は部長級、課長級にかかわら

---

[5] 「一定年齢に達した管理職が当該役職から外れ、専門職等の非管理職に異動する制度」と定義した役職定年制が想定している「一定年齢」とは定年年齢の「一定年齢」である。しかし、60 歳定年時に役職から降りるがその後も雇用が継続されることから、60 歳定年を役職定年制と捉える企業もあり、実態を正確に捉えることは難しい。たとえば高齢・障害・求職者雇用支援機構（2012）の調査によると、役職定年制を導入している企業は 34.0％であり、本文で紹介した人事院調査に比べて多い。しかし、この導入企業のなかで役職定年年齢が 60 歳（あるいは 60 歳以上）とした割合が 39.7％（同じく 48.4％）となっているので、定年を役職定年と捉えている企業がかなり存在することが分る。

図表 1-3　役職定年制の役職定年年齢

(%)

	役職定年年齢のある企業	年齢別の構成（「役職定年年齢のある企業＝100%」）					
		55歳未満	55歳	56歳	57歳	58歳	59歳以上
部長級	79.6	1.2	38.3	10.9	24.8	16.5	8.2
課長級	84.0	6.8	45.3	14.0	16.1	10.7	7.1

（出所）人事院「平成 19 年民間企業の勤務条件制度等調査」

　ず 55 歳が最も多く、57 歳がそれに次いでいる。ただし、部長級の 57 歳と 58 歳の比率が課長級に比べて大きいことから分かるように、役職定年年齢は高位役職者ほど遅く設定されている。また、産労総合研究所（2006）によると、役職定年年齢が平均 55.6 歳であるので、役職定年年齢は 55 歳中心にして 55 歳以上の年齢層に設定されていると考えていいだろう。

　第四は、役職定年を契機に「役割と処遇条件がどの程度変わるのか」の観点からみた特徴である。役割については役職から降りて専門職等の非役職業務にあたることになる。それに合わせて処遇も変化し、役職手当が減額あるいは無くなることに加えて基本給が低下することも珍しくない。そのため、**図表 1-4** に示したように、当然のことながら年収ベースで給与は下がることになり、その額は役職定年前の約 75-99％が最も多い。

図表 1-4　役職定年後の年収水準

(%)

変わらない	下がる	約75-99%	約50-74%	約50%未満	不明
8.8	82.5	(78.2)	(20.4)	(1.4)	8.8

（注）①課長級の役職定年制のある企業についての結果である。
　　　②括弧内の比率は「下がる」を 100％にしたときの構成比である。
（出所）人事院「平成 19 年民間企業の勤務条件制度等調査」

⑶ 定年制

　定年制については、高年齢者雇用安定法によって、定年年齢は 60 歳を下回ってはならないと定められていることから、定年年齢を 60 歳とする企業が大勢を占めている。この点を**図表 1-5** でみると、「一律定年制を定めている企業」の 80.5％が 60 歳定年制をとり、それに次ぐのが 65 歳の 16.1％である。それに対して、61 〜 64 歳、65 歳以上は極めて少ない。つまり、定年年齢は 60 歳が中心であるが、それ以外の場合であれば 65 歳というのが定年制の現状である。しかし、この定年年齢の構成は企業規模によって大きく異なり、従業員数 1,000 人以上の大手企業の場合には 9 割以上が 60 歳であるが、小規模企業になるほど 60 歳超の定年年齢をとる企業が増え、30 〜 99 人についてみると、65 歳定年をとる企業が約 2 割に達している。

　なお、以上の定年制度の長期的な変化をみると、定年年齢と年金支給開始年齢に開きがあると無収入の期間ができることから、定年年齢は年金支給開始年齢に合わせて設定されている。つまり、支給開始年齢の変化に合わせて、1970 年代までは 55 歳定年制が主流であったが、1980 年代に入ると 60 歳定年制が急増し、90 年代には主流を占めるようになった（今野（2009））。**図表 1-5** で示したことは、この 90 年代に定着した状況が現在まで続いていることを示している。また、役職定年年齢の中心が 55 歳であることを説明したが、その背景には、1970 年代までは 55

図表 1-5 「一律定年制を定めている企業」の定年年齢の構成

(%)

		60歳	61歳〜64歳	61歳	62歳	63歳	64歳	65歳	66歳以上
調　査　産　業　　計		80.5	2.6	0.3	1.3	0.7	0.3	16.1	0.8
1,000　人　以　上		91.2	2.9	0.5	0.6	1.7	0.1	5.7	0.3
100　〜　999 人		87.0	3.1	0.6	1.0	1.4	0.1	9.4	0.4
	300　〜　999 人	89.9	2.5	0.7	0.6	1.3	−	7.4	0.2
	100　〜　299 人	86.1	3.3	0.6	1.1	1.4	0.1	10.1	0.5
30　〜　99 人		77.5	2.3	0.3	1.4	0.3	0.4	19.2	0.9

（出所）厚生労働省「平成 27 年　就労条件総合調査」

歳定年制のもとで管理職も 55 歳で退職していたことがある。

⑷　**実質定年制**

　最後の実質定年制の現状は複雑である。**図表 1-6** は高年齢者雇用安定法に対応して企業がとる高年齢者雇用確保措置の現状を示している。雇用確保措置をとる企業のうち継続雇用制度をとる企業、つまり 65 歳未満の定年制度をとる企業は 81.7％、定年の引き上げ（65 歳以上の定年年齢）は 15.6％、定年制廃止は 2.7％である。

　ここで、あらためて**図表 1-5** の結果をみてほしい。同図表をみると、65 歳以上の定年年齢をとる企業のほんどが 65 歳定年をとっているので、定年の引き上げ企業は定年年齢を 65 歳とする企業と考えてよい。また同図表によると 65 歳未満の定年制度をとる企業のほとんどが定年年齢を 60 歳としているので、継続雇用制度の企業はほぼ定年年齢を 60 歳とする企業と考えてよい。さらに、継続雇用制度の企業（つまり 60 歳定年の企業）の中で「希望者全員が 65 歳以上の継続雇用制度」をとる企業は 54.1％であり、「経過措置適用企業」は 27.7％である。前者はほぼ 65 歳までの継続雇用制度をとっており、後者の「経過措置適用企業」は 61 歳になるまで希望者全員を継続雇用している[6]。

図表 1-6　高年齢者雇用確保措置の実施状況

	雇用確保措置実施	定年制廃止	定年の引き上げ（65 歳以上の定年年齢）	継続雇用制度の導入（65歳未満の定年制度で、雇用継続は65歳以上）	希望者全員が65歳以上の継続雇用制度	経過措置適用企業
企業数(社)	143,179	3,850	22,317	117,012	77,419	39,593
構成比(%)	100.0	2.7	15.6	81.7	54.1	27.7

（出所）厚生労働省「高年齢者の雇用状況」（2014 年）

---

[6] 継続雇用対象者を限定する基準を労使協定で設けている場合には、一定の経過措置が認められている。経過措置の内容は、平成 28 年 3 月 31 日までは基準適用対象者が 61 歳以上、同じく平成 31 年 3 月 31 日までは 62 歳以上、平成 34 年 3 月 31 日までは 63 歳以上、平成 37 年 3 月 31 日までは 64 歳以上である。この経過措置の対象企業を本論では「経過措置適用企業」としている。また図表 1-6 の調査時点（平成 26 年 6 月 1 日）では、61 歳以上が基準適用対象者になるので、61 歳になるまでは希望者全員が継続雇用される。

このようにみてくると、60歳を定年年齢とする「伝統的定年制」をとる企業は81.7%であるが、その中の54.1%（「伝統的定年制」を100%とすると66.2%）は実質65歳定年制度を、27.7%（同じく33.9%）は実質61歳定年制度をとっていることになる。さらに、65歳定年制度をとる定年引上げ企業と「希望者全員が65歳以上の継続雇用制度」を合わせると69.7%になるとともに、「経過措置適用企業」が今後段階的に「希望者全員が65歳以上の継続雇用制度」に移行していくことを踏まえると、すでにわが国は「実質65歳定年制度」の時代に入っているといえるのである。

3．再雇用の意味と定年制の機能をみる視点

　これまでみてきたように、多くのシニア社員は65歳まで雇用は保障されているものの、「伝統的定年制」のもとで「定年」を60歳で経験し、その後は再雇用されて働くというキャリア・パターンをとる。そうなると「定年」を契機とした再雇用とは何なのかを改めて確認しておく必要がある。

　再雇用とは、定年を契機に、雇用継続を前提に雇用契約を再締結することであり、いわば雇用継続特約付の雇用契約の再締結である。言うまでもなく雇用契約の締結とは、企業側の雇用するニーズと労働者側の働くニーズをマッチングし、それを通して役割と労働条件を決めることである。このことは再雇用であっても変わらず、雇用契約の再締結が効果的に行われるためのマッチングの仕組みを構築する必要がある。

　ここで注意してほしいことがある。このマッチングの仕組みは「定年」を経験するシニア社員（以下「継続雇用型シニア社員」という）に限ったことであり、雇用契約の再締結を行わない、つまり定年を経験しないシニア社員（以下では「無定年型シニア社員」という）には当てはまらないとは思わないでほしい。無定年型シニア社員でも、60歳前後のある時点で役割の変更（つまりキャリア・チェンジ）を求められることがあり（**図表 1-1** のタイプＢに当たる）、それに対応するには、継続雇用型シニア社員と同じようにマッチングの仕組みが必要になる

図表 1-7　会社・シニア社員のマッチングの仕組み

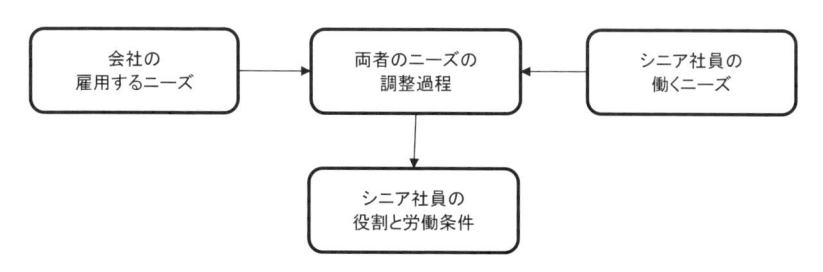

のである。つまり、継続雇用型シニア社員にしても無定年型シニア社員にしても、働く期間が 60 歳を超えて長期化するなかで役割変更（キャリア・チェンジ）を経験せざるをえないのであり、両者の違いは、それが定年を契機に行われるのか、行われないのかの違いにとどまるのである。

　ここで行われるマッチングは、雇用契約を締結する場合に通常とられるマッチングと同じである。それは**図表 1-7** に示したように、第一に、会社はシニア社員をこのような役割と労働条件で活用したいという雇用するニーズを、シニア社員はこのような役割と労働条件で働きたいという働くニーズを相互に提示する。第二に、何らかの仕組みを介して会社とシニア社員のニーズを調整し、第三に、その調整過程を経てシニア社員の役割と労働条件を決定する、という 3 つの段階から構成される。そのため、企業は各段階において効果的な仕組みを作りあげることが必要になるので、以下では各段階のマッチングの現状と課題を明らかにしていきたい。

第 2 節　会社とシニア社員が「求めること」とその提示

1. 雇用するニーズと働くニーズ

　まず問題になることは、会社の雇用するニーズとシニア社員の働くニ

図表 1-8　高齢者の活用方針（N=5,205）

(%)

	当てはまる	やや当てはまる	あまり当てはまらない	当てはまらない	無回答
高齢者の活用が時代や社会の要請であることを経営者や管理者は認識している	58.8	34.1	4.8	1.1	1.1
会社にとって高齢者は戦力であるという方針をもっている	34.8	47.3	14.3	2.6	1.0

（出所）高齢・障害者雇用支援機構（2009）

ーズの内容である。高齢・障害者雇用支援機構（2009）[7] によると（**図表 1-8 を参照**）、「高齢者の活用が時代や社会の要請であることを経営者や管理者は認識している」について肯定的に答えている企業が92.9%（「当てはまる」＋「やや当てはまる」の比率）にのぼることから、会社は法律で定められていることもあって、シニア社員を雇用することの必要性については十分に理解している。しかし、このような「社会の要請だから」といった受身的な対応であるからか、シニア社員を戦力化することについてはやや腰が引けた現状にある。

　確かに、「会社にとって高齢者は戦力であるという方針をもっている」に肯定的な回答をする企業は82.1%にのぼるものの、「あてはまる」が「やや当てはまる」（47.3%）を下回り34.8%にとどまり、雇用する以上は戦力化することは当たり前ということからすると心もとない状況である[8]。同様のことは現場の管理者でも見られる。高齢・障害・求職者雇用支援機構（2016）によると、シニア社員の活用方針として「企業の社会的責任」とする回答は少ないものの、「戦力として」は36.6%にとどまり、「どちらかといえば戦力として」とする管理者が46.6%とそれを上回っ

---

[7] 高齢・障害者雇用支援機構（2009）は、社員を70歳まで雇用するための人事管理のあり方を検討するために企業を対象に実施されたアンケート調査（回答企業数5,205社）の報告書である。回答企業の構成をみると、定年年齢を60歳とし、雇用上限年齢を65歳とする企業が多くを占めるので、70歳まで雇用するための人事管理のあり方を明らかにするために設計された調査票であるが、調査結果はおおむね「伝統的定年制」のもとで雇用されるシニア社員を念頭においた企業の回答であると考えてよい。

[8] 高齢・障害者雇用支援機構（2011）でも、シニア社員（7,110名）を対象に図表1-8と同じ設問項目の調査を行っているが、結果の全体的な傾向は同図表と変わらない。つまり「社会の要請であることの認識」の肯定的回答は90.8%（「あてはまる」＋「ややあてはまる」）、「高齢者は戦力である」の肯定的回答は86.1%、うち「ややあてはまる」が43.0%である。

図表 1-9 　　シニア社員の仕事と働き方に関する自己評価（N=6,466）

(%)

	当てはまる	やや当てはまる	あまり当てはまらない	当てはまらない	無回答
これまでの経験・知識を後輩に伝える仕事がしたい	33.8	45.1	15.1	4.7	1.3
仕事管理能力が高い	17.2	56.8	20.6	3.4	1.9
てきぱき仕事をする	34.2	55.9	8.0	1.0	0.9
仕事を頼まれると断れない	29.0	59.0	10.6	0.4	1.0
協調性がある	34.9	56.5	7.2	0.5	0.9
仕事に対する責任感が強い	50.4	46.3	2.3	0.2	0.9

（出所）高齢・障害者雇用支援機構（2011）

ている。つまり、会社にしても現場の管理者にしても、シニア社員を戦力化することを当たり前のこととして受け入れることができず、シニア社員の雇用にやや腰の引けた状態にあるというのが一般的な現状であろう。

　他方、シニア社員については、現在の仕事や働き方に対する自己評価をみると（**図表 1-9 を参照**）、9 割前後のシニア社員が「仕事は頼まれると断れない」「協調性がある」「仕事に対する責任感がある」等と肯定的な評価（「当てはまる」＋「やや当てはまる」）をしている。それに加えて、多くのシニア社員が主に経済的な理由から少なくとも 65 歳までは働きたいという就労意識をもっていることからすると、「定年」後も「働くこと」については強い意向をもっている。しかし、後述することであるが、「定年」後にどのような役割を果たすのかについては一定のイメージはもっているものの、職場の戦力として活躍するために役割の具体的な内容を自ら考え行動するという点では消極的である。

　つまり、会社にしてもシニア社員にしても「雇用すること」「働くこと」については明確なニーズをもっているが、「戦力として活用する」「戦力として活躍する」という点からみると、企業の側にもシニア社員の側にも多くの課題があるといえるだろう。

2．「求めること」の明確化と提示
　以上のように、会社は「雇用すること」、シニア社員は「働くこと」

について明確なニーズをもっているとしても、会社側はシニア社員をどのように活用するのかを、シニア社員はどのように働き会社に貢献するのかを明確にし、それを相互に提示し調整しない限り、戦力化する、戦力として働くことにはならない。現状をみると、会社にしてもシニア社員にしても、このことの重要性を必ずしも十分に認識できていない。

　会社、シニア社員ともに「定年」前の仕事を継続する前職継続ニーズが強く、現実にも前職継続型のシニア社員が大勢を占めている。しかも**図表1-10**をみると、シニア社員の就業意識には以下の特徴があり、それは企業がシニア社員に期待していることと大きな違いはない。第一には、「経験や知識を活かす仕事がしたい」の肯定的意見（「Aである」＋「Aに近い」）が88.9％と圧倒的に多いことから分かるように、シニア社員はこれまで蓄積してきた経験・知識を活かす仕事につきたいと考えている。この点については会社も同じように考えているからこそ、前職継続型のシニア社員が大勢を占めることになるのである。

　第二には、「第一線で活躍したい」（「Aである」＋「Aに近い」）より「現役世代を支援したい」（「Bである」＋「Bに近い」）が、「若い人を引っ張っていきたい」（「Aである」＋「Aに近い」）より「若い人を盛り立てていきたい」（「Bである」＋「Bに近い」）が上回ることから分かるように、シニア社員は、自分が前線に立って牽引するというより、現役世代の支援にまわる仕事をするという就業ニーズを持っている。こ

図表1-10　60歳以降の就業への考え方（N=993）

(%)

【A】	Aである	Aに近い	Bに近い	Bである	【B】
第一線で活躍したい	12.2	32.6	42.9	12.3	現役世代を支援したい
能力を活かすには、地位や立場が必要である	10.3	30.7	42.4	16.6	地位や立場がなくとも、能力を活かすことができる
経験や知識を活かした仕事がしたい	22.5	66.4	9.3	1.9	もっと新しいことに挑戦したい
若い人を引っ張っていきたい	7.5	25.8	55.1	11.7	若い人を盛り立てていきたい
すぐに成果がみえる仕事がしたい	7.4	41.6	42.6	8.5	会社の将来に投資する仕事がしたい

（出所）高齢・障害・求職者雇用支援機構（2016）

の点についても企業は同じ考え方を持っており、その結果、シニア社員の仕事内容は前職を継続するものの、役職を降りる、職責が低下するという方向で変化するのである。

　以上の点からすると、会社とシニア社員はお互いの大まかな意向については理解していることになるが、お互いに「求めること」を具体的に提示し、それを擦り合わせて役割と労働条件を決めているのかになると心もとない状況である。たとえば定年後に何を期待するのかを「定年」前の 50 歳代に提示する会社は多くない⁹。同様のことはシニア社員にもみられる。**図表 1-11** に示したように、働く場は「会社が準備すべき」（51.4％）と「自分で探すべき」（48.7％）がほぼ拮抗した状況にあり、定年後の仕事は会社が用意すべきと考えているシニア社員、つまり、どのような役割を通して会社に貢献するのかを考えることのないシニア社員は多い。

　さらに、**図表 1-12** をみると[10]、60 歳超の就労を目指して事前に何の準備も行わないシニア社員が約半数（50.6％）を占める。それとともに、何らかの準備をしている場合でも、「健康状態の維持・向上」（30.6％）

図表 1-11　働く場の確保に対するシニア社員の考え方（N=993）

(%)

会社が探すべき	会社が準備すべき	どちらかといえば、会社が準備すべき	どちらかといえば、自分で探すべき	自分で探すべき	自分で探すべき
51.4	9.8	41.6	39.6	9.1	48.7

（出所）高齢・障害・求職者雇用支援機構（2016）

9　高齢・障害・求職者雇用支援機構（2016）の調査によると、50 歳代に「会社が 60 歳代に期待する役割・人物像の伝達」をしているとしたシニア社員は 16％にとどまる。

10　高齢・障害・求職者雇用支援機構（2016 年）では、シニア社員を定年後に非正社員として継続雇用されている「みなし継続雇用（非正社員）」、定年後に正社員として継続雇用されている「みなし継続雇用（正社員）」、定年を経験していない正社員である「長期雇用社員」に分けて調査結果を集計している。ここで想定している継続雇用型シニア社員にあたる「みなし継続雇用（非正社員）」についてのデータの場合には、この表のタイトルに示してあるように表示する。

図表 1-12 50歳代に準備したこと（みなし継続雇用
（非正社員） N=464）

	(%)
会社に貢献する方法の探索・検討	6.5
60歳代の仕事に必要な知識・技能の習得	10.6
60歳以降のキャリアプランの設計	9.3
配属可能性のある職場への働きかけ	5.0
60歳以降のキャリアプランの設計生活設計	22.2
同業他社や転職時の就業条件の情報収集	3.4
健康状態の維持・向上	30.6
その他	0.2
準備は行っていない	50.6
わからない	1.3

（出所）高齢・障害・求職者雇用支援機構（2016）

と「60歳以降の生活設計」（22.2％）をあげたシニア社員が多く、働く
ことに直接関連する「会社に貢献する方法の探索・検討」「60歳代の仕
事に必要な知識や技能の習得」「60歳以降のキャリアプランの作成」を
行うとしたシニア社員はせいぜい1割程度にとどまる。つまり、定年後
にどのような役割を通して会社に貢献しキャリアを積むのかを考えて、
それに必要な能力を高めておくシニア社員は極めて少ないというのが現
状である。

　これでは会社はシニア社員を戦力化し、シニア社員は新しい役割の
もとで活躍することは難しい。ここで想定されているのは、「定年」を
契機に雇用契約を再締結して継続雇用されているシニア社員である。し
かし、会社にしてもシニア社員にしても、雇用契約の再締結という意識
が薄い。継続的に雇用することが決まっているので、あるいは継続的に
雇用されることが保障されているので、会社とシニア社員の間の関係
は、仕事内容や労働条件について改めて相談し交渉する必要はなく、シ
ニア社員は会社の指示を待つという傾向が強いように思える。

　この課題を解決するには、会社は業務上必要な人材を調達するという
観点にたってシニア社員の活用方法を検討し、それを明確に示す必要が
ある。特に「定年」を契機に仕事の内容が変わるシニア社員については
そうである。シニア社員も同様で、会社が仕事を用意してくれるという

意識から脱却して、どのような役割を通して会社や職場に貢献するのかという姿勢をもって自分を売り込むという、通常の雇用契約の締結に似た行動をとることが求められる。

　以上のことは、再雇用にあたってのマッチングを効果的に行うために、会社とシニア社員が行うべきことであり、60 歳超の就労にあたって事前に準備しているシニア社員ほど高度な業務に就いているという事実からすると[11]、それが再雇用を通して実現される雇用の質に及ぼす影響は大きいと考えられる。

第 3 節　ニーズ調整の仕組みと定年制度

⑴　相談・交渉プロセス

　会社は雇用するニーズを、シニア社員は働くニーズを明確にしたうえで相互に提示した後に問題になることは、両者のニーズを調整すること、つまり両者から提示された仕事内容と労働条件をめぐって両者が相談・交渉することである。

　この点の現状をみると、50 歳代に 60 歳以降の仕事内容や労働条件の説明を会社（人事部門）から受けたとするシニア社員は少ない。高齢・障害・求職者雇用支援機構（2016）によると、継続雇用型シニア社員に当たるみなし継続雇用（非正社員）の場合には、「人事部門から労働条件の説明を受けた」かについて「あてはまる」「まああてはまる」とした者は 20.7％にとどまり、「あまり、あてはまらない」「あてはまらない」が 53.3％にのぼっている。

　そのうえ、**図表 1-13** に示してあるように、雇用契約締結時や契約更新時に、仕事内容や労働条件について人事部門や上司と「相談は一切できない」とするシニア社員が 4 割程度にのぼり、相談・交渉ができると

---

[11] 高齢・障害・求職者雇用支援機構（2016 年）では、図表 1-12 の項目とシニア社員が担当する業務レベルとの関係について分析している。それによると、業務レベルが高くなるほど、「会社に貢献する方法の探索・検討」「60 歳代の仕事に必要な知識や技能の習得」「60 歳以降のキャリアプランの作成」の事前準備をしてきたシニア社員が多くなることが明らかにされている。

図表 1-13　労働条件をめぐる相談・交渉事項（みなし継続雇用（非正社員）　N=466）

（複数回答 %）

	人事部門	直属上司
相談は一切できない	43.4	36.9
配属先部署	16.3	10.9
職位や権限	4.3	4.3
業務内容	19.7	30.9
勤務日・日数・時間	27.3	28.8
残業時間や出張	10.5	13.1
勤務地	11.6	10.7
職場の業務目標・事業計画	3.2	8.6
業務達成のための資源配置(設備・人員)	1.5	4.9
あなたの業務目標	6.7	15.9
賃金水準・契約額	12.4	9.7
契約形態(雇用形態等)	17.2	12.0
仕事の進め方ややり方の裁量範囲	10.7	23.6
その他	0.9	0.6

（出所）高齢・障害・求職者雇用支援機構（2016）

しているのは残る 6 割程度である。

　さらに、後者の相談・交渉ができる内容をみると、対人事部門では「勤務日・日数・時間」、対直属上司では「業務内容」「勤務日・日数・時間」の指摘が多く、労働時間と仕事の内容が主要な相談・交渉事項であることがわかる。しかし、これらの主要な事項でも指摘率は 3 割前後にとどまり、その他の「所属部門先部署」「勤務地」「賃金水準・契約額」等の重要な労働条件が相談・交渉対象になることは少ない。

　これでは会社とシニア社員のニーズ調整を効果的に行うことは難しく、ニーズ調整のための新たな仕組みを構築することは企業にとって重要な課題になろう。その際に注目すべきは「伝統的定年制」の存在であ

り、「伝統的定年制」はニーズ調整の重要な仕組みになりつつある。

⑵　変わる「伝統的定年制」の機能

（「伝統的定年制」の役割・労働条件調整機能の現状 ）

　これまで何度も強調したように、「伝統的定年制」は「実質 65 歳定年」時代の中で実質的に雇用終了機能を喪失しているので、「伝統的定年制」の機能として考えられるのは、シニア社員の役割と労働条件を調整する（つまりキャリア転換を促進する）機能である。

　まず「伝統的定年制」がこの調整機能をどのように発揮しているかを知るには、役割と労働条件の 60 歳前後での変化を、「定年」を経ている継続雇用型シニア社員と「定年」を経ていない無定年型シニア社員の間で比較することが役に立つ。まず役割の変化をみると、前述したように前職継続が大勢を占めるが、その中で担う仕事の内容は変化している。それを職位の点からみると、**図表 1-14** で示しているように、無定年型シニア社員（表中の「無定年正社員」にあたる）は△ 0.14 ランクと現役時代の職位ランクがおおむね維持されるが、継続雇用型シニア社員（同じく「継続後非正社員」）は△ 1.42 ランクと大きく低下する。さらに具体的な仕事内容をみると、無定年型シニア社員は組織の基幹的役割を担うが、継続雇用型シニア社員は後輩の指導等にあたる。以上の

図表 1-14　50 歳代時点と現在時点の変化

	継続後 非正社員	無定年 正社員
職位ランク変化 （50歳代の職位－現在の職位）	△ 1.42	△ 0.14
年収変化（万円） （50歳代の年収－現在の年収）	△ 500.30	△ 62.80

（注）職位ランク変化は、一般職相当 1 点〜役員相当 5 点として計算している。

（出所）高齢・障害・求職者雇用支援機構（2016）

ことの背景には、前述したように「現役時代に蓄積してきた経験と能力を生かして、現役社員を牽引するリーダとしてより、現役社員を支える役割を果たす」という会社とシニア社員が共有する役割のイメージがある。

　同様のことは他の調査でも明らかにされている。たとえば、高齢・障害者雇用支援機構（2011）の調査結果をみると（**図表 1-15** を参照）、現役時代の役職を継続するシニア社員が「1 人もいない」「少数」とする企業が多く、継続指数をみても 2.5 点と、企業の平均的な状況は「少数」と「1 割程度」の中間レベルにあり、役職が継続されないシニア社員が大勢であることが分かる。それに対して仕事内容と所定労働時間をみると、継続指数がともに約 6 点であるので、ほぼ 8 割程度は現役時代の仕事内容と所定労働時間を継続しているということになる[12]。つまり役職は降り、職責を下げて、現役時代と同じ仕事をフルタイムで行うというのがシニア社員の一般像ということになる[13]。

　以上のことを反映して、年収ベースでみた給与は、無定年型シニア社員は現役時代の水準がおおむね維持されるが、継続雇用型シニア社員は

図表 1-15　シニア社員の仕事働き方の継続性　（60 歳前半非正社員 N=2625）

	ほぼ全員	8割程度	半数程度	2割程度	1割程度	少数	一人もいない	無回答	継続指数 (点)
役職の継続性	8.1	3.6	6.2	6.6	5.1	29.3	40.0	1.2	2.5
仕事内容の継続性	56.2	17.7	9.0	1.4	1.1	8.3	5.3	1.0	5.8
所定労働時間の継続性	65.6	13.5	6.3	1.6	0.9	4.2	7.1	1.0	6.0

（注）継続指数は「ほぼ全員」7 点……「1 人もいない」1 点とした加重平均値である。
（出所）高齢・障害者雇用支援機構（2011）

---

[12] シニア社員の多くが前職継続をとることを明らかにしている調査は他にも多くある。たとえば労働政策研究・研修機構（2007）によると、継続雇用後の仕事内容（最も多いケース）が「通常、定年到達時の仕事内容を継続」とした企業は 71.9％に達している。

[13] 同様のことは高齢・障害・求職者雇用支援機構（2012）でも明らかにされている。シニア社員の労働時間については、所定労働時間と労働日数が現役時代と変わらないとする企業が約 8 割（それぞれ 78.6％、79.3％）に上る。仕事内容については、仕事内容・範囲が変わらないが 61.1％と多いものの、職責の重さでは 38.1％に低下する。

大きく低下し（**図表 1-14** を参照）、その水準は 50 歳代の最高年収の約 4 割である [14]。

（「伝統的定年制」は雇用の質を下げるか ）

　このようにみてくると、「伝統的定年制」は「実質 65 歳定年」時代の中でシニア社員の役割と労働条件を調整する機能を果たしているということになるが、シニア社員の雇用の質の低下も招いているようにみえる。事実、高齢・障害・求職者雇用支援機構（2016）では、企業がシニア社員をどの程度戦力化しようとしているのかと、シニア社員をどのような雇用形態の社員とするのかの関係をみると、戦力化を図る企業ほど雇用形態を正社員とする傾向が強く、無定年型シニア社員は継続雇用型シニア社員に比べて能力発揮意欲レベル、能力発揮レベルが高いことが明らかにされている。

　このようにみてくると、増加するシニア社員を戦力化するには、非正社員として再雇用するよりも、定年年齢を延長する、あるいは定年制度を廃止する等して継続的に正社員として雇用するほうが望ましく、「伝統的定年制」の役割・労働条件調整機能の有効性に疑問を投げかける結果になっている。しかし、この点の評価は慎重に行われなければならない。

　「伝統的定年制」の有無にかかわらず、働く期間が 60 歳を超えて長期化する中では、社員は高齢期のある時点で役割と労働条件を調整し、キャリアの方向を転換しなければならない。しかし、それを個人の力だけで達成することは難しく、社員にキャリアの変更を強く求める仕組みを整備する必要がある。しかも高齢・障害・求職者雇用支援機構（2016）では、60 歳超の「仕事満足度」でみた雇用の質は定年制の有無ではなく、仕事の変化とりわけ職場や職位の変化に規定され、その改善には目標管

---

[14] 継続雇用型シニア社員の給与は現役時代に比べて、どの程度低下するのかについては、現役時代のいつと比較するのか、比較を月例給与（主に所定内給与）ベースとするのか年収ベースとするのかによって異なる。本論で示した減少幅は 50 歳代の最高年収（つまり、現役時代の最高年収）と比べている。それに対して高齢・障害者雇用支援機構（2010）では、60 歳以降で最初に支給された月例給与を 60 歳直前と比べており、その時の減少幅は平均 32.2 ％である。さらに、減少幅は大手企業になるほど大きくなる（1,000 人以上の減少幅は 36.1 ％）ので、月例給与ベースでみると定年時に比べて 3 ～ 4 割程度減少するというのが全体的な傾向といえるだろう。

理によって個人の目標を明確にし、経営に関与している意識を持てる職場環境を整えることが効果的であることが明らかにされている[15]。

そうなると、シニア社員を戦力化するうえで問題となるのは、シニア社員の役割と労働条件をどのようにすることが望ましいのか、それに向かって役割・労働条件をどのように調整していくことが望ましいのかという二つの点である。さらに、理論的には「伝統的定年制」の有無と60歳超の望ましい役割と労働条件とは無関係であるので、これら二つの点は明確に分けて検討される必要がある。「定年」を経たシニア社員は担当業務レベルと賃金が低く、「定年」を経験しないと担当業務と賃金が高いという現状をみて、「伝統的定年制」の有無と役割・労働条件の間には一義的な関係があると思われがちであるが、「伝統的定年制」があってもシニア社員に高度な業務を担当してもらってもいいし、一部のシニア社員を対象にしているとはいえ、そうしている企業は珍しくない。

このようにみてくると、「伝統的定年制」はすでに強力な役割・労働条件調整機能を発揮しているが、それが効果的に機能するか否かは「定年」後の役割と労働条件をどのように設定するかに依存する。また、もし「伝統的定年制」の選択をとらない場合には、それに代わる役割・労働条件調整のための仕組みを新たに検討することが必要になる。いま定年延長が問題になっているが、その適否を考えるうえで重要な点である。

4．シニア社員の役割・働き方と人事管理

⑴　人事管理整備の動向

それでは、このような調整過程を経て決定される、望ましい役割と働

---

[15] 高齢・障害・求職者雇用支援機構（2016）では、仕事満足度からみた雇用の質が継続雇用型、無定年型といった雇用タイプではなく、60歳前後の仕事の変化、とくに職種と職位の変化に規定されていることを明らかにしている。また60歳以降の社員の活用を進めるうえで、どのような施策が有効であるかについては、高齢・障害者雇用支援機構（2009）が体系的に分析している。なお同書では、高齢者が戦力であるとの経営方針をもち、それを社員に理解させること、高齢者の期待役割を明確にすること、それまで蓄積してきた能力を活かして現職を継続させること、仕事ぶりを評価してメリハリのある処遇を行うこと等が活用につながる施策であることが明らかにされている。

き方はどうあるべきなのか。すでに説明したように、担当する仕事の分野は変わらないものの、現役時代に比べて職責や仕事量を減らしフルタイムで働くという現状をシニア社員にしても企業にしても望ましいと考えている。そうなると問題は、人事管理がそれに合わせてどう整備されているかである。

この点に関連して明らかにされていることは、次の 2 つの点である。第一に、一般的にシニア社員が増えるとシニア社員の人事管理は現役世代に近づく方向で整備されるが、現役社員の人事管理と完全に一致することはない。第二に、その背景には、シニア社員が増えると、配置・異動、就労条件、教育訓練という活用に関わる人事管理は現役社員に近づくものの、評価や報酬については現役社員と異なる人事管理が維持される[16]。

職責は下がるものの、現職を継続しフルタイムで働くという形でシニア社員を活用している以上、また、その方向でシニア社員を戦力化するほど、活用の人事管理が現役社員に近くなるのは当然のことであろう。そうなると、問題にすべきことは、なぜ評価と報酬の人事管理が現役社員と異なる人事管理になるのかである。単に活用の人事管理の変化に迅速に対応できないだけで、時間をかければ現役の人事管理に近づいていくことになるのかもしれないし、何らかの構造的な理由から現役社員の人事管理に近づくことはないのかもしれない。どちらのシナリオをとるかによって、対応すべき道筋は異なる。

この点を検討するにあたっては、シニア社員の評価と賃金に関わる人事管理の現状をあらためて把握するとともに、企業がどのような方向に向かうべきと考えているのかをみておく必要がある。

⑵ 評価と賃金の人事管理の現状と方向

人事評価と賃金水準の現状についてはすでに説明したので、ここでは

---

[16] この点について、これまで幾つもの調査研究で明らかにされている。たとえば高齢・障害・求職者雇用支援機構（2012）によると、60 歳代前半層の社員を対象に人事評価を行っている企業は 53.5％にとどまる。しかも、この実施企業のなかで現役の正社員と同じ人事評価をするとした企業が 42.3％であることから、現役正社員と同じ人事評価を行う企業は全体の 2 割強にとどまる。

賃金の決め方について詳しくみることにする。高齢・障害・求職者雇用支援機構（2016）によると、管理職が描く現状には次のような特徴がある。

　まず、賃金プロファイルについては、賃金が「60歳時点で大幅に減少し、その後は横ばいになる」という形態が最も多く、それに定年時の賃金が維持される「横ばい」型と定年後に逓減する「下降」型を加えた3つが現状の主要な賃金プロファイルである。賃金の決定基準については、現役社員からシニア社員に転換するに伴い成果に対する期待が大きく低下し、職務・仕事内容を中心に賃金を決める傾向が強まる。事実、目標管理、個人業績を反映する賞与、昇給制度という、評価を行い結果を賃金に反映する仕組みの適用を受けるシニア社員は少なく、「仕事の成果を評価し、その結果を給与や賞与に反映させる」という人事管理の基本原則をシニア社員に適用する企業はまだ多くない[17]。

　つまり、現役社員を支える役割を果たす方向で会社がシニア社員を活用し、シニア社員が活躍することで合意ができているとしても、その役割の中で成果をあげることを期待し、成果を評価したうえで賃金に反映させるという人事管理が整備されていない現状にある。また、成果を評価しない、現役社員とは異なり職務重視の賃金決定基準とする、現役社員とシニア社員の連結を断絶型にする賃金プロファイルをとっていることが、評価と賃金に関わる人事管理が現役社員に近づくことのない背景になっている。

　しかし、管理職はこうした現状に問題があると感じており、次のような方向で評価と賃金の人事管理を変える必要があると考えている。第一には、シニア社員といえども戦力化を図る以上は人事評価を実施する。従って第二に、賃金の決定基準は成果を重視する方向に変え、第三に、賃金プロファイルは「60歳時点で大幅に減少し、その後は横ばい」を減らし、「横ばい」とともに「大幅に減少し、その後上昇」を増やす。

---

[17] 仕事の成果を給与に反映させているかは、昇給のある賃金制度を採用しているか否かの点からみることができる。高齢・障害者雇用支援機構（2010）によると、非正社員のシニア社員に昇給があるとした企業は少なく、「全員に昇給がない」企業は76.6％に上っている。

つまり、定年時に大幅に低下することがあっても、その後は評価に基づいて昇給する仕組みとすべきであると考えられているのである。

しかし、ここで注意すべきことは、シニア社員の戦力化を進めるためには管理職が指摘する方向で改革が必要であるとしても、「定年」を契機に役割とキャリアの方向が変わる以上は、さらに長期雇用を前提に長期的な視点にたって役割と賃金を決め、キャリアを形成する現役社員と異なり、短期雇用を前提に役割、賃金、キャリアを考える必要がある以上、シニア社員の賃金に関わる人事管理は、現役社員とは異なる仕組みにならざるをえないということである。つまり、シニア社員の賃金については現役に近い制度をつくることが望ましいということにはならず、変わる役割とキャリアに適合的な、現役社員とは異なる人事管理を整備することが求められているのである。

5．まとめ～定年制について再考する～

(1) 避けられない役割・労働条件調整とキャリア転換

これまで「実質 65 歳定年制」時代における定年制、特に定年年齢を 60 歳とする「伝統的定年制」の意味について考えてきた。「伝統的定年制」はすでに雇用終了機能を失い、役割・労働条件調整機能が主要な機能になっているので、企業にとっての、あるいは社員にとっての「伝統的定年制」の意義はこの観点から検討する必要がある [18]。

まず問題になることは、「定年」を契機に役割・労働条件調整を行う必要があるのかである。この点に関連して重要なことは、これまでも強調したように、65 歳まであるいはそれを超えて働く時代になり職業期間が長期化すると、定年制の有無に関わらず高齢期のある段階で役割とキャリアの見直しが必要になる、ということである。

企業の立場からすると、人材の新陳代謝を進めることが必要なので、社員には高齢期のある段階で仕事を次の世代に譲り、新たな役割を担う

---

[18] これまでの「伝統的定年制」には雇用終了機能とともに、60 歳時点で退職金を清算する機能があり、「実質 65 歳定年制」時代になっても、この機能は依然として残っている。高齢・障害者雇用支援機構（2010）によると、非正社員のシニア社員に対して、60 歳時点で退職金を精算している企業は 89.8％に達している。

ことを求めよう。さもないと後継者の育成が遅れ、経営の持続的な成長が難しくなるうえに、高齢期にある社員が離職したときの経営上のリスクが大きくなる。高齢期にある社員にしても、それまでと同じように高い地位を目指すキャリアを追い求めることが社内事情からみて難しいことから、また、重い成果責任をもつて働くことが肉体的にも精神的にも難しくなることから、役割は管理的役割やリーダ的役割から一担当者（あるいは特定分野のエキスパート）としての役割に、キャリアは一担当者として生きていくキャリアに転換する必要がある。

⑵ 「伝統的定年制」は「適当な」調整機構

　そうなると、次に問題になることは、このようにして高齢期のある時点で役割・労働条件調整を行う必要があるとしても、それを「伝統的定年制」が担う必要があるかである。たとえ役割とキャリアの転換が経営上の都合からしても、また、個人にとって良質なキャリアを形成するうえで必要であったとしても、労働者は慣れた役割とキャリアに固執し、自発的に転換を行うことが難しいだろう。そうなると企業としては、転換を支援する、あるいは促進するための何らかの仕組みを整備することが必要になる。

　もちろん、高齢者個人によって能力、役割、成果さらには後継者に仕事を委譲する必要性等の事情は様々であり、従って、役割・労働条件調整を行う最適な時期は異なる。そうなると個々の事情に合わせて役割・労働条件調整を行う時期を個別に決定することが望ましいことになるが、全ての事情を客観的に評価することは不可能であるため、早い時期に設定された労働者が転換する時期が早すぎると不満に思うように、多くの労働者が個々に決定された転換時期を納得して受け入れるとは考えにくい。また、納得して受け入れてもらえるとしても、企業が負担しなければならない説明と説得のコスト（つまり、調整コスト）は非常に大きくなろう。そうなると、年齢を理由にして一斉に役割・労働条件調整を行う「伝統的定年制」が最適とはいえないものの「適当な」仕組みということになる。

(3) 結局、雇用の質は活用と人事管理で決まる

このようにして「伝統的定年制」が役割・労働条件調整のための強力な仕組みであったとしても、「伝統的定年制」は「定年」後の労働者が経営にとって戦力になり、良好なキャリアを積めることを保障するものではない。この点に関連して、「定年」を経た雇用継続型シニア社員は「定年」を経ていない無定年型シニア社員に比べて、仕事の重要度からみても、賃金水準からみても低いレベルにあることはすでに説明した。しかし同時に、理論的に考えると「伝統的定年制」と「定年」後の雇用の質は無関係であること、さらに雇用の質は「定年」を経るか否かではなく、「定年」後にシニア社員がどのような役割を果たすのかに依存することも説明した。

そうなると、二つの点が重要になる。第一には、「伝統的定年制」は役割・労働条件調整を行ううえで有効な仕組みである。第二には、「定年」を契機に調整された役割・労働条件さらには雇用の質は「定年」後のシニア社員がどのような役割を担当するのか、それに合わせて人事管理がどのように形成されるのかに依存する。つまり「定年」だからでなく、「定年」を契機に役割とキャリアの方向をどのように転換することが、経営にとってはシニア社員を戦力化することに、シニア社員にとっては活躍できることにつながるのかを考えることが重要なのである。

最後に、これまで検討してきたことを踏まえると、いま問題になっている定年延長、定年制廃止をどのように考えればいいのか。定年延長、定年廃止をとる企業は、まずは「実質 65 歳定年制」であるにもかかわらず、なぜ定年延長を行う必要があるのかをしっかり考える必要がある。その際の最も重要なポイントは、経営の持続的発展と個人のキャリア形成にとって、高齢期のある時点で社員に役割とキャリアの方向の転換を求めることが必要であるのかである。社員に転換を求める必要がない場合には問題にならないが、転換を求める必要がある場合には、「伝統的定年制」に調整機能を期待しないことになるので、それに代わる役割・労働条件調整機能を担う仕組みを整備することが必要になる。

つまり、定年延長、定年廃止が望ましい施策であるか否かは、「伝統

的定年制」に代わる役割・労働条件調整機能を担う仕組みが構築されているのかに依存する。新たな調整の仕組みを整備することなく定年延長、定年廃止の施策をとることは企業にとっても、労働者にとっても望ましい選択とはいえないのである。

参考文献

今野浩一郎（2009）『人事管理入門』日本経済新聞出版社

高齢・障害者雇用支援機構（2009）『「70 歳まで働ける企業」基盤作り推進委員会調査研究報告書』

高齢・障害者雇用支援機構（2010）『「人事制度と雇用慣行の現状と変化に関する調査研究」第一次報告書』

高齢・障害者雇用支援機構（2011）『60 歳代従業員の戦力化を進めるための仕組みに関する調査研究報告書』

高齢・障害・求職者雇用支援機構（2012）『高齢者雇用に向けた賃金の現状と今後の方向』

高齢・障害・求職者雇用支援機構（2016）『高齢社員の人事管理と展望』

産労総合研究所（2006）「賃金事情」2006 年 9 月 2505 号

労働政策研究・研修機構（2007）『高齢者の継続雇用に向けた人事労務管理の現状と課題』

第1節　60代前半層を対象とした
人事労務管理の展開と本章の課題

　2004年の高年齢者雇用安定法の改正により、2006年4月から年金支給開始年齢までの雇用確保措置が義務化されて以降、60代前半（60歳から65歳まで）の従業員を雇用する体制・慣行は着実に日本の企業社会に定着してきた。2016年度の厚生労働省「高年齢者の雇用状況」によると、従業員31人以上の企業のほぼすべて（99.5％）が雇用確保措置を実施し、65歳を上限として希望者全員を継続雇用するという企業は65.4％[1]に達している。企業側の雇用体制の整備を受けて、雇用者側でも60歳定年以降、それまでの勤務先で継続して働くというケースが多数を占めるようになり、前出の「高年齢者の雇用状況」によれば、2015年6月から2016年5月にかけて、60歳定年企業で定年に到達した約35万人のうち82.9％が継続雇用されている[2]。

　60代前半層を継続雇用する企業の体制が整い[3]、実際に雇用される人々が増加していくのに伴い、60代前半層を対象とした人事労務管理についての実態把握や研究も進んだ。藤波・大木（2011）は、高齢・障害者雇用支援機構編（2010）にまとめられた企業アンケート調査の結果を用いて、60歳前の正社員を対象とした人事労務管理と60代前半層を対象とした人事労務管理との間の継続性が、60代前半層の企業における活用とどのような関係を持つかを分析した。この分析では、人事労務管理の中でも、社員格

---

[1] 2016年の「高年齢者の雇用状況」によると、65歳以上の希望者全員が雇用される体制を設けている企業は74.1％である。うち66歳以上の希望者全員を対象とする継続雇用制度を設けている企業が4.9％、66歳以上の定年を設けている企業が1.1％、定年を廃止している企業が2.7％であり、これらの企業の比率（8.7％）を65歳以上の希望者全員が雇用される体制を設けている企業の比率（74.1％）から差し引いた結果が、ここで示している「65歳を上限として希望者全員を雇用する企業」の比率である。

[2] 残る2割弱の60歳定年到達者のうち、継続雇用を希望せずに退職した人は16.9％、継続雇用を希望したにもかかわらず継続雇用されなかった人は0.2％である。なお、定年到達者の継続雇用に関する意思決定プロセスに着目した代表的な研究としては、高木（2008）、同（2014）がある。高木は企業や高年齢者に対するインタビュー調査から、定年到達予定の従業員が現勤務先での継続雇用の希望を表明する機会に直面した際、自らの置かれた状況から企業の意向を察知して「自己選別」を行い、表明を行うかどうかを判断するという構図を提示している。

付け制度や賃金テーブルといった人事制度における扱い、配置・異動、労働時間における継続性が高い企業ほど、60 歳以上の従業員の占める比率や、60 代前半層の活用に対する評価が高まることが示されている。

　また、大木・藤波（2012）は、60 代前半層に対し会社側の期待を「知らせる仕組み」と、60 代前半層の能力・意欲を会社側が「知る仕組み」に着目し、これらの仕組みをより整備している企業ほど、60 代前半層の活用に対する満足度が高くなり、60 代前半の従業員自身もより能力を発揮していると感じることを、アンケート調査の分析を通じて明らかにした。そして、「知らせる仕組み」、「知る仕組み」をより整備している企業は、① 60 代前半層を戦力化しようという方針をより強くもち、そのことを従業員に対してより積極的に訴えている、② 60 歳以降の職業生活について考えてもらう場や、相談・アドバイスを受け付ける場を設けている、企業であった。

　藤波（2013）は、60 代前半層の就業体制や期待役割が、定年前からどのように変化するかについての企業アンケート調査[4]の回答から、60 代前半層の活用方針を形作る基礎的な項目として、定年前からの仕事内容の変化の有無と、労働時間の変化の有無という 2 項目を導き出し、それぞれにおける変化の有無により、回答企業を 4 つの類型に分類した。その上でそれぞれの活用方針と、①賃金管理、② 60 代前半層の働き振りについての評価、③ 60 代前半層を活用することの経営上の効果についての評価、との関連について分析している。その結果、賃金管理については、定年後に仕事内容の変化がないという企業のほうがあるという企業に比べて、定年前に近い形で進められていた。また、定年後の仕事内容の変化がない企業の

---

[3] 新たな雇用慣行の定着という観点からは、60 代前半層を継続雇用する体制が広がっていく過程における、法的ルールの変化・定着も見逃せない。雇用確保措置の義務化以降生じた、再雇用制度による継続雇用の拒否や終了（雇い止め）をめぐる裁判の中では、再雇用制度における継続雇用に対して「解雇権濫用法理」を類推適用するという判断が示されるようになった（トーホーサッシ事件（福岡地決平 23・7・13）、エフプロダクト事件（京都地判平 22・11・26）、フジタ事件（大阪地判平 23・8・12）など）。この判断は、①従業員が継続雇用を希望し、労使協定の継続雇用基準を充たしている場合には、特段の事情がない限り、会社は継続雇用の要請を拒否できない、②ただし、a）会社存続のために人員削減の必要が高度に認められ、b）希望退職の募集や役員報酬の減額、賃金の減額など、人員削減回避のための措置も講じており、c）団体交渉などにおいて説明もしている場合には、継続雇用を終了することができる、といった内容であり、2012 年の津田電気計器事件（最高裁一小判平 24・11・29）判決で、最高裁においても採用された。

[4] 結果の詳細は、高齢・障害・求職者雇用支援機構編（2012）を参照のこと。

ほうが、60 代前半層の働き振りに対する評価がより高く、経営上の効果に関しても、職場の生産性の向上や、製品・サービスの品質の向上といった点で、肯定的に評価する傾向がより強かった。

　藤波（2013）とは異なる角度から、企業による 60 代前半層の活用方針を取り上げたのが、鹿生・大木・藤波（2016）であり、能力活用の方針（能力向上を図りながらの活用か、既存の能力を再編しながらの活用か）と、キャリア管理の主体（企業か従業員か）という 2 つの項目を軸にアンケート調査結果[5]を分析・検討し、活用方針を捉えようと試みている。この論稿では、65 歳まで従業員を雇用するという企業の活用方針においては、従業員の既存能力の再編と企業の要請に従業員を適合させることを志向する傾向が強いのに対し、65 歳を超えて従業員を雇用しようとする企業では、従業員の能力向上や、従業員の自律性を尊重した役割決定・教育訓練がより志向された活用方針が採られていることが明らかとされている。

　雇用確保措置義務化後の 60 代前半層を対象とした人事労務管理について、これまでの主だった調査・研究を見ていくと、従業員に対し実施されている人事労務管理において、大半の企業が定年に設定している 60 歳の前と後で継続性があるか否かという点が、分析や考察にあたっての大きな手がかりの 1 つであることがわかる。こうした着眼は、60 歳＝定年という「節目」において従業員の役割や処遇が再設定され、「1 国 2 制度」（今野（2014, p29））と称されるほど、60 歳をはさんでの雇用形態や賃金水準の変化が大きい日本企業における人事労務管理慣行の存在（藤本（2011））からもたらされているものと思われる。

　本稿でも、60 代前半層の人事労務管理上の扱いが、60 歳に到達するまでの扱いと継続性を持っているかどうかに焦点をあてる。具体的には、労働政策研究・研修機構（JILPT）が 2015 年に実施したアンケート調査「高齢者の雇用に関する調査[6]」（以下、本章では「JILPT 調査」と記載）から

---

[5] 結果の詳細は、高齢・障害・求職者雇用支援機構編（2015）を参照のこと。
[6] 農林漁業、鉱業、複合サービス業を除く、全国の従業員 50 人以上の民間企業 20000 社を対象とし、2015 年 7 月 17 日から 7 月 31 日にかけて実施した。6187 社（有効回答率 30.9％）から回答を得ている。調査結果の詳細については、労働政策研究・研修機構編（2016）を参照のこと。

60歳定年制を採用している企業を取り上げて、継続雇用者の仕事内容についての回答を基に、企業による扱いの継続性に関わる類型を作る。その上で、まずそれぞれの類型がどのような状況の企業において実現されやすいのかについて、アンケート・データの分析と考察を行い、次いで各類型に該当する企業で行われている60代前半層を対象とする人事労務管理の内容につき、その特徴を明らかにしていく。さらには、継続雇用において企業が感じる課題や60代後半の従業員を雇用する態勢と、各類型との関連についても分析を加え、60代就業者の雇用に関わる今後の取り組みに対する示唆の検討へとつなげることとしたい。

第2節　定年到達後の60代前半層の仕事内容
－継続性に関する3つの類型－

JILPT調査に回答した企業のうち、60歳定年制を採用している企業は4903社である。この4903社に、定年後の60代前半の継続雇用者の仕事内容について、社内で最も多く見られるケースを尋ねた（**図表2-1**）。

最も回答が多かったのは「定年前（60歳頃）と同じ仕事であるが、責任の重さが変わる」で、46.2％を占めた。「定年前（60歳頃）と同じ仕事で

図表 2-1　定年到達後の60代前半継続雇用者の仕事内容：社内で最も多いケース（n＝4903）

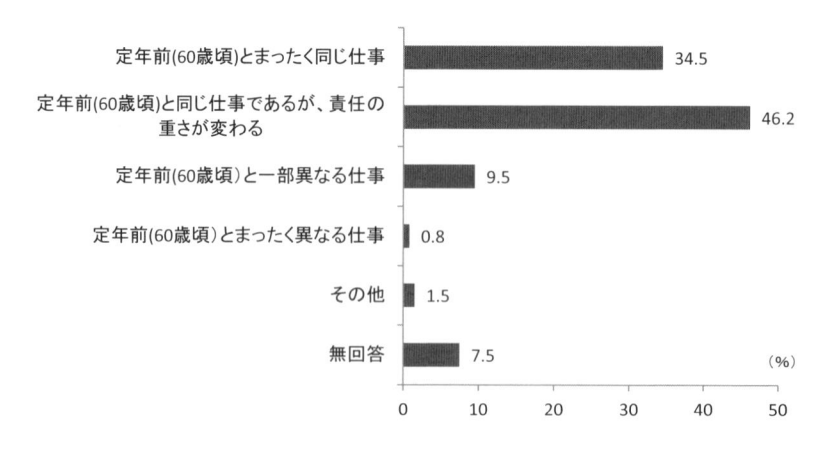

仕事内容	（%）
定年前(60歳頃)とまったく同じ仕事	34.5
定年前(60歳頃)と同じ仕事であるが、責任の重さが変わる	46.2
定年前(60歳頃)と一部異なる仕事	9.5
定年前(60歳頃)とまったく異なる仕事	0.8
その他	1.5
無回答	7.5

あるが、責任の重さが変わる」に該当する典型的なケースは、営業や経理、総務といった定年前と同様の業務を行いながら、課長や部長といった管理職からは外れるというケースであろう。

次いで回答が多かったのは「定年前（60 歳頃）とまったく同じ仕事」で、60 歳定年制を採用する企業の 34.5％が回答した。「定年前（60 歳頃）と同じ仕事であるが、責任の重さが変わる」と合わせると、約 8 割の企業が仕事内容については 60 歳定年の前後で変わらないと答えていることになる。

「定年前（60 歳頃）と一部異なる仕事」を定年後担当するケースが最も多いと答えた企業は 9.5％、「定年前（60 歳頃）とまったく異なる仕事」については回答企業が 0.8％であった。定年後に定年前とは異なる仕事を担当させるケースが最も多いという会社は、双方合わせても約 10％と、60 歳定年制を採用する企業全体から見るとごく少数にとどまっている。

この継続雇用者の定年後の仕事に関する状況についての回答を基に、本章では 60 歳定年制を採用している回答企業を 3 つに分類する。「定年前と全く同じ仕事」と回答した企業は定年前後で仕事の内容が変わらないケースが最も多いということから、「無変化型」と呼ぶ。また、「定年前と同じ仕事であるが、責任の重さが変わる」ケースが最も多いと答えた企業は、「責任変化型」とする。「定年前と一部異なる仕事」および「定年前とまったく異なる仕事」と答えた企業に関しては、「定年前とまったく異なる仕事」と答えた企業が 1％未満と非常に少なく、単独で取り上げて人事労務管理などの傾向を回答から推し量るのは難しいため、「定年前と一部異なる仕事」と答えた企業と「定年前とまったく異なる仕事」と答えた企業を合わせ「業務変化型」として以下では扱うこととする。

3 つの類型に該当する企業における 60 歳定年後の継続雇用の状況について、さらに見ておきたい。**図表 2-2** は、定年後継続雇用される従業員の勤務先に関する回答を集計したものである。いずれの類型でもほぼすべての企業が、継続雇用者の勤務先として自社を挙げている点は変わらない。他方、「親会社・子会社等」の回答率は、無変化型で 4.3％であるのに対し、責任変化型では 7.4％、仕事変化型では 10.4％で、責任や仕事が定年前後で変化するという類型において回答率がより高い。「関連会社等」の回答

図表 2-2　定年到達後の 60 代前半継続雇用者の継続雇用先（複数回答）

（単位：%）

	n	自社	親会社・子会社等***	関連会社等**
無変化型	1635	98.8	4.3	4.1
責任変化型	2204	98.2	7.4	5.6
業務変化型	491	98.6	10.4	8.1

注．***＜.001**＜.01（カイ二乗独立性検定）。なお、「カイ二乗独立性検定」とは、2つの項目の間の関連の有無を判断するために行う統計的検定である。ここでは①「定年後の仕事の状況」と「定年後の継続雇用者の雇用先が自社であること」との関連の有無、②「定年後の仕事の状況」と「定年後の継続雇用者の雇用先が親会社・子会社等であること」との関連の有無、③「定年後の仕事の状況」と「定年後の継続雇用者の関連会社等であること」との関連の有無、の3組の項目間の関連の有無を検定している。

率についても同様に、無変化型に比べて責任変化型、仕事変化型におけるほうが高い。

　また「親会社・子会社等」、「関連会社等」ともに、業務変化型での回答率が3類型中最も高く、無変化型と比べた場合に 2.0 〜 2.5 倍程度の数字となっている。継続雇用者の仕事が定年前後で変わるというケースが主要となる1つの理由として、親会社・子会社・関連会社といった、これまで勤務していた会社とは異なる会社で継続雇用される点があることをうかがわせる結果である。

第3節　定年前までの仕事を継続させている企業、させていない企業

1．事業内容・規模と継続性の有無

　上記の各類型が示す継続雇用者の定年後の仕事の状況は、どういった企業において実施されやすいのか。まずは、業種や規模といった企業のプロフィールとの関係を見ていくこととしよう（**図表 2-3**）。

　図表 2-3 によれば、無変化型の比率が集計企業全体における比率よりも 10 ポイント以上高くなっているのは、運輸業、医療・福祉、建設業といった業種においてであり、いずれも無変化型が半数前後となっている。対照的に集計企業全体に比べて無変化型の比率が低いのは情報通信業、金融・保険業といった業種で、2割程度にとどまっている。金融・

図表 2-3　企業の業種・従業員規模別にみた各類型の構成比

(単位：%)

	n	無変化型	責任変化型	業務変化型	その他	無回答
総計	4903	34.5	46.2	10.3	1.5	7.5
【業種別】						
建設業	372	48.7	41.4	4.3	0.5	5.1
製造業	1540	30.6	55.5	9.8	0.7	3.4
電気・ガス・熱供給・水道業	22	36.4	50.0	9.1	0	4.5
情報通信業	141	_22.7_	31.2	8.5	2.8	34.8
運輸業	414	51.2	_31.4_	14.0	1	2.4
卸売・小売業	978	28.3	50.0	12.7	2.5	6.5
金融・保険業	59	_18.6_	55.9	18.6	1.1	8.6
不動産業	34	41.2	_35.3_	8.8	2.5	12.3
飲食・宿泊業	162	32.7	44.4	8.0	2.8	6.4
医療・福祉	141	50.4	_30.5_	9.9	3.8	17.3
教育・学習支援業	52	42.3	_23.1_	13.5	2.1	12.2
サービス業	711	34.6	41.6	9.4	0.7	12.9
【従業員規模別】						
100人未満	2176	37.5	42.2	9.0	1.7	9.6
100〜300人未満	1814	33.6	49.6	9.3	1.2	6.3
300人以上	780	28.2	50.5	16.4	1.7	3.2

注．集計企業全体の比率より 10 ポイント以上高い比率は網掛けし、10 ポイント以上低い比率は斜字にしたうえで下線を施している。

保険業は、責任または業務が変化するケースが主要であるとする企業が約 4 分の 3 と、多数を占めており、情報通信業では無回答の企業が 3 分の 1 以上に達している。

　一方、**図表 2-3** から従業員規模との関連をみていくと、100 人未満、100 人以上 300 人未満、300 人以上の各グループ間で構成比に際立った違いは見られないものの、従業員規模の大きいグループほど無変化型の比率が低下し、責任変化型、業務変化型の比率が増す。無変化型の仕事配置が、従業員のより少ない企業において実施されやすいことがわかる。従業員のより少ない企業においては、①毎年の定年到達者がより少なく、定年前後で仕事や責任を変化させなくても、より若い年齢の従業員を「滞留」させるような事態が生じにくい、②従業員がより少ないため、定年到達者に定年到達後も到達時と同様の仕事をしてもらう必要性がより高い、といった理由から、より従業員規模の大きい企業よりも無変化型の仕事配置が行われやすくなることが考えられる[7]。

　また、業務変化型の比率は 300 人以上の企業で 16.4％と、300 人未満

の企業における比率の2倍近い数字になっている。300人以上の企業は、より規模の小さい企業に比べて子会社や関連会社といったグループ会社を有しているケースが多いと推測されるため、上述した業務変化型の企業が継続雇用者の雇用先として親会社・子会社等や、関連会社等を挙げる比率が相対的に高いこと（**図表2-2** 参照）と符合しているものと思われる。

2．従業員の年齢構成と継続性の有無

　いまひとつ、60代従業員の人事労務管理と関連があると考えられ、かつ組織としての企業の性格を示す事項として各企業の正社員の平均年齢をとりあげ、各類型の構成比との関係を見た（**図表2-4**）。無変化型の比率は平均年齢がより高いグループほど高くなる傾向にあり、とりわけ45歳以上のグループにおいては、より若い年齢層グループとの差が目立って大きくなる。正社員の平均年齢が50歳以上の企業では、たとえ定年年齢が60歳であっても定年前後で仕事が変わらないという企業が

図表2-4　正社員の平均年齢別にみた各類型の構成比

(単位：%)

	n	無変化型	責任変化型	業務変化型	その他	無回答
総計	4903	34.5	46.2	10.3	1.5	7.5
20歳台	67	25.4	*16.4*	10.4	6.0	41.8
30〜34歳	379	26.1	*35.6*	8.4	5.3	24.5
35〜39歳	1275	29.9	48.5	11.8	1.3	8.5
40〜44歳	1929	32.8	51.9	10.5	1.2	3.5
45〜49歳	739	43.7	42.8	10.0	0.9	2.6
50〜54歳	147	57.1	*32.0*	5.4	0.7	4.8
55〜59歳	49	77.6	*12.2*	2.0	0.0	8.2

注．1．集計企業全体の比率より10ポイント以上高い比率は網掛けし、10ポイント以上低い比率は斜字にしたうえで下線を施している。

2．正社員の平均年齢60歳以上の企業（n=13）については、集計対象となる企業の数がごく少ないため集計からは除外している。

---

[7] 60代前半層の雇用・人事労務管理における、従業員規模による相違について、内田（2015）は、企業アンケート調査の分析から、中小企業の方が大企業に比べて、60歳代前半層を「戦力」として捉え、若年中堅と同じ制度で処遇する傾向が強く、一方、大企業は60代前半の従業員活用を社会的責任として捉える傾向が強いことを示している。

多数を占める。正社員の平均年齢が 50 歳以上で、中高年正社員の比重が高いと見られる企業では、①業務遂行に必要な人材を確保するために、正社員が定年に到達した後も同様の仕事を継続させている、②定年に到達した正社員の責任や業務の内容を変更した際、その責任や業務を引き継ぐより若い年齢の正社員が不足している、といった事態が生じているため、無変化型が多数を占めるという状況になっているのであろう。

また、正社員の平均年齢が 20 歳台、および 30 〜 34 歳の企業では無回答の企業の比率がより高齢の年齢層グループに比べて大きくなっており、30 〜 34 歳の企業では 24.5％、20 歳台の企業では 4 割を超えている。これらの企業は、60 歳定年の事例がこれまで見られないか、数年のうちに定年を迎えそうな正社員もいないために、定年後の継続雇用者の仕事について想定ができずに回答していないものと推測される。

そしてこのように、正社員平均年齢の若いグループにおいて無回答の企業の比率が大きくなることが、情報通信業の企業において、無回答企業の比率がとりわけ高くなることの要因であると考えられる。情報通信業は、正社員の平均年齢が 35 歳未満の企業の比率が 29.1％と、集計企業全体における比率（9.1％）の 3 倍以上である。また平均年齢 40 歳未満の企業の比率は 68.8％と約 7 割に達している（集計企業全体における比率は 35.6％）。つまり他業種よりも若年者が多数を占める企業の比重が高いために、定年後の継続雇用者の仕事内容に関して回答していない企業が多くなったものとみられる。

3．60 歳到達前の従業員の賃金管理と継続性の有無

60 歳前後の仕事や処遇における継続性の有無は、60 歳に到達する前の従業員を対象とした人事労務管理の方針や内容と関連することが予想される。しかしながら JILPT 調査は、60 代から 70 代にかけての雇用者を対象とする企業の取り組みの把握を主な目的としているため、60 歳に到達する前の従業員を対象とした人事労務管理についてはあまり多くのことを把握できていない。そこでここでは、把握できた限られた情報のなかから、60 歳到達前の従業員全般を対象とした人事労務管理の特徴を

ある程度示していると思われる、賃金カーブ（年齢と給与の関係）に焦点をあてる。

　JILPT調査では、各企業の一般的な正社員の30歳以降の給与が、入社時の給与を100とした時にどの程度であるかをたずねている。**図表2-5**は、類型別にそれぞれの年齢時点についての回答の平均値を算出し、グラフ化したものである。3つの類型の中では、無変化型企業の賃金カーブが、加齢による上昇が最も緩やかなものとなっている。責任変化型・業務変化型の賃金カーブはほぼ重なっており、平均値で見るかぎり、同様の加齢による変化を見せている。

　ただ、先に見たように無変化型の比率は、従業員規模のより小さい集計グループにおいてより高くなっており、無変化型には責任変化型・業務変化型に比べて相対的に多くの中小企業が含まれている。中小企業は大企業ほど年齢や勤続年数を評価していないため、賃金カーブの傾きがより小さくなる傾向にあり（厚生労働省（2010））、実際2015年の『賃

図表 2-5　各類型の賃金カーブ（入社時＝ 100）

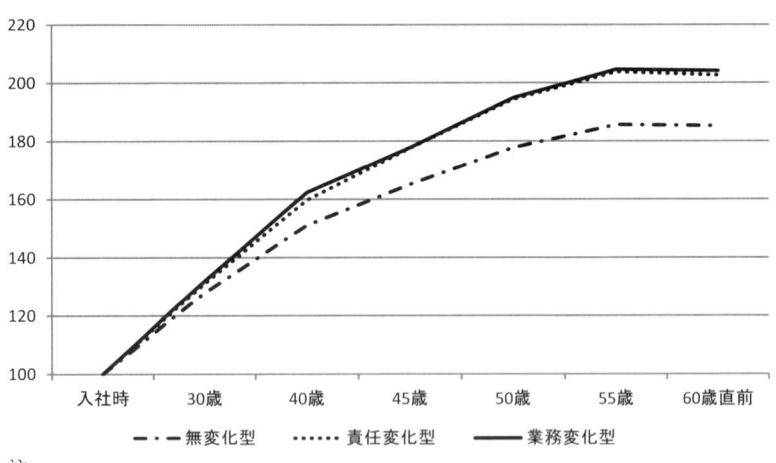

注.
一般的な正社員について、横軸に示した各年齢時点での給与が、入社時を100とした場合にどの程度であるかを各企業に回答してもらい、類型ごとの平均値を算出している。それぞれの年齢時点について回答が無い企業は、平均値を算出する際の対象から除いている。

金構造金調査』（厚生労働省）のデータを基に、男性・大卒標準労働者（＝同一企業に勤続し続けている労働者）の賃金カーブを作成すると、**図表 2-6** のような規模間の相違が見られる [8]。これらの点を踏まえると、無変化型は中小企業の比重がより大きいために、賃金カーブの傾きがより小さくなっている可能性が考えられる。そこで、従業員規模の影響をできるだけ小さくしたうえでも類型間の違いが見られるかどうかを確認するため、従業員 100 人未満企業、100 人以上 300 人未満企業、300 人以上企業の 3 つのグループにおいて、各類型に属する企業の賃金カーブをグラフ化した。

いずれのグループにおいても、無変化型の傾きが最も小さく、責任変化型・業務変化型はほぼ同様の賃金カーブを描いている（**図表 2-7** ①～③）。つまり同様の規模の企業の間で比べてみても、無変化型企業の賃金は、責任変化型・業務変化型企業の賃金より、年齢や勤続を反映する度合いが小さいこととなる。無変化型企業の賃金が、年齢や勤続を反映

図表 2-6　男性・大卒標準労働者の 22 ～ 59 歳までの賃金カーブ：従業員規模別（22 歳＝100）

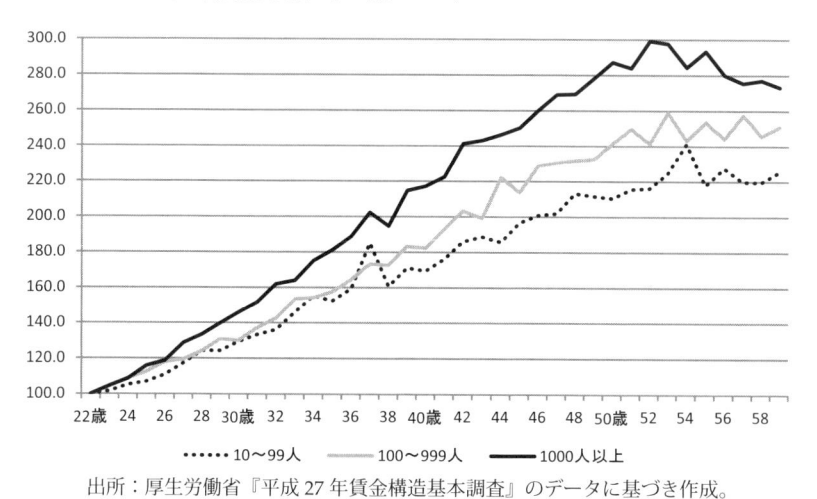

出所：厚生労働省『平成 27 年賃金構造基本調査』のデータに基づき作成。

---

[8] JILPT 調査に回答した企業についても、従業員規模別の賃金カーブを作成してみると同様の傾向が見られた。

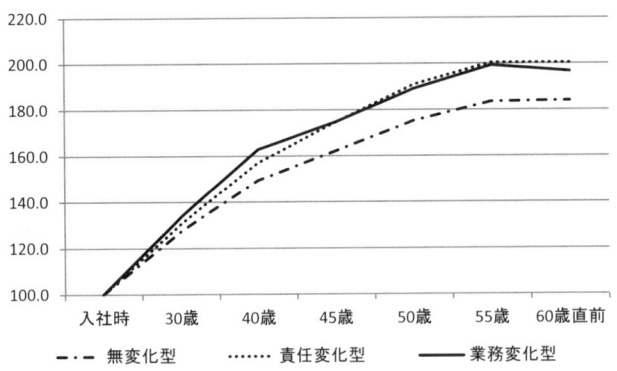

図表 2-7 ① 各類型の賃金カーブ：従業員規模別
（入社時＝100）

① 100 人未満

② 100 人以上 300 人未満

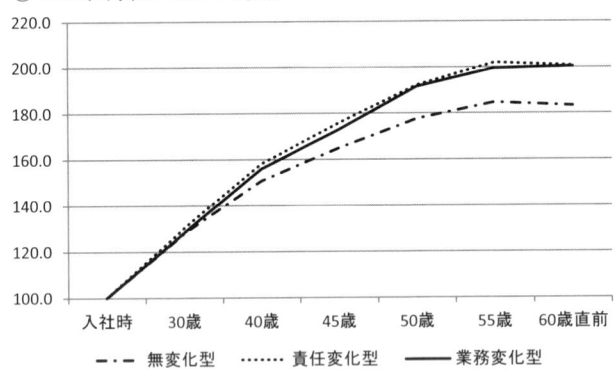

③ 300 人以上

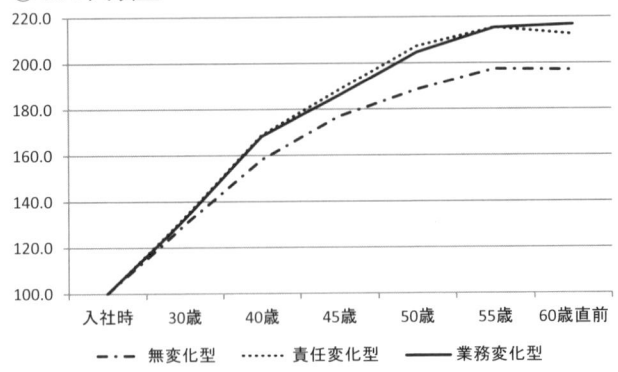

する度合いが小さい理由としては、①賃金を構成する要素において、その時担当している仕事の内容や役割の大きさによって決まる部分、あるいは業績を評価した部分など、年齢や勤続の影響を受けない要素の占める比重が大きい、②正社員を加齢や勤続とともに管理職層に昇進・昇格させるという人事労務管理がさほど広がっていない、といった点が考えられ、これらの点が60歳前後で仕事内容を変えないという人事労務管理のあり方にもつながっていると思われる。一方で、責任変化型・業務変化型の企業は、年齢や勤続をより反映した賃金制度を60歳以上の従業員にまで適用するのは難しいため、60歳という節目で処遇を変化させ、その変化に見合う形で責任や業務を変化させていると捉えることもできる。

第4節　類型別にみた人事労務管理の状況

1．継続雇用者の配置における配慮

　各類型に該当する企業は、人事労務管理の内容においてどのような特徴をみせるだろうか。定年到達後の継続雇用者を対象とした人事労務管理施策から見ていくこととしよう。

　図表2-8は、類型の基となっている継続雇用者の仕事内容の決定にあたり、いかなる点に配慮を傾けているかについての回答を、類型ごとに集計した結果である。いずれの類型でも最も回答率が高かったのは、「慣れている仕事に継続して配置すること」、2番目に回答率が高かったのは「本人への希望の配慮」である。「慣れている仕事に継続して配置すること」の回答率は70％台から80％台であり、継続雇用者の配置のあり方がいかなるものであっても大半の企業において配慮されている事項である。もっとも類型間で回答率の差はあり、仕事の内容が定年前後で変わるケースが主要となっている業務変化型の企業では、他の類型に比べて配慮される度合いがやや弱くなる。また、「本人の希望への配慮」はいずれの類型でも回答率が6割前後で、こちらも類型の相違に関わらず多数の企業が配慮している。

（単位：%）

	n	本人の希望への配慮+	慣れている仕事に継続して配置すること***	肉体的な負担の少ない仕事に配置すること***	設備や作業環境の改善***	マニュアルや作業指示書の改善+	労働力が不足している部署に優先的に配置すること***	技能やノウハウの継承が円滑に進むようにすること***	従業員が互いに気兼ねしないように配置すること***	60歳以上の従業員を対象にした特別な健康診断の実施+	管理職を経験した者の意識改革***	特に配慮していることはない***
無変化型	1692	57.9	79.3	15.3	0.8	0.5	4.0	24.2	5.4	1.1	1.8	6.7
責任変化型	2264	61.0	87.0	27.5	1.9	1.1	6.8	41.8	10.3	0.6	5.7	1.3
業務変化型	506	62.1	70.4	41.5	4.2	2.0	16.4	44.7	12.3	1.4	4.9	1.2

注. ***<.001　**<.01　*<.05　+<.1（カイ二乗独立性検定）。

　他の事項についてはどの程度配慮されているだろうか。各類型におい
て3番目に回答率が高いのは「技能やノウハウの継承が円滑に進むよう
にすること」である。ただ、この事項の回答率は無変化型では24.2%で
あるのに対して、責任変化型や業務変化型の企業では4割を超える。こ
の結果は、継続雇用者の定年後の配置にあたって、責任や業務内容を変
化させている企業では、技能やノウハウの継承をいかに支障なく進める
かという点が問題として意識されるケースが少なくないということを意
味している。

　また各類型において4番目に回答率が高い事項も共通しており、「肉
体的な負担の少ない仕事に配置すること」である。この事項も技能やノ
ウハウの継承同様、類型間で回答率に差が見られ、無変化型での回答率
は15.3%にとどまる一方、責任変化型では27.5%、業務変化型では41.5%
となっている。定年後担当する仕事が継続雇用者に与える肉体的な負担
については、無変化型の企業においてはあまり問題とされないのに対
し、定年前後で責任や業務内容を変化させるような配置を行っている企
業では無変化型の企業に比べて配慮される傾向が強まり、とりわけ業務
変化型の企業では技能やノウハウの継承と同じく、少なからぬ企業が配
慮する事項となっている。

　そのほか、「労働力が不足する部署に優先的に配置すること」につい
ては、無変化型や責任変化型では配慮している企業がごくわずかにとど
まるが、業務変化型の企業では16.4%が配慮すると答えている。定年前
までの仕事とは異なる仕事を継続雇用者に担当させようとした場合に

は、各部署の要員確保について思いが及ぶことも決してめずらしくはないという点を示唆する結果である。

　継続雇用者の仕事内容の決定にあたっての配慮について、仕事内容による異同を整理すると、第1にどの企業においても、多くの場合継続雇用者の定年後の仕事の決定に当たっては、継続雇用者自身の仕事の慣れと希望が配慮される。第2に、定年後の継続雇用者の責任や業務を定年前とは変えている企業では、少なからぬ企業が継続雇用者のもつ技能やノウハウの継承に配慮を傾けている。第3に、定年後の継続雇用者が担当する仕事を定年前から変えている業務変化型の企業では、継続雇用者のもつ技能やノウハウの継承と同様に、継続雇用者の肉体的負担について配慮している企業が少なくない。

2．継続雇用者の雇用形態

　継続雇用者の雇用形態は、継続雇用者の仕事内容とどのように関連しているであろうか。まず、各企業が回答した継続雇用者の雇用・就業形態別比率について、類型ごとに平均値を算出した（**図表 2-9**）。平均値が最も高いのは、いずれの類型も嘱託・契約社員であるが、責任変化型、業務変化型がいずれも約73％であるのに対し、無変化型では約55％と20ポイント近く低い数値となっている。反面、正社員比率の平均値は責任変化型、業務変化型ともに10％台前半にとどまるが、無変化型の平均値は35％近くに達している。

　類型ごとの平均値からは、責任変化型、業務変化型では、嘱託・契約

図表 2-9　60代前半継続雇用者の雇用・就業形態別比率（％）：各類型における平均値

	n	正社員	嘱託・契約社員	パート・アルバイト	グループ・関連会社等で継続雇用された従業員	その他
無変化型	1557	34.5	55.5	8.7	0.9	0.5
責任変化型	2111	14.1	73.8	10.1	1.5	0.5
業務変化型	465	11.4	73.5	11.6	2.8	0.7

注.　各雇用・就業形態について比率の回答が無かった企業は集計から除いている。

社員として働く継続雇用者の比率が高い企業が大半であることや、無変化型においても嘱託・契約社員として働く継続雇用者が多数を占める企業が多いものの、責任変化型、業務変化型よりは正社員の比率が高い企業が一定程度存在することなどをうかがうことができる。そこで、それぞれの類型において、どのような雇用・就業形態別の構成が広がっているのかをより正確にとらえるため、次に継続雇用者における正社員の比率に着目し、この比率の高い企業・低い企業が各類型でそれぞれどのくらいの比重を占めているのかを算出した（**図表 2-10**）。

図表 2-10　60 代前半の継続雇用者に占める正社員比率からみた構成比

（単位：%）

	n	いない	20%未満	20%以上 50%未満	50%以上 80%未満	80%以上 100%未満	全員正社員
無変化型	1557	56.5	3.4	4.0	5.7	5.5	24.8
責任変化型	2111	79.0	3.6	3.0	2.6	2.2	9.5
業務変化型	464	82.8	2.4	2.2	4.3	1.1	7.3

注．正社員の比率について回答が無かった企業は集計から除いている。

　責任変化型、業務変化型では継続雇用者の中に正社員はいないという企業がともに 8 割前後を占めており、これらの企業の大半は定年後の従業員を正社員として継続雇用していないことがわかる。継続雇用者のうち正社員が半数以上を占めるという企業の比率は、責任変化型で 14.3%、業務変化型では 11.7% であり、いずれの類型においても限定的な存在である。

　一方、無変化型でも継続雇用者の中に正社員はいないという企業が 6 割近くある。ただ、無変化型では継続雇用者の半数以上が正社員という企業が 37.0%、そのうち全員正社員という企業が 24.8% あり、定年後の継続雇用者＝契約・嘱託社員として再雇用、という人事労務管理がもっぱらであるとはいえない。むしろ定年後の継続雇用者を、多くの場合正社員で雇用するという慣行がある程度広がっている。

3．継続雇用者の給与と評価

(1) 継続雇用者の給与水準

　定年到達後の仕事内容によって、継続雇用者の給与水準はどの程度変わってくるだろうか。アンケートの回答結果から、60 代前半フルタイム勤務の継続雇用者に各企業から支払われる平均的な給与額（賃金＋賞与）を算出[9]し、外れ値を除去[10]した上で、それぞれの類型における平均値、中央値、標準偏差を求めた（**図表 2-11**）。平均値、中央値ともに無変化型、責任変化型、業務変化型の順となっており、平均値・中央値ともに無変化型と他の 2 類型との差が大きくなっている。

　継続雇用者の給与水準についていまひとつ、定年到達時の給与と比べるとどのくらいの水準に設定されているのかという点を見ておきたい。フルタイム継続雇用者の平均的な給与水準について、定年到達直前の60 歳直前の賃金を 100 としたときに 61 歳時点ではどの程度になるかを各企業に回答してもらった結果を、類型ごとに集計した（**図表 2-12**）。各類型の平均値は、責任変化型、業務変化型が 65 前後であるのに対し、無変化型は 78.16 と他の 2 類型に比べて高い数値となっている。水準別の構成比をみると、定年到達時の給与を 100 としたときに 61 歳時点では 60 をきるという企業が、責任変化型では回答のあった企業の 17.9％、

図表 2-11　60 代前半フルタイム勤務継続雇用者の給与額（平均的水準）：各類型における統計量

（単位：万円）

	n	平均値	中央値	標準偏差
無変化型	1235	345.43	317.00	132.39
責任変化型	1649	309.34	289.80	107.80
業務変化型	349	300.10	280.00	109.62

注．給与額の算出ができなかった企業は集計から除いている。

---

[9] アンケートにおいて各企業にたずねた、① 60 代前半のフルタイム勤務・継続雇用者の平均的な年収（＝給与＋企業年金＋公的給付）と、②①において会社から支払われる賃金・賞与が占めるおおよその割合、から算出した。

[10] 算出した平均的な給与額を対数変換し、変換後の値の第 1 四分位と第 3 四分位を活用して、外れ値とする範囲を設定した。この方法は、野呂・和田（2015）に依拠している。

	n	水準別構成比（単位：%）			平均値	中央値
		60未満	60以上80未満	80以上		
無変化型	1319	6.7	40.9	52.3	78.16	80.00
責任変化型	1879	17.9	60.7	21.3	67.30	65.00
業務変化型	403	26.3	58.3	15.4	64.31	60.00

注．給与水準についての回答が無かった企業は集計から除いている。

業務変化型では 26.3％と決してめずらしくないのに対し、無変化型では
6.7％とごくわずかである。対照的に、継続雇用者が 61 歳時点で定年到
達時の 8 割以上の給与を得ているという企業は、責任変化型では 21.4％、
業務変化型では 15.4％にとどまるが、無変化型では半数を超える。

　平均値・中央値や、水準別の構成比を踏まえると、責任変化型、業務
変化型の企業では、定年後の継続雇用者の賃金を定年到達時に比べて 3
割以上引き下げることが一般的であるのに対し、無変化型では定年到達
時からの引き下げ幅を 2 割以内にとどめるというケースが多く見られる
ものと推測される。

⑵　給与決定において考慮している点と継続雇用者の給与に対する考え方
　定年後の継続雇用者の給与決定にあたり、各類型に該当する企業はど
のような考えを持っているだろうか。**図表 2-13** は、給与水準の決定の
際に考慮している点についての回答等を集計したものである。
　いずれの類型でも、「個人の知識、技能、技術」、「60 歳到達時の賃金

図表 2-13　フルタイム勤務継続雇用者の給与決定にあたって
考慮している点（複数回答）

（単位：%）

	n	業界他社の状況	担当する職務の市場賃金・相場**	60歳到達時の賃金水準*	自社の初任給水準	自社所在地域の最低賃金	個人の知識、技能、技術	退職金の受給状況*	在職老齢年金の受給状況***	高年齢雇用継続給付の受給状況***
無変化型	1692	14.8	16.7	53.6	4.5	11.3	49.2	2.7	12.9	15.1
責任変化型	2264	15.6	17.8	56.5	5.4	11.8	52.5	4.2	19.8	26.5
業務変化型	506	18.4	23.3	50.6	6.5	12.5	52.0	3.0	15.2	23.3

注．　***＜.001　**＜.01　*＜.05（カイ二乗独立性検定）。

水準」を考慮しているという企業が半数前後を占めており、これらの事項は、継続雇用後の仕事の内容に関係なく、比較的多くの企業が継続雇用者の給与を決める上で念頭においていることがわかる。類型による違いが見られるのは、「高年齢雇用継続給付の受給状況」で、無変化型では考慮している企業が 15.1％であるのに対し、責任変化型、業務変化型では 25％前後の企業が考慮をしている。先に責任変化型、業務変化型の企業は、定年到達時からの給与の引き下げ幅が無変化型に比べて大きいことが明らかとなったが、引き下げ幅が大きい故に、高年齢雇用継続給付の活用を視野に入れる傾向が、無変化型の企業に比べて強いものと考えられる。

　また、業務変化型の企業では、「担当する職務の市場賃金・相場」の回答率が、他の類型の企業に比べてやや高い。業務変化型の企業は、継続雇用者が定年到達前まで行ってきた仕事の内容を変更しているため、定年到達前までの仕事を評価していた基準とは別の基準が必要となる可能性が他の類型の企業よりも高いことが推測され、そのために市場賃金・相場への意識がより強くなっているのではないかと思われる。

　さらに継続雇用者の給与決定の背景にある企業の姿勢を探るため、高年齢者の賃金に対する考え方をたずねた質問への回答結果を、類型ごとに集計した（**図表 2-14**）。この図表に示しているのは、それぞれの考え方に肯定的な（「そう思う」、「ややそう思う」と回答した）企業の比率

図表 2-14　高年齢者の賃金に対する考え方：肯定的な回答の比率

(単位：%)

	n	高齢期だけでなく若年期も含めた全体としての賃金制度として考えるべき***	定年後の高年齢者も、評価制度に基づき賃金を決めるのが望ましい***	賃金は仕事の対価なので、在職老齢年金があっても、賃金は下げるべきではない***	賃金は仕事の対価なので、高年齢雇用継続給付があっても、賃金は下げるべきではない***	定年後でも仕事が同じなら原則、賃金は下げるべきではない***	会社は雇用確保のために再雇用するのだから、賃金が低下しても構わない***	賃金の原資が限られており、高年齢者の賃金が高いままだと現役世代の賃金が下がるので、高年齢者の賃金を下げても構わない***	高年齢者の賃金は一律でも構わない**
無変化型	1692	56.3	62.4	36.3	36.2	39.9	27.0	31.4	8.5
責任変化型	2264	50.3	56.6	27.9	26.5	25.3	35.6	42.8	11.4
業務変化型	506	53.4	59.7	28.9	28.1	30.8	34.2	39.5	11.5

注　1．それぞれの考え方に対し「そう思う」、「ややそう思う」と答えた企業の比率を示している。

　　2．***＜.001　**＜.01　*＜.05（カイ二乗独立性検定）。

である。

　類型による違いがあまり見られないのは、いずれの類型でも回答が多数を占めている「定年後の高年齢者も、評価制度に基づき賃金を決めるのが望ましい」、「高齢期だけでなく若年期も含めた全体としての賃金制度として考えるべき」といった考え方である。そのほかの項目は類型による差が見られるが、「賃金は仕事の対価なので、在職老齢年金があっても、賃金は下げるべきではない」、「賃金は仕事の対価なので、高年齢雇用継続給付があっても、賃金は下げるべきではない」、「定年後でも仕事が同じなら原則、賃金は下げるべきではない」は、無変化型が他の2類型よりも肯定的な見解の比率が高く、逆に「会社は雇用確保のために再雇用するのだから、賃金が低下しても構わない」、「賃金の原資が限られており、高年齢者の賃金が高いままだと現役世代の賃金が下がるので、高年齢者の賃金を下げても構わない」は、責任変化型・業務変化型での肯定的な見解の比率が無変化型における比率よりも高い。もっともいずれの考え方についても、ある類型では大半が支持し、別の類型では支持が少数にとどまるといったような差は見られなかった。

　以上をまとめると、無変化型の企業では、定年後の継続雇用者の賃金について仕事への対価として捉え、高年齢雇用継続給付や在職老齢年金といった公的給付の受給とは関係なく支払うべきだという考え方が、責任変化型や業務変化型の企業に比べると広がっている。また、賃金は仕事の対価であるということから、定年前後で仕事が変わらなければ賃金を下げるべきではないと考える傾向も他の2類型に比べると強い。もっともこれらのいずれの考え方についても、支持している企業が無変化型の多数を占めているわけではない点には留意が必要だろう。

　一方、責任変化型と業務変化型は、賃金に対する考え方の傾向が似ている。そして、継続雇用者の雇用機会の確保と定年前後での賃金水準の維持をトレード・オフの関係として捉える考え方や、定年前の従業員の賃金水準を維持するためには継続雇用者の賃金を下げることもいとわないといった考え方が、多数派の企業によって支持されているわけではないが、無変化型に比べると広がりを見せている。

第 5 節　60 代前半層の雇用確保における課題と 60 代後半層の雇用確保の取り組み

1．60 代前半層の雇用確保における課題

　各類型に該当する企業が、60 代前半の雇用確保を進める上で直面している課題は何か。**図表 2-15** に課題についての回答をまとめた。

　まず目に付くのは「特に課題はない」の回答率に類型間で差がみられること、とりわけ無変化型と他の 2 類型との差が大きいことである。回答率は責任変化型では 21.8％、業務変化型では 16.4％にとどまっているが無変化型では 38.2％に達しており、無変化型では 60 代前半層の雇用確保に関して課題を感じていないという企業が少なくない。

　課題の内容に目を向けると、「高年齢者の担当する仕事を自社内に確保することが難しい」、「管理職社員であった者の扱いが難しい」といった事項の回答率で、類型間の開きが大きい。「高年齢者の担当する仕事を自社内に確保することが難しい」は、無変化型や責任変化型では回答率が 10％台であるのに対し、業務変化型では 3 割を超える。業務変化型ではこの事項の回答率がすべての課題事項の中で最も高く、60 代前半層の雇用確保における主要課題となっていることがわかる。一方、「管理職社員であった者の扱いが難しい」は、責任変化型・業務変化型での回答率がともに 33％台で、無変化型における回答率の 2 倍近い数値となっている。責任変化型ではこの事項が最も回答率が高い課題事項とな

図表 2-15　60 代前半層の雇用確保における課題（複数回答）

(単位：%)

	n	高年齢者の担当する仕事を自社内に確保することが難しい***	自社の子会社・関連会社等に、高年齢者の雇用場を確保するのが難しい***	高年齢者の活用に向けた設備の整備や業環境の整備が進まない	高年齢社員を活用するノウハウの蓄積がない***	管理職社員であった者の扱いが難しい***	定年後も雇用し続けている従業員の処遇が難しい***	労働組合・従業員代表等の理解がなかなか得られない	若・壮年層のモラールが低下する*	若年層が採用できず、年齢構成がいびつになる***	人件費負担が増える*	労働意欲が低い***	生産性が低い***	特に課題はない***
無変化型	1692	13.1	3.0	4.7	7.4	17.3	19.6	0.4	4.1	20.6	8.9	9.6	7.2	38.2
責任変化型	2264	17.8	3.7	5.4	11.9	33.9	25.9	0.2	6.0	26.1	11.0	16.0	9.7	21.8
業務変化型	506	34.0	7.1	5.9	17.4	33.6	22.9	0.2	6.7	24.9	12.1	16.6	13.0	16.4

注．　***＜.001　　**＜.01　　*＜.05（カイ二乗独立性検定）。

っている。

そのほか、いずれの類型でもさほど回答率は高くはないが、類型間での差が認められる事項として、「高年齢社員を活用するノウハウの蓄積がない」、「労働意欲が低い」がある。どちらも無変化型での回答率は10％未満であるが、業務変化型では2割弱の企業が課題と感じている。

2．60代後半層の雇用確保の取り組み

65歳以上になった従業員の雇用について、各類型に属する企業の動向をまとめてみた。**図表 2-16** によれば、65歳以上の従業員の雇用については、いずれの類型でも「65歳以降は希望したら基準に該当した者は働くことができる」という企業が最も多くなっている。ただ、「65歳以降は希望したら基準に該当した者は働くことができる」という企業の占める比率は各類型で異なっており、60歳前後で仕事が変わらない無変化型で62.4％と最も高く、以下、責任変化型、業務変化型と続く。「65歳以降も希望者全員が働くことができる」という企業の比率も、高い順から無変化型、責任変化型、業務変化型となっている。無変化型では1割を超えるのに対し、責任変化型や業務変化型では4〜5％程度にすぎない。

65歳以上の従業員を何らかの形で雇用をするという企業の比率が各類型で以上のような状況になっていることから、「65歳以降は働くことができない」という意向については類型間の差異が目立つ。責任変化型や業務変化型では約4割が65歳以上の従業員を雇用しないと答えている一方で、無変化型では4分の1未満にとどまる。言い換えると、60歳

図表 2-16　65歳以上の従業員の雇用についての意向

（単位：%）

	n	65歳以降は働くことができない	65歳以降は希望したら基準に該当した者は働くことができる	65歳以降も希望者全員が働くことができる	無回答
無変化型	1692	23.9	62.4	12.0	1.7
責任変化型	2264	36.7	55.6	5.3	2.4
業務変化型	506	42.1	51.4	3.8	2.8

前後で責任や仕事の内容を変えて従業員を継続雇用する企業では、65 歳
を雇用の上限とする企業が少なくないのに対し、60 歳前後で仕事の内容
が変わることなく従業員を継続雇用している企業では、65 歳以上の雇用
に取り組むところが大半を占めるようになっている。

　いずれの類型においても最も多かったのは、65 歳以降は基準該当者を
継続雇用するという企業であったが、これらの企業はどのような基準を
設けて、継続雇用の実施を判断しているのか。回答を集計してみたとこ
ろ（**図表 2-17**）、いずれの類型でも無回答が 3 割前後を占めている。65
歳以上の従業員の雇用に関しては、高齢者雇用安定法において特に定め
がないため、基準に該当したものを雇うという企業でも、基準を明文化
されたルールとして定めていないところが少なくないことがわかる。

　基準の内容に関わる選択肢への回答についても、類型間で比率に差が
認められるものは少ない。各類型共通で回答が半数を超えているのは、
「働く意思・意欲があること」、「健康上支障がないこと」といった選択
肢で、「会社が提示する労働条件に合意できること」、「会社が提示する
職務内容に合意できること」、「出勤率、勤務態度」、「熟練や経験による
技能・技術をもっていること」なども比較的多くの回答を集めている。
「熟練や経験による技能・技術をもっていること」と「会社が提示する
職務内容に合意できること」については、検定の結果、統計的に有意な
差が認められるが、最も大きい責任変化型と業務変化型との差が 4 ～ 5
ポイント程度であり、さほど顕著な差ではない。

　ただ、これらの事項とともに回答率に統計的に有意な差が認められ

図表 2-17　65 歳以上の従業員を継続雇用する際の基準（複数回答）

	n	働く意思・意欲があること	出勤率、勤務態度	健康上支障がないこと	現職を継続できること***	会社が提示する職務内容に合意できること	会社が提示する労働条件に合意できること*	熟練や経験による技能・技術をもっていること+	専門的な資格を持っていること	他の社員を指導・教育できること	一定の業績評価	定年到達前についていた役職	定年到達時の社内における格付け	特定健康診断の結果	無回答
無変化型	1055	60.3	41.8	59.4	38.8	38.2	43.9	33.6	16.1	15.3	15.5	2.8	1.5	4.4	28.2
責任変化型	1258	59.8	40.2	59.5	32.6	42.0	49.5	38.1	17.1	15.2	15.2	3.0	1.6	3.7	27.3
業務変化型	260	55.0	37.3	56.2	23.1	42.3	44.2	34.6	16.9	12.7	16.2	1.5	0.4	4.6	31.2

注．1. 65 歳以上の従業員の雇用について、「65 歳以降は希望したら基準に該当した者
は働くことができる」という企業の回答結果を集計。
2. ***＜.001　*＜.05　＋＜.1（カイ二乗独立性検定）。

る、「現職を継続できること」については、類型間の差が目に付く。無変化型では4割近くが基準として上げているのに対し、責任変化型での回答率は約3割、業務変化型では約2割となっている。現職継続を継続雇用の要件とする傾向が無変化型で最も強く、業務変化型で最も弱いというこの結果は、60歳定年時における従業員への対応が、65歳以降の雇用にあたっても、ある程度企業の姿勢として現れることを示している。

　65歳以上の従業員を雇用する理由に関して、類型間で違いは見られるだろうか。「65歳以降は希望したら基準に該当した者は働くことができる」、「65歳以降も希望者全員が働くことができる」という企業について、各選択肢の回答状況を集計してみた（**図表2-18**）。類型間で統計的に有意な差があったのは、「意欲と能力があれば労働者の年齢は関係ないため」、「高年齢者の身につけた能力・知識などを活用したいため」、「若年者に対する技術や仕事への姿勢について教育効果を期待できる」、「若年者を採用できないため」の回答率である。

　「意欲と能力があれば労働者の年齢は関係ないため」は、責任変化型・業務変化型の企業における回答率がともに6割弱であるのに対し、無変化型では7割を超えており、企業に貢献しうる能力・意欲があるならば年齢は問わないという考え方は、無変化型でより広がっていることがわかる。一方、「高年齢者の身につけた能力・知識などを活用したい

図表2-18　65歳以上の従業員を継続雇用する理由（複数回答）

（単位：％）

	n	意欲と能力があれば労働者の年齢は関係ないため***	高年齢者の雇用確保は社会的な要請	高年齢者の身につけた能力・知識などを活用したいため***	若年者に対する技術や仕事への姿勢について教育効果を期待できる*	安い賃金で雇用できるため*	まじめに働いてもらえるため	若年者を採用できないため**
無変化型	1258	71.5	11.7	62.5	23.4	8.3	23.3	14.5
責任変化型	1379	59.3	13.8	70.1	27.8	11.3	24.9	10.7
業務変化型	279	56.6	15.4	62.7	26.5	10.4	28.0	10.4

注. 1. 65歳以上の従業員の雇用について、「65歳以降は希望したら基準に該当した者は働くことができる」、「65歳以降も希望者全員が働くことができる」という企業の回答結果を集計。

2. ***＜.001　**＜.01　*＜.05（カイ二乗独立性検定）。

ため」は、無変化型・業務変化型がほぼ同程度の回答率で、この両類型における回答率より、責任変化型の回答率がやや高くなっている。責任変化型の企業は、60 代従業員について、管理職ポストを配分する対象としては見なし難いものの、彼らが就業経験の中で身につけている知識やスキルには長く活用したいという意向は、無変化型企業に比べても強いのかもしれない。

「若年者に対する技術や仕事への姿勢について教育効果を期待できる」と「若年者を採用できないため」は、統計的な有意差とはなっているものの、回答率の最大値と最小値の差はいずれも 4 ポイントほどにとどまっている。ただ、「若年者に対する技術や仕事への姿勢について教育効果を期待できる」は、責任変化型・業務変化型のほうが無変化型よりも回答率が高く、「若年者を採用できないため」は、無変化型の方がその他の類型よりも回答率が高い点には、60 代従業員に対し期待する役割についての無変化型企業と変化型企業の傾向の違いがうかがえる。つまり、無変化型企業では、65 歳以上も含めた 60 代の従業員に対し、60 歳に到達する前の従業員と同様の働きを期待する傾向がより強いのに対し、変化型の企業では教育担当者としての役割を期待する傾向がより強いと見ることができる。

第 6 節　結語

本章では 60 歳定年制を採用する企業が、定年後の継続雇用者をどのように仕事につくかに着目し、仕事内容と継続雇用者を対象とする人事労務管理との間にどのような関連が見られるかを分析した。また、配置のあり方と継続雇用者の雇用確保に当たっての課題との関係についても明らかにした。

継続雇用者の定年後の仕事内容について、①定年前後で仕事の内容を変えない無変化型、②定年前後で仕事の内容は変えないが、管理職から外すなど責任の重さを変える責任変化型、③定年前後で仕事の内容を変える業務変化型の 3 つの類型を設定し、それぞれの類型の人事労務管理の特徴を

アンケート調査のデータを基に探っていったところ、無変化型と業務変化型・責任変化型とのあいだで、継続雇用者の人事労務管理に差異が見られることがわかった。無変化型では定年前後での給与の変化を2割以内に抑えるところが多数を占めるのに対し、責任変化型・業務変化型では定年に伴い3割以上の給与引き下げを行うケースが一般的であった。また、責任変化型・業務変化型では大半の企業が、継続雇用者を正社員以外の雇用・就業形態で就業させているのに対し、無変化型では定年後も正社員として働くケースが主流であるという企業が、少なからず見られた。

60代前半層の雇用確保をめぐる課題については、無変化型と他の2類型とで状況が大きく異なっていた。無変化型では60代前半層の雇用確保について課題を感じないという企業が少なくなかったのに対し、責任変化型・業務変化型では少数にとどまっていた。責任変化型では管理職についていた社員の扱いが、業務変化型では管理職についていた社員の扱いに加え、自社内に高年齢者が担当する仕事を確保することが、主要な課題となっていた。

以上の分析結果から導かれる実践的な示唆の方向性は、次のようなものとなろう。まず、60代前半の雇用確保にあたっての課題を抑えられる可能性がより高い、無変化型を実現できる企業を増やすというものである。今回明らかにした無変化型企業の継続雇用者に対する人事労務管理の特徴や、あるいは今回はデータの制約により十分に検討することができなかった定年前の従業員を対象とした人事労務管理との関連について踏まえた上で、無変化型を可能とするような人事労務管理の実現を促していく必要があろう。

もう一つの方向性としては、無変化型とは異なる類型の企業が直面する課題の解消である。企業規模などの要因により、仕事を定年前後でかえないという形で、継続雇用者の仕事を定めるのが難しい企業もあるだろう。そうした企業が直面しやすい、高年齢者向けの仕事の確保や管理職だった社員の扱いといった課題の解決につながるサポートを検討していくことも求められよう。

ただ、こうした示唆は、定年後の継続雇用者の仕事の状況と、60代前半

の雇用確保における課題との関連に着目したところから引き出せるものであり、定年後の継続雇用者の仕事の状況と、職場や会社の業績・生産性との関連を視野に入れたものではないことには留意する必要がある。60 代前半の雇用確保における課題が少ないからといって、職場・会社の業績・生産性がより高いとは必ずしも言えないし、逆もまたしかりである。今回はデータの制約により行い得なかったが、定年後の継続雇用者の仕事の状況が、職場や会社の業績・生産性にどのような影響を与えるのかについての分析・検討は、65 歳までの継続雇用が定着している中で必要性が高まっているものと考えられ、今後の重要な課題であるといえよう。

参考文献

今野浩一郎（2014）『高齢社員の人事管理－戦力化のための仕事・評価・賃金－』，中央経済社

内田賢（2015）「企業規模による高齢者雇用施策の相違－活用方針とアプローチの相違－」，高齢・障害・求職者雇用支援機構編『高齢者の人事管理と人材活用の現状と課題－70 歳雇用時代における一貫した人事管理のあり方研究委員会報告書－』，第Ⅱ部第 1 章

鹿生治行・大木栄一・藤波美帆（2016）「継続雇用者の戦力化と人事部門による支援課題－生涯現役に向けた支援のあり方を考える」，日本労働研究雑誌 667 号

厚生労働省（2010）「企業規模別にみた雇用管理の動向」，厚生労働省『平成 22 年版労働経済の分析－産業社会の変化と雇用・賃金の動向－』第 3 章第 2 節

厚生労働省（2015）『平成 27 年賃金構造基本調査』

厚生労働省（2016）「平成 28 年高年齢者の雇用状況」

高齢・障害者雇用支援機構編（2010）『「人事制度と雇用慣行の現状と変化に関する調査研究」第一次報告書－ 60 歳代前半層の人事管理の現状と課題』

高齢・障害・求職者雇用支援機構編（2012）『高齢者雇用に向けた賃金の現状と今後の方向－「70 歳まで働ける企業」基盤作り推進委員会

　　報告書ー』

高齢・障害・求職者雇用支援機構編（2015）『高齢者の人事管理と人材
　　活用の現状と課題ー70歳雇用時代における一貫した人事管理のあ
　　り方研究委員会報告書ー』

高木朋代（2008）『高年齢者雇用のマネジメントー必要とされ続ける人
　　材の育成と活用』，日本経済新聞社

高木朋代（2014）「65歳雇用義務化の重みー隠された選抜，揺れる雇用
　　保障」，日本労働研究雑誌643号

野呂竜夫・和田かず美（2015）「統計実務におけるレンジチェックのた
　　めの外れ値検出方法」，『統計研究彙報』第72号

藤波美帆（2013）「嘱託職員（継続雇用者）の活用方針と人事管理ー60
　　歳代前半層の賃金管理」，日本労働研究雑誌631号

藤波美帆・大木栄一（2011）「嘱託（再雇用者）社員の人事管理の特質
　　と課題ー60歳代前半層を中心にして」，日本労働研究雑誌607号

藤波美帆・大木栄一（2012）「企業が「60歳代前半層に期待する役割」
　　を「知らせる」仕組み・「能力・意欲」を「知る」仕組みと70歳雇
　　用の推進ー嘱託（再雇用者）社員を中心にして」，日本労働研究雑
　　誌619号

藤本真（2011）「60歳以降の勤続をめぐる実態ー企業による継続雇用の
　　取組みと高齢労働者の意識」，日本労働研究雑誌616号

労働政策研究・研修機構編（2016）『高年齢者の雇用に関する調査（企
　　業調査）』

（判例：五十音順）
エフプロダクト事件（京都地判平22・11・26労判1022号35頁）
津田電気計器事件（最高裁一小判平24・11・29労判1064号13頁）
トーホーサッシ事件（福岡地決平23・7・13労判1031号5頁）
フジタ事件（大阪地判平23・8・12労経速2121号3頁）

<60代後半層以降又は高齢者全般の雇用の課題>

第3章

65歳以降の就業・雇用を考える
―職業生涯の総決算とセグメント

　この章では、65歳以降の高齢者、とりわけ65～69歳層に焦点を当てて、その就業について考察する。高年齢者雇用安定法により、65歳までの希望者全員の雇用継続が義務とされ、65歳までの就業が確保される体制がととのったこと、また、「団塊の世代」と呼ばれる大きな人口の塊の世代が平成27年にはすべて60代後半層入りをしていること、といったことから、今後は65歳以降の就業に関して注目がより高くなるものと考えられる。

　この章の要旨をまえもって示せば、職業生涯の総決算期ともいえるこの年代において「働く」ということの要因（理由ないし動機）を検討し、なんといっても「経済的要因」（老後生活への備えの程度）が大きいことを確認したうえで、その主な指標である年金と貯蓄の2軸で高齢層を就業ニーズ面からグループ化し、主に、収入確保の緊要度の高い層と自己能力の社会的発揮動機の高い層とにセグメントする。就業緊要度の高い層を中心とした就業促進に向け、JILPTが行った調査結果により、就業可能性の高い分野や働き方を探る。その際、65歳以降において就業している場合は、職業生涯のいずれかの時期において何らかの転職を経験していることが多いと考えられることから、この層の雇用・就業と高年齢期を中心とした転職経験との関連を軸となる視点の一つとする。以上の分析を踏まえて最後に、政策への期待と今後の課題を示したい。

第1節　65歳以上高齢者の就業動機とグループ分け

1．高年齢者の就業動機

　高年齢者が働く動機については、既に多くのことが語られているが、JILPTが近年行った調査（「60代の雇用・生活調査」。以下「60代調査」という。）により、あらためて確認しておこう[1]。この調査では、調査時（正確には調査時点の前月である平成26年6月）の就業状況を尋ね、何らかの仕事をしていた回答者に、その理由を6つの選択肢を示して複数

---

[1] 「60代の雇用・生活調査」については、JILPT調査シリーズNo.135を参照されたい。なお、同調査シリーズでは、復元（ウェイトバック）されたデータが示されているが、この章では、特に断らない限り、復元をしないで集計した結果を使用している。ただし、集計した結果の構成比は、両者間で大きな違いは実際上みられていない。

回答可で回答を求めている。**図表 3-1** がその結果を男女別・年齢層別に示したものである。男女計・65 〜 69 歳層をみると、「経済上の理由」が66.3％とそれ以外の理由に比べほぼ倍以上の割合となって最も多くの人が挙げている。次いで「生きがい、社会参加のため」（33.3％）、「健康上の理由（健康に良いなど）」（26.9％）、「時間に余裕があるから」（25.5％）、「頼まれたから」（23.2％）、「その他」（10.1％）となっている。これを男女計・60 〜 64 歳層と比べてみると、6 つの理由の順位に変わりはないものの、65 〜 69 歳層の方が 60 〜 64 歳層よりも割合が高くなっている理由がほとんどである中で、「経済上の理由」のみ 60 〜 64 歳層をかなり下回っている。とはいえ、ウェイトをやや低めてはいるものの就業動機として「経済上の理由」がもっとも重要であることは 65 〜 69 歳層でも変わりはなく、それ以外の理由が多様化し、いろいろな就業動機を挙げる人が多くなっている。

　「経済上の理由」と回答した人に、さらにその内容（目的）を尋ねた結果が**図表 3-2** である。「自分と家族の生活を維持するため」、すなわち「生計維持」を挙げた人の割合がいずれの年齢層でも 80％前後と群を抜いているが、60 〜 64 歳層（86.0％）よりも 65 〜 69 歳層（79.5％）の方が 7.5％ポイント低くなっている。一方、「生活水準を上げるため」（以下「生活向上」という。）については、65 〜 69 歳層の方が 60 〜 64 歳層よりも5.6％ポイント高くなっている。

　男女間で比較すると、就業動機について、「経済上の理由」では男性が女性より高くなっており、また、「経済上の理由」の内容においても、「生計維持」を挙げる割合も男性の方が女性よりも高くなっている。ただし、「経済上の理由」を挙げる割合における男女間の差は、60 〜 64 歳層では 11.5％ポイントあるのに対して 65 〜 69 歳層では 4.8％ポイントとかなり小さくなっている。「経済上の理由」以外では、「健康上の理由」や「頼まれたから」では男性の方が概ね高くなっている一方、「いきがい・社会参加」や「時間に余裕があるから」では女性の方が高くなっている。65 歳以上において女性が働く場合には、経済的理由による場合が男性にほぼ近い重要性をもつことには留意する必要はあるものの、一方でいきがい

図表 3-1　調査時に働いていた理由（複数回答）

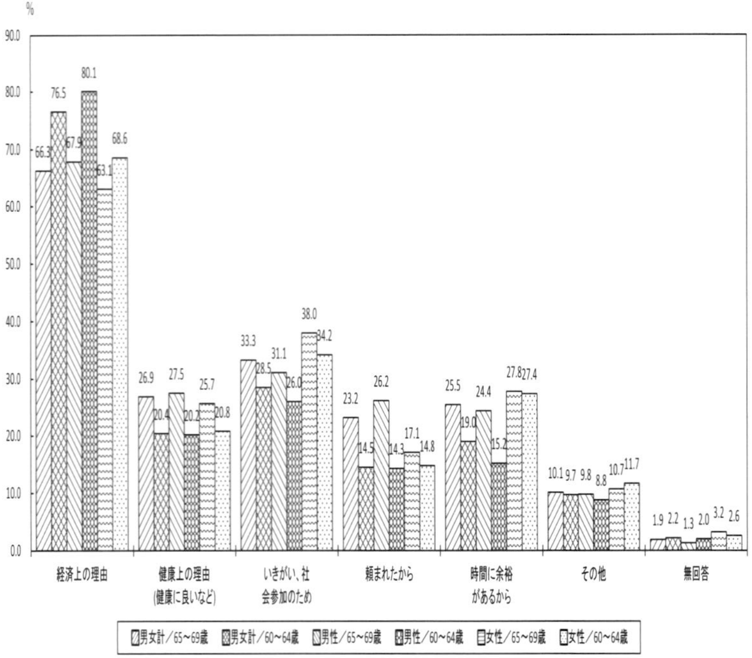

%

凡例：男女計／65〜69歳、男女計／60〜64歳、男性／65〜69歳、男性／60〜64歳、女性／65〜69歳、女性／60〜64歳

図表 3-2　働いていた理由「経済上の理由」の内容

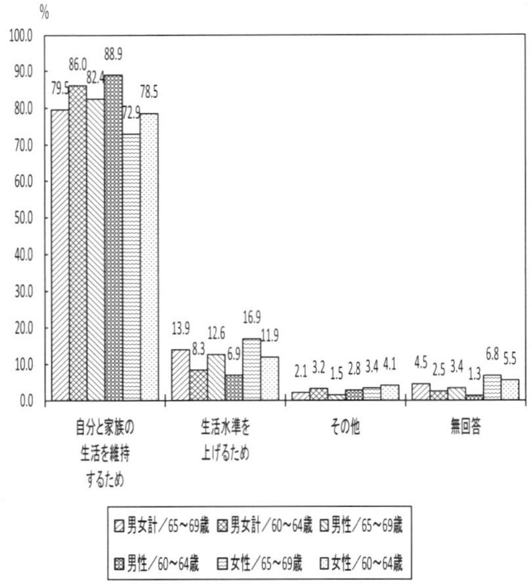

%

凡例：男女計／65〜69歳、男女計／60〜64歳、男性／65〜69歳、男性／60〜64歳、女性／65〜69歳、女性／60〜64歳

データ：いずれも JILPT「60 代の雇用・生活調査」

や社会参加の動機が男性よりも強いといえそうである。

2．高年齢者の不就業動機（仕事をしなかった理由）

　つぎに、「60代調査」から不就業の動機を確認しておこう。調査時に仕事をしなかった回答者に、まず、仕事をする希望の有無を尋ねた結果が図表3-3である[2]。60〜64歳層の男性を除き、いずれも「仕事をしたいと思いながら仕事につけなかった」、すなわち非自発的不就業（概ね20〜30％）よりも「仕事をしたいと思わなかった」（就業不希望）（概ね70〜80％）の方がかなり多くなっている[3]。そのうえで、非自発的不就業層に仕事につけなかった理由でもっとも当てはまるものを尋ねた結果が図表3-4である。それをみると、「適当な仕事が見つからなかった」（以下「適当な仕事なし」という。）と「あなたの健康上の理由」（同「自身の健康」）とを挙げる割合が高く、「家族の健康上の理由（介護等）」（同「家族介護等」）がこれらに次いでいる。年齢・男女間で比較すると、「適当な仕事なし」では、男性（40％程度）の方が女性（30％前後）よりも高く、また、男性は60〜64歳層の方が65〜69歳層よりもやや高いのに対して、女性は逆に65〜69歳層の方が高くなっている。「自身の健康」では、男性の方が女性より高く、特に65〜69歳層でその差がやや大きくなっている（男性36.7％：女性29.5％）。一方、「家族介護等」では、男性よりも女性の方が高くなっており、また、「家庭の事情（介護等以外、家事など）」（以下「家事等」という。）でも、女性の方が高く、男女の差はかなり広くなっている（男性3％台：女性：14％台）。

　これらの結果からは、非自発的不就業の男性においては、仕事につけ

---

[2]　前提として、回答者のうち調査時に仕事をしなかった割合をみると、65〜69歳層では男女計が50.2％、男性43.8％、女性59.7％、60〜64歳ではそれぞれ34.6％、25.0％、48.9％となっている。

[3]　この章の本題からはやや離れるが、60〜64歳層・男性で非自発的不就業の割合が高いことについて、これには上記脚注2にあるように、この層における不就業の割合が他の層よりも低いことも影響していることには留意する必要がある。ちなみに、全体に占める非自発的不就業の割合をみると、60〜64歳層・男性は10.8％であり、65〜69歳層・男性の13.0％よりも低くなっている。なお、これは、ここでの非自発的不就業層が「完全失業者」とカウントされるためには、この期間に実際に仕事に就くことが可能であり、さらに求職活動が行われたことが求められるのであり、完全失業率とは異なることを付記しておきたい。

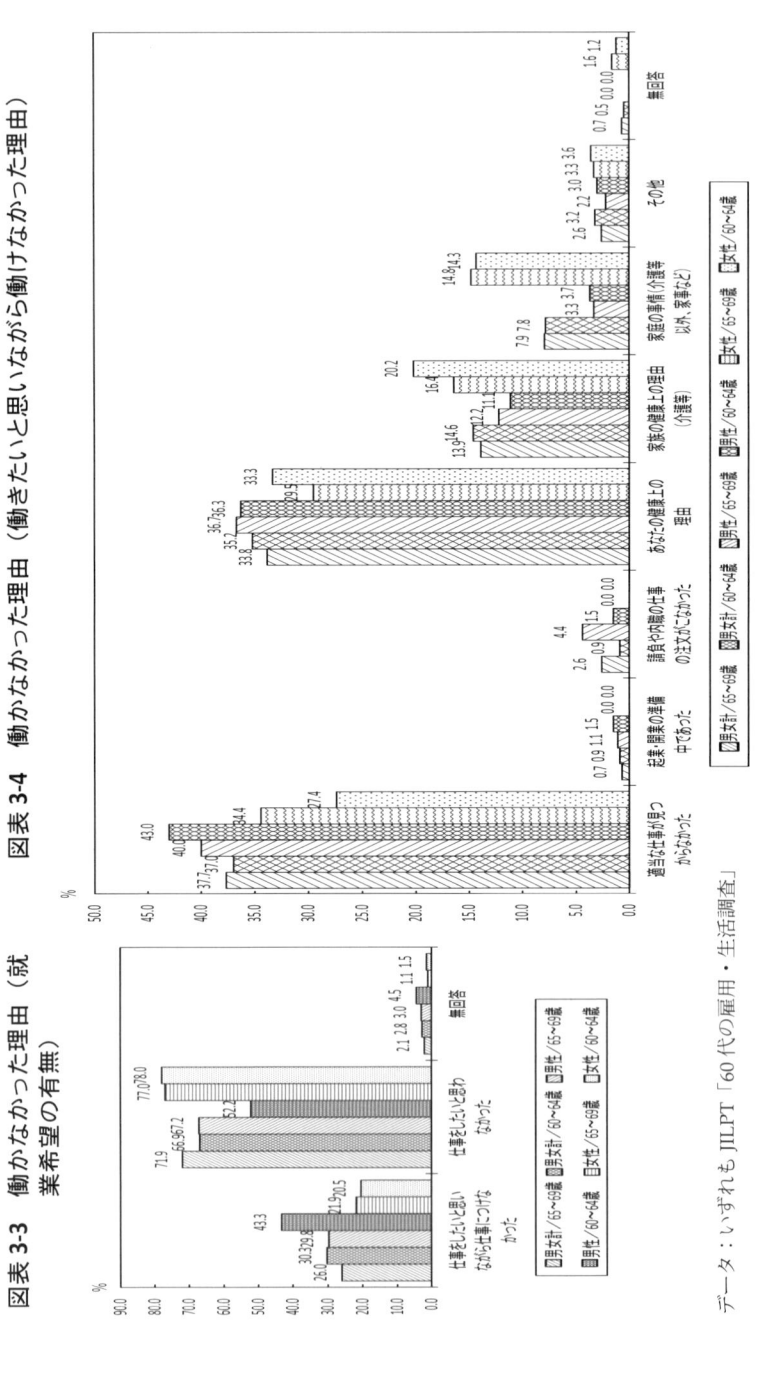

図表 3-3　働かなかった理由（就業希望の有無）

図表 3-4　働かなかった理由（働きたいと思いながら働けなかった理由）

データ：いずれも JILPT「60 代の雇用・生活調査」

なかった理由として「適当な仕事なし」と「自身の健康」とを挙げる割合が高く、また、「家族介護等」も一定の割合であり、それらの割合は60～64歳層と65～69歳層との間で大きな違いはみられないといえる。一方、女性では、それらの理由と併せて、「家事等」も一定の比重を占め、その中で65～69歳層では60～64歳層に比べ「適当な仕事なし」とする割合がかなり上回っている[4]。

3. 高年齢期の就業における経済的動機の重要性と就業動機の多様化

　以上のように、高年齢期の就業動機として経済的動機が依然として重要であるとともに、65～69歳層については60～64歳層に比べてそれ以外の動機を挙げる人が増え、動機の多様化がみられる。この点について、さらにもう一つ集計結果をみていただきたい。それが**図表3-5**である。「60代調査」は就業動機（調査時に働いていた理由）を複数回答で尋ねている。そこで、「経済上の理由」とそれ以外の理由とをどのような組み合わせで回答されたのかをみた。といっても理論上2^5+1（$=33$）通りある組合せをすべて示すことは適切でもないので、主要な理由の組合せのみ掲げ、あとは集約している。これをみると、男性・60～64歳層では「経済上の理由」のみを挙げた割合は44.2％であったのに対して、65～69歳層では29.1％と低くなっている（15.1％ポイ↓）。一方、「経済上の理由」を挙げなかった割合は、逆に18.2％から31.2％へと高くなっており（15.0％ポイ↑）、ほぼ見合った程度であるといえる[5]。また、「経済上の理由」を他の理由とともに挙げている場合についてみると、詳述は省くとして、「頼まれたから」との場合を除き、2つの理由のみを挙げる場合は少なくなり、65～69歳層では60～64歳層よりも多様な理由が

---

[4] 65～69歳層においても、男性40.0％に対して女性34.4％と男性の方が女性をかなり上回っている。しかしながら、「適当な仕事なし」は一般的には求職活動をしてみて看取できる理由であり、「家族介護等」などのようにそこまでたどり着かない場合も少なくない。したがって、これだけをもって、「適当な仕事」が男性よりも女性の方が多く準備されているといった解釈はしない方がよいであろう。

[5] ただし、60～64歳層で「経済上の理由」のみを挙げていた人が65～69歳層になると「経済上の理由」を挙げなくなるということを意味しているわけではなく、多くの場合は、他の理由を併せて挙げていた人が「経済上の理由」を挙げなくなるということであると考えられる。

図表 3-5 「経済上の理由」と他の就業理由との複数回答状況

(%)

	男性		女性	
	60〜64歳	65〜69歳	60〜64歳	65〜69歳
合計	100.0	100.0	100.0	100.0
経済上の理由のみ	44.2	29.1	32.0	30.9
経済上の理由と健康上の理由の2つ	4.0	3.7	2.9	3.3
経済上の理由と生きがい・社会参加の理由の2つ	8.2	4.7	7.9	3.3
経済上の理由と頼まれたからの理由の2つ	3.5	4.7	1.0	0.6
経済上の理由と時間に余裕の2つ	3.2	2.1	5.5	2.8
経済上の理由とその他の2つ	2.2	1.6	2.9	2.2
経済上の理由と健康上の理由と生きがい・社会参加の3つ	5.6	5.8	3.4	5.5
経済上の理由と他の理由との他に掲げた以外の組み合わせ	11.0	17.1	14.9	16.6
経済上の理由でない	18.2	31.2	29.6	34.8

データ：JILPT「60代の雇用・生活調査」
(注) 仕事をしていた理由について無回答のケースを除いて集計した。

掲げられるようになっていることが窺われる。また、女性においても、差異の程度は相対的に小さいといえるが、傾向としては同様の動きがみられる。

　以上のように、60〜64歳層に比べて65〜69歳層では就業動機の多様化がみられるが、一方で「経済上の理由」は最大の就業動機であることは変わらないといえる。また逆に、「経済上の理由」にこだわる必要がなくなるとともに多様な就業動機が意識されるようになるといった面があり、「経済上の理由」の有無ないし強弱が就業にさまざまな影響を与えるという意味でも、重要な規定要素であるといえる。

4．65 〜 69 歳層における就業動機と年金・貯蓄の状況

　上述のように、高年齢期において人は、「経済上の理由」（＝家計維持など）があれば仕事をする。また、経済的な条件が整えば仕事をしなくなる人がいる一方で、経済的な条件が整っていたとしても「経済上の理由」以外の動機で仕事をする人もいる。こうしたことをデータでさらに確認しておこう。

　経済的条件、すなわち「老後の備え」については多面的な要素があり、人によって求める度合いも多様であると思われるので、分析的に取り扱うことには限界があり、また、慎重でなければならないと考える。これを前提としたうえで、ここでは得られる年金額と世帯の貯蓄額とを取り上げることとしたい。「60 代調査」では、年金額については調査時において受け取っている月当たり金額を、世帯の貯蓄額についてはその金額を記入していただいている。年金額は、公的年金のみでなく、企業年金やその他の個人年金も含めた合計金額を用いることとしたい[6]。年金額・世帯貯蓄額別に就業状況をみたものが**図表 3-6** であり、仕事をしている場合のその理由をみたものが**図表 3-7** である。なお、65 〜 69 歳の男性についての集計である。

　図表 3-6 の①のグラフから年金額別に就業率の推移をみると、年金額5 万円未満を別とすれば、5 〜 10 万円未満の 74.2％から 30 万円以上の44.0％までほぼ直線的に低下している[7]。これと対照的に仕事をしたいと思わない割合（≒引退割合）が 8.6％から 50.0％までほぼ直線的に上昇している。一方において、雇用されて働いている割合は、全体として低下傾向はみられていない。その中で、年金額 20 万円以上の範囲におい

---

[6] 厚生年金などの公的年金については、雇用されて働き一定以上の収入があれば年金額がその期間減額されるので、その減額分を割り戻して「本来受給できる額」により分析する方がより的確であるが、ここではそうした操作は行わないで、調査時現在受給している額として回答のあったものを使用している。60 〜 64 歳層ではなく 65 歳以上を対象とすることもあって、それによる影響は相対的に小さいと考えたこととともに、現に受給している額との関係をみることにも一定の意味があると思われた。なお、データの制約から、貯蓄額は世帯全体の貯蓄額であるが、年金額は回答者自身が受給している額である。これも、ここでの分析の限界であり、以下の分析を男性に限った背景的理由である。

[7] 年金額 5 〜 10 万円未満の層で就業率がやや突出して高くなっていることには、この層に公的年金が基礎年金のみであることが一般的であると思われる自営業者が多く含まれている面があることには留意する必要がある。

図表 3-6 年金額及び世帯の貯蓄額別にみた就業状況（男性・65〜69歳）

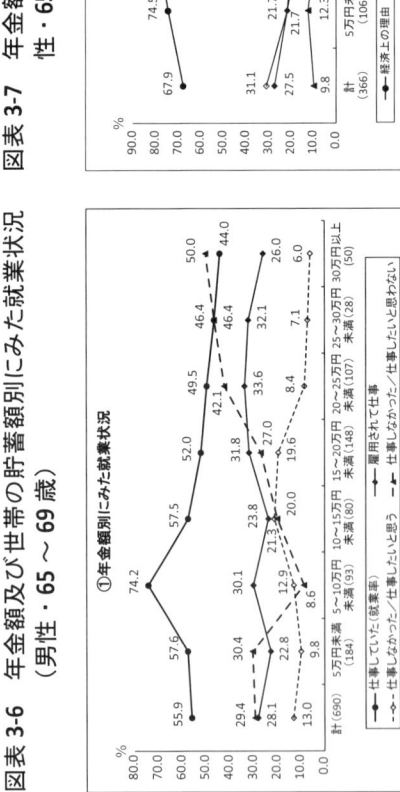

データ：JILPT「60代の雇用・生活調査」
（注）計には、年金額について無回答のケースを含む。
　　　項目軸の（ ）内は、ケース数である。

図表 3-7 年金額及び世帯の貯蓄額と仕事をしている理由（男性・65〜69歳／調査時「仕事をしている」人）

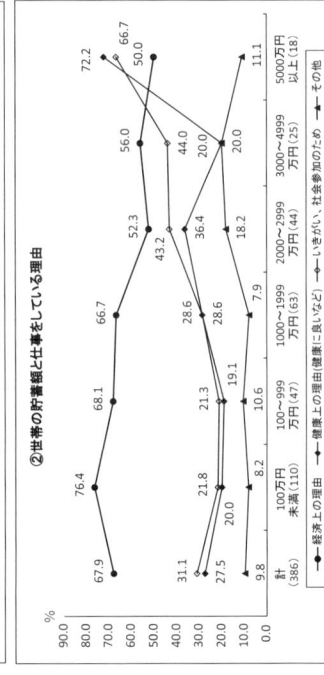

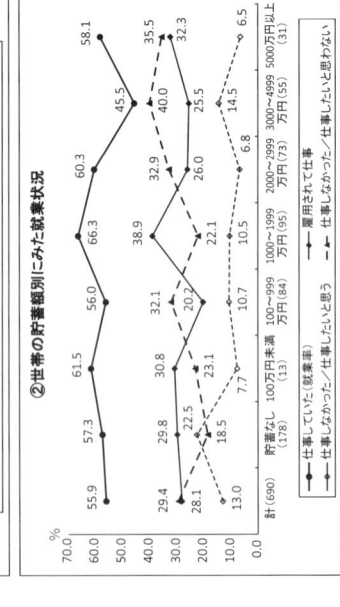

データ：JILPT「60代の雇用・生活調査」
（注）計には、世帯の貯蓄額について無回答のケースを含み、「100万円未満」には、貯蓄なしを含む。
　　　項目軸の（ ）内は、ケース数である。

て年金額が多い層ほど雇用就業の割合が低下するといった関係を見出すことができそうである [8]。

　図表 3-6 の②のグラフから世帯の貯蓄額と就業状況との間に全体としてのきれいな関係はあまり見出すことはできないが、それでも、貯蓄額が 2 千万円未満までは就業率はほぼ横ばい域にあり、それ以上の範囲で貯蓄額が高くなるほど就業率が低下する動きがややみられること、「引退割合」はジグザグしているものの総じて貯蓄額が増えるに連れて高まる傾向があること、その中で雇用就業の割合は、総じて横ばい域で推移していること、などを読み取ることができる [9]。

　つぎに **図表 3-7** により、仕事している人の就業動機をみてみよう。同図表①のグラフは年金額についてのものであるが、「経済上の理由」を挙げた人の割合は、5 万円未満（74.5％）を別として、5 〜 10 万円未満の 79.7％から 30 万円以上の 40.9％まで、総じて年金額が多い層ほど低くなる傾向が窺われている。一方、「いきがい・社会参加」の割合は、総じて逆に高まる傾向がみられ、5 〜 10 万円未満では 18.8％であったものが 30 万円以上では 68.2％となっている。また、「健康上の理由」は、5 〜 10 万円未満の 15.9％から 10 〜 15 万円未満の 34.8％に顕著に高まり、それ以降は 30％台のほぼ横ばい域で推移している。

　同図表②のグラフにより、世帯の貯蓄額についてみてみると、「経済上の理由」の割合は、100 万円未満の 76.4％から 5,000 万円以上の 50％まで貯蓄額が大きくなるほどほぼ低くなる傾向がみられている。一方、「いきがい・社会参加」や「健康上の理由」の割合は、ややジグザグする部分はあるものの、貯蓄額の上昇とともに総じて高まる傾向がみられている。

---

[8] 年金額が 20 万円未満までの層については、雇用就業の割合は上下しているが、その割合に「仕事はしていないが仕事したいと思う」を加えてみると、年金額 5 〜 10 万円未満：43.0％、10 〜 15 万円未満：45.1％、15 〜 20 万円未満：51.4％となり、ほぼ横ばいないしやや上昇気味という結果となる。

[9] 貯蓄額についても、雇用就業の割合に「仕事はしていないが仕事したいと思う」を加えてみると、「貯蓄なし」が 52.3％ともっとも高く、次いで 1,000 万円台（49.4％）、3,000 万円台（40.0％）などとなっており、貯蓄額が少ないと高くなる傾向がかろうじて垣間見られる。

以上、就業するかどうか、就業する場合でもその動機については、年金額や世帯の貯蓄額と関連がみられることがあらためて確認できた。年金額や世帯貯蓄額は「老後の経済的準備」の代表的なものであり、それが整うほど就業をやめる、すなわち職業から引退する人が増え、また、仕事をする場合でも経済上の理由以外の動機で就業する人が増えるということができる[10]。

5．年金・貯蓄額によるグループ分け

　「老後の経済的準備」の状況が一つの重要なポイントであり、それを年金額と貯蓄額で代表させても大きな齟齬はないことが確認できた。そこで、年金・貯蓄額により「老後の経済的準備」の程度別に65～69歳層の高年齢者をグループ分けしてみたい。上述の集計結果も考慮しつつ、あくまで一つの試論として、**図表3-8**にあるように年金額、貯蓄額それぞれ4区分し、4×4＝16の区分にグループ化することとしてみた。

　男性の分布をみると、年金額も貯蓄額もともにもっとも少ない層であ

図表3-8　年金額・世帯の貯蓄額によるグループ別の構成（65～69歳）

(%)

	年金Ⅰ （10万円未満）	年金Ⅱ （10～20万円未満）	年金Ⅲ （20～30万円未満）	年金Ⅳ （30万円以上）
男性（529）				
貯蓄Ⅰ（100万円未満（貯蓄なしを含む））	18.5	12.7	4.5	0.4
貯蓄Ⅱ（100～2,000万円未満）	11.0	14.7	7.0	1.1
貯蓄Ⅲ（2,000～5,000万円未満）	3.2	9.3	8.1	3.6
貯蓄Ⅳ（5,000万円以上）	0.4	1.5	2.6	1.3
女性（331）				
貯蓄Ⅰ（100万円未満（貯蓄なしを含む））	34.4	7.3	0.9	0.6
貯蓄Ⅱ（100～2,000万円未満）	19.3	8.5	2.1	0.0
貯蓄Ⅲ（2,000～5,000万円未満）	11.2	7.3	0.9	0.0
貯蓄Ⅳ（5,000万円以上）	3.9	3.0	0.3	0.3

（注）貯蓄額について無回答のケースを除いて算出したものである。

　　　表中「男性」及び「女性」の後の（　）内は、集計対象となったケース数である。

---

[10] 再度強調しておきたいが、就業するかどうかは多くの事情によって決まるものであって、これらの経済的な準備状況だけで決まるわけではない。また、経済的な準備の出来不出来は、特に労働力の供給面に強く作用するが、実際に就業できるかどうかは労働力の需要面にも影響される。したがって、引退している割合（ここでは「仕事をしたいと思わない」割合）を別とすれば、就業状況と年金・貯蓄額との関係はデータ上必ずしもきれいな関係として表れるとは限らないことには留意する必要がある。図表3-1-6には、そのような留意すべき面がやや表れているきらいが垣間見られる。

る「年金Ⅰ・貯蓄Ⅰ」が18.5％と2割近くを占め、次いで「年金Ⅱ・貯蓄Ⅱ」（14.7％）、「年金Ⅱ・貯蓄Ⅰ」（12.7％）、「年金Ⅰ・貯蓄Ⅱ」（11.0％）と続いている。これら年金、貯蓄ともⅠ～Ⅱの層で全体の過半（56.9％）を占めている。また、年金、貯蓄のいずれかが「Ⅲ」であるのは32.1％、同じくいずれかが「Ⅳ」であるのは10.9％となっている。

女性の分布をみると、「年金Ⅰ・貯蓄Ⅰ」が34.4％と全体の3分の1強であり、次いで「年金Ⅰ・貯蓄Ⅱ」（19.3％）、「年金Ⅰ・貯蓄Ⅲ」（11.2％）と続いている。年金、貯蓄ともⅠ～Ⅱの層で全体のほぼ7割（69.5％）を占めている。また、年金、貯蓄のいずれかが「Ⅲ」であるのは22.4％、同じくいずれかが「Ⅳ」であるのは8.1％となっている。男性に比べて、年金額の低い層が相対的に多いことが目立っている[11]。

この節は、グループ化ができたところでとどめておきたい。これを軸とした分析は、次節で65歳以上の高年齢者の就業をめぐる他の状況や要因を整理した上で、第3節であらためてみていくこととしたい。

第2節　65歳以上高齢者の就業・雇用動向

この節では、各種データから、65～69歳層を中心とした高年齢者層の就業・雇用の動向を確認し、どのような分野や形態での就業・雇用が結実しているのかをみておこう。前節が高年齢者就業・雇用の供給側における重要な要因をみたのに対して、ここでは、どちらかといえば需要側に視点を当てたものということができる。

1. 高年齢者の就業・雇用動向の概観
ア. 就業率の推移

就業（や失業）に関する動向を把握する代表的な政府統計である総務省統計局「労働力調査」により、高年齢者の就業・雇用の動向を概観しておこう。

---

[11] あらためて、年金は回答者が受給するものだけであるのに対して貯蓄額は世帯全体のものであることに留意されたい。

図表 **3-9** には、やや長期にわたって就業率（人々のうち就業している人の割合）の推移を掲げた。男性高年齢者の就業率は、いわゆるバブル崩壊後平成 3 〜 4 年頃から平成 10 年代半ばまで、かなりの低下傾向で推移していたが、それ以降上昇に転じたことがわかる。60 〜 64 歳層は平成 14 年の 64.0％から同 27 年には 75.5％とこの間に 11.5％㌽上昇している。65 〜 69 歳層はやや遅れて平成 16 年の 43.8％を底に反転し、同 27 年には 52.2％とこの間に 8.4％㌽上昇している。女性高年齢者も平成 10 年代半ばに、それまでの緩やかな低下傾向から上昇に転じ、60 〜 64 歳層は平成 15 年（37.5％）から同 27 年（49.4％）まで 11.9％㌽上昇し、

図表 3-9　高年齢者の就業率の推移

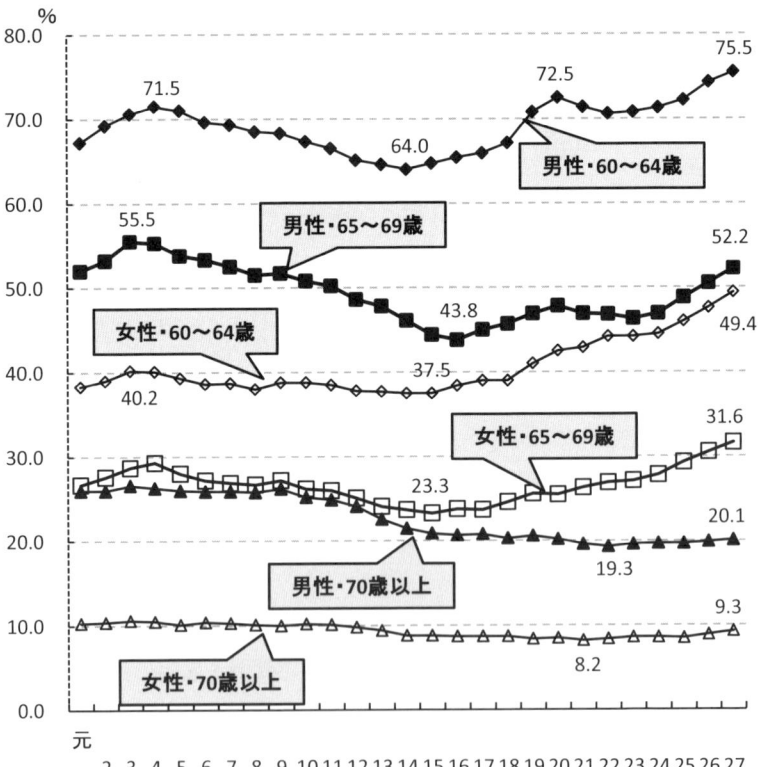

データ：総務省統計局「労働力調査」

65 〜 69 歳層は同じ期間に 23.3 ％から 31.6 ％まで 8.3 ％ポイ上昇している。70 歳以上層については男女とも近年、上昇の兆しがみられているものの、ほぼ横ばい域にあるといえる。

なお、60 〜 64 歳層と 65 〜 69 歳層と間には、男性では 23 ％ポイ程度、女性では 18 ％ポイ程度、就業率水準に差異がみられている。65 歳までに引退する人々がこの程度いたということであろう。

イ．高年齢者の就業が拡大している分野と形態／1．産業

以上のように、近年高年齢者の就業割合が上昇してきているが、それはどのような分野で目立っているのか簡単に確認しておきたい。とはいえ、詳細な記述は避け、「労働力調査」のデータを掲げることを中心として、表の見方を紹介したうえで、それぞれ要点のみにとどめたい。なお、データは男女それぞれ掲載するが、記述は男性についてのみにしておきたい。

図表 3-10 は、執筆時点で最新の年平均データである平成 27 年とその 5 年前の 22 年について、60 〜 64 歳層と 65 歳以上層の就業者（①の表）と雇用者（②の表）の産業別構成比をみたものである。そして、データから 3 つの指標を示している。一つは「時点間変化」で、65 歳以上層の当該産業の構成比が平成 22 年から 27 年にかけてどの程度変化したかをみたもので、27 年の構成比から 22 年の構成比を引いたものである。当然ながらプラスは 65 歳以上層において当該産業の構成比が上昇したことを、マイナスは低下したことを示している。二つ目の「年齢層間変化」は同一年（ここでは平成 27 年）において 65 歳以上層の構成比が 60 〜 64 歳層の構成比と比べて高いか低いかをみたものである。65 歳以上層の構成比から 60 〜 64 歳層の構成比を差し引いて求めている。この指標がプラスであれば、当該産業がより高齢層の就業に親和的であると一応考えることができる。三つ目の「準コーホート変化」は、平成 22 年に 60 〜 64 歳層であった人々が 5 年後の 27 年にはすべて 65 歳以上となったことに着目して、この 5 年間における産業間の移動をみようとするものである。より望ましいのは、平成 27 年は 65 〜 69 歳層のデータを

図表 3-10　高年齢就業者・雇用者の産業別構成とその変化　①就業者

（%、ポイント）

就業者	男性 平成22年 ①60～64歳	男性 平成22年 ②65歳以上	男性 平成27年 ③60～64歳	男性 平成27年 ④65歳以上	男性 時点間変化（④－②）	男性 年齢層間変化（④－③）	男性 準コーホート変化（④－①）
全産業	100.0	100.0	100.0	100.0			
農林漁業	6.5	19.2	6.0	14.5	−4.7	8.5	8.0
鉱業，採石業砂 利採取業	0.0	0.0	0.0	0.0	0.0	0.0	0.0
建設業	14.7	10.0	14.8	12.2	2.2	−2.6	−2.5
製造業	16.4	12.6	15.7	12.0	−0.6	−3.7	−4.4
電気・ガス・熱供給・水道業	0.6	0.3	0.6	0.2	−0.1	−0.4	−0.4
情報通信業	1.8	0.9	1.9	0.7	−0.2	−1.2	−1.1
運輸業，郵便業	10.3	5.7	8.8	6.6	0.9	−2.2	−3.7
（道路旅客運送業）	3.8	2.6	2.8	3.2	0.6	0.4	−0.6
卸売業，小売業	13.2	15.2	12.9	14.1	−1.1	1.2	0.9
（飲食料品小売業）	2.3	3.4	2.2	2.9	−0.5	0.7	0.6
金融業，保険業	1.8	0.9	2.2	0.7	−0.2	−1.5	−1.1
不動産業，物品賃貸業	2.9	4.3	2.8	4.1	−0.2	1.3	1.2
学術研究，専門・技術サービス業	3.8	4.0	4.4	4.5	0.5	0.1	0.7
宿泊業，飲食サービス業	3.8	3.7	3.5	3.9	0.2	0.4	0.1
生活関連サービス業，娯楽業	2.6	4.0	2.2	4.1	0.1	1.9	1.5
教育，学習支援業	3.5	2.3	4.1	2.7	0.4	−1.4	−0.8
（その他の教育，学習支援業）	0.9	0.9	1.3	1.1	0.2	−0.2	0.2
医療，福祉	3.8	4.3	4.7	5.0	0.7	0.3	1.2
（社会保険・社会福祉・介護事業）	1.8	1.7	2.2	2.5	0.8	0.3	0.7
複合サービス事業	0.3	0.3	0.9	0.2	−0.1	−0.7	−0.1
サービス業（他に分類されないもの）	10.6	11.5	10.4	11.8	0.3	1.4	1.2
（その他の事業サービス業）	5.6	6.9	6.3	7.7	0.8	1.4	2.1
公務（他に分類されるものを除く）	2.6	0.9	3.1	1.1	0.2	−2.0	−1.5
分類不能の産業	0.6	0.9	1.3	1.4	0.5	0.1	0.8

就業者	女性 平成22年 ①60～64歳	女性 平成22年 ②65歳以上	女性 平成27年 ③60～64歳	女性 平成27年 ④65歳以上	女性 時点間変化（④－②）	女性 年齢層間変化（④－③）	女性 準コーホート変化（④－①）
全産業	100.0	100.0	100.0	100.0			
農林漁業	6.7	21.3	6.0	14.6	−6.7	8.6	7.9
鉱業，採石業砂 利採取業	0.0	0.0	0.0	0.0	0.0	0.0	0.0
建設業	3.6	3.2	3.7	3.5	0.3	−0.2	−0.1
製造業	13.5	9.5	11.6	9.7	0.2	−1.9	−3.8
電気・ガス・熱供給・水道業	0.0	0.0	0.0	0.0	0.0	0.0	0.0
情報通信業	0.4	0.5	0.5	0.3	−0.2	−0.2	−0.1
運輸業，郵便業	2.2	0.9	1.9	1.0	0.1	−0.9	−1.2
（道路旅客運送業）	0.4	0.5	0.0	0.3	−0.2	0.3	−0.1
卸売業，小売業	20.2	19.0	19.9	18.1	−0.9	−1.8	−2.1
（飲食料品小売業）	7.6	6.8	9.3	6.6	−0.2	−2.7	−1.0
金融業，保険業	1.8	0.9	1.9	1.0	0.1	−0.9	−0.8
不動産業，物品賃貸業	2.2	3.2	1.9	3.1	−0.1	1.2	0.9
学術研究，専門・技術サービス業	1.8	1.4	1.9	1.7	0.3	−0.2	−0.1
宿泊業，飲食サービス業	12.6	10.4	10.2	11.1	0.7	0.9	−1.5
生活関連サービス業，娯楽業	6.7	7.7	5.6	7.6	−0.1	2.0	0.9
教育，学習支援業	3.6	2.7	4.6	3.5	0.8	−1.1	−0.1
（その他の教育，学習支援業）	1.8	1.8	1.9	2.1	0.3	0.2	0.3
医療，福祉	13.9	8.6	19.0	12.5	3.9	−6.5	−1.4
（社会保険・社会福祉・介護事業）	8.5	5.0	12.5	8.7	3.7	−3.8	0.2
複合サービス事業	0.4	0.0	0.5	0.0	0.0	−0.5	−0.4
サービス業（他に分類されないもの）	8.5	9.0	7.9	10.1	1.1	2.2	1.6
（その他の事業サービス業）	5.8	6.3	6.5	8.0	1.7	1.5	2.2
公務（他に分類されるものを除く）	0.9	0.5	1.4	0.7	0.2	−0.7	−0.2
分類不能の産業	0.9	0.9	1.4	1.4	0.5	0.0	0.5

データ：総務省統計局「労働力調査」

（注）表頭の「準コーホート」とは、厳密な意味でコーホート変化ではないが、それに準じたものとして試算したものという意味である。以下同じ。

図表 3-10 高年齢就業者・雇用者の産業別構成とその変化 ②雇用者

(％、ポイント)

	男　性							女　性						
	平成22年		平成27年		時点間変化(④-②)	年齢層間変化(④-③)	準コーホート変化(④-①)	平成22年		平成27年		時点間変化(④-②)	年齢層間変化(④-③)	準コーホート変化(④-①)
	①60～64歳	②65歳以上	③60～64歳	④65歳以上				①60～64歳	②65歳以上	③60～64歳	④65歳以上			
全産業	100.0	100.0	100.0	100.0				100.0	100.0	100.0	100.0			
農林漁業	1.5	2.5	1.5	2.5	0.0	1.0	1.0	1.7	4.3	1.7	2.8	-1.5	1.1	1.1
鉱業,採石業砂利採取業	0.0	0.0	0.0	0.0	0.0	0.0	0.0	0.0	0.0	0.0	0.0	0.0	0.0	0.0
建設業	13.9	12.7	13.9	13.7	1.0	-0.2	-0.2	4.0	5.1	3.4	4.4	-0.7	1.0	0.4
製造業	19.2	16.8	18.1	15.5	-1.3	-2.6	-3.7	14.9	12.8	12.8	11.6	-1.2	-1.2	-3.3
電気・ガス・熱供給・水道業	0.8	0.5	0.8	0.4	-0.1	-0.4	-0.4	0.0	0.0	0.0	0.0	0.0	0.0	0.0
情報通信業	1.9	1.5	1.9	1.1	-0.4	-0.8	-0.8	0.6	0.9	0.6	0.6	-0.3	0.0	0.0
運輸業,郵便業	12.0	8.6	10.0	9.4	0.8	-0.6	-2.6	2.9	1.7	2.9	1.7	0.0	-0.5	-1.2
（道路旅客運送業）	4.1	4.1	3.1	4.3	0.2	1.2	0.2	0.6	0.0	0.0	0.6	0.6	0.6	0.0
卸売業,小売業	13.2	15.7	13.1	14.8	-0.9	1.7	1.6	20.7	20.5	21.2	18.8	-1.7	-2.4	-1.9
（飲食料品小売業）	1.9	2.5	1.9	2.5	0.0	0.6	0.6	8.0	6.0	10.1	7.2	1.2	-2.9	-0.8
金融業,保険業	1.9	1.0	2.3	0.7	-0.3	-1.6	-1.2	1.7	1.7	1.7	1.7	0.0	0.0	0.0
不動産業,物品賃貸業	3.4	5.6	3.1	5.1	-0.5	2.0	1.7	2.3	3.4	1.7	3.3	-0.1	1.6	1.0
学術研究,専門・技術サービス業	3.0	3.0	3.5	3.6	0.6	0.1	0.6	1.1	0.9	1.1	1.7	0.8	0.6	0.6
宿泊業,飲食サービス業	2.6	2.5	2.7	3.2	0.7	0.5	0.6	11.5	11.1	9.5	11.0	-0.1	1.5	-0.5
生活関連サービス業,娯楽業	2.3	3.0	1.9	3.2	0.2	1.3	0.9	5.2	5.1	4.5	5.0	-0.1	0.5	-0.2
教育,学習支援業	4.1	3.6	4.6	3.6	0.0	-1.0	-0.5	3.4	1.7	4.5	2.8	1.1	-1.7	-0.6
（その他の教育,学習支援業）	1.1	1.0	1.2	1.1	0.1	-0.1	0.0	1.1	0.9	1.1	1.1	0.2	0.0	0.0
医療,福祉	3.8	5.6	5.0	6.1	0.5	1.1	2.3	17.2	14.5	22.3	18.8	4.3	-3.5	1.6
（社会保険・社会福祉・介護事業）	2.3	3.0	2.7	3.6	0.6	0.9	1.3	10.9	8.5	15.1	13.8	5.3	-1.3	2.9
複合サービス事業	0.4	0.5	1.2	0.4	-0.1	-0.8	0.0	0.6	0.6	0.0	0.0	-0.6	0.0	-0.6
サービス業（他に分類されないもの）	12.0	15.2	11.2	13.7	-1.5	2.5	1.7	9.8	14.5	8.9	13.3	-1.2	4.4	3.5
（その他の事業サービス業）	6.4	8.6	6.9	9.0	0.4	2.1	2.6	6.3	9.4	6.7	9.9	0.5	3.2	3.6
公務(他に分類されるものを除く)	3.4	1.5	3.9	1.8	0.3	-2.1	-1.6	1.1	0.9	1.7	1.1	0.2	-0.6	0.0
分類不能の産業	0.4	0.5	0.8	1.1	0.6	0.3	0.7	0.6	0.9	1.1	1.1	0.2	0.0	0.5

データ：総務省統計局「労働力調査」

用いることであるが、残念ながら現在のところその集計はされていないので、一次接近としてこのようにしたところである[12]。平成 27 年の 65 歳以上層の構成比から 22 年の 60 〜 64 歳層の構成比を差し引いて求めている。プラスであれば、5 年間に他産業からの転職による入職超があった可能性が高いと一応考えられる。

　以上を前提としてデータ及び 3 つの指標をみると、65 歳以上層におけるウェイトが高まる中で、60 〜 64 歳層から 65 歳以上となるときの就業の場としてより親和的であり、現に他産業からの移動による入職がみられている産業、つまり 3 つの指標ともプラスである産業には、「その他の事業サービス業」を中心とした「他に分類されないサービス業」（以下この章の中で「最狭義サービス業」という。）、「社会保険・社会福祉・介護事業」を中心とする「医療、福祉」、「生活関連サービス業、娯楽業」、「宿泊業、飲食サービス業」などを挙げることができる。また、雇用者について「道路旅客運送業」（例：タクシーなど）[13] や「飲食料品小売業」（例：小規模の食品スーパーなど）なども 65 歳以上層の雇用就業に親和的であるといえる。なお、就業者については農林漁業も 65 歳以上層の就業の場となっているが、雇用者については限定的である。

ウ．高年齢者の就業が拡大している分野と形態／2．職業

　図表 3-11（①男性と②女性とを別の表にしている））は、同様に職業についてみたものである。就業者のみであり、雇用者は集計・報告されていない。平成 27 年では 65 歳以上層とともに 65 〜 69 歳層についても集計されている。そこで、「年齢間変化」と「準コーホート変化」については、平成 27 年は 65 〜 69 歳層のデータを用いた。「時点間変化」は、

---

[12] このように例えば 5 年前の 5 歳下の年齢層と比較する分析を「コーホート（同時出生集団）分析」というが、完全なコーホート分析となっていないことから「準」を付して呼ぶこととした。なお、ここでの分析が不完全である理由には、的確な年齢区分のデータを使えていないことのほか、5 年間において引退した人や平成 22 年時点で失業したり非労働力状態にあったりした人が仕事に就いたりといったことがあることを考慮できていないこともある。

[13] ここでの（　）内の例示は、当該分類に属し、高年齢者が多く就業していると筆者が考えるものを挙げており、「労働力調査」にデータがあるわけではない。以下同様。

図表 3-11　高年齢就業者の職業別構成とその変化　①男性

| | 男　性 | | | | | 時点間変化 (④−②) | 年齢層間変化 (⑤−③) | 準コーホート変化 (⑤−①) |
| | 平成22年 | | 平成27年 | | | | | |
	① 60～64歳	② 65歳以上	③ 60～64歳	④ 65歳以上	⑤ 65～69歳			
総　数	100.0	100.0	100.0	100.0	100.0			
管理的職業 従事者	7.6	8.3	6.6	7.5	6.6	−0.8	0.0	−1.0
専門的・技術的職業従事者	9.4	8.9	11.3	9.8	10.3	0.9	−1.0	0.9
技術者	2.9	1.7	3.8	2.3	2.9	0.6	−0.9	0.0
保険医療 従事者	1.8	2.0	2.2	2.3	2.1	0.3	−0.1	0.3
教員	1.8	0.9	2.2	0.9	1.2	0.0	−1.0	−0.6
その他の専門的・技術的職業従事者	2.9	4.3	3.5	4.1	3.7	−0.2	0.2	0.8
事務従事者	12.9	6.3	14.8	7.0	8.3	0.7	−6.5	−4.6
一般事務 従事者	9.7	4.6	11.0	5.2	6.2	0.6	−4.8	−3.5
会計事務 従事者	1.2	0.9	1.3	0.7	0.4	−0.2	−0.9	−0.8
その他の事務従事者	2.1	1.1	2.4	1.4	1.7	0.3	−1.1	−0.4
販売従事者	11.4	11.5	9.7	10.0	9.5	−1.5	−0.2	−1.9
商品販売従事者	4.7	6.6	3.8	5.2	4.5	−1.4	0.7	−0.2
販売類似職業従事者	1.2	1.7	0.6	1.4	0.8	−0.3	0.2	−0.4
営業職業従事者	5.6	3.4	5.0	3.6	4.1	0.2	−0.9	−1.5
サービス職業従事者	6.5	8.0	6.0	8.4	8.3	0.4	2.3	1.8
介護サービス職業従事者	0.3	0.3	0.6	0.5	0.4	0.2	−0.2	0.1
生活衛生サービス職業従事者	0.9	1.7	0.6	1.8	1.2	0.1	0.6	0.3
飲食物調理従事者	2.6	2.6	2.2	2.5	2.9	−0.1	0.7	0.3
接客・給仕職業従事者	0.9	0.9	0.6	0.9	0.8	0.0	0.2	−0.1
その他のサービス職業従事者	1.8	2.6	1.9	2.9	2.9	0.3	1.0	1.1
保安職業従事者	3.2	3.2	3.8	3.2	3.7	0.0	−0.1	0.5
農林漁業従事者	6.5	19.2	6.0	14.7	9.5	−4.5	3.5	3.0
生産工程従事者	15.0	13.2	13.8	12.9	12.8	−0.3	−1.0	−2.2
製品製造・加工処理従事者(金属製品)	3.8	2.9	2.5	2.5	2.5	−0.4	0.0	−1.3
製品製造・加工処理従事者(金属製品を除く)	5.0	6.6	4.7	5.7	5.4	−0.9	0.7	0.4
機械組立従事者	1.8	0.9	1.6	0.9	0.8	0.0	−0.8	−1.0
機械整備・修理従事者	2.6	1.7	2.8	2.5	2.5	0.8	−0.3	−0.1
製品検査従事者	0.6	0.3	0.6	0.2	0.4	−0.1	−0.2	−0.2
機械検査従事者	0.3	0.0	0.3	0.2	0.0	0.2	−0.3	−0.3
生産関連・生産類似作業従事者	0.9	0.9	1.3	0.9	1.2	0.0	−0.1	0.3
輸送・機械運転従事者	9.4	5.7	8.5	7.7	10.3	2.0	1.8	0.9
建設・採掘 従事者	9.7	6.6	10.1	7.9	9.5	1.3	−0.6	−0.2
運搬・清掃・包装等従事者	7.6	8.0	8.2	9.8	9.9	1.8	1.7	2.3
運搬従事者	3.8	2.9	4.1	3.4	3.7	0.5	−0.4	−0.1
清掃従事者	1.5	2.0	1.9	2.9	2.9	0.9	1.0	1.4
その他の運搬・清掃・包装等従事者	2.3	3.2	2.2	3.4	3.3	0.2	1.1	1.0
分類不能の 職業	0.6	0.9	1.4	1.2	0.5	0.3	0.6

データ：総務省統計局「労働力調査」（平成22年については、職業分類に係る遡及集計分を用いた。）

　平成22年の65～69歳層のデータが報告されていないので、引き続き両年とも65歳以上層のデータで計算した。

　　以上を前提に男性のデータ及び指標をみると、3つの指標ともプラスとなり、高年齢者の就業の場としてより親和的であるといえる職業には、「生活衛生サービス職業」（例：クリーニング職など）や「その他のサービス職業」（例：マンションなどや駐車場の管理）を中心とする

図表3-11　高年齢就業者の職業別構成とその変化　②女性

（％、ポイント）

	女　性					時点間変化 （④-②）	年齢層間変化 （④-③）	準コーホート変化 （④-①）
	平成22年		平成27年					
	① 60～64歳	② 65歳以上	③ 60～64歳	④ 65歳以上	⑤ 65～69歳			
総　数	100.0	100.0	100.0	100.0	100.0			
管理的職業 従事者	1.3	2.3	0.9	2.4	1.9	0.1	1.0	0.6
専門的・技術的職業従事者	8.1	5.4	11.6	7.3	8.3	1.9	-3.3	0.2
技術者	0.0	0.0	0.0	0.0	0.0	0.0	0.0	0.0
保険医療 従事者	3.6	2.3	5.1	2.8	3.2	0.5	-1.9	-0.4
教員	0.9	0.5	1.4	0.7	0.6	0.2	-0.8	-0.3
その他の専門的・技術的職業従事者	3.6	2.7	4.6	3.8	3.8	1.1	-0.8	0.2
事務従事者	19.3	13.6	19.9	14.9	15.3	1.3	-4.6	-4.0
一般事務 従事者	13.5	9.0	13.4	9.7	10.2	0.7	-3.2	-3.3
会計事務 従事者	4.5	4.1	4.2	4.2	3.8	0.1	-0.4	-0.7
その他の事務従事者	1.8	0.9	1.9	1.0	1.3	0.1	-0.6	-0.5
販売従事者	12.6	14.0	11.6	12.2	12.1	-1.8	0.5	-0.5
商品販売従事者	9.9	11.3	9.3	9.4	8.9	-1.9	-0.4	-1.0
販売類似職業従事者	0.9	1.8	0.9	1.4	1.3	-0.4	0.4	0.4
営業職業従事者	1.8	1.4	1.4	1.4	1.9	0.0	0.5	0.1
サービス職業従事者	24.2	20.4	23.1	24.0	26.1	3.6	3.0	1.9
介護サービス職業従事者	4.9	2.7	6.0	4.5	5.7	1.8	-0.3	0.8
生活衛生サービス職業従事者	3.1	4.5	2.3	4.5	4.5	0.0	2.2	1.4
飲食物調理従事者	8.1	6.3	7.4	7.6	8.3	1.3	0.9	0.2
接客・給仕職業従事者	5.4	4.1	3.7	3.8	4.5	-0.3	0.1	-0.9
その他のサービス職業従事者	2.7	2.7	3.7	3.5	3.8	0.8	0.1	1.1
保安職業従事者	0.0	0.0	0.0	0.0	0.0	0.0	0.0	0.0
農林漁業従事者	6.3	20.8	5.6	14.2	8.9	-6.6	3.3	2.6
生産工程従事者	13.5	9.0	12.0	9.0	10.2	0.0	-1.8	-3.3
製品製造・加工処理従事者（金属製品）	0.9	0.5	0.5	0.3	0.6	-0.2	0.1	-0.3
製品製造・加工処理従事者（金属製品を除く）	10.3	7.2	9.3	7.3	8.3	0.1	-1.0	-2.0
機械組立従事者	0.9	0.5	0.9	0.6	0.6	0.0	-0.3	-0.3
機械整備・修理従事者	0.0	0.0	0.0	0.0	0.0	0.0	0.0	0.0
製品検査従事者	0.9	0.5	0.9	0.3	0.6	-0.2	-0.3	-0.3
機械検査従事者	0.0	0.0	0.0	0.0	0.0	0.0	0.0	0.0
生産関連・生産類似作業従事者	0.0	0.0	0.5	0.0	0.0	0.0	-0.5	0.0
輸送・機械運転従事者	0.4	0.0	0.0	0.0	0.0	0.0	0.0	-0.4
建設・採掘 従事者	0.4	0.5	0.5	0.0	0.0	-0.5	-0.5	-0.4
運搬・清掃・包装等従事者	13.0	12.7	13.0	14.6	15.9	1.9	2.9	2.9
運搬従事者	2.7	1.4	1.9	1.7	1.9	0.3	0.0	-0.8
清掃従事者	5.8	7.2	6.0	9.0	10.2	1.8	4.2	4.4
その他の運搬・清掃・包装等従事者	4.5	4.1	5.1	3.8	4.5	-0.3	-0.6	0.0
分類不能の 職業	0.9	0.9	1.4	1.3	0.5	0.4	-0.1	0.4

データ：総務省統計局「労働力調査」（平成22年については、職業分類に係る遡及集計分を用いた。）

「サービス職業」、「輸送・機械運転」、清掃や（軽）作業などの「運搬・清掃・包装等」などを挙げることができる。また、「農林漁業」とともに、「その他の専門的・技術的職業」（例：個人教師など）と「製品製造・加工処理従事者（金属製品を除く）」（例：食品製造など）の2つの中分類職業は、「時点間変化」はマイナスであるが、60～64歳層から65歳以上への移行を示す他の2つの指標はプラスであり、高年齢者の就業の場

として相対的に親和的であるといえる。

エ．高年齢者の就業が拡大している分野と形態／ 3 ．雇用形態

図表 3-12 は、雇用形態についてみたものである。雇用形態に関する
データは「労働力調査」の「詳細集計」として公表されてきていた。その
際の年齢区分は 10 歳刻みであり、高年齢層については 55 ～ 64 歳及
び 65 歳以上であった。それが平成 25 年からは「基本集計」の中の項目
となり、年齢も 5 歳刻みのデータが公表されるようになった。したがっ
て、ここでの対象である平成 22 年については 10 歳刻みのデータであ
り、一方、27 年については 5 歳刻みのデータも利用できる。そこで、両
時点のデータから算出され「時点間変化」と「準コーホート変化」とは
10 歳刻みのデータを用い [14]、27 年データの中で算出される「年齢層間変

図表 3-12　高年齢雇用者の雇用形態別構成とその変化

（%、ポイント）

| | 平成22年 | | 平成27年 | | | | 時点間変化
（⑥−②） | 年齢層間変化
（⑤−④） | 準コーホート変化
（⑥−①） |
	① 55～64歳	② 65歳以上	③ 55～64歳	④ 60～64歳	⑤ 65～69歳	⑥ 65歳以上			
＜男　性＞									
雇用者計（役員含む）	100.0	100.0	100.0	100.0	100.0	100.0			
役員	15.6	31.5	13.3	15.1	20.1	25.6	−5.9	5.0	10.0
正規の職員・従業員	59.8	21.5	59.4	39.8	23.0	20.9	−0.6	−16.8	−38.9
非正規の職員・従業員	24.6	47.5	27.3	45.2	56.9	53.4	5.9	11.7	28.8
パート・アルバイト	8.0	23.0	8.6	13.5	28.7	28.5	5.5	15.2	20.5
うちパート	4.6	13.5	4.8	7.7	15.5	15.5	2.0	7.8	10.9
うちアルバイト	3.2	9.5	3.6	5.4	13.2	12.6	3.1	7.8	9.4
契約社員＋嘱託	12.9	16.0	15.6	27.8	21.8	18.4	2.4	−6.0	5.5
労働者派遣の派遣社員	0.8	2.0	1.3	1.5	2.9	2.5	0.5	1.4	1.7
その他	2.7	7.0	1.8	2.7	3.4	4.0	−3.0	0.7	1.3
＜女　性＞									
雇用者計（役員含む）	100.0	100.0	100.0	100.0	100.0	100.0			
役員	7.3	17.4	5.9	7.3	10.5	14.9	−2.5	3.2	7.6
正規の職員・従業員	33.2	24.8	30.7	21.8	17.5	19.3	−5.5	−4.3	−13.9
非正規の職員・従業員	59.3	57.0	63.4	70.9	71.9	65.7	8.7	1.0	6.4
パート・アルバイト	47.7	43.0	51.5	57.0	60.5	55.2	12.2	3.5	7.5
うちパート	44.6	38.0	47.6	52.5	53.5	48.1	10.1	1.0	3.5
うちアルバイト	3.4	4.1	3.9	4.5	7.9	7.2	3.1	3.4	3.8
契約社員＋嘱託	6.8	4.1	8.3	10.1	6.1	5.5	1.4	−4.0	−1.3
労働者派遣の派遣社員	1.0	1.7	1.5	1.7	1.8	1.7	0.0	0.1	0.7
その他	3.9	7.4	2.2	2.2	2.6	2.8	−4.6	0.4	−1.1

データ：総務省統計局「労働力調査・詳細集計」（ただし、平成 27 年の「60 ～ 64 歳」及び「65
～ 69 歳」は基本集計。）

---

[14] 「準コーホート変化」において 10 歳刻みの年齢を用いて期間を 5 年しかとっていないの
で、ここでのそれは、他にもまして参考程度のものととらえるのが適当である。上述のよ
うに 5 歳刻みのデータが蓄積され始めているので、平成 30 年には「労働力調査」でより
完全なコーホート分析が可能となるのを期したい。

化」は 5 歳刻みのデータを用いた。

　以上を前提に男性のデータと 3 つの指標をみると、パートとアルバイトとを中心として 65 歳を境に多様な形態での就業がより一層進むことが示されている。なお、年齢層による変化とともに、男性・65 ～ 69 歳層の雇用者には、正規の職員・従業員も 4 分の 1 程度おり、また、非正規形態でも「契約社員・嘱託」（21.8％）が 2 割を超えていることにも注目してよいと思われる。

2．転職と高年齢者の就業（JILPT「転職調査」から）

　以上、代表的な政府統計である「労働力調査」から、近年、65 ～ 69 歳層の就業が増加しており、また、高年齢期にウェイトを高める産業や職業、雇用形態をみたところである。それらのデータをみると、60 ～ 64 歳から 65 ～ 69 歳ないし 65 歳以上へ年齢が高くなるに際して、産業や職業が変化していることが少なくないことから、65 ～ 69 歳層で仕事をしている場合に多くの人がいずれかの時点で転職を経験していることが推測される。ちなみに、第 1 節でみた JILPT「60 代調査」によれば、調査時に 65 ～ 69 歳層でかつて 55 歳時に雇用者であった男性のうち、調査時にも同じ企業に雇用されていたと回答した割合は 15.9％にとどまり、別の企業に雇用されて仕事をしていた人が 24.5％とかなり上回っている[15]。また、このことは、企業の雇用確保義務が 65 歳までとされているので、65 歳以上で就業している場合、多くの人が別の企業で働く場を見出していることは容易に推測することができる。そこで、ここでは、転職と 65 歳以上での就業とについて、いくつかのデータを提示しつつ両者の関係を考えてみたい。以下で使用するデータは、JILPT が 45 ～ 74 歳を対象に平成 27 年 1 ～ 2 月に実施した「中高年齢者の転職・再就職調査」（以下「転職調査」という。）の結果である[16]。なお、特に断りを

---

[15] 調査時点で何らかの仕事をしていた人の割合は 52.6％であった。なお、雇用されて仕事をしていた人々のほか、自営等で仕事をしていた人が 9.1％であった（残差は就業形態無回答）。

[16] JILPT 調査シリーズ No.149 を参照されたい。なお、調査対象が男女及び 5 歳きざみの年齢による層化抽出により選定されたことには留意する必要がある。すなわち、男女・年齢層別の各層ごとのデータを中心にみることが求められる。

しない限り、以下はすべて男性・65 ～ 69 歳層についてみたものである。

ア．転職経験と現在の就業の有無

図表 3-13 は、これまでの転職回数別に現在（調査時点）の就業状況をみたものでああある。「転職なし」（＝65 ～ 69 歳になるまで一度も転職したことがない）の人の有業割合は 28.3％と「転職あり」の人よりもかなり低くなっている。一方、職業生涯において転職を経験した人の半数程度は現在も仕事しているが、転職回数ごとにみても有業割合は同程度であり、転職回数によって現在の就業状況に大きな違いはみられていない。雇用者として働いている割合についてもほぼ同様の動きとなっている。

つぎに**図表 3-14** は、直近（現在のところの最後）の転職をした年代別にみたものである。直近の転職が 45 ～ 54 歳であった人は現在の有業割合が 25.0％ともっとも低く、それ以降年代が高くなるほど現在の有業割合が高くなっている。直近転職年代が 45 歳以降の年齢層については、雇用者割合も有業割合とほぼパラレルに推移している[17]。なお、直近転職が 45 歳未満にはいろいろな人が含まれていることに留意しなければならない。例えば、若年期（20 代）に適職探索的な転職をして安定した勤務先を見つけたという意味で 1 社継続勤務に準じた人もいれば、後にみるように中年期にさしかかって会社の人員整理（希望退職の募集）の対象になったり、家庭の事情で転職したりした人も少ないとはいえない。また、現在の有業割合と雇用者割合との乖離が他の転職年代層よりも大きく、この年代で自営等に転じた人もかなりいると考えられる。

図表 3-15 は、直近かどうかを問わないで各年代における転職経験の有無別に現在の就業状況をみたものである。その年代での転職経験の有無でみると、50 歳台までについては、どの年代に転職経験があるかどうかは現在の就業状況との関連ではそれほどの違いはみられないのに対し

---

[17] 有業割合と雇用者割合との乖離幅は、自営や任意的な就業をしている人の割合を示している。確定的にいうことは躊躇されるが、その中で 60 ～ 64 歳に直近の転職をした層において両者の乖離がもっとも小さい（5.4％ポイント）ことはやや注目される。この年代での転職が、60 代後半で雇用されて就業することに結びつきやすいといえそうである。

図表 3-13 これまでの転職回数別の現在の
就業状況（男性・65 ～ 69 歳）

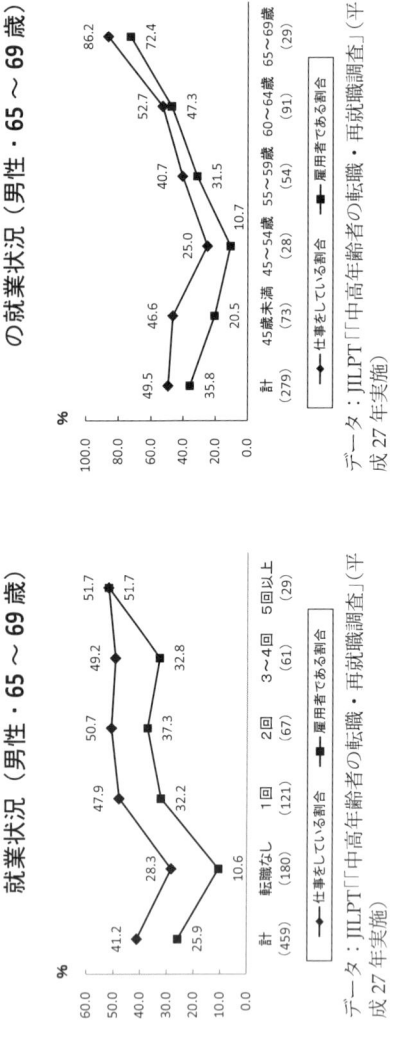

データ：JILPT「「中高年齢者の転職・再就職調査」（平
成 27 年実施）

図表 3-14 直近（最後）の転職年代別現在
の就業状況（男性・65 ～ 69 歳）

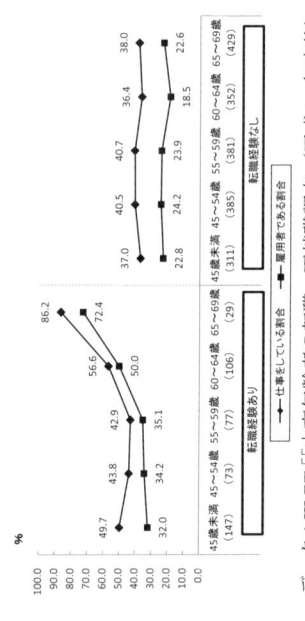

データ：JILPT「「中高年齢者の転職・再就職調査」（平
成 27 年実施）

図表 3-15 各年代における転職経験の有無別現在の
就業状況（男性・65 ～ 69 歳）

データ：JILPT「「中高年齢者の転職・再就職調査」（平成 27 年実施）

て、60 歳以降の年代では転職がある方が現在の就業割合は高くなっている。すなわち、当面 60 代後半層（以降）の就業を高めるためには、60代における転職が円滑に行われることが一つの大きな課題であるということができる。

イ．直近の転職における前職の離職理由と現在の就業

　転職といってもいろいろな事情や背景をもって行われるものであり、それに応じて人々のキャリアに種々の影響を与えることであろう。ここでは、そうした事情の一つとして、転職における前職の離職理由をみておきたい。**図表 3-16** がそれであり、データは直近（最後）の転職に関

図表 3-16　直近の転職における前職を離職した理由別就業・雇用割合（男性・65 ～ 69 歳）（離職理由：複数回答可）

(％)

直近（最後）の転職の年代	仕事の内容に興味をもてなかった		能力・個性・資格を生かせなかった		職場の人間関係が好ましくなかった		会社の将来が不安だった		給与等収入が少なかった	
	当該理由を挙げた割合	仕事をしている割合	当該理由を挙げた割合	仕事をしている割合	当該理由を挙げた割合	仕事をしている割合	当該理由を挙げた割合	仕事をしている割合	当該理由を挙げた割合	仕事をしている割合
計(279)	5.4	66.7	5.7	62.5	8.2	43.5	6.8	21.1	7.9	45.5
45歳未満(73)	5.5	50.0	12.3	66.7	6.8	60.0	16.4	16.7	12.3	33.3
45～54歳(28)	3.6	0.0	0.0	—	3.6	0.0	10.7	0.0	0.0	—
55～59歳(54)	11.1	83.3	0.0	—	9.3	40.0	3.7	50.0	9.3	60.0
60～64歳(91)	2.2	100.0	6.6	66.7	11.0	40.0	2.2	50.0	5.5	40.0
65～69歳(29)	6.9	50.0	0.0	—	6.9	50.0	0.0	—	10.3	66.7

直近（最後）の転職の年代別	労働時間、休日等が悪かった		家庭の事情(介護等)		期間満了		定年		出向・転籍	
	当該理由を挙げた割合	仕事をしている割合	当該理由を挙げた割合	仕事をしている割合	当該理由を挙げた割合	仕事をしている割合	当該理由を挙げた割合	仕事をしている割合	当該理由を挙げた割合	仕事をしている割合
計(279)	5.4	33.3	7.9	36.4	13.3	54.1	22.9	51.6	5.0	35.7
45歳未満(73)	4.1	0.0	15.1	54.5	5.5	100.0	17.8	7.7	1.4	0.0
45～54歳(28)	3.6	100.0	10.7	33.3	0.0	—	17.9	20.0	10.7	0.0
55～59歳(54)	1.9	0.0	5.6	0.0	9.3	40.0	11.1	20.0	11.1	33.3
60～64歳(91)	8.8	37.5	4.4	0.0	20.9	36.8	34.1	67.7	3.3	100.0
65～69歳(29)	3.4	100.0	3.4	100.0	31.0	77.8	31.0	100.0	3.4	0.0

直近（最後）の転職の年代別	倒産、整理解雇		希望退職		その他	
	当該理由を挙げた割合	仕事をしている割合	当該理由を挙げた割合	仕事をしている割合	当該理由を挙げた割合	仕事をしている割合
計(279)	10.0	53.6	12.2	47.1	10.0	46.4
45歳未満(73)	4.1	33.3	12.3	44.4	15.1	72.7
45～54歳(28)	14.3	0.0	14.3	50.0	21.4	33.3
55～59歳(54)	9.3	60.0	27.8	40.0	11.1	16.7
60～64歳(91)	14.3	61.5	6.6	66.7	3.3	0.0
65～69歳(29)	10.3	100.0	0.0	—	6.9	100.0

データ：JILPT「「中高年齢者の転職・再就職調査」（平成 27 年実施）

(注) 1. 「仕事をしている割合」及び「雇用者である割合」は、それぞれ当該理由を挙げた人に占める割合である。

　　 2. 若年期でも「定年」が挙げられているなど、一部に解釈誤りと思われるものもあるが、そのまま挙げている。

するものである。

　まず、前職離職理由（文章上適宜略して表現する。）として多く挙がったものをみると、直近の転職が 45 歳未満であった人は「会社の将来が不安」（16.4％）、「家庭の事情」（15.1％）、「給与の少なさ」（12.3％）など自身の勤め先に対する評価や自己の都合による場合が多く、一方、45 〜 54 歳であった人は「倒産、整理解雇」（14.3％）、「家庭の事情」（10.7％）、「出向・転籍」（10.7％）などとなっており、会社都合によるものが相対的に多く挙げられている。また、「希望退職」を挙げた人の割合は、60 歳未満の各年齢層において 10％を超えており、とりわけ 55 〜 59 歳直近転職層では 27.8％と多くなっている。60 歳以降をみると、直近の転職が 60 〜 64 歳であった人は「定年」（34.1％）がもっとも多く、次いで「期間満了」（20.9％）、「倒産、整理解雇」（14.3％）などとなっており、「人間関係」（11.0％）も比較的多く挙がっている。また、65 〜 69 歳直近転職層をみると、「定年」と「期間満了」とが同じ割合（31.0％）でもっとも多く、次いで「倒産、整理解雇」や「給与の少なさ」（いずれも 10.3％）が比較的多く挙がっている[18]。

　こうした前職の離職理由と現在の就業状況との間に関連を見出すことは容易ではないが、60 歳台での直近転職層についてみると、上述のように「定年」や「期間満了」を離職理由として挙げた人が多く、そうした人は現在の有業率が相対的に高い傾向がみられる。企業の雇用確保措置の期限到来とともにそれまでの企業を退職した後、多くの人が新たな職場へ転職したことが推測される。

ウ．65 歳以上での仕事を促す要素の整理―転職経験を中心として―

　65 歳以上で仕事している人にはどのような特徴がみられるのか。転職経験を中心としてこれまでみてきたことをベースとして、ここで一つ

---

[18] 調査時に 65 〜 69 歳層であった世代は、中年期以降において「倒産、整理解雇」や「希望退職」といった厳しい状態をかなり経験してきた世代ということができるかも知れない。例えば昭和 23 年（1948 年）生まれである場合（調査時は 67 歳になる年）を考えると、バブル崩壊後の厳しさが本格化した平成 9 年（1997 年）は 49 歳で迎え、また、リーマンショックのあった平成 20 年（2008 年）にはちょうど 60 歳であった。

のまとめをしておきたい。そのために、「転職調査」データを用いて、調査時現在仕事をしているかどうかを従属変数（被説明変数）とするロジスティック回帰分析を行ってみた結果を紹介したい。詳細は割愛することとして、その結果をまとめた**図表 3-17** によれば、次のような要点が挙げられる [19]。

① 転職経験の有無そのものは、必ずしも 60 代後半での就業につながらない。転職経験があること自体が重要なのではなく、どのような転職をしたのかが重要であることが示唆されている。

② 「45 歳未満での転職経験」と「65 〜 69 歳での転職経験」があることは、プラスに有意となっている。若年期での適職選択の重要性が示唆されるとともに、とりわけ後者の係数（→効果）が大きくなっており、65 歳以降の適切な転職の重要性が示唆されている。

③ 直近（最後）の転職前後での同一性は、「月収額」においてマイナスに有意となっている。月収額ではある程度の低下を受け入れることなどの変化があることが、60 代後半での就業につながることが示唆されている。

④ 直近（最後）の転職先の企業規模については、「30 人未満」が相対的に大きなプラスに有意となっているなど、中小企業に再就職した場合に 60 代後半での就業につながる傾向にあることが示唆されている。

⑤ 直近（最後）の転職先での雇用形態については、正社員であった場合と比較して、「パート・アルバイト」、「派遣労働者」、「役員」、「自営」がプラスに有意となっている。

⑥ 直近（最後）の転職先の産業については、製造業の場合と比較すれば金融・保険・不動産・物品賃貸業を除きいずれの産業もプラスに有意となっている。係数の大きさをみると、宿泊・飲食・生活関連・娯楽業や農林漁業、最狭義サービス業、運輸・郵便業、建設業、医療・福祉の順となっている。

---

[19] 分析の詳細は、本章のベースとなっている JILPT 労働政策研究報告書 No.186「労働力不足時代における高年齢者雇用」（第 3 章第 3 節の 3.（p123 以下））を参照されたい。

図表 3-17　現在の就業と転職経験に関するロジスティック回帰分析結果（回帰係数関係のみ掲示）（男性・65 ～ 69 歳層）（従属変数：現在仕事しているかどうか（している＝ 1））

説明変数のセット		モデル①:産業入りセット B(回帰係数)	Exp(B)	モデル②:職業入りセット B(回帰係数)	Exp(B)
	定数項	-0.928 ***	0.395	-0.928 ***	0.395
	転職経験の有無	-2.307 *	0.100	-1.814	0.163
	転職回数	-0.381 **	0.683	-0.330 **	0.719
	45歳未満での転職経験の有無	1.528 ***	4.610	1.245 **	3.472
	45～54歳での転職経験の有無	-0.149	0.862	-0.111	0.895
	55～59歳での転職経験の有無	0.778	2.177	0.693	2.000
	60～64歳での転職経験の有無	0.943 *	2.567	0.945	2.573
	65～69歳での転職経験の有無	3.630 ***	37.700	3.296 ***	27.001
①ベース	＜直近(最後)の転職前後での同一性＞				
	従業員規模同一区分	0.463	1.589	0.459	1.583
	雇用形態同一区分	0.226	1.254	0.356	1.427
	職種同一区分	0.503	1.654	0.608	1.836
	産業同一区分	-0.232	0.793	-0.457	0.633
	勤務日数同一区分	-0.266	0.767	-0.070	0.933
	1日当たり勤務時間同一区分	-0.169	0.844	-0.607	0.545
	月収額同一区分	-1.022 *	0.360	-1.124 **	0.325
②離職理由	＜直近(最後)の転職で前職を辞めた理由(複数回答)＞				
	自己の判断	-0.606	0.546	-0.896	0.408
	家庭の事情	-1.232	0.292	-1.882 **	0.152
	期間満了	-1.376	0.253	-1.495 *	0.224
	定年	-0.249	0.780	-0.543	0.581
	経営上の措置	-0.044	0.957	-0.123	0.884
	その他	-0.810	0.445	-1.031	0.357
③求職期間	＜直近(最後)の転職の求職期間(基準:0カ月)＞				
	1～3カ月	-0.691	0.501	-0.113	0.894
	4～6カ月	-1.980 ***	0.138	-1.582 **	0.206
	7カ月～1年	-0.459	0.632	-0.615	0.541
	1年超～2年	-1.689 ***	0.185	-1.931 **	0.145
	2年超	-1.544 *	0.214	-1.642 **	0.194
④規模	＜直近(最後)の転職先の従業員規模(基準:1,000人以上)＞				
	30人未満	2.320 ***	10.174	2.402 ***	11.047
	30～99人	0.815	2.259	0.946	2.575
	100～299人	1.119 *	3.062	1.149 *	3.153
	300～999人	0.767	2.152	1.142	3.132
⑤雇用形態	＜直近(最後)の転職先での雇用形態(基準:正社員)＞				
	パート・アルバイト	1.725 **	5.615	1.939 **	6.953
	嘱託	0.726	2.066	1.236	3.440
	契約社員	0.568	1.764	0.899	2.457
	派遣労働者	3.217 **	24.959	2.819 *	16.759
	役員	1.891 **	6.626	2.078 **	7.988
	自営	2.777 **	16.076	3.288 ***	26.778
	その他	3.012 *	20.327	1.742	5.708
⑥産業	＜直近(最後)の転職先の産業(基準:製造業)＞				
	農林漁業	3.225 **	25.156		
	建設業	2.438 **	11.449		
	情報通信業	2.040 *	7.687		
	運輸・郵便業	2.545 **	12.743		
	卸売・小売業	1.574 **	4.825		
	金融・保険・不動産・物品賃貸業	-0.480	0.619		
	宿泊・飲食・生活関連・娯楽業	3.443 **	31.278		
	医療・福祉	2.412 **	11.154		
	最狭義サービス業	2.628 ***	13.850		
	掲出以外の産業(製造業を除く)	1.840 ***	6.298		
⑦転職先の職種	＜直近(最後)の転職先での職種(基準:事務)＞				
	管理的な仕事			0.918	2.504
	専門的・技術的な仕事			1.213 *	3.363
	販売の仕事			1.013	2.754
	サービスの仕事			2.015 **	7.504
	保安の仕事			2.425 **	11.303
	農林漁業の仕事			2.371 *	10.712
	生産工程の仕事			-0.352	0.704
	輸送・機械運転の仕事			2.546 **	12.756
	建設・採掘の仕事			19.247	※
	運搬・清掃・包装等の仕事			0.700	2.015
	その他の仕事			4.304 ***	73.989
使用ケース数		434		435	
Cox-Snell R2 乗		0.304		0.297	
Nagelkerke R2 乗		0.410		0.400	

データ：JILPT「「中高年齢者の転職・再就職調査」（平成 27 年実施）

(注)　1.　***：1％未満、**：5％未満、*：10％未満で有意であることを示す。

　　　2.　「※」は、意味のある数値ではないことを示す。

　　　3.　項目②離職理由のうち「自己の判断」」は、図表 5-2-8 にある離職理由のうち「仕事の内容に興味が持てなかった」から「労働時間、休日等が悪かった」までの６つの理由のいずれかが挙げられている場合を１とするダミー変数である。

⑦　直近（最後）の転職先での職業については、事務の場合と比較して、「輸送・機械運転の仕事」、「保安の仕事」、「農林漁業の仕事」、「サービスの仕事」とともに、「専門的・技術的な仕事」もプラスに有意となっている。

これらのことは、先に「労働力調査」により高年齢者の就業に親和的な分野や形態とほぼ共通しているといえる。

3．企業における 65 歳以上層の中途採用（JILPT「高年齢者雇用調査」から）

転職は、企業からみれば中途採用である。ここでは、企業による高年齢者、とりわけ 65 歳以上層の中途採用の状況を、JILPT が 50 人以上規模の民間企業を対象に平成 27 年 7 月に実施した「高年齢者の雇用に関する調査（企業調査）」から簡単にみてみたい[20]。

ア．高年齢者の中途採用の実施状況

図表 3-18 は、企業の中途採用の状況をみたものである。産業別にそれぞれ 4 つのデータが示されているが、一番上が年齢を問わず概ね過去 1 年間に中途採用を実施した企業の割合（回答企業計で 74.5％）であり、次が中途採用した人の中に 55 歳以上がいた企業の割合（同 37.％）、3 番目が 65 歳以上を中途採用した企業の割合である（同 16.3％）。4 番目は、無回答の割合である（同 13.1％）。いずれも回答企業全体に対する割合である。

産業別に 65 歳以上の中途採用者のいた企業の割合をみると、高い方から順に医療・福祉（31.8％）、最狭義サービス業（29.1％）、飲食業・宿泊業（26.6％）などがあり、また、運輸業（22.2％）や教育・学習支援業（21.2％）も相対的に高いといえる。一方、情報通信業（3.2％）、金融・保険業（9.4％）、製造業（9.5％）などが相対的に低くなっている。その中で、情報通信業や金融・保険業は、中途採用の実施割合自体が他産業に比べて相対的に低い産業でもある。

---

[20] 調査については、JILPT 調査シリーズ No.156 を参照されたい。

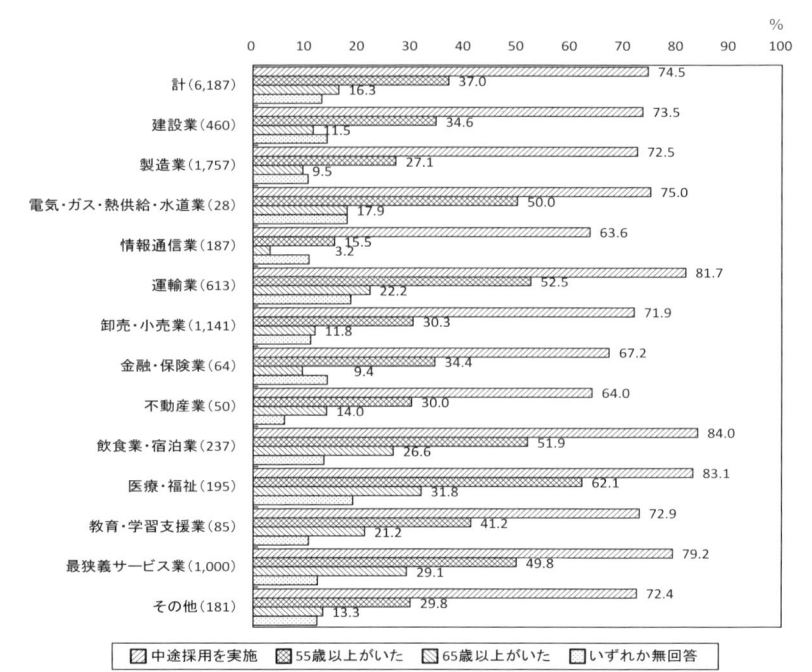

図表 3-18　中途採用の状況（産業別）

凡例: 🔲 中途採用を実施　🔳 55歳以上がいた　🔲 65歳以上がいた　🔳 いずれか無回答

産業	中途採用を実施	55歳以上がいた	65歳以上がいた
計 (6,187)	74.5	37.0	16.3
建設業 (460)	73.5	34.6	1.5
製造業 (1,757)	72.5	27.1	9.5
電気・ガス・熱供給・水道業 (28)	75.0	50.0	17.9
情報通信業 (187)	63.6	15.5	3.2
運輸業 (613)	81.7	52.5	22.2
卸売・小売業 (1,141)	71.9	30.3	11.8
金融・保険業 (64)	67.2	34.4	9.4
不動産業 (50)	64.0	30.0	14.0
飲食業・宿泊業 (237)	84.0	51.9	26.6
医療・福祉 (195)	83.1	62.1	31.8
教育・学習支援業 (85)	72.9	41.2	21.2
最狭義サービス業 (1,000)	79.2	49.8	29.1
その他 (181)	72.4	29.8	13.3

データ：JILPT「高年齢者の雇用に関する調査（企業調査）」（平成27年実施）
(注) 1.　いずれも、それぞれの回答企業全体数に対する割合（％）である。
　　　2.　無回答のデータ値は、示していない。
　　　3.　計には、産業が無回答であったケースが含まれている。

ウ. 65 歳以上の中途採用における採用理由

　図表 3-19 は、65 歳以上の中途採用があった企業にその採用理由を尋ねた結果である。「計」をみると、「応募があったから」（38.4％）、「高い技能・技術・ノウハウの伝授」（25.2％）、「勤務態度や仕事ぶりがまじめ」（19.3％）などが多くなっている。産業別にみると、「応募があったから」は一部を除き多くの産業で万遍なく挙げられているが、とりわけ飲食業・宿泊業や最狭義サービス業で多くなっている。また、「勤務態度や仕事ぶりがまじめ」も、これと同様な傾向がみられる。一方、「高い技能・技術・ノウハウの伝授」は、教育・学習支援業や建設業、製造業などで相対的に多く、また、これらの産業では「若い従業員への技能・ノ

図表 3-19　65 歳以上の中途採用者の採用理由

(複数回答、%)

	合計	経営幹部の確保	中間管理層の確保	高い技能・技術・ノウハウの伝授	若い従業員への技能・ノウハウの伝授	勤務態度や仕事ぶりがまじめ	応募があったから	比較的安い賃金で採用できるため	その他	無回答
計(1,006)	100.0	2.8	2.1	25.2	6.5	19.3	38.4	11.0	7.0	20.2
建設業(53)	100.0	3.8	5.7	49.1	9.4	18.9	18.9	9.4	3.8	22.6
製造業(167)	100.0	3.6	3.0	33.5	12.6	18.0	19.8	10.8	7.8	26.3
運輸業(136)	100.0	0.7	0.0	19.1	2.2	22.1	39.0	7.4	5.9	26.5
卸売・小売業(135)	100.0	2.2	0.0	19.3	4.4	18.5	40.0	12.6	9.6	20.0
飲食業・宿泊業(63)	100.0	0.0	0.0	12.7	3.2	23.8	57.1	7.9	0.0	25.4
医療・福祉(62)	100.0	4.8	3.2	24.2	4.8	27.4	40.3	4.8	9.7	9.7
教育・学習支援業(18)	100.0	22.2	11.1	72.2	11.1	0.0	0.0	22.2	0.0	11.1
最狭義サービス業(291)	100.0	1.4	2.1	19.2	5.2	19.6	52.2	14.1	7.9	13.7
その他(24)	100.0	4.2	8.3	29.2	8.3	12.5	37.5	16.7	4.2	20.8

データ：JILPT「高年齢者の雇用に関する調査（企業調査）」（平成 27 年実施）
（注）1.　産業のうち、ケース数が極めて少ないものは掲載を省略した。
　　　2.　計には、産業が無回答であったケースが含まれている。

ウハウの伝授」を挙げる企業も相対的に多くなっている。なお、「経営幹部の確保」を挙げた割合は、教育・学習支援業で特に高くなっている。高年齢者の中途採用においては、高度技能等の伝授といったものと「まじめさ」に対する期待とともに応募があれば採用するといったものと大きく二つの理由があることが窺われる。

エ. 65 歳以上の中途採用における採用時の雇用形態

　図表 3-20 は、65 歳以上の中途採用者でもっとも多い採用時の雇用形態をみたものである。「計」をみると、「パート・アルバイト」とした企業が 45.5％ともっとも多く、次いで「嘱託」(13.2％)、「契約社員」(10.6％)、「正社員」(10.0％) などとなっている。無回答が 2 割近くあることには留意しなければならないが、65 歳以上の中途採用ではパート・アルバイトでの採用がかなりのウェイトを占めていることが確認できる。産業別にみると、飲食業・宿泊業、医療・福祉、卸売・小売業では 6 割程度以上の企業がパート・アルバイトを挙げており、特に多くなっている。一方、建設業や教育・学習支援業では正社員や契約社員を挙げた企業が他の産業より割合が高くなっている。また、運輸業では、パート・アルバイト、嘱託、正社員などに回答が比較的散らばっており、

図表 3-20　65 歳以上の中途採用者の雇用形態（もっとも多いもの）

（％）

	計	正社員	契約社員	パート・アルバイト	嘱託	その他	無回答
計(1,006)	100.0	10.0	10.6	45.5	13.2	1.3	19.3
建設業(53)	100.0	24.5	18.9	9.4	26.4	0.0	20.8
製造業(167)	100.0	9.6	13.2	37.7	12.6	2.4	24.6
運輸業(136)	100.0	15.4	6.6	29.4	22.1	0.0	26.5
卸売・小売業(135)	100.0	3.7	5.2	57.0	13.3	1.5	19.3
飲食業・宿泊業(63)	100.0	0.0	4.8	68.3	3.2	0.0	23.8
医療・福祉(62)	100.0	16.1	3.2	61.3	6.5	1.6	11.3
教育・学習支援業(18)	100.0	22.2	22.2	22.2	16.7	5.6	11.1
最狭義サービス業(291)	100.0	8.9	13.1	51.9	10.7	1.4	14.1
その他(24)	100.0	4.2	16.7	50.0	12.5	4.2	12.5

データ：JILPT「高年齢者の雇用に関する調査（企業調査）」（平成 27 年実施）
（注）1．産業のうち、ケース数が極めて少ないものは掲載を省略した。
　　　2．計には、産業が無回答であったケースが含まれている。

多様な形態での活用が窺われている。

オ．65 歳以上の中途採用における雇用形態・採用理由と採用経路

　以上のような 65 歳以上の高年齢者を中途採用したとき、企業はどの
ような経路で採用をしたかをみてみよう。**図表 3-21** の①により雇用形
態別に採用経路（複数回答）をみると、採用のもっとも多い形態として
半数近くの企業が挙げるパート・アルバイトは、ハローワークや求人
誌・新聞・広告が多くなっている。また、嘱託は縁故を挙げるところが
多くなっている。正社員や契約社員では、経路別の順位ではハローワー
クがもっとも多いことに留意しつつ、相対的には縁故や契約社員につい
て親会社・関連会社がやや多くなっている。

　図表 3-21 の②により採用理由（複数回答）別に採用経路をみると、
仕事ぶりのまじめさや応募があればとの採用動機や比較的安い賃金での
採用ではハローワークがもっとも多く、次いで求人誌・新聞・広告が多
くなっている。一方、高度技能等の伝授を目的として採用した企業では
縁故や親会社・関連会社なども多くなっている。経営幹部や中間管理層
の確保でも縁故や親会社・関連会社が多くなっているが、それとともに
民間職業紹介機関を挙げた割合も相対的に多くなっている。

図表 3-21　65歳以上中途採用者の採用時の雇用形態、採用理由と採用経路との関係

①65歳以上中途採用者の採用時の雇用形態 と 65歳以上中途採用者の採用経路

（複数回答、%）

65歳以上中途採用者の採用時の雇用形態	計	ハローワーク	民間職業紹介機関	求人誌・新聞・広告	インターネット	親会社・関連会社	縁故	紹介予定派遣	その他	無回答
計(1,006)	100.0	36.8	4.6	26.7	3.5	7.1	22.3	1.0	10.7	17.2
正社員(101)	100.0	34.7	5.9	15.8	3.0	6.9	27.7	1.0	19.8	3.0
契約社員(107)	100.0	32.7	3.7	18.7	4.7	15.0	29.0	1.9	15.0	1.9
パート・アルバイト(458)	100.0	52.6	4.6	43.2	4.4	6.3	22.1	0.4	7.4	3.1
嘱託(133)	100.0	26.3	7.5	11.3	3.8	11.3	35.3	3.0	21.1	2.3
その他(13)	100.0	23.1	7.7	15.4	0.0	23.1	53.8	0.0	15.4	0.0
無回答(194)	100.0	10.8	2.1	9.3	1.0	0.5	5.2	0.5	4.1	77.8

②65歳以上中途採用者の採用理由別65歳以上中途採用者の採用経路

（複数回答、%）

65歳以上中途採用者の採用理由	計	ハローワーク	民間職業紹介機関	求人誌・新聞・広告	インターネット	親会社・関連会社	縁故	紹介予定派遣	その他	無回答
計(1,006)	100.0	36.8	4.6	26.7	3.5	7.1	22.3	1.0	10.7	17.2
経営幹部の確保(28)	100.0	10.7	10.7	14.3	0.0	21.4	50.0	0.0	25.0	3.6
中間管理層の確保(21)	100.0	23.8	9.5	19.0	9.5	14.3	38.1	4.8	19.0	0.0
高い技能・技術・ノウハウの伝授(254)	100.0	24.4	8.3	12.2	3.5	16.9	37.0	2.0	19.7	2.8
若い従業員への技能・ノウハウの伝授(65)	100.0	27.7	9.2	12.3	6.2	16.9	29.2	3.1	18.5	6.2
勤務態度や仕事ぶりがまじめ(194)	100.0	50.0	6.2	33.5	6.2	6.2	24.2	1.5	11.3	1.0
応募があったから(386)	100.0	64.8	5.7	49.7	6.5	3.4	18.1	0.5	5.7	1.8
比較的安い賃金で採用できるため(111)	100.0	61.3	6.3	29.7	6.3	6.3	27.9	0.0	5.4	0.0
その他(70)	100.0	25.7	4.3	21.4	1.4	15.7	27.1	0.0	24.3	2.9
無回答(203)	100.0	9.4	0.0	0.5	0.0	2.5	5.9	0.5	3.0	77.3

データ：JILPT「高年齢者の雇用に関する調査（企業調査）」（平成27年実施）

（注）縦方向にみて、計の割合をかなり上回る割合のセルを［ ］で囲んでいる。

65 歳以上での転職に際しては、いわゆる自力での求職活動が重要となると考えられる。その際、ハローワークの役割が大きいが、一方で、雇用形態や求められる仕事・役割に応じて、民間の職業情報媒体や職業紹介機関も一定程度の役割を担っており、縁故や元の勤務先の再就職支援も併せて、多様なマッチング機能が活用されているといえる。

4．高年齢期における就業状況の変遷（JILPT「60代の雇用・生活調査」から）

　この節では、65 歳以上での就業にとって、転職を経験することの重要性とその際の状況をみてきたが、転職は高年齢者にさまざまな就業上の変遷をもたらすこととなる。ここでは、企業からのデータから離れ、再び高年齢者を対象とした JILPT「60 代調査」データから高年齢期における就業上の変遷をみてみたい。

　「60 代調査」の調査項目からは、55 歳の時点で雇用されていたかどうかを起点として、その後の就業上のポイント（定年経験、定年前の退職、再就職など）における就業状況等が調査されており、就業状況の変遷をある程度追うことができる。それを活用すると、高年齢期における就業上の変遷として、**図表 3-22** の表頭に掲げた 14 の経路を挙げることができる [21]。該当者の多い経路をみると、Ⓝ（55 歳時雇用されていなかった）（男性：20.9％、女性：40.3％）を別として 55 歳時に雇用者であった人の中では、男性ではⒷ（定年時雇用継続してその後転職又は退職）（13.8％）、Ⓗ（定年経験なく現在まで勤務継続）（8.4％）、Ⓜ（定年前等の離職後再就職せず）（8.3％）などの順となっており、女性ではⓂ（定年前等の離職後再就職せず）（14.8％）、Ⓗ（定年経験なく現在まで勤務継続）（12.4％）の 2 つが多く、次いでⒼ（定年直後に非就業となり再就職しなかった）（6.4％）などの順になっている。

　表には、これらの経路ごとに現在の就業状況の構成比を掲げている。ここでは、構成比（該当数）がかなり小さい経路もあることに留意しつ

---

[21] 経路によってはごく少数の回答者となるものもあり、一部には今回の調査にはまったく該当者のいない経路もあった。それでも何らかの実態を反映したものであることは間違いのないところであるので、すべての経路について集計結果を掲げたが、総じてかなり幅をもってみるべきものである。

図表 3-22 55歳以降の就業状況の変遷区分別にみた調査時現在の就業状態

(%)

調査時現在の就業状態		計	Ⓐ55歳時雇用者―定年まで雇用継続―その後現在に至る勤務継続―現在に至る	Ⓑ55歳時雇用者―定年時雇用継続―その後（変遷不明）―現在に至る	Ⓒ55歳時雇用者―定年まで継続―せっせと転職―（変遷不明）―現在に至る	Ⓓ55歳時雇用者―定年―直後に自力で転職―現在に至る	Ⓔ55歳時雇用者―定年―直後に配置転換等―（変遷不明）―現在に至る	Ⓕ55歳時雇用者―定年―直後で退職―その後再就職―現在に至る	Ⓖ55歳時雇用者―定年で非就業―その後就業なし―現在に至る	Ⓗ55歳時雇用者―定年経験せず―ずっと勤務継続―現在に至る	Ⓘ55歳時雇用者―定年経験せず―会社関連で（変遷不明）―現在に至る	Ⓙ55歳時雇用者―定年経験せず離職―直後自力で再就職（変遷不明）―現在に至る	Ⓚ55歳時雇用者―定年経験せず離職―直後現在に至る	Ⓛ55歳時雇用者―定年経験せず離職―直後その後再就職（変遷不明）―現在に至る	Ⓜ55歳時雇用者―定年経験非就業―その後現職せ―現在に至る	Ⓝ55歳時雇用者―定年用者でなかった（変遷不明）―現在に至る
男性	計（人数）	690	35	95	46	33	14	41	42	58	8	28	9	24	57	144
	＜経路の構成比＞	100.0	5.1	13.8	6.7	4.8	2.0	5.9	6.1	8.4	1.2	4.1	1.3	3.5	8.3	20.9
			100.0	100.0	100.0	100.0	100.0	100.0	100.0	100.0	100.0	100.0	100.0	100.0	100.0	100.0
	雇用されて仕事（194）	28.1	85.7	25.3	21.7	45.5	14.3	43.9	2.4	37.9	50.0	46.4	55.6	50.0	8.8	8.3
	会社等の役員として仕事（42）	6.1	2.9	1.1	2.2	3.0	7.1	2.4	0.0	12.1	0.0	0.0	11.1	3.5	1.8	9.7
	自営業主・自由業として仕事（96）	13.9	2.9	3.2	6.5	3.0	28.6	4.9	2.4	12.1	12.5	7.1	11.1	12.5	8.8	39.6
	その他の就業形態で仕事（51）	7.4	0.0	8.4	4.3	6.1	21.4	19.5	2.4	3.4	0.0	7.1	11.1	12.5	3.5	10.4
	仕事しなかった／仕事したいと思う（90）	13.0	2.9	11.6	17.4	18.2	21.4	12.2	26.2	1.7	12.5	10.7	11.1	12.5	29.8	12.5
	仕事しなかった／仕事したいと思わない（203）	29.4	0.0	50.5	47.8	24.2	28.6	17.1	66.7	1.7	37.5	25.0	11.1	12.5	47.4	17.4
女性	計（人数）	466	10	20	2	11	3	14	58	30	0	11	2	16	69	188
	＜経路の構成比＞	100.0	2.1	4.3	0.4	2.4	0.6	3.0	12.4	6.4	0.0	2.4	0.4	3.4	14.8	40.3
			100.0	100.0	100.0	100.0	100.0	100.0	100.0	100.0	–	100.0	100.0	100.0	100.0	100.0
	雇用されて仕事（94）	20.2	100.0	20.0	0.0	63.6	33.3	21.4	0.0	56.9	–	45.5	0.0	31.3	1.4	0.0
	会社等の役員として仕事（7）	1.5	0.0	0.0	0.0	0.0	0.0	7.1	0.0	6.9	–	0.0	0.0	0.0	0.0	1.1
	自営業主・自由業として仕事（44）	9.4	0.0	0.0	0.0	0.0	0.0	7.1	0.0	15.5	–	9.1	0.0	0.0	0.0	13.3
	その他の就業形態で仕事（40）	8.6	0.0	5.0	0.0	9.1	0.0	0.0	0.0	19.0	–	9.1	0.0	12.5	2.9	6.4
	仕事しなかった／仕事したいと思う（61）	13.1	0.0	25.0	50.0	9.1	0.0	50.0	23.3	1.7	–	9.1	0.0	18.8	18.8	13.8
	仕事しなかった／仕事したいと思わない（214）	45.9	0.0	50.0	50.0	18.2	66.7	14.3	76.7	0.0	–	27.3	0.0	25.0	76.8	56.4

データ：JILPT「60代の雇用・生活調査」。

(注) 1. 「計（人数）」に掲げたように、該当者数が少ないものもみられるが、なかでも極めて少ない場合もあるので、総じてかなり偏をもってみる必要があることに留意されたい。

2. 回答に整合性のないものもみられるが、そのまま掲げている。（例：再就職はしていないと回答する一方、調査時に雇用者であったと回答しているケースなど。）

3. 経路を区分するための設問に対して無回答があるので、経路の構成比の合計は100よりもかなり少なくなっている。（男性：92.1、女性：92.9）

4. 調査時現在の就業形態の無回答等は表示を省略したが、計には含まれている。

つ、調査時現在「雇用されて仕事」の割合が高い経路をみると、男性で
Ⓐ（定年後雇用継続で現在まで就業）（85.7％）、Ⓛ（定年前等の離職直
後は非就業でその後再就職）（50.0％）、Ⓙ（定年前等に離職し直後自力
で再就職）（46.4％）、Ⓓ（定年直後自力で再就職）（45.5％）、Ⓕ（定年
直後非就業でその後再就職）（43.9％）などの順であり、女性ではⒶ
（100.0％）、Ⓓ（63.6％）、Ⓗ（56.9％）などの順となっている。また、該
当数が少ないので留意する必要はあるが、男性のⓀ（定年前等に離職し
直後に起業等）（55.6％）や女性のⒿ（45.5％）なども調査時現在雇用者
の割合が高くなっている。さらに、男性のⒽ（定年経験なく雇用継続）
も、調査時現在雇用者である割合（37.9％）はそれほど高いとはいえな
いものの、役員である割合（36.2％）が他よりも群を抜いて高く、これ
を合わせてみれば現在広義の雇用者である割合の高い経路であるという
ことができる。

　これだけの情報で軽々に結論づけることは慎重でなければならない
が、65 〜 69 歳層において雇用者である蓋然性の高い経路としては、Ⓐ
やⒽといった 55 歳時の企業等にそのまま継続して勤務している場合が
高いのはある意味で当然であるので別にすれば、ⒹやⒿといった定年時
や定年前等の離職に際して直後に「自力で」再就職をした場合や、Ⓕや
Ⓛといった定年時や定年前等の離職の直後において仕事をしていない期
間があったものの、その後再就職した場合なども含めてよいと考えられ
る。

5．小活

　この節では、転職が 65 歳以降で就業することとかなり関連しており、
とりわけ 65 歳以降の就業につながる高年齢期における転職には、雇用
形態や賃金水準の変化をはじめ、産業や職種における変化が求められる
場合も多い。転職先の産業としては、宿泊・飲食・生活関連・娯楽業や
農林漁業、最狭義サービス業、運輸・郵便業、建設業、医療・福祉など
が大勢としては 65 歳以上での就業を進める傾向があることなどが示唆
された。また、企業規模の視点からは、相対的に規模の小さい企業で就

業する場合が多いといえる。

第3節　老後の準備度グループ別にみた就業・雇用の実態

　前節（第2節）で、65歳以上の高年齢者の就業をめぐる労働力需要面の要素についても一通り概観したところであるので、第1節の末尾において年金・貯蓄額により区分したグループ（以下「年金・貯蓄グループ」という。）別を軸として、その就業状態をみていくこととしたい。

1．就業状況の概観

　就業状況を概観するため、ここでは、各グループにおける就業率（調査時に仕事をしていた割合）、雇用者割合（雇用されて仕事していた割合）、失業率（仕事をしていないが仕事をしたいと思っていた割合）、さらに就業率と失業率とを合計した疑似労働力率の4つの指標をみてみよう。**図表3-23**は、男性・65～69歳層について、これらを立体的なグラフで示したものである。一部に隠れてしまっているグループもあるが、全体的な傾向を総覧するのには適していると思われる。とはいえ、一覧して把握できるきれいな関係がみられているとはいえないが、次のようなことがみてとれる。

① 　就業率では、「年金Ⅰ・貯蓄Ⅲ」（88.2％）や「年金Ⅱ・貯蓄Ⅳ」（87.5％）がやや突出しているのを除けば、年金・貯蓄額が低いグループで就業率が高くなる傾向がややみられる。

② 　一方、雇用者割合には、そうした関係はうかがえない。

③ 　失業率については、「年金Ⅱ・貯蓄Ⅰ」（29.9％）、「年金Ⅰ・貯蓄Ⅰ」（19.4％）、「年金Ⅱ・貯蓄Ⅲ」（18.4％）などの高さが目立っているが、総じていえば、年金・貯蓄額の低いグループほど高くなる傾向がややみられる。

④ 　疑似労働力率については、就業率の場合と同様に「年金Ⅰ・貯蓄Ⅲ」（94.1％）や「年金Ⅱ・貯蓄Ⅳ」（87.5％）が高くなっているものの、年金・貯蓄額の低いグループほど高くなる傾向がややみられる。

図表 3-23　年金・貯蓄グループ別就業状況（男性・65 ～ 69 歳層）

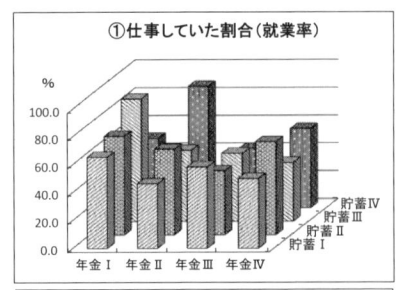

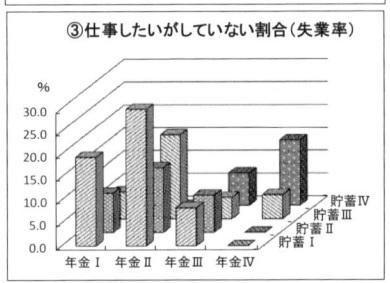

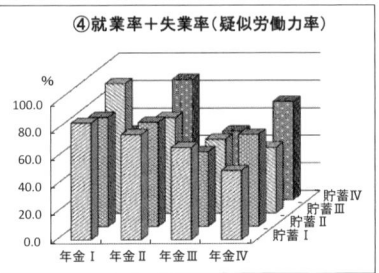

データ：JILPT「60 代の雇用・生活調査」

【バックデータ】

		年金 I	年金 II	年金 III	年金 IV			年金 I	年金 II	年金 III	年金 IV
就業率	貯蓄 I	65.3	46.3	58.3	50.0	雇用者割合	貯蓄 I	27.6	29.9	41.7	0.0
	貯蓄 II	70.7	61.5	45.9	66.7		貯蓄 II	24.1	28.2	40.5	50.0
	貯蓄 III	88.2	51.0	48.8	42.1		貯蓄 III	23.5	24.5	32.6	15.8
	貯蓄 IV	50.0	87.5	42.9	57.1		貯蓄 IV	50.0	62.5	7.1	42.9
失業率	貯蓄 I	19.4	29.9	8.3	0.0	疑似労働力率	貯蓄 I	84.7	76.1	66.7	50.0
	貯蓄 II	8.6	14.1	8.1	0.0		貯蓄 II	79.3	75.6	54.1	66.7
	貯蓄 III	5.9	18.4	4.7	5.3		貯蓄 III	94.1	69.4	53.5	47.4
	貯蓄 IV	0.0	0.0	7.1	14.3		貯蓄 IV	50.0	87.5	50.0	71.4

2．就業状況を左右する要因（まとめ）

　　これまでみてきたところでは、65 歳以上の高年齢者が就業するかどう
かに影響を与える要素として、主に「老後生活への準備」の程度と転職
を中心とする高年齢期における就業状況の変遷とを挙げることができ
る。これに、健康状態を加えた 3 つを取り上げて、一応のまとめをして
おこう[22]。

---

[22] これに「老後生活への準備」が一定程度ととのっていたとしても就業することの要素と
して「経済上の理由」以外の就業動機を挙げることができる。ただし、現に仕事に就いて
いる人にしか回答を求めていないというデータ上の制約から、就業するかどうかの要因と
して分析することが難しいため、ここでは取り上げていない。

　上述の就業率、雇用者割合、疑似労働力率にこれらの要素がどれくら
い影響を及ぼしているかどうかをみるために、「調査時に仕事をしてい
たこと」、「雇用者として仕事をしていたこと」、「仕事していたか、ある
いはしていなかったけれども仕事をしたいと思っていたこと」の 3 つを
それぞれ従属変数（被説明変数）としたロジスティック回帰分析を行っ
た。先に同分析を行った場合と同様、分析の詳細は割愛するとして、そ
の結果だけをみておきたい[23]。

　図表 3-24 は、男性・65 〜 69 歳層についての結果を示したものであ
る。

　まず、「就業経路」に関する結果を確認しておこう。「就業」（仕事を
しているかどうか）についてみると、55 歳時に自営業であった場合（経
路 8）や 55 歳時に雇用者であって定年や定年前後にその会社等を離職し
た層でその後「一時非就業後再就職」（経路 4）したり、「起業・任意就業」
（経路 6）したりした場合に 65 〜 69 歳における就業を高めることが示唆
されている。「雇用者」（雇用者であるかどうか）については、55 歳時点
で雇用者でなかった場合（経路 7 及び 8）にマイナスに有意となってい
るが、総じて析出されている要因は多くない。「疑似労働力」（就業の世
界にとどまっているかどうか）については、「55 歳時自営業」（経路 8）
や「定年等後一時非就業後再就職」（経路 4）でプラスに有意となった
一方で、「55 歳時非雇用（自営以外）」（経路 7）でマイナスの有意性が
析出された。「経路 4」は、定年や 60 歳前後で退職した後、しばらく仕
事から離れていた（又は就業機会が見つからなかった）が、その後仕事
をするようになった層で、就業ニーズが特に高い層であるということが
できる。

　つぎに、健康状態に関する結果をみると、現に働いているかどうかで

---

[23] 1 点だけ注記すると、この回帰式の独立変数（説明変数）はすべて、該当するときは 1、
しないときは 0 をとるダミー変数で構成されている。その際、一つの項目の中のどのカテ
ゴリーを参照カテゴリーとするかについて留意する必要がある。できれば、被説明変数
に与える効果の有無の視点からの性格が明確であるカテゴリーに設定するのが望ましい。
ここでは、年金・貯蓄グループについては、年金額、貯蓄額のいずれかが「Ⅳ」に該当す
る 7 つのグループをまとめて参照カテゴリーとした。一般的には、「老後生活への準備」
はできていると考えてよい層であると想定している。

図表 3-24　現在の就業状況に関するロジスティック回帰分析結果（男性・65 〜 69 歳）

被説明変数（該当＝1）	仕事をした		雇用者として仕事をした		仕事した＋働きたいけど仕事につけなかった（疑似労働力）	
	B	Exp(B)	B	Exp(B)	B	Exp(B)
定数	0.013	0.739	-0.295	0.745	0.240	1.272
就業経路2／定年等後会社関連雇用確保層	-0.302	0.926	-0.427	0.652	-0.431	0.650
就業経路3／定年等後自力再就職層	-0.077	3.351	0.192	1.212	0.134	1.143
就業経路4／定年等後後一時非就業後再就職層	1.209 ***	2.945	0.421	1.523	0.967 **	2.629
就業経路6／定年等後起業・任意就業層	1.080 **	0.570	-0.257	0.774	0.651	1.917
就業経路7／55時非雇用（自営以外）層	-0.563	7.960	-0.954 **	0.385	-0.868 **	0.420
就業経路8／55歳時自営業層	2.074 ***	1.404	-1.658 ***	0.190	2.119 ***	8.321
健康状態ダミー／大変良い	0.340	0.306	0.364	1.439	0.713	2.041
健康状態ダミー／あまり良くない	-1.186 ***	0.142	-0.667 ***	0.513	-0.704 **	0.495
健康状態ダミー／良くない	-1.953 ***	2.399	-1.118 *	0.327	-0.347	0.707
年金・貯蓄グループ（Ⅰ・Ⅰ）ダミー	0.875 **	3.077	0.412	1.510	1.800 ***	6.050
年金・貯蓄グループ（Ⅰ・Ⅱ）ダミー	1.124 **	8.637	0.372	1.450	1.379 ***	3.972
年金・貯蓄グループ（Ⅰ・Ⅲ）ダミー	2.156 **	1.266	0.333	1.395	2.494 **	12.111
年金・貯蓄グループ（Ⅱ・Ⅰ）ダミー	0.236	2.011	-0.083	0.921	1.354 ***	3.873
年金・貯蓄グループ（Ⅱ・Ⅱ）ダミー	0.699 *	1.009	-0.034	0.966	0.903 **	2.467
年金・貯蓄グループ（Ⅱ・Ⅲ）ダミー	0.009	2.941	-0.037	0.964	0.680	1.974
年金・貯蓄グループ（Ⅲ・Ⅰ）ダミー	1.079 *	0.873	0.459	1.582	0.955 *	2.599
年金・貯蓄グループ（Ⅲ・Ⅱ）ダミー	-0.136	1.028	0.246	1.279	0.066	1.068
年金・貯蓄グループ（Ⅲ・Ⅲ）ダミー	0.028	0.975	-0.124	0.883	-0.025	0.975
分析で使用したケース数	486		486		486	
Cox-Snell R2 乗	0.207		0.092		0.163	
Nagelkerke R2 乗	0.278		0.128		0.236	

データ：JILPT「60 代の雇用・生活調査」

（注）1.　***：1％未満、**：5％未満、*：10％未満で有意であることを示す。
　　　2.　就業経路に係るダミーについては、55 歳時に雇用者であってその後も勤務を継続している層及び定年等の前後にその会社等を離職して以降再就職したことのない層が参照カテゴリーとなっている。
　　　3.　健康状態ダミーの参照カテゴリーは、「良い」である。
　　　4.　年金・貯蓄グループダミーの参照カテゴリーは、年金・貯蓄のいずれかが「Ⅳ」であるグループである。

ある「就業」及び「雇用者」については、健康状態がよくないと就業していない人を増やす傾向が示唆されている。「疑似労働力」についても、「あまり良くない」でマイナスに有意となっている中で、「良くない」では係数はマイナスであるものの有意性は消えている。すなわち、健康状態が「良い」人と同程度には就業に対するニーズがあるという結果となっている。健康状態が良好とはいえないにもかかわらず、働くことを必要としている人もいることが示唆されている。

　年金・貯蓄グループに関する結果をみると、「就業」については、年金が「Ⅰ」に該当する層でプラスに有意となっている。年金額が少ないことが就業を高めていることが析出されている。「雇用者」については、

特に析出されたものはなかった。注目されるのは、「疑似労働力率」についての結果で、「就業」の場合よりも広い範囲の年金や貯蓄が相対的に少ない層で、プラスに有意となっている。こうした結果については、いろいろな評価ができると思われるが、筆者としては、年金額と貯蓄額とがともに高くなく、「老後生活への（経済的な）準備」ができていない層においては、高い就業ニーズがある一方で、現在までのところ雇用機会がそれに追い付いていないという面があるのではないかと評価したいところである。

（補論：女性・65 〜 69 歳層についての試算結果）

　女性・65 〜 69 歳層について、同様に分析した結果は**図表 3-25** のとおりである。その際、配偶者（夫）がいることが就業状況に影響を与えることが予想されることから、配偶者の有無（「ありダミー」）を説明変数に追加した、年金・貯蓄グループに関して析出されるところがあまりなかったこともあって、評価・解釈は行わず、結果を示すにとどめておきたい。とはいえ、これまでの職業生活の経歴の違いを反映した部分は別として、就業したり現在は就業をしていないが就業することを希望したりする場合については、男女間で大きな差異はないと考えた方がよいであろう。

３．年金・貯蓄グループ別にみた健康状態

　上述の分析をまつまでもなく、自身の健康状態が芳しくないことは就業を抑制するとともに、実際に就業機会を得ることを難しくさせる面がある。そこで、年金・貯蓄グループ別に自身の健康状態に自信のない人、ここでは「60 代調査」において健康状態について「良くない」又は「あまり良くない」と回答した人の割合をみておこう。

　図表 3-26 がそのデータを立体的なグラフにしたものである。もっとも割合が高いのは「年金Ⅲ・貯蓄Ⅰ」（54.2％）であり、次いで「年金Ⅰ・貯蓄Ⅲ」（47.1％）、「年金Ⅰ・貯蓄Ⅰ」、「年金Ⅱ・貯蓄Ⅰ」（いずれも41.8％）、「年金Ⅰ・貯蓄Ⅱ」（37.9％）と続いている。グラフからもみて

図表 3-25　現在の就業状況に関するロジスティック回帰分析結果（女性・65 ～ 69 歳）

被説明変数（該当＝1）	仕事をした		雇用者として仕事をした		仕事した＋働きたいけど仕事につけなかった（疑似労働力）	
	B	Exp(B)	B	Exp(B)	B	Exp(B)
定数	-0.359	0.698	-0.676	0.509	0.361	1.434
配偶者ありダミー	-0.151	0.860	-0.148	0.863	-0.565 *	0.568
就業経路2／定年等後会社関連雇用確保層	-0.979	0.376	-1.160	0.313	0.178	1.195
就業経路3／定年等後自力再就職層	0.624	1.866	0.945 *	2.572	0.510	1.665
就業経路4／定年等後一時非就業後再就職層	0.655	1.926	-0.487	0.615	1.246 *	3.477
就業経路6／定年等後起業・任意就業層	0.621	1.861	-0.736	0.479	0.370	1.448
就業経路7／55歳時非雇用（自営以外）層	-1.358 ***	0.257	-1.344 ***	0.261	-0.942 ***	0.390
就業経路8／55歳時自営業層	1.903 ***	6.704	-1.431 *	0.239	1.862 **	6.439
健康状態ダミー／大変良い	0.535	1.708	-0.231	0.794	0.295	1.343
健康状態ダミー／あまり良くない	-0.895 ***	0.409	-0.866 **	0.421	-0.370	0.691
健康状態ダミー／良くない	-1.894 **	0.150	-1.684	0.186	-0.268	0.765
年金・貯蓄グループ（Ⅰ・Ⅰ）ダミー	0.931 *	2.538	0.419	1.520	0.985 *	2.677
年金・貯蓄グループ（Ⅰ・Ⅱ）ダミー	0.375	1.456	-0.384	0.681	0.035	1.036
年金・貯蓄グループ（Ⅰ・Ⅲ）ダミー	0.632	1.881	0.369	1.447	0.432	1.540
年金・貯蓄グループ（Ⅱ・Ⅰ）ダミー	0.740	2.097	0.738	2.093	0.179	1.195
年金・貯蓄グループ（Ⅱ・Ⅱ）ダミー	0.748	2.113	0.504	1.656	0.633	1.883
年金・貯蓄グループ（Ⅱ・Ⅲ）ダミー	0.301	1.351	0.036	1.037	0.089	1.093
年金・貯蓄グループ（Ⅲ・Ⅰ）ダミー	3.297 **	27.029	1.540	4.664	22.010	(注5)
年金・貯蓄グループ（Ⅲ・Ⅱ）ダミー	0.780	2.181	0.977	2.658	0.100	1.105
年金・貯蓄グループ（Ⅲ・Ⅲ）ダミー	0.390	1.476	1.267	3.551	0.938	2.555
分析で使用したケース数	302		302		302	
Cox-Snell R2 乗	0.211		0.130		0.174	
Nagelkerke R2 乗	0.285		0.198		0.232	

データ：JILPT「60 代の雇用・生活調査」

(注) 1. ***：1％未満、**：5％未満、*：10％未満で有意であることを示す。
  2. 就業経路に係るダミーについては、55 歳時に雇用者であってその後も勤務を継続している層及び定年等の前後にその会社等を離職して以降再就職したことのない層が参照カテゴリーとなっている。
  3. 健康状態ダミーの参照カテゴリーは、「良い」である。
  4. 年金・貯蓄セグメントダミーの参照カテゴリーは、年金・貯蓄のいずれかが「Ⅳ」であるグループである。
  5. この値は、3620908580.763 である。計算上算出されているが、意味を持たない。

とることができるが、年金額、貯蓄額の少ない層で健康状態に自信のない人が多い傾向がみられる。したがって、高齢期に経済的な動機で就業ニーズの高いと考えられる層において、就業が実現するためには、健康面への配慮が重要な課題の一つとなることが示唆される。なお、年金額、貯蓄額のいずれか（あるいは両方とも）「Ⅳ」に属するグループを合わせた層（以下「Ⅳ結合グループ」という。）では、健康に自信のない割合は 19.0％にとどまっている。

4．年金・貯蓄グループ別にみた雇用者の就業状態・就業環境

　調査時に雇用されて仕事をしていた場合に、どのような勤務形態で、

図表 3-26　年金・貯蓄グループ別の健康状態－自信のない人の割合－（男性・65 ～ 69 歳層）

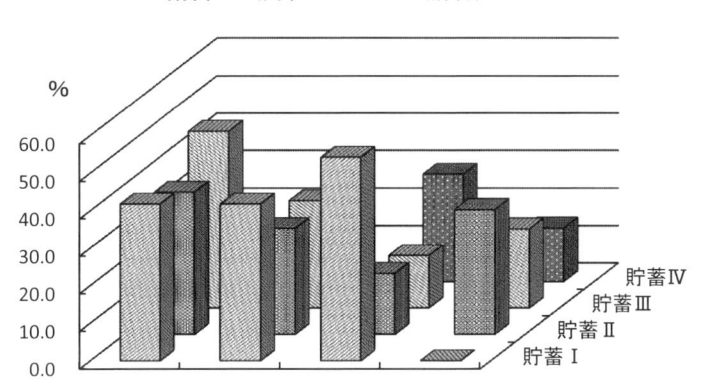

データ：JILPT「60 代の雇用・生活調査」
（注）自身の健康について、「良くない」又は「あまり良くない」と回答した割合である。

どのような職業（種）や産業、企業規模で働いていたのかを概観できるようにまとめて整理したものが**図表 3-27** である。雇用者の実際の就業状態や就業条件を整理することにより、どのような方向での就業促進を図ることが大勢として望まれるか検討する際に参考となると思われる。例外が少なくないことを前提として、大勢としての特徴をそれに関連した課題とともに挙げるとすれば、次のようになろう。

①　年金額の相対的に少ない層を中心として、フルタイム勤務で就業している割合が高い傾向がみられること。

②　年金・貯蓄額の少ない層において、「サービスの仕事」や「建設・採掘・運搬・清掃・包装の仕事」、「運送・機械運転の仕事」といったどちらかといえば現業系や（軽）作業系の仕事に従事している場合が相対的に多いこと。また、産業についても、「建設業」や「運輸・郵便業」、「医療・福祉」、「最狭義サービス業」といった産業に総じて集中している傾向が窺われること。

③　これに対して、年金額や貯蓄額の相対的に高い層（IV結合グループを含む。）においては、職業（種）について「管理の仕事」や「事

図表 3-27　年金・貯蓄グループ別雇用者の就業状態・就業条件のまとめ（男性・65 〜 69 歳、調査時雇用されて働いていた人）

	年金Ⅰ	年金Ⅱ	年金Ⅲ
貯蓄Ⅰ	(勤務形態) フルタイム勤務:55.6%／少日数・短時間勤務:33.3% (職業(種)) ☞サービス:29.6%　☞建設・採掘・運搬・清掃・包装:29.6% ☞運送・機械運転:11.1%　☞専門的・技術的:11.1% (産業) ☞建設:29.6%　☞最狭義サービス:18.5% ☞運輸・郵便、医療・福祉:各14.8% (規模) ☞30人未満:44.4%　☞30〜300人未満:40.7% ☞300人以上:7.4%	(勤務形態) フルタイム勤務:25.0%／少日数・短時間勤務:60.0% (職業(種)) ☞専門的・技術的:25.0%　☞運送・機械運転:20.0% ☞建設・採掘・運搬・清掃・包装:15.0%　☞サービス:5.0% (産業) ☞製造業:20.0% ☞卸売・小売業、最狭義サービス業:各15.0% ☞建設、運輸・郵便、医療・福祉:各10.0% (規模) ☞30人未満:30.0%　☞30〜300人未満:35.0% ☞300人以上:30.0%	(勤務形態) フルタイム勤務:50.0%／少日数・短時間勤務:50.0% (職業(種)) ☞専門的・技術的、保安:各20.0% ☞管理、事務、販売、サービス、運送・機械運転、建設・採掘・運搬・清掃・包装:各10.0% (産業) ☞建設、卸売・小売業、最狭義サービス業:各20.0% ☞製造業など:各10% (規模) ☞30人未満:30.0%　☞30〜300人未満:30.0% ☞300人以上:30.0%
貯蓄Ⅱ	(勤務形態) フルタイム勤務:64.3%／少日数・短時間勤務:21.4% (職業(種)) ☞サービス:35.7%　☞専門的・技術的:28.6% ☞運送・機械運転、管理:各14.3% (産業) ☞最狭義サービス:28.6%　☞運輸・郵便:14.3% ☞建設、製造業など:各7.1% (規模) ☞30人未満:42.9%　☞30〜300人未満:14.3% ☞300人以上:35.7%	(勤務形態) フルタイム勤務:54.5%／少日数・短時間勤務:36.4% (職業(種)) ☞専門的・技術的:36.4%　☞運送・機械運転:18.2% ☞管理、事務、サービス:各9.1% (産業) ☞最狭義サービス:18.2% ☞製造業、最狭義サービス:各18.2% ☞建設、運輸・郵便:各13.6% (規模) ☞30人未満:22.7%　☞30〜300人未満:54.5% ☞300人以上:22.7%0	(勤務形態) フルタイム勤務:33.3%／少日数・短時間勤務:60.0% (職業(種)) ☞専門的・技術的:26.7%　☞管理、販売:14.3% ☞事務、サービスなど:各7.1% (産業) ☞最狭義サービス:26.7% ☞製造業、卸売・小売業:各20.0% (規模) ☞30人未満:46.7%)☞30〜300人未満:26.7% ☞300人以上:20.0%

図表 3-27　年金・貯蓄グループ別雇用者の就業状態・就業条件のまとめ（続き）（男性・65〜69 歳、調査時雇用されて働いていた人）

貯蓄Ⅲ

（勤務形態）
フルタイム勤務：50.0%／少日数・短時間勤務：50.0%
（職業（種））
サービス：50.0%
保安：25.0%　建設・採掘・運搬・運輸・清掃・包装：25.0%
（産業）
最寄サービス：25.0%　建設：25.0%
宿泊・飲食サービス：25.0%
（規模）
30人未満：50.0%　300人以上：50.0%

年金Ⅰ

（勤務形態）
フルタイム勤務：37.5%／少日数・短時間勤務：37.5%
（職業（種））
専門技術的：25.0%　事務、保安：各18.8%
サービス、管理：各12.5%

年金Ⅱ

（勤務形態）
フルタイム勤務：41.7%／少日数・短時間勤務：50.0%
（職業（種））
専門的・技術的：33.3%　管理：16.7%　事務：16.7%
サービス：8.3%
運送・機械運転：8.3%
（産業）
製造業：41.7%　学術研究等：16.7%
卸売・小売業、医療、福祉、最寄サービスなど：各8.3%
（規模）
30人未満：25.0%　30〜300人未満：66.7%
300人以上：8.3%

年金Ⅲ

（勤務形態）
フルタイム勤務：28.6%／少日数・短時間勤務：64.3%
（職業（種））
専門的・技術的：35.7%　管理：14.3%　販売：14.3%
サービス、建設・運搬・運輸・清掃・包装：7.1%
（産業）
製造業：21.4%
建設、情報通信、運輸、郵便、最寄サービスなど：各7.1%
（規模）
30人未満：35.7%　30〜300人未満：28.6%
300人以上：21.4%

年金・貯蓄のいずれか『Ⅳ』のグループ

（勤務形態）
フルタイム勤務：37.5%／少日数・短時間勤務：37.5%
（職業（種））
建設・採掘の仕事：37.5%
専門技術的：25.0%
サービス、生活関連サービス：各12.5%

（産業）
製造業：25.0%　最寄サービス：25.0%
医療、福祉、生活関連サービス：各12.5%
（規模）
30〜300人未満：56.3%　300人以上：43.8%

データ：JILPT「60代の雇用・生活調査」
（注）1. それぞれの区分における割合を示している。職業（種）及び産業については、割合の高い順であるがすべてを掲げていない。
2.「建設・採掘の仕事」と「運搬・清掃・包装の仕事」とは統合して1つの区分として割合を算出した。
3.「年金Ⅰ・貯蓄Ⅲ」は、特にケース数が少ないので留意する必要がある。

務の仕事」など、産業について「製造業」や「卸売・小売業」など、より多種・多様な仕事や産業で従事している傾向が窺われる。

④職業（種）の「専門的・技術的な仕事」に従事する場合は、広範な年金・貯蓄層にみられるが、総じて相対的に年金・貯蓄額の高い区分でその割合が高くなっている傾向が窺われる。

⑤勤務先の企業規模については、おしなべて中小企業において就業している場合が多くなっている。

つぎに、**図表 3-28** により就業条件として、平均して労働時間や賃金がどの程度であるかをみると、労働時間面では上述（①）を裏付けるように、「年金Ⅰ・貯蓄Ⅰ」や「年金Ⅰ・貯蓄Ⅱ」ではフルタイム勤務にほぼ見合った勤務日数と時間であるのに対して、それ以外では平均的に少日数・短時間勤務に見合ったものであり、総じて年金額や貯蓄額のより多い層ほど少日数や短時間の程度が大きくなる傾向がみられている。

図表 3-28　年金・貯蓄グループ別にみた平均値の比較（男性・65 〜 69 歳、調査時雇用されて働いていた人）

	年金Ⅰ	年金Ⅱ	年金Ⅲ
貯蓄Ⅰ	月間労働日数　　　：18.7 日 1日当たり労働時間　：7.8 時間 月例賃金収入　　　：142.3 千円	16.4 日 6.8 時間 128.1 千円	16.9 日 6.3 時間 140.0 千円
貯蓄Ⅱ	月間労働日数　　　：20.8 日 1日当たり労働時間　：7.7 時間 月例賃金収入　　　：187.4 千円	16.4 日 7.3 時間 170.7 千円	14.5 日 7.3 時間 144.1 千円
貯蓄Ⅲ	月間労働日数　　　：17.1 日 1日当たり労働時間　：6.5 時間 月例賃金収入　　　：82.5 千円	14.8 日 7.4 時間 213.5 千円	14.8 日 5.8 時間 148.4 千円

年金・貯蓄のいずれか「Ⅳ」のグループ

月間労働日数：15.6 日　1日当たり労働時間　：7.9時間
月例賃金収入：228.9 千円

データ：JILPT「60 代の雇用・生活調査」

その中で、月例賃金収入額をみると、「年金Ⅱ・貯蓄Ⅲ」（213.5 千円）と「年金Ⅱ・貯蓄Ⅰ」（128.1 千円）を除けば、いずれも 10 万円台半ばから後半にかけての範囲にある [24]。一方、「Ⅳ結合グループ」では、平均としてみて、少日数勤務であるが 1 日の勤務時間はフルタイム型（月間 15.6 日、1 日 7.9 時間勤務）であり、月収も 23 万円程度と相対的に高くなっている [25]。

第 4 節　高齢者の雇用促進の課題

前節まででデータの確認と一定の分析結果の紹介を終え、ここではそれを踏まえて、65 歳以降の就業をめぐる政策課題と施策の方向について考察しておきたい。意見に属する部分は、筆者の研究者としての意見である。

（就業の視点からの高齢者のセグメント）

高齢期の入口は、長年にわたる職業生活の総決算の時期に当たる。65 歳までの雇用継続の制度が整備された現在においては、65 歳がまさにその総決算の重要な節目となる。その時点において、相応の貯蓄形成（公的な年金制度を含む）ができたかどうかによって、その後の職業や仕事との関わりが再構築されることとなろう。その時点において、老後の生活を支えるに十分な蓄積ができなかった層については、その程度に応じて、引き続き収入を得ることを重点とした就業を継続することが必要となる。一方、老後の生活に十分と思われる蓄積ができた層においても、それで職業から引退するといった単純なものではなく、培ってきた職業能力が自己価値となっている場合、健康維持への思いなど様々な事情に

---

[24] 確定的にいうことはできないが、「年金Ⅱ・貯蓄Ⅲ」における相対的な賃金額の高さは、この層に「管理の仕事」や「専門的技術的な仕事」に従事している人がかなりいたことが背景となっていると考えられる。また、「年金Ⅱ・貯蓄Ⅰ」で賃金額が相対的に低くなっていることの背景としては、現業系や（軽）作業系の仕事に従事している人が多い中で、少日数・短時間勤務をしている場合も多いということが考えられる。なお、貯蓄額はほとんどないものの、年金額は概ね平均的な水準にあるこの層でのこうした動向は、上述の健康状態が良いとはいえない割合の相対的な高さと併せて、懸念される面も感じさせる。

[25] このグループについても、「専門的・技術的な仕事」や「管理の仕事」に従事している人がかなりいることなどが背景として考えられる。

応じて、様々な就業ニーズが存在することとなろう。

（セグメント1／就業緊要高齢層）

　この章での分析結果から出てくる課題の第一は、老後の生活を支えるのに十分な蓄積ができていないと考えられる層が少なからず存在することである。65〜69歳層の少なくとも2〜3割程度の人々がそうした状態にあると思われる結果となっている[26]。そして、そのうち現に就業している人が6割程度で、4分の1程度の人が広い意味での失業の状態にあると推測される[27]。全体からみれば1割に満たない量であるが、まずは、このセグメント（以下「就業緊要高齢層」という。）への対応を念頭に高齢期の就業促進が図られる態勢が整備されることが重要であると思われる。そした態勢整備は、当然において、他の層の就業に対しても効果をもつこととなろう。

　就業緊要高齢層における就業促進対策の眼目は、65歳以降の就業継続をめざした再就職（＝転職）の促進である。転職と高年齢者の就業に関する分析結果が示唆するものは、サービスの仕事などの現業の仕事や運搬・清掃・包装といった（軽）作業系の仕事での就業や中小企業への就職などが親和的であると考えられる。また、可能な場合は、運転系（運輸）の仕事もその候補となる。一方でこの層では、正社員かどうかは別としてフルタイムでの就業へのニーズが高いことには留意が必要である。ただ、そのニーズは一定の収入を確保する必要から出ていると考えられる。一定の収入が確保されるのであれば、雇用形態には柔軟な選択が行われよう。

　こうした点にかんがみれば、ハローワークの役割は大きいといえる。労働力の需給システムの中にあって、ハローワークの職業紹介が相対的に得意とする分野であるといえる。また、上述の「転職調査」にあるように、企業の65歳以上の中途採用の理由において「応募があったか

---

[26] 図表3-1-8から、「年金Ⅰ・貯蓄Ⅰ」が18.5%、「年金Ⅱ・貯蓄Ⅰ」が12.7%（両者合わせて31.2%）であることを念頭に置いた概数である。

[27] ここのデータも、「年金Ⅰ・貯蓄Ⅰ」及び「年金Ⅱ・貯蓄Ⅰ」を念頭に置いた概数である。

ら」が少なくないウェイトを占めているが、まずは、求職者（高年齢者）の的確な情報（就業ニーズ・希望、就業に当たって配慮が必要な事項等）の提供とともに、選考の過程に載せることが重要である。さらに、求人者（＝企業）に対して求人条件の適切な変更を促すことや中小企業とのつながりという面もハローワークの得意とするところである。これまで、65歳以上で就職した者は雇用保険の被保険者になれなかったこともあって、65歳以上層の再就職についてハローワークは本来の能力を発揮できていなかった面も感じられるが、企業における65歳までの雇用継続の取組も一段落したところであり、65歳以上で就職した場合も雇用保険の被保険者となれるとの制度改正も受けて、今後の活躍が期待される。なお、その際、求められている賃金は高額のものではなく、企業の賃金面の負担はそれほど過大なものである場合は少ないことにかんがみ、賃金助成を中心とする採用促進よりも、高年齢者の就業に当たって必要となるさまざまな配慮措置に要する費用負担を軽減するような施策の方がより重要となるものと考えられる。

（ セグメント 2 ／蓄積能力発揮高齢層 ）

　一方、老後の生活に十分と思われる蓄積ができた層における就業ニーズとしては、自己の職業能力を発揮したいという面と「人の役に立ちたい」という面との主に二つの方向を持った意欲に基づくものと考えられる[28]。後者の方向も併せもちながらも、職業の世界で能力発揮をめざす場合を考えたとき、職業としては「専門的・技術的な仕事」が典型的なものであると考えられる[29]。専門的・技術的職業従事者の再就職については、もとより職種の制限なく取り扱うハローワークの対象ではあるが、

---

[28] このほかに「健康によいから」という理由ないし動機もあり、重要なものではあるが、ここでは割愛したい。なお、「健康によいから」だけが仕事をしている理由となっている場合は、それほど多くない。

[29] ここでは「専門的・技術的な仕事」を一つの典型例として取り上げようとするもので、職業分類上他の分類に属するものであっても、本人は「専門的な仕事」であると意識している場合も少なくないと考えられる。その人なりの職業上の「おはこ（十八番）」といった方がより適切であると思われるが、ここでのデータでは、「専門的・技術的な仕事」で代表させることとしたい。

実際として必ずしも得意分野であるとはいえない面がある。したがって、縁故や元の会社からのあっせん、民間雇用サービス会社などを含めた多様なマッチング経路の活躍が期待される。ただし、多様なマッチング関連機関が必ずしも整備されていない地方圏においては、この面においても、ハローワークがより大きな役割を果たすことが求められることは指摘しておきたい。さらに、専門的・技術的職業従事者の中には相当に自律した働き方をめざす人々も少なくないところであり、専門職能集団としての協同組合（ワーカーズ・コレクティブ）のような働き方も一つの方向となると思われる。その際、労働者派遣制度を活用したり、又は新たな制度的枠組みを整備したりといった環境整備について、政策面の検討が求められるとも考えられる。

なお、マクロ経済の視点からいえば、老後の生活に十分と思われる蓄積ができた層については、その貯蓄を趣味、教養、旅行などに消費することにより、消費需要、ひいては雇用需要の拡大をもたらすことも重要な社会的貢献であるといえる（第三のセグメント）。

（ 今後に向けたその他の課題 ）

以上のような再就職促進等に直接関係する課題への対応とともに、さらに視野を広げた政策課題についても指摘しておきたい。60 歳定年制が一般的である下での 65 歳までの雇用確保の枠組みが完成されたばかりの現在においては、定年に際して、又は定年後の雇用継続期間終了に際しての再就職（＝転職）の促進が当面の重点課題となるが、中期的には、もう少し早い時期、例えば 40 歳台や 50 歳台前半の時期において、65 歳以降も就業し続けることも狙いの一つとした転職を図ることも考えられてよいと思われる。そのためには、転職のための環境整備が必要であると思われる。中年期以降の転職は、一般的に就業条件の一定の低下をその時点では甘受しなければならないことが多い。したがって、実際として、転職を促進するためにはこうした不利を一定程度補填するような仕組みの導入が求められる。そうすることによって、高齢期になってから転職を経験することに比べて、より円滑に 65 歳以降までの就業継続に

つながり、長期の視点からみればより望ましい成果を享受できるような態勢を構築することが検討されてよいと思われる。

　それとも関連するが、被用者年金制度についても見直されるべき課題が提起されていると思われる。前述のように、少なくない人々が公的年金を受給してもなお老後の生活に不安を覚えざるを得ない状況にあるということ自体が、課題を投げかけている。それは、基本的な制度設計にまでさかのぼらざるを得ないといったものではないが、制度設計が前提としていた経済・雇用状況と実際のそれとの乖離によるものと考えられる。すなわち一つには、雇用の広範な非正規化の進展であり、二つには経済の大きな変動が繰り返し起きるようになり、かなりの期間失業状態にあることを余儀なくされる層が確実に増大したことである。その結果、制度のモデル的な設定と実際とに齟齬をきたすこととなり、実際の年金給付額がモデル的な想定よりもかなり下回る層が少なくなくなったということができる。したがって、建前ではなく実際的な状況に対応した想定の下で、高齢期の入り口における個々の総決算において、少なくともフルタイム就業を余儀なくさせるような状況にはしない程度の水準の確保をめざして、公的年金における対応的工夫が求められると思われる。多分、公的年金制度において、もう少し所得再分配機能を高める方向での見直しが求められるものと考えられる。

参考文献

伊丹敬之（2000）『経営の未来を見誤るな』日本経済新聞社）（特に第 9
　　章：シニアを生かして，シニア市場を開拓）

今野浩一郎（2014）『高齢社員の人事管理―戦力化のための仕事・評価・
　　賃金』中央経済グループパブリッシング

岸本裕紀子（2015）『定年女史』集英社

清家篤（1992）『高齢者の労働経済学』日本経済新聞社

清家篤／山田篤裕（2004）『高齢者就業の経済学』日本経済新聞社

清家篤（2006）『エイジフリー社会を生きる』NTT 出版

樋口美雄（2001）『雇用と失業の経済学』日本経済新聞社

藤田孝典（2015）『下流老人　一億総老後崩壊の衝撃』朝日新聞出版／朝日文庫 520

矢部武（2014）『60 歳からの生き方再設計』新潮社／新潮新書 584

＜ JILPT 報告書＞

浅尾裕（2007）「「団塊の世代」の今後における「引退過程」の諸相」労働政策研究・研修機構（編）『『団塊の世代』の就業と生活に関する調査研究報告』JILPT 労働政策研究報告書 No.85，第 7 章

藤本真（2010）「65 歳より先の継続雇用に向けた企業の取組み」労働政策研究・研修機構（編）『継続雇用等をめぐる高齢者就業の現状と課題』JILPT 労働政策研究報告書 No.120，第 5 章

第4章

65 歳以降の継続的な就業の可否を規定する企業要因の検討

第 1 節　本章の問題意識

1．継続雇用制度の意義

　　現在の継続雇用の仕組みについて、それに付随する公的給付のあり方を含めて批判が無いわけではない。たとえば OECD（2005）は主に高年齢雇用継続給付について、就業に負のインセンティブ[1]をもたらす、もともと恵まれた立場にある終身雇用＆年功賃金の男性高齢者にさらに恩恵を与え格差を広げる、雇用保護の強化が他の人々の雇用機会を奪う、等の理由で批判している。特に若年者雇用の文脈では、高齢者の雇用保護が若年者の雇用機会を奪うという「置き換え効果」の弊害について議論されることが多い（e.g. 玄田，2001，2004；太田，2010）。また今野（2014）は高齢社員の人事管理の観点から、高年齢雇用継続給付の存在が賃金の合理的決定を歪めてしまうと指摘している。この他にも、継続雇用は「希望者」の雇用の継続を企業に求めるが、あえて劣悪な職務内容や労働条件を提示することで「自発的に」希望を取り下げさせるという行為が罰則なく放置されているとの指摘もある（e.g. 柳澤，2016）。

　　しかし上述の課題や問題点を踏まえても、来るべき「生涯現役社会」において継続雇用の理念・発想自体は有効な選択肢の 1 つと考えられる。諸外国では長寿化と社会保障制度の財政逼迫等を背景として、定年前のフルタイム就業と定年後の完全引退の間をつなぐ雇用のことを「橋渡し雇用（bridge employment）」と呼び四半世紀にわたって研究を蓄積してきた（e.g. Cahill, Giandrea and Quinn, 2006；Dingemnas, Henkens and Van Solinge, 2015；Ruhm, 1990）。その中でも高齢労働者がフルタイム就業を終えた後に引き続き同一の雇用主との関係を残しつつ徐々に労働時間や負担を減らす「段階的引退（phased retirement）」は、最も望ましい橋渡し雇用の 1 つであると評価されている（Hutchens and

---

[1] 「負のインセンティブ」とは、勤労収入の 60 歳前後での減少幅が小さいと高年齢雇用継続給付が減額されるために、「60-64 歳の一部の就業者を、従前賃金よりも低い賃金が支払われる職に就くよう促してしまう危険性がある」ことを指す（OECD, 2005, p.80）。

Grace-Martin, 2006)。なぜなら「段階的引退は労働人生の終わりをより充実したものとするだけでなく、特定の人的資本を保持することを通して生産性の向上にも寄与する」と考えられるためである（Hutchens and Grace-Martin, 2006, p.525）。

　我が国の継続雇用制度は公的年金の支給開始年齢引き上げに伴って、この段階的引退を法的に義務付けたという側面がある。もちろん、60代前半の継続雇用者においても60歳前と同程度の仕事をこなしている人もいる。実際のところ、高齢・障害・求職者雇用支援機構（以下「JEED」という。）が2013年に60代継続雇用者を対象に実施した調査では、勤務時間や勤務日数について60歳前と「変わらない」人が約8割を占めている（JEED, 2015a）。同様に、労働政策研究・研修機構（以下「JILPT」という。）が2008年に実施した企業調査でも、60代前半層の継続雇用者は「通常60歳ごろと同じ仕事内容を継続」しているとする企業が約8割を占め、また「フルタイム勤務」であるという企業も約7割を占めていた（藤本，2012）。

　しかし雇用契約上の規定の勤務日数、勤務時間が変わらなかったとしても、実際には仕事の負担は60代前半層の継続雇用者において減少しているケースが多い。たとえば上述のJEEDの調査によれば、雇用形態としては正社員の約7割は継続雇用に際して非正規化しており、残業時間については半数以上が「減っている」と回答している。さらに仕事の内容・範囲、期待される仕事の成果、配置転換や出張の頻度、および職責の重さについても4～6割の人が「変わった」と回答している（今野，2014；JEED，2015a）。同様に、JILPT（2016a）による2015年実施の企業調査でも60代前半層が「定年前とまったく同じ仕事」をするという企業は39.5％で、「定年前と同じ仕事であるが、責任の重さが変わる」企業が40.5％とわずかながら上回っている。したがって、我が国の60代前半層の継続雇用者は60歳前と比較して仕事の負担や職責がある程度軽減されつつも、継続的に同じ使用者の下で働き続けることができる段階的引退の中にあるケースが多いと言えるのである。

　こうした我が国の段階的引退の1つとしての継続雇用の現状について

永野（2012）は、「必要に迫られた企業が制度の導入を急いだという側面もあるので、改善すべき点も少なくない」と認めつつも、「同一企業でのより高齢層までの就業の道を開」き、「それにより、転職に伴うロスが回避される」として肯定的に評価している。この「転職に伴うロス」とは、具体的には失業期間の長期化を指すものと考えられる。たとえば JILPT（2016b）による転職・再就職に要した求職期間の調査では、中高年での転職活動は長期化するケースが若年層よりも多いことが示唆されている [2]。

　したがって雇用者が「それまで蓄積したキャリアを有効活用したい」、「転職に伴う長期的失業のリスクを避けたい」といった理由で、もし選択可能であるならば定年前と同じ馴染みのある職場で引き続き働き続けたいと考えることは自然なことだと考えられる。

2．65 歳以降の就業促進の意義と、継続雇用のさらなる延長の可能性

　さて、我が国では法改正によって 65 歳までの継続雇用が定着したものと考えられるが、今後は 65 歳を超えて高齢者に就業し続けてもらうことが重要となってくる。この理由として永野（2012）は、（1）実際に我が国では、長寿化や経済的理由を背景に「70 歳くらいまで」働きたいという人が多い、（2）65 歳に達する「団塊の世代」の職業能力をより長期に活用したい、（3）年金支給開始年齢のさらなる引き上げが必要となる可能性がある、の 3 点を挙げている。このうち年金支給開始年齢という観点では、我が国よりも高齢化の進行が比較的緩やかなアメリカ、イ

---

[2] JILPT（2016b）では、転職・再就職に成功した人を対象に転職・再就職に要した求職期間を尋ねている。その結果、「60 歳以上での転職経験者」の求職期間の平均値、中央値は「44 歳以下での転職経験者」や「45 〜 59 歳での転職経験者」とほとんど違いが見られなかった。この理由について「転職・再就職の際に利用した機関・サービス」の観点から見ると、「60 歳以上での転職」では「前の会社の斡旋」が 16.2％と高くなっている（「44 歳以下」では 3.1％、「45 〜 59 歳」では 7.3％）。したがって、前の会社の斡旋によって求職期間なしで就業できた人が「60 歳以上」には一定数含まれていたために平均値が押し下げられたと考えられる。一方、「60 歳以上での転職経験者」の求職期間の第 3 四分位数は 12 ヶ月となっており、4 人に 1 人以上が 1 年以上かかっていたことが分かった。これは「45 〜 59 歳」の 11 ヶ月とは大きな差は無いが、「44 歳以下」の 7 ヶ月と比べると長く、継続雇用以外で中高年での転職・再就職を試みる人の中には求職期間が長期化する人が少なくないことを示唆している。詳細は JILPT（2016b），pp.21-22 を参照されたい。

ギリスで既に 65 歳超への将来的な移行が決定されている（厚生労働省，2011）ことから、より厳しい状況にある我が国でもさらなる支給開始年齢の引き上げは検討されるべきと考えられる[3]。また、岩田（2008, 2012）によれば、高齢者 1 人を何人の勤労者で支えるかを表すサポート率という観点で見ると、我が国では 20 〜 70 歳までを勤労者世代、70 歳以上を「高齢者」と設定して初めて、欧州における 65 歳「高齢者」と同程度のサポート率になるという。したがって我が国では、長寿化と高齢者の高い就業意識を背景として、当面は 70 歳までの雇用確保が大きな目標となっているのである。

　ここで、単純に就業率の底上げを考えた場合、我が国では女性の就業促進が大きな鍵を握っているが（e.g. 浅尾，2015；岩田・北浦，2008）、それ以外で現実的に考え得る 65 歳超の雇用確保策の 1 つが継続雇用のさらなる延長である。65 歳までの雇用確保措置の義務化は、2004 年、2012 年の 2 段階の法改正による強化を経て社会に広く浸透し、実際に高齢者の就業率を向上させた。そこで、たとえば今後公的年金の支給開始年齢がさらに引き上げられた場合、それとタイミングを合わせて定年後の継続雇用の範囲を 65 歳超まで広げることは十分考えうる。

　しかし、公的年金の支給開始年齢の引き上げにせよ、継続雇用のさらなる延長にせよ、今後社会的な合意の形成に向けて議論が必要なトピックであって直ちに実現することはできない。また仮に社会的合意が得られたとしても直ちに延長を実現することはできず、十分な準備期間・移行期間を設定しなければ社会の混乱の元となってしまう。たとえばアメリカでは 65 歳から 67 歳への公的年金支給開始年齢の引き上げ決定から

---

[3] なお、厚生労働省（2011）の資料によれば、ドイツでも 2007 年に年金支給開始年齢を 65 歳から 67 歳に引き上げる決定が行われ、2012 年から段階的引き上げが始まっていた。ところが 2013 年の総選挙でメルケル首相が率いるキリスト教民主・社会同盟が単独過半数を達成できず、連立政権を組むことになった社会民主党の要求で 2014 年 5 月に公的年金支給開始年齢の 65 歳から 63 歳への「引下げ」が可決された（藤本，2015）。この時勢に逆行する「引下げ」の対象は 1963 年以前の生まれの人のみであり、1964 年以降生まれの人は 65 歳支給開始となるものの、「公的年金の支給開始年齢引上げを前提として、高齢者雇用に向けたさまざまな取組みがとりわけ積極的に進められているヨーロッパにおいても、政治状況によっては流れが変化しうることを示している」と藤本（2015）は述べている（p.47）。

開始までに 20 年間の準備期間を、開始から完了までの移行期間に 24 年間を設定しており、同様にイギリスでは 65 歳（女性は 60 歳）から 68 歳への引き上げに 17 年間の準備期間と 22 年間の移行期間を設定している（厚生労働省，2011）。

　したがって、中・長期的には公的年金の支給開始年齢引き上げに伴って継続雇用の期間がさらに延長されることは十分現実的に想定し得るものの、少なくとも今後当面は 65 歳を超えての継続的な雇用は各企業の判断に委ねられることになる。

3．高齢期も就業しやすい企業の特徴に関する先行研究

　それでは、法によって義務化されていないにも関わらず、雇用者が高齢になっても働き続けることができる企業とはどのような特徴を持っているのだろうか。また、そのような企業を説明・予測するための規定要因とは何なのだろうか。この点について本項ではここ 10 年程度の間に発表された文献の中から、Hutchens and Grace-Martin（2006）、山田（2009）、藤本（2012）、Van Dalen et al.（2014）、鹿生・大木・藤波（2016）の 5 事例について**図表 4-1** に概要を示す[4]。

　それぞれの研究は主要な研究関心が異なっているが、いずれも「法により義務付けられているわけではない高年齢層の雇用」に関する企業の意識・実態等の規定要因を探ったものである。そこでは、**図表 4-1** に示されている通り、業種や賃金プロファイルの傾き、労働組合への加入、高齢社員の比率等、これまでにも高齢者の就業に関する企業側の規定要因については多くの知見が着実に蓄積されてきていることが分かる。

---

[4] なお、レビュー対象文献の選定にあたっては（1）日本国内の研究を中心としつつも、高齢化が進行している欧米の研究も含めること、（2）発刊年が比較的新しいこと、（3）本章の多変量解析に際して、分析の枠組みの設定や結果の解釈に直接的に役立て得る知見を含んでいること、等を考慮した。労働政策研究報告書 No.186（「労働力不足時代における高年齢者雇用」：JILPT, 2016c）では更に詳細な先行研究レビューを行っているため、関心のある読者の皆様はそちらをご覧頂きたい。

図表 4-1　高齢期も就業しやすい企業の特徴に関する先行研究 5 事例

著者・出版年	調査対象の範囲	主要な研究関心	主要な知見
Hutchens and Grace-Martin (2006)	アメリカ	「段階的引退」(注1)を認めやすい企業の特徴	(1)「段階的引退」の先例がある企業は、「段階的引退」を認めやすい。 (2)団体交渉で守られているホワイトカラー労働者の比率が高い企業ほど、「段階的引退」を認めにくい。 (3)規定の最低労働時間が短く設定されている企業ほど、「段階的引退」を認めやすい。
山田（2009）	日本	60 代前半層の就業率を規定する要因	◆縦断的マクロデータ分析の知見 (1)61 歳以上の定年制を採用している企業ほど 60 代前半層の就業率が高くなる。 (2)賃金プロファイルの傾きがきつい企業ほど 60 代前半層の就業率が低くなる。 ◆民間企業のミクロデータ分析の知見 (1)賃金プロファイルの傾きが緩やかであることは、定年延長確率を高めることで、60 代前半層の継続雇用率を高める。 　＞＞55 歳よりも前に賃金低下によるプロファイル修正を行っている企業ほど 60 代前半層の継続雇用率が高まる。 　＞＞60 歳前後での賃金低下幅が大きい企業ほど、継続雇用率は低下する。 (2)正社員が増加している企業では、定年延長確率も継続雇用率も上がる。 (3)労働組合のある企業では、定年延長確率も継続雇用率も下がる。
藤本（2012）	日本	定年後の再雇用で賃金水準を変えない企業の特徴	◆単変量比較において、60 歳以降の賃金水準を変えない企業とは…… (1)小規模企業に多い (2)飲食・宿泊、医療・福祉、運輸の 3 業種に多い (3)仕事内容が 60 歳前と同じことが多い (4)賃金設定にあたって高年齢雇用継続給付や在職老齢年金を考慮しないことが多い (5)希望者全員を継続雇用対象とすることが多い (6)賃金プロファイルの年功的性格が弱い ◆業種間で「課題」の多寡を見た場合…… (1)不動産、金融・保険、情報通信の 3 業種では、「高齢者雇用を進める上での課題」が多い。 (2)医療・福祉、教育・学習支援、運輸の 3 業種では、「高齢者雇用を進める上での課題」が少ない。 ◆多変量解析の結果からは…… (1)「高年齢社員に適した仕事の開発」を行っている企業では、処遇を変えない確率が高い。 (2)「新たな勤務シフト（短時間勤務制度など）の導入」や「役職定年制・任期制」といった人事管理を行っている企業では、60 歳以降に処遇を変える確率が高い。

| Van Dalen,
Henkens and
Wang (2015) | EU加盟
6カ国[注2] | 高齢労働者に対して
企業が取り得る 3 戦略
の規定要因[注3] | （1）高齢労働者が全従業員に占める比率が高いと、高齢者のための環境づくりや戦力化といった戦略が採られやすくなるが、同時に退職を促す戦略も採られやすくなる。
（2）業務遂行にあたって訓練が必要な場合にも、上記（1）と同様の傾向が見られる。
（3）労働組合に加入している企業では環境づくりの戦略が促されるが、それ以上に退職を促す戦略が採られやすくなる。
（4）新規採用が難しい企業ほど、環境づくりや戦力化の戦略を採りやすくなる。
（5）職務に深い知識が必要とされる企業では、戦力化の戦略が採られやすい。
（6）年功賃金の傾向がある企業では、環境づくりの戦略が採られやすくなる。

⇒ 総じて、企業が高齢者を「選別」して異なる戦略を適用しようとする「デュアル・アプローチ」の傾向が示唆されている。 |
| 鹿生・大木・
藤波(2016) | 日本 | 高齢者の「戦力化」と
「制度化」に関する企
業の現状と今後の方
向性 | （1）制度上、65 歳までの高齢者雇用を行っている企業では、高齢者に対して能力再編による活用、企業主導の役割設定が行われている。
（2）対照的に、65 歳以降の雇用を制度的に推進している企業では、高齢者の能力向上による活用や、高齢者の自律性を尊重した役割設定がなされている。

⇒ 65歳以降の雇用を制度的に推進することで、60歳以降の戦力化を図る期間が長くなり、結果的に能力開発にも積極的となり、また労働者本人の能力・体力の個人差に配慮した「すりあわせのキャリア管理」も行われやすくなることが示唆されている。 |

注 1 ：「段階的引退」の詳細については、本節第 1 項を参照。

注 2 ：デンマーク、ドイツ、イタリア、オランダ、ポーランド、スウェーデン。

注 3 ：「適応実践（accommodation practices）」、「発展実践（development practices）」、「退出機会の提供（offering exit options）」の 3 戦略である。適応実践は、高齢者が働きやすい環境づくり等の戦略を、発展実践は高齢者の能力をさらに高める等の戦略を、退出機会の提供は早期退職を促す等の戦略を指す。3 つの戦略の採否は排他的ではなく、高齢者の「選別」等を前提にそれぞれ独立に採用され得るものと想定されている。

4．本章の研究目的

　前項で見た通り、高齢者の継続的な就業の可否については既にさまざまな研究結果が報告されている。しかし、鹿生ら（2016）を除けば 60 代後半層の継続的な就業に直接焦点を当てた研究は少なく、未だ研究知見の蓄積の途上にあると言える。そこで、本章では**図表 4-1** で紹介した先行研究の知見を可能な範囲で取り込みつつ、直近のデータを用いて65 歳以降の就業可否の規定要因に関する実証データの蓄積に貢献する

ことを目的とする。

第2節　65歳以降も希望者は全員就業可能な企業の特徴
　　　　－基準を設けている企業、就業不可の企業と比較して

　前節の目的を受けて、まず本節では65歳以降も希望すれば全員が就業可能な企業の特徴について単変量ごとに確認する。使用するデータは、2015年7月に実施された本書内で共通の「高年齢者の雇用に関する調査（企業調査）」である。調査の方法・概要については序章、および既刊のJILPT（2016a）を参照されたい。

1．本節における65歳以降の就業可否3区分

　まず、有効回答のあった6,187社における65歳以降の就業可否の状況について確認する。アンケート調査において「貴社では、希望すれば65歳以降も働きつづけることができますか」と尋ねたところ、**図表4-2**の結果を得た。希望者全員働くことができる企業は約1割、逆に希望有無とは関係なく働くことができないとする企業は約3割であった。一方、過半数の企業では「基準に該当した者は働くことができる」という状況であった[5]。

　本節ではこの設問への回答に基づき、(a)「65歳以降も希望者全員が働くことが出来る」企業645社を「全員可能群」、(b)「65歳以降は希望したら基準に該当した者は働くことができる」企業3,434社を「該当者のみ群」、(c)「65歳以降は働くことができない」企業1,830社を「全

---

[5] なお、厚生労働省職業安定局（2016）による「高年齢者の雇用状況」の調査結果では、31人以上の規模の153,023企業のうち、74.1％にあたる113,434社で「希望者全員が65歳以上まで働ける」との調査結果が出ており、本章の使用データにおける10.4％とは結果が大きく異なる。この理由は、前者が「65歳『以上』」の中に、「65歳を含む」、すなわち「65歳『まで』の希望者全員が働ける企業」を「希望者全員が65歳以上まで働ける」としてカウントしているためである。これに対して本章の使用データでは、60代前半層の雇用状況を尋ねた後に、対比的に65歳以降の雇用状況を尋ねていた。このため、「（『65歳まで』という法定義務の範囲を超えて、）65歳以降も希望者全員が働ける企業」の比率が集計されたものと考えられる。

図表 4-2　調査対象企業における 65 歳以降の就業可否状況（n＝6187）

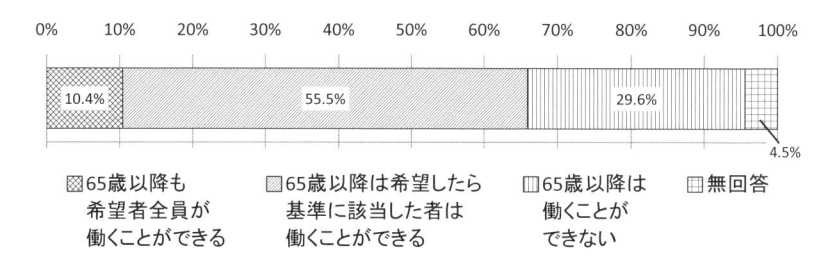

員不可群」として、以下クロス集計に基づき比較してゆく[6]。

2．企業の基本属性

(1)　業種

　　まず業種ごとの 3 群の比率を示したのが**図表 4-3** である[7]。全員可能群の比率が全体平均を 5％以上上回ったのは、「飲食業・宿泊業」（17.7％）、「運輸業」（17.4％）、「サービス業」（15.9％）の 3 業種であった。一方、全員不可群の比率が 40％以上と高かったのは「金融・保険業」（68.3％）、「情報通信業」（58.3％）、「電気・ガス・熱供給・水道業」（46.4％）の 3 業種であった。

　　第 1 節でレビューした藤本（2012）の報告と今回の集計結果を比較すると、いくつかの業種[8]については違いが見られるものの、「高齢者雇用に先進的に取り組みやすい業種であるか」という広い観点では概ね一貫性のある結果となった。

---

[6] なお、「該当者のみ群」の企業における該当者の判定のための「基準」については、多重回答形式の設問で選択率が高い順に「働く意思・意欲があること」（58.9％）、「健康上支障がないこと」（58.7％）、「会社が提示する労働条件（賃金の低下を含む）に合意できること」（45.2％）、「出勤率、勤務態度」（40.7％）、「会社が提示する職務内容に合意できること」（40.1％）といった状況であった。詳しくは既刊の JILPT（2016a）を参照されたい。

[7] 本節では原則的に、65 歳以降の就業可否 3 群ごとの各設問への回答比率を見るが、業種に関してのみ群ごとではなく業種ごとに 3 群の比率を見たほうが有意義と考えた。

[8] 具体的には、教育・学習支援業は高齢者雇用における課題が少ない業種として、不動産業は課題が多い業種として藤本（2012）では指摘されていたが、今回の集計では両業種とも目立った特徴が見られなかった。

図表 4-3　業種ごとの 65 歳以降就業可否 3 群の比率（無回答を除く）

	n	全員可能群	該当者のみ群	全員不可群
建設業	450	12.0%	68.4%	19.6%
製造業（全体）	1706	8.4%	56.8%	34.8%
一般機械器具製造業	248	8.1%	64.5%	27.4%
輸送用機械器具製造業	177	6.8%	58.2%	35.0%
精密機械器具製造業	109	11.9%	52.3%	35.8%
電気機械器具製造業	180	8.9%	53.9%	37.2%
それ以外の製造業	992	8.3%	55.6%	36.1%
電気・ガス・熱供給・水道業	28	14.3%	39.3%	46.4%
情報通信業	151	2.6%	39.1%	58.3%
運輸業	596	17.4%	63.4%	19.1%
卸売・小売業	1095	6.6%	55.2%	38.3%
金融・保険業	63	0.0%	31.7%	68.3%
不動産業	48	14.6%	52.1%	33.3%
飲食業・宿泊業	226	17.7%	62.8%	19.5%
医療・福祉	189	15.3%	68.8%	15.9%
教育・学習支援業	79	6.3%	60.8%	32.9%
サービス業	951	15.9%	58.8%	25.3%
その他	173	9.2%	54.3%	36.4%
全体	5755	10.9%	58.2%	30.9%

⑵　設立年

　次に設立年について、3 群ごとの回答分布、および有効回答内での平均設立年を見たところ**図表 4-4** の結果を得た。全員可能群は他群と比べて「1949 年以前」の比率が低く、その分それ以降の設立年の比率が総合的に高くなっている。設立後の経過年数平均値で見ても他群よりも 3 ～ 5 年ほど短く、統計学的に他の 2 群よりも有意に低かった[9]。したがって、希望者は 65 歳以降も全員就業できるとする企業は比較的若い企業が多いことが示唆された。

---

[9] 3 群間で 1 要因分散分析を行ったところ有意であった（$F(2, 5583)=11.6$、$p<.001$）。多重比較の結果、全員可能群は該当者のみ群と全員不可群よりも有意に平均値が低く、該当者のみ群と全員不可群の間に有意差は見られなかった。

図表 4-4　65 歳以降の就業可否 3 群ごとの設立年（無回答を除く）

	n	設立年				2015年時点の設立後経過年数の平均値
		1949年以前	1950年〜1974年	1975年〜1999年	2000年以降	
全員可能群	594	9.8%	46.1%	32.2%	12.0%	42.0年
該当者のみ群	3244	17.6%	44.7%	28.4%	9.3%	47.3年
全員不可群	1748	19.5%	38.8%	28.3%	13.4%	45.8年
全体	5586	17.4%	43.0%	28.8%	10.9%	46.3年

3．従業員・正社員の状況

(1) 従業員数・正社員数

　続いて従業員数について 3 群ごとの回答状況を見たのが**図表 4-5** である。全員可能群は、「50 人以上 100 人未満」の比率が他の群よりもやや高く、また「300 人以上 1000 人未満」、「1000 人以上」の比率はやや低い。平均値の差を統計学的に検討したところ、全員可能群と該当者のみ群の間で有意な差は見られなかったが、全員不可群は他の 2 群より有意に高かった[10]。したがって全員可能群に小規模企業が多いというよりも、全員不可群に大規模企業が多い、と解釈したほうが自然と言える。この点について先行研究では従業員数が少ない企業のほうが高齢者を雇用しやすいことが繰り返し指摘されているが（e.g. 藤本，2012；JEED，2015）、今回の集計でも概ね一貫性のある結果になったと言える。

図表 4-5　65 歳以降の就業可否 3 群ごとの従業員数（無回答、無効回答[11]を除く）

	n	従業員数区分				平均値
		50人以上100人未満	100人以上300人未満	300人以上1000人未満	1000人以上	
全員可能群	541	49.7%	39.0%	8.3%	3.0%	241人
該当者のみ群	3108	45.3%	39.6%	12.1%	3.0%	273人
全員不可群	1700	37.9%	40.6%	15.3%	6.2%	518人
全体	5349	43.4%	39.9%	12.7%	4.0%	348人

---

[10] 3 群間で 1 要因分散分析を行ったところ有意であった（$F(2, 5346)=11.6$, $p<.001$）。多重比較の結果については本文記載の通りである。

[11] 本調査では従業員数 50 人以上の企業を対象に調査を実施したが、中には従業員数を 50 人未満と回答している企業もあった（全体の 6.9%）。人数の変動があることを踏まえればこれらのケースが誤った回答とまでは言えないが、従業員数の各区分の比率を見る上では条件が統制される必要があると考え、本クロス集計のみ 50 人未満のケースを無効回答として除外した上で各区分の比率を求めている。

また正社員数についても3群ごとの回答状況を見たところ**図表4-6**の結果を得た。従業員数と同じく、全員可能群は他群よりも比較的少ない人数である様子が窺える。平均値の差についても、従業員数と同じく全員不可群が他の2群より統計学的に有意に高いという結果となった[12]。したがって全員不可群は正社員数という観点でも大規模な企業が多いと言える。

(2)　全体・60代前半における正社員率、正社員で最も多い学歴

　次に、前述の正社員総数を従業員総数で割った全体の正社員率と、60代前半層の継続雇用者[13]の正社員率、および正社員における最多学歴区分について3群の回答状況を確認した結果を**図表4-7**に示す。全員可能群は他の2群と比較して全体の正社員率はやや低いが、60代前半の継続

図表4-6　65歳以降の就業可否3群ごとの正社員数（無回答を除く）

| | n | 正社員数区分 | | | | | 平均値 |
		50人未満	50人以上 100人未満	100人以上 300人未満	300人以上 1000人未満	1000人以上	
全員可能群	555	28.1%	45.0%	22.7%	3.2%	0.9%	101人
該当者のみ群	3010	20.7%	46.2%	26.6%	5.2%	1.2%	142人
全員不可群	1655	14.2%	39.0%	32.7%	10.0%	4.1%	339人
全体	5220	19.4%	43.8%	28.1%	6.5%	2.1%	200人

図表4-7　65歳以降の就業可否3群ごとの全体正社員率、60代前半継続雇用者の正社員率、および正社員における最多学歴区分（各無回答は除く）

| | n | 全体
正社員率 | 60代前半
継続雇用者
の正社員率 | 正社員における最多学歴区分 | | | | |
				高卒 ・男子	高卒 ・女子	大卒 ・男子	大卒 ・女子	その他
全員可能群	629	70.7%	50.2%	64.4%	11.7%	16.2%	1.7%	6.1%
該当者のみ群	3347	73.6%	29.4%	57.0%	8.9%	25.9%	3.3%	4.9%
全員不可群	1779	79.0%	17.7%	42.9%	5.3%	43.3%	3.2%	5.2%
合計	5755	75.0%	28.2%	53.4%	8.1%	30.3%	3.1%	5.1%

---

[12] 3群間で1要因分散分析を行ったところ有意であった（$F(2, 5217) = 22.6$, $p < .001$）。多重比較の結果については本文記載の通りである。

[13] 調査票では「継続雇用者」について、「60歳に到達するまで貴社に正社員として勤続し、60歳以降も貴社で雇用され続けている従業員（正社員または非正社員）」と定義している。これは前節で紹介したJEED（2015）における「正社員として20年以上勤務」という条件を含めた定義と比べると、やや緩い定義と言える。

雇用者の正社員率は 50.2％と他群より高い。正社員の最多学歴区分では、全員可能群は「高卒・男子」「高卒・女子」の比率が他群より高く、その分、「大卒・男子」の比率が他群より低い。以上をまとめると、全員可能群では高卒正社員を比較的多く雇用しており、また彼らが 60 代前半の継続雇用者となった場合には正社員として雇用する傾向が他群より強いということになる。逆に全員不可群は、大卒の男性正社員の比率が高いが、60 代前半の継続雇用時には非正社員として雇用する傾向が強い。

(3) 50 歳時点の正社員数を 100 とした場合の、その後の同世代の残存率

続いて、50 歳時点の正社員数を 100 とした場合の、同世代のその後の残存率（非正規雇用への移行者を含む）について、3 群の状況を確認したところ**図表 4-8** の結果を得た[14]。全員可能群は当然ながら 60 代後半以降の残存率が高いが、一方で「50 代前半」「50 代後半」層では残存率が他群より低い様子が窺える。これを反映して、全員可能群は確かに正社員の平均年齢は他群よりやや高いものの、平均勤続年数で見ると逆にやや低くなっている。

また、50 歳以上の正社員を対象とした取組の実施状況を見ると、全員可能群では他と比べて「早期退職優遇制度」の実施率が低い。したが

図表 4-8　65 歳以降の就業可否 3 群ごとの 50 歳時点の正社員数を 100 とした場合のその後の同世代の各年齢層における残存率、50 歳以上の正社員を対象とした取組の実施状況、および正社員全体の平均年齢、平均勤続年数

| | n | 残存率の集計年代 | | | | | 50歳以上正社員対象の取り組み | | | | | 正社員の平均年齢 | 正社員の平均勤続年数 |
		50代前半	50代後半	60代前半	60代後半	70歳以上	優遇制度早期退職	転籍	年時出向後移籍定	転職支援	独立支援開業		
全員可能群	641	70.0%	64.6%	54.5%	33.4%	14.2%	1.2%	1.6%	0.2%	0.2%	1.1%	43.5歳	10.5年
該当者のみ群	3419	81.3%	76.2%	60.2%	23.5%	6.2%	2.5%	2.1%	0.9%	0.5%	0.3%	41.6歳	11.5年
全員不可群	1825	83.2%	76.3%	54.0%	5.3%	1.6%	8.2%	2.7%	1.9%	1.9%	1.2%	39.9歳	12.4年
合計	5885	80.7%	75.0%	57.7%	19.1%	5.7%	4.1%	2.2%	1.1%	0.9%	0.7%	41.3歳	11.7年

---

[14] なお、全員不可群で「60 代後半」「70 歳以上」が 0％になっていないのは、役員への就任等の例外的に働き続けている者の存在を反映したものと考えられる。

って、全員可能群では確かに「より高齢期まで継続的に働き続ける人」が一定数いるが、同時に早期退職制度が無いケースが多いにも関わらず、他群と比較して「50代で早めに離職する人」が他群より多いものと考えられる。この結果は、第1節で紹介した Van Dalen et al.（2015）において指摘されていた「企業による高齢者の選別」と、その選別に基づき異なる雇用戦略を使い分ける「デュアル・アプローチ」が、全員可能群においても50代のうちに発揮されていた可能性を示唆している。

　ただし、今回の集計では50代での離職が本人都合（処遇への不満や健康上の理由等）によるものなのか、会社都合（解雇等）によるものなのかは不明である。後述するように全員可能群では賃金プロファイルの傾きが比較的緩やかで50代の賃金水準は比較的低く抑えられている。したがって、実際には全員可能群では会社が選別を行っているわけではなく、本人都合での離転職者が多かった等の可能性も残されている。

4．定年・賃金に関する制度状況

⑴　定年の有無、および定年年齢

　次に定年の有無、および定年がある場合の定年年齢について3群ごとの回答状況を見たのが**図表4-9**である。全員可能群は他群と比較して「定年なし」の比率がやや高く、また定年がある場合にも「60歳」の比率が他群より低く、その分「65歳」や「70歳」の比率が高くなっている。したがって、前述の60代前半継続雇用者の正社員率が全員可能群において高かったのは、同群では定年がなかったり、定年年齢が60歳よりも高く設定されていたりする企業が多いことが反映されたものと解釈で

図表4-9　65歳以降の就業可否3群ごとの定年有無、および定年が有る場合の定年年齢

| | n | 定年なし | 定年あり | 定年がある場合の定年年齢 | | | | | | | | | |
				60歳	61歳	62歳	63歳	64歳	65歳	66歳	68歳	70歳	71歳以上
全員可能群	641	6.9%	93.1%	60.6%	0.7%	1.7%	2.7%	0.5%	27.4%	0.2%	0.3%	5.7%	0.2%
該当者のみ群	3419	1.3%	98.7%	80.5%	1.2%	1.0%	1.4%	0.1%	15.3%	0.0%	0.1%	0.2%	0.0%
全員不可群	1825	0.4%	99.6%	91.0%	0.8%	0.8%	0.6%	0.2%	6.6%	0.0%	0.0%	0.0%	0.0%
合計	5885	1.7%	98.3%	81.8%	1.0%	1.0%	1.3%	0.2%	13.8%	0.0%	0.1%	0.7%	0.0%

きる。こうした企業では、65 歳以降についても全員就業可能である場合が多いというのは自然な結果と言える。

(2)　初任給、およびその後の賃金プロファイル

　続いて初任給から 70 代前半までの賃金プロファイル、および 60 代前半フルタイム継続雇用者の平均収入月額、60 代後半の従業員の平均収入月額を**図表 4-10** に示す [15]。全員不可群については、60 代後半以降の給与月額と 60 代後半の従業員の平均年収入月額は集計対象外とした [16]。

　まず賃金プロファイルの傾きだけに注目すると、60 歳直前までの勾配は全員不可群が最もきつく、全員可能群が最も緩やかで、該当者のみ群はちょうど中間程度であることが読み取れる。賃金プロファイルの傾

図表 4-10　65 歳以降の就業可否 3 群ごとの賃金プロファイル、および 60 代前半のフルタイム継続雇用者の平均収入と 60 代後半の従業員の平均収入（全て月額、無回答を除く）

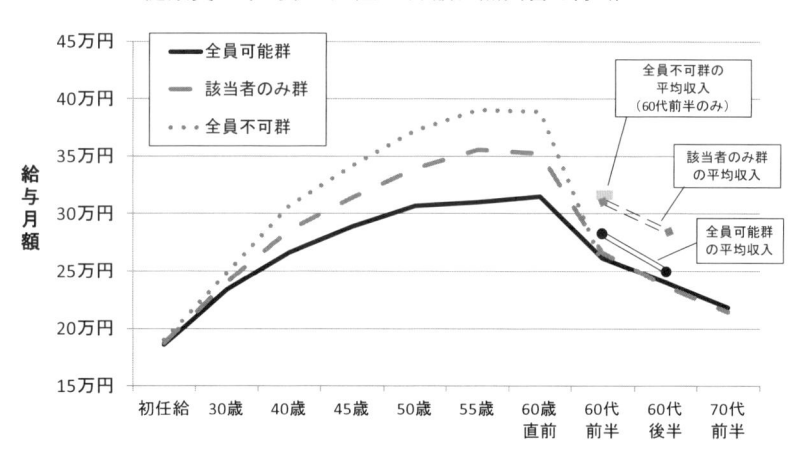

---

[15] 調査票では初任給の平均的な給与月額を尋ね、その後、初任給を 100 とした場合の各年齢層における給与指数を尋ねている。ここでは、両変数から各企業ごとの具体的な給与月額を算出している。また、60 代前半フルタイム継続雇用者の平均収入月額と 60 代後半の従業員の平均収入入月額は、調査票における「給与＋企業年金＋公的給付」の年収を単純に 12 で割って月額として算出したものである。

[16] 調査票ではすべての企業に対して、「60 歳以降もフルタイム勤務で継続雇用された場合」を想定して 65 歳以降についても回答を求めている。しかし、全員不可群の企業では 60 代後半について 80.0％が、70 台前半について 87.3％が無回答であり、著しく欠損値が増えることもあってここでは集計対象外としている。

きが緩やかな企業ほど高齢者雇用がしやすいという結果は、第 1 節の山田（2009）、藤本（2012）の結果とも一致している。また、60 代前半時点の給与月額については、3 群ともほぼ同水準に収束している。一方、60 代前半層の平均収入月額に注目すると全員可能群は他の 2 群よりも低く、また 60 代後半の従業員の平均収入月額についても該当者のみ群より低い。

　以上の結果を前述の定年状況を加味して解釈すると、全員可能群の企業では高い定年年齢設定等、他群よりも長く働きやすい環境が整っているが、60 歳までの賃金は相対的に見て低く、また 60 歳以降の企業年金や公的給付による収入の上乗せも小さい。逆に全員不可群は、65 歳以降は働けない環境ではあるが、60 歳までの給与は高く、また 60 歳以降の企業年金や公的給付による収入の上乗せも充実しており、経済的に「働く必要がない」層が比較的多い可能性が示唆される。

5．高齢者の賃金設定、および今後の雇用・就業に関する意識

⑴　今後の高齢者の賃金のあり方に関する意識

　次に今後の高齢者の賃金のあり方に関する意識 8 項目について、5 点「そう思う」から、1 点「そう思わない」までの 5 件法で尋ねた平均値を 3 群ごとに示したのが**図表 4-11** である。全体傾向として、全員可能群の企業は定年後の高齢者についても若年層・中年層と一貫した制度の下で、定年前と同じく評価制度に基づき賃金が決定されるべきと考える傾向が強く、また同一労働同一賃金の観点等に基づき賃金を下げるべきでないとする傾向も強い。対照的に全員不可群では、企業側の雇用努力や現役世代の賃金確保を理由として、賃金を下げても構わないとする傾向が強い。藤本（2012）によれば、60 歳以降に賃金面での処遇を変えない企業では、2008 年の調査当時は基準を設けることが可能だったにも関わらず「希望者全員」の継続雇用を実施している比率が高かったが、65 歳以降についても同様の相関傾向が確認された。

図表 4-11　65 歳以降の就業可否 3 群ごとの高年齢者の賃金制度のあり方に関する意識（多重回答形式、横軸は平均値を表す）

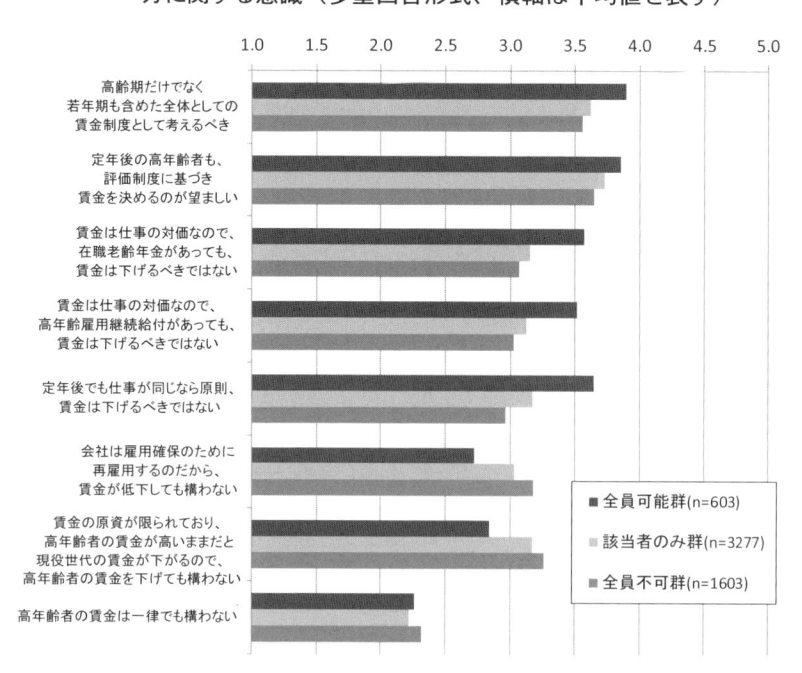

(2)　65 歳以上の今後の雇用・就業のあり方に関する意識

　続いて、より広い観点から 65 歳以上の高齢者の今後の雇用・就業のあり方に関する意識について 3 群の回答状況をまとめたのが**図表 4-12**である。全員可能群では今後も「希望者全員を雇用したい」企業が 8 割であり、また該当者のみ群では今後も「適合者を雇用したい」企業が 7 割超を占め、一方全員不可群では自社での雇用ではなく「ボランティア」「シルバー人材センター」「NPO」等の就業以外の領域での活躍を期待するとの回答が多かった。したがって、基本的には現在の 65 歳以降の雇用方針と一貫した意識を今後についても保持している様子が読み取れる[17]。

---

[17] なお、「健康の維持・管理に注力してほしい」について全員不可群が他群より 15％程度高いが、これは全員不可群では高齢者の就業に関して本人の健康面への懸念が強いことを示唆するものかもしれない。

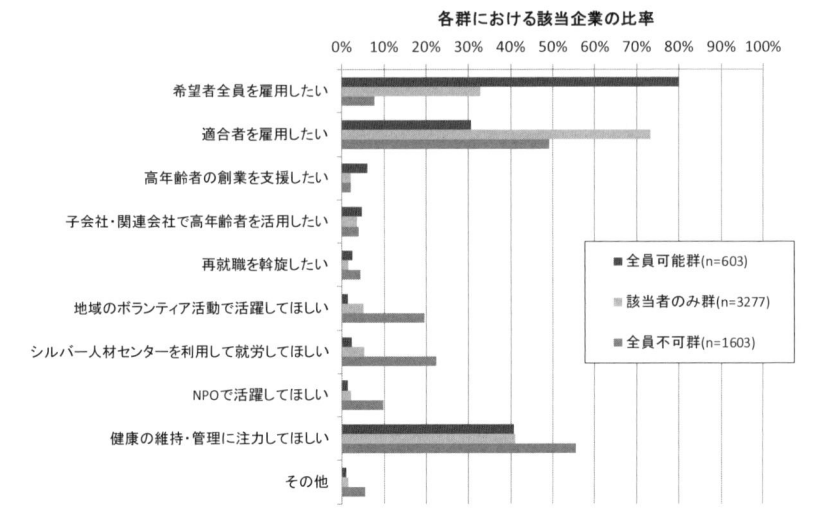

図表 4-12　65 歳以降の就業可否 3 群ごとの 65 歳以上の今後の雇用・就業のあり方に関する意識（多重回答形式、無回答は除く）

6．本節のまとめ

本節における 3 群比較から得られた知見は下記の 10 点である。

⑴　65 歳以降の就業可否に関する企業の基本的な状況

全国の従業員 50 名以上の企業 6,187 社のうち、65 歳以降も希望者全員が働くことができる企業は 10.4％、基準に該当した者のみ働くことができる企業は 55.5％、65 歳以降は働くことができない企業が 29.6％であった。

⑵　業種

業種別に見ると、希望者全員が 65 歳以降も働ける企業が多かったのは「飲食業・宿泊業」（17.7％）、「運輸業」（17.4％）、「サービス業」（15.9％）、「医療・福祉」（15.3％）、「不動産業」（14.6％）、「電気・ガス・熱供給・水道業」（14.3％）等であった。逆に 65 歳以降は就業できないとする企業が多かったのは、「金融・保険業」（68.3％）、「情報通信業」（58.3％）、「電気・ガス・熱供給・水道業」（46.4％）であった。

⑶　設立後経過年数

　希望者全員が 65 歳以降も働ける企業には、そうでない企業と比べて比較的若い企業が多かった。

⑷　従業員規模・正社員規模

　65 歳以降は働けないとする企業には、希望者全員が働ける企業や該当者のみ働ける企業と比較して従業員規模・正社員規模が大きい企業が多かった。

⑸　正社員率

　希望者全員が 65 歳以降も働ける企業では、高卒の正社員を比較的高い比率で雇用しており、また彼らが 60 代前半の継続雇用者となった場合には正社員として雇用する傾向が他群より強かった。逆に 65 歳以降は働けないという企業では大卒の男性正社員の比率が高かったが、60 代前半の継続雇用時には非正社員として雇用する傾向が強かった。

⑹　50 代以降の残存率

　希望者全員が 65 歳以降も働ける企業では、確かに「より高齢期まで継続的に働き続ける人」が一定数いたが、同時に早期退職制度が無いケースが多いにも関わらず、他群と比較して「50 代で早めに離職する人」が多い傾向があった。

⑺　定年制度

　希望者全員が 65 歳以降も働ける企業では、定年がなかったり、定年年齢が 60 歳よりも高く設定されている企業が多かった。

⑻　賃金制度

　希望者全員が 65 歳以降も働ける企業では、60 歳までの賃金の上昇幅は相対的に見て低く、また 60 歳以降の企業年金や公的給付による収入の上乗せも小さかった。逆に 65 歳以降は働けない企業では 60 歳までの

賃金の上昇幅は比較的高く、また 60 代以降の企業年金や公的給付も充実していた。

(9)　高齢者の賃金設定に関する意識

　希望者全員が 65 歳以降も働ける企業は、高齢者の賃金についても若年層・中年層と一貫した制度の下で、定年前と同じく評価制度に基づき賃金が決定されるべきと考える傾向が強かった。また同一労働同一賃金の観点等に基づき賃金を下げるべきでないとする傾向も強かった。対照的に 65 歳以降は働けない企業では、企業側の雇用努力や現役世代の賃金確保を理由として、賃金を下げても構わないとする傾向が強かった。

(10)　65 歳以上の今後の雇用・就業のあり方に関する意識

　65 歳以上の高齢者の今後の雇用・就業のあり方に関して、基本的に現在の就業可否状況と一貫性のある意識を持っている傾向が見られた。

　以上の 10 点をまとめると、65 歳以降の就業可否によって全員可能群、該当者のみ群、全員不可群に分けて比較した結果、業種や規模、正社員率といった企業の基本属性や、定年制度・賃金制度（賃金プロファイル）等の設定状況に違いが見られたと同時に、賃金制度のあり方、今後の高齢者雇用のあり方についての意識にも違いが見られたということになる。ただし、本節では単変量ごとに群間の差を単純比較したもので、これらの要因間の共変性やどの要因が最も 65 歳以降の就業可否を規定しているかについては把握することができておらず、この点を確かめるためには多変量解析が必要となってくる。

第 3 節　　65 歳以降の就業可否を規定する要因の検討

　前節で確認した単変量ごとの違いを踏まえ、本節ではいずれの要因が 65 歳以降の就業可否をより強く規定しているのか多変量解析によって検討する。

1．分析の枠組み

　本節では多項ロジスティック回帰分析の手法を用いて、ある企業が全員可能群、該当者のみ群、全員不可群のいずれに属しているかを説明・予測する要因（規定要因）を明らかにすることを目指す。その際、最も該当する企業数が多く、3 群の中で中間的位置づけにあたる該当者のみ群を基準（reference group：参照群）として設定し、いかなる要因が全員可能群・全員不可群への該当を説明・予測し得るか、という枠組みで分析を進めることとする（**図表 4-13**）。

図表 4-13　本節の多項ロジスティック回帰分析による分析の観点

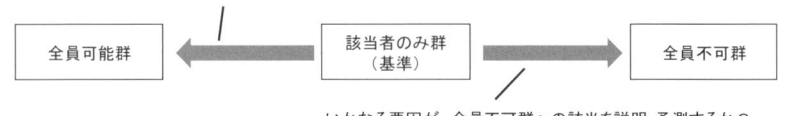

2．分析に投入する説明変数

　分析に投入する 19 の説明変数のリストを**図表 4-14** に示す。以下、紙面の都合から、各変数についてその概要、投入理由、もしくは先行研究での投入事例について簡潔に述べる。詳しい投入理由等については、JILPT（2016c）の報告書をご覧頂きたい。

(1)　統制変数 [18]

・「定年なし、または定年年齢が 65 歳以上」

　本変数は 65 歳以降の就業可否を大きく規定することが自明であり、この要因を統制することは他の要因の効果を検討する上で最も重要と考えられる。

・「『全員可能群』比率が高い業種」と、「『全員不可群』比率が高い業種」

　企業にとって業種は固定的な要因であり、この要因を統制した上で他

---

[18] 統制変数とは、主要な研究関心の対象となる要因の効果・影響力を精査するために、その効果・影響力が「統制（コントロール）」される変数である。

図表 4-14　多項ロジスティック回帰分析に投入する説明変数リスト

	説明変数	データ種別	備考
統制変数	定年なし、または定年年齢が65歳以上	2値	0：非該当(83.5%)、1：該当(16.5%)
	「全員可能群」比率が高い業種 (飲食業・宿泊業、運輸業、サービス業、医療・福祉)	2値	0：非該当(65.9%)、1：該当(34.1%)
	「全員不可群」比率が高い業種 (金融・保険業、情報通信業、電気・ガス・熱供給・水道業)	2値	0：非該当(95.3%)、1：該当(4.7%)
	2015年時点の設立後経過年数	連続値	範囲：0〜424、M=45.9、SD=24.9
企業の人員構成	従業員数(log₁₀)	連続値	範囲：0.00〜4.93、M=2.11、SD=0.42
	全従業員に占める正社員率	連続値	正社員数÷従業員数、範囲：0.00〜1.00、M=0.75、SD=0.25
	50歳時正社員の50代後半時残存率	連続値	範囲：0〜100%、M=74.0、SD=34.5
	全従業員に占める60〜64歳の比率	連続値	範囲：0.00〜0.81、M=0.07、SD=0.06
制度環境	企業年金制度の存在	2値	0：なし(52.5%)、1：あり(47.5%)
	労働組合・常設的な労使協議機関の存在	2値	0：なし(74.1%)、1：あり(25.9%)
現在の賃金設定	60代前半のフルタイム継続雇用者の人件費 (平均給与年収(log₂))	連続値	log₂(60代前半時の平均年収×賃金・賞与比率)、 範囲：5.58〜13.25、M=8.28、SD=0.58
	初任給に対する最大給与月額比率	連続値	範囲：0.80〜7.80、M=2.01、SD=0.63
	平均的な従業員の60歳前後の賃金下落率	連続値	100−「平均的な水準の人」の61歳時点の対60歳直前賃金水準、 賃金上昇の21ケース除外、範囲：0.0〜80.0、M=27.1、SD=16.7
高齢者の賃金設定に関する企業意識	高齢者の賃金低下に対する問題意識	連続値	範囲：4〜20、M=12.1、SD=3.3
	全年齢での賃金制度の一貫性志向	連続値	範囲：2〜10、M=7.3、SD=1.8
現在の60代前半継続雇用者の処遇	60歳以降雇用のための60歳前の能力開発	2値	0：非該当(97.8%)、1：該当(2.2%)
	本人の希望への配慮	2値	0：非該当(40.9%)、1：該当(59.1%)
	60歳前と比較した仕事内容の同一性	連続値	範囲：1〜4、M=3.3、SD=0.7
	高齢者への評価制度導入	2値	0：非該当(71.2%)、1：該当(28.8%)

（注1）連続値に関する備考欄の「範囲」の小数点以下の桁数は、分析投入時の桁数を反映している。

（注2）平均値（M）と標準偏差（SD）については原則的には小数点第1位に丸め、投入桁数が小数点第2位まで含む場合のみ同桁数に丸めた。

の要因の効果を検討することは重要である。

・「2015年時点の設立後経過年数」

本変数も企業の戦略や努力等によって変えがたい要因であり、統制する必要がある。

(2)　企業の人員構成

・「従業員数」

過去の先行研究や調査データによれば、小規模な企業ほど高齢者雇用をしやすい環境にあることが繰り返し報告されている（e.g. 藤本，2012；JEED，2015；梅澤，2012)[19]。

・「全従業員に占める正社員率」

　同じ従業員数 100 名の企業でも全員が正社員の場合と全員が非正社員の場合では、労務管理や社会保障費の負担額等、雇用関連コストには大きな違いがあると考えられる。

・「50 歳時正社員の 50 代後半時残存率」

　山田（2009）の先行研究では、65 歳までの雇用確保が義務化されていなかった当時において 60 代前半層の継続雇用率の規定要因を探る中で「50 歳正社員の 10 年間残存率」を説明変数として投入し、50 歳代の定年前に正社員の絞り込みをかけている企業では 60 歳以上の継続雇用率が高まる傾向を見出している（p.13）[20]。

・「全従業員に占める 60 〜 64 歳の比率」

　上述の山田（2009）や、欧州の企業を対象に高齢者の雇用戦略の規定要因を探った Van Dalen et al.（2015）の研究では、企業の正社員数または従業員数に占める高齢者の比率を説明変数として投入している。そこで本節の分析では、従属変数が 65 歳以降の就業可否であることも踏まえ、その直前期にあたる「全従業員に占める 60 〜 64 歳の比率」を説明変数として投入し、その効果を検討した[21]。

---

[19] その際、従業員数をそのまま投入するのではなく常用対数に変換した上で投入した。なぜなら、同じ従業員数の 1 人増加といっても、従業員数が 10 人から 11 人に増えるケースと 1000 人から 1001 人に増えるケースでは期待される効果に大きな違いがあると考えられるためである。この常用対数変換の結果、同変数が「1」変化するということは、従業員数が 10 倍になるということを意味することになるので次項以降の結果を解釈するにあたって留意されたい。

[20] なお、今回の分析では従属変数を 65 歳以降の就業可否としているため、その直前期である 60 代前半時の残存率を投入することも考えられた。しかしこの場合、定年前（多くの場合 60 歳前）の高齢者の選別という観点がぼやけてしまう。また前節の単変量比較でも「全員可能群」では他群と比較して 50 代での残存率が 10％ポイント以上低く、その差は 60 代前半時にはほぼ消失していることから、今回はこの「50 代での高齢者の選別」について規定要因としての効果を検証することとした。

[21] なお、本説明変数については 60 歳以前から非正社員で 60 代前半でも引き続き非正社員である者（いわゆる「継続雇用者」ではない者）も含まれている。したがって狭義の、（元）正社員を対象とした「継続雇用」への交渉力を表す指標というより、広義の対象を限定しない「65 歳以降の継続的な就業」への交渉力を表す指標となっている。

(3)　制度環境

・「確定給付型の企業年金の存在」

　Hutchens and Grace-Martin（2006）では、「確定給付型年金（Defined Benefit Pensions）仮説」について言及されている。この仮説によれば、確定給付型の年金計画を持っている企業は、他の条件が等しいならば確定拠出型年金計画を持つ企業や企業年金を持たない企業よりも段階的引退を認めにくくなると予測する。なぜなら、個人個人の運用によって給付額が変動する確定拠出型年金とは違って、先に給付額が一律に定められ企業全体の統一システムとして機能している確定給付型年金においては、後から「例外」を認めづらくなるためである。

・「労働組合・常設的な労使協議機関の存在」[22]

　前述の山田（2009）、Van Dalen et al.（2015）はいずれも労働組合の有無を説明変数として投入し、その効果を検証している。その結果、山田（2009）では同要因が企業の継続雇用率にネガティブな効果を持っていることが、Van Dalen et al.（2015）では「高齢者に退出してもらう」戦略を取りやすくさせることが示唆されている。

(4)　現在の賃金設定

・「60 代前半のフルタイム継続雇用者の人件費」[23]

　後述するように、賃金プロファイルや 60 歳前後での賃金下落率といった相対的な賃金状況は重要な説明変数である。しかし一方で、単純に継続雇用者の雇用コストの絶対値が低いほど企業としては 65 歳以降も就業を認めやすくなる可能性がある [24]。

・「初任給に対する最大給与月額比率」

　山田（2009）の先行研究では 60 歳以上の継続雇用率の規定要因を探る中で、入社時の賃金に対する最高時の賃金の比率を「賃金プロファイ

---

[22] 労働組合の存在は「制度」とは言えないかもしれないが、ここでは広い意味で企業を取り巻く「環境」と見なしている。

[23] 調査票では、まず 60 代前半のフルタイム継続雇用者の給与＋企業年金＋公的給付の総合年収に回答してもらい、その後、その内訳（比率）を尋ねている。ここでの「人件費」とは、この総合年収と内訳（比率）を掛け合わせることで算出した「企業年金、公的給付を除く、給与年収」を指す。

ルの傾き」として分析に投入している。一般論として賃金プロファイル
の傾きがきつい企業ほど高齢者の雇用が難しいことが知られており
（e.g. 藤本，2012）、実際に前節の単変量比較でも全員可能群では賃金プ
ロファイルの傾きが緩やかであることが確かめられている。

・「平均的な従業員の 60 歳前後の賃金下落率」

　山田（2009）の先行研究では、上述の「賃金プロファイルの傾き」と
併せて「60 歳前後の推定賃金下落率」を分析に投入し、60 歳以上の継
続雇用率への効果を検討している。

(5)　高齢者の賃金制度のあり方 [25]

・「高齢者の賃金低下に対する問題意識」

　高齢者の賃金を低下させることに対して、企業の持つ問題意識の大き
さを表す変数である。「賃金を下げるべきではない」という意識を持つ
ほど、高得点となる。

・「全年齢での賃金制度の一貫性志向意識」

　高齢者の賃金制度についても評価の仕組みを導入するなど、若年・中
年層と差別化せずに全体として考えるべきだとする意識を表す変数であ
る。「評価制度を導入すべき、若年期も含め全体として考慮すべき」と
いう意識を持つほど、高得点となる。

---

[24] その際、人件費をそのままの金額ではなく対数変換した上で投入した。これは従業員数
と同様、年収が 200 万円の人と 400 万円の人では 1 万円の増加による効果は異なるであろ
うと考えたためである。なお、本変数に関して自然対数や常用対数ではなく、底を 2 とし
て対数変換を行った理由は、従属変数との線形関係を高める等の統計学的根拠に基づくも
のではなく、単純に分析結果の解釈容易性を高めるためである。たとえば自然対数を用い
た場合、ロジスティック回帰分析の結果から「年収がネイピア数（約 2.72）倍になった
時に各群への該当率が何％上昇／下降するか」という結果となり、直感的に解釈しにくい。
同様に、常用対数を用いた場合には「年収が 10 倍になった時に〜〜」という知見が得ら
れることになるが、年収が 10 倍になるという想定はあまり現実的とは言えない。そこで、
底を 2 とすることで「年収が 2 倍になったとき」の変化について知見を得たほうが解釈が
容易になるであろうと判断したものである。

[25] 企業調査では、「高年齢者の賃金制度のあり方」について、5 件法で 8 項目への回答を求
めている。この回答データを用いて、因子分析と呼ばれる手法等を用いて、「高齢者の賃
金低下に対する問題意識」得点と、「全年齢での賃金制度の一貫性志向意識」得点を算出
した。詳しくは、JILPT（2016c）の報告書を参照して頂きたい。

⑹　現在の60代前半継続雇用者の処遇

・「60歳以降雇用のための60歳前の能力開発」

鹿生ら（2016）によれば、65歳以降も雇用し続けるための制度を導入する企業では、高齢者の戦力化を図る雇用期間が長くなり、その間に陳腐化しないだけの能力の維持・向上のために能力開発に投資する傾向が強まる。この能力開発の実施状況について、本節で扱う調査データでは60歳以降のデータが無いが、鹿生ら（2016）の指摘が正しければ、60歳以前から60歳以降を見越して能力開発に取り組んでいる企業は65歳以降も就業しやすくなる効果が見られるかもしれない[26]。

・「本人の希望への配慮」

鹿生ら（2016）によれば、能力や体力の個人差が大きくなる高齢者の雇用に際しては、企業と高齢者の両者の要望を調整する機会を企業が設ける「すりあわせのキャリア管理」（p.71）が重要となる。そこで、本節で扱うデータでは60代前半の継続雇用者について「本人の希望への配慮」の有無を尋ねているため、これを説明変数として投入することで65歳以降の就業可否の規定要因と見なせるか検討することとした。

・「60歳前と比較した仕事内容の同一性」

JEED（2012）、および今野（2014）では、主に継続雇用者の賃金設定を考えるにあたって「期待する役割」という概念を提示している。期待する役割とは「どのような仕事を遂行してもらう社員なのか」を表し、具体的には、担当する仕事の内容・範囲、職責、期待する仕事の成果、配置転換や出張の頻度等から総合的に判断されるものであるとされている。この期待する役割が高いか低いかで賃金設定のあり方が変わってくるのだと JEED（2012）、今野（2014）は述べている[27]。

・「高齢者への評価制度導入」

上述の JEED（2012）、および今野（2014）では、同じく継続雇用者の賃金設定という文脈において「成果への期待」という概念を提示してい

---

[26] 調査票では「貴社では、60歳以降の雇用を円滑に進めるために、60歳に到達する前の正社員を対象に能力開発（研修）を実施していますか」と尋ねており、「実施している」を選択した企業を1、「実施していない」を選択した企業を0として分析に投入した。

る。成果への期待とは具体的には、「成果を期待する社員なのか」どう
かであり、成果を期待するのであれば成果責任を問うことになるため、
人事評価の有無という観点から判断されるという。ここで本章筆者は、
「期待する役割」と同じく「成果への期待」についても、企業の高齢者
活用戦略の基幹的な概念であると考え、65 歳以降の就業可否の規定要因
となり得るのではないかと考え、説明変数として分析に投入すること
した [28,29]。

3．分析結果

分析結果 [30] を**図表 4-15** に示す [31]。以下、全員可能群についての推定結果
と全員不可群についての推定結果をそれぞれ確認していく。

⑴ 全員可能群への該当を説明・予測する規定要因

該当者のみ群を基準として、いかなる要因が全員可能群への該当を説
明・予測するかについて、統制変数である「定年なし、または定年年齢

---

[27] 調査票では、「貴社で働いている 60 代前半の継続雇用者の仕事内容についてうかがいま
す。」という大問の中で、「継続雇用後の仕事内容についてお尋ねします。定年前（60 歳頃）
と比べて、仕事の内容や責任は変わりますか」と尋ね 5 択で回答を求めている。今回の分
析ではそのうち、「その他」を除く 4 つの選択肢について、「定年前（60 歳頃）とまった
く同じ仕事」を 4、「定年前（60 歳頃）と同じ仕事であるが、責任の重さが変わる」を 3、「定
年前（60 歳頃）と一部異なる仕事」を 2、「定年前（60 歳頃）とまったく異なる仕事」を
1 として分析に投入した。

[28] 調査票では、「高年齢者の仕事に対する評価制度についてお尋ねします。貴社では現在、
60 歳代前半層に評価制度を導入していますか」と尋ね 3 択で回答を求めている。今回の
分析ではそのうち、「評価制度を導入済み」を 1 とし、「評価制度の導入を検討中」と「評
価制度を導入する予定はない」を 0 として分析に投入した。

[29] なお、JEED（2012）、および今野（2014）においてはもう 1 つ、「就業自由度」の概念も
継続雇用者の賃金設定の観点としている。就業自由度は、定年前に比べてどの程度時間的
な拘束性が低下したかを表す概念であり、たとえばフルタイム就業からパートタイム就
業に変化すれば就業自由度が大きくなったと判断される。当初、この就業自由度も説明変
数として分析に投入することを検討した。しかし、⑴ 今回使用する調査では、時間的な
拘束性の変化について直接的に尋ねていないこと、⑵ 雇用形態は尋ねているものの、先
行研究によれば「嘱託」の継続雇用者がフルタイム勤務で正社員並みに働くケースも珍
しくなく、必ずしも就業自由度の指標とはならないこと、等の理由で今回は説明変数に入
れることを断念した。

[30] この分析手法のことを、多項ロジスティック回帰分析という。

[31] モデル全体の適合度検定結果は有意ではないため、データへの当てはまりは許容範囲と
考えられる。擬似 $R^2=.24$ であり、本モデルによって 65 歳以降の就業可否を概ね 24% 程
度説明・予測し得るものと解釈できる。その他、詳細な推計データにご関心がある場合は
JILPT（2016c）の報告書を参照されたい。

図表 4-15　65歳以降の就業可否3群への該当有無を説明・予測する多項ロジスティック回帰分析の結果（n＝2002）

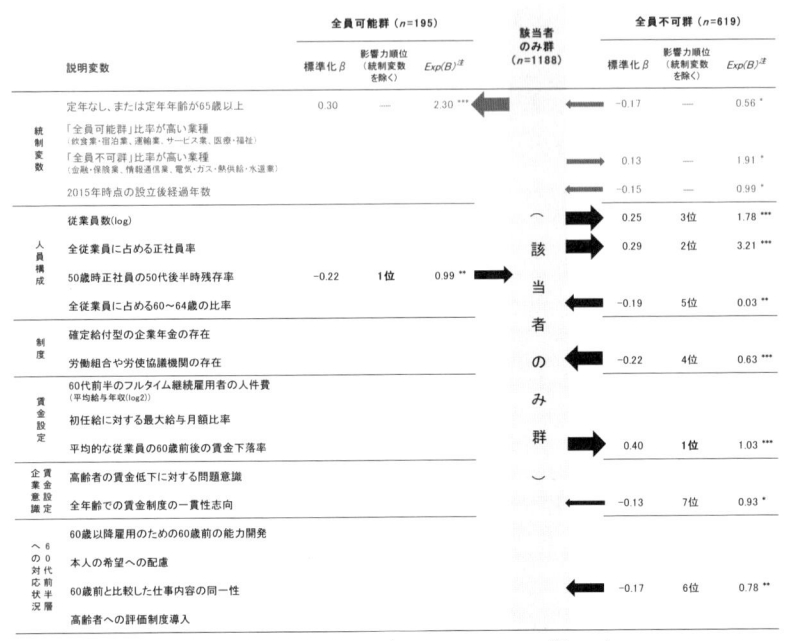

説明変数		全員可能群 (n=195)			該当者のみ群 (n=1188)	全員不可群 (n=619)		
		標準化β	影響力順位（統制変数を除く）	Exp(B)ⁱ		標準化β	影響力順位（統制変数を除く）	Exp(B)ⁱ
統制変数	定年なし、または定年年齢が65歳以上	0.30	—	2.30 ***		-0.17	—	0.56 *
	「全員可能群」比率が高い業種（飲食業・宿泊業、運輸業、サービス業、医療・福祉）							
	「全員不可群」比率が高い業種（金融・保険業、情報通信業、電気・ガス・熱供給・水道業）					0.13	—	1.91 *
	2015年時点の設立後経過年数					-0.15	—	0.99 *
人員構成	従業員数(log)					0.25	3位	1.78 ***
	全従業員に占める正社員率					0.29	2位	3.21 ***
	50歳時正社員の50代後半時残存率	-0.22	1位	0.99 **				
	全従業員に占める60〜64歳の比率					-0.19	5位	0.03 **
制度	確定給付型の企業年金の存在							
	労働組合や労使協議機関の存在					-0.22	4位	0.63 ***
賃金設定	60代前半のフルタイム継続雇用者の人件費（平均給与年収(log2)）							
	初任給に対する最大給与月額比率							
	平均的な従業員の60歳前後の賃金下落率					0.40	1位	1.03 ***
企業賃金設定意識	高齢者の賃金低下に対する問題意識							
	全年齢での賃金制度の一貫性志向					-0.13	7位	0.93 *
60代前半層への対応状況	60歳以降雇用のための60歳前の能力開発							
	本人の希望への配慮							
	60歳前と比較した仕事内容の同一性					-0.17	6位	0.78 **
	高齢者への評価制度導入							

*$p<.05$, **$p<.01$, ***$p<.001$, Nagelkerke's $R^2=.24$, Pearson's $\chi^2(3964)=4032.4$, $p=.220$

※矢印は向きが群間の作用の方向を、太さが有意水準を表す。

（注）Exp(B)は、他の説明変数が一定で、その説明変数だけが「1」変化した時、各群に該当する確率が何倍になるかを表す（0.5＝確率半減、1＝確率変化なし、3＝確率3倍）

例1：「労働組合や労使協議機関の存在」は、「0」が「無し」、「1」が「有り」のため、「労働組合等があることで、該当する確率が何倍になるか」を表す。

例2：「50歳時正社員の50代後半時残存率」は、0〜100％の範囲を取るため、「もし残存率が1％上がったら、該当する確率が何倍になるか」を表す。

が65歳以上」が正の説明変数として有意であった。オッズ比（Exp(B)）から解釈すると、他の説明変数が一定であるとき、定年なし、または定年年齢が65歳以上である企業は、そうでない企業よりも全員可能群への該当確率が2.30倍となる。

　また上記の統制変数の影響を統制すると、「50歳時正社員の50代後半時残存率」が負の説明変数として有意であった。すなわち、50代の時に正社員があまり離職していない（i.e. 残存率が高い）企業ほど65歳以降

に希望者全員就業可能とはなりにくいことが示唆された。オッズ比から解釈すると、残存率が1％上がることで全員可能群に該当する確率が0.99倍となる。この結果は前節の単変量比較で見られた傾向と一貫しており、本変数が他の変数の影響を統制してもなお全員可能群の説明・予測に役立つことが示唆された。

　一方、その他の説明変数に関しては有意とはならなかった。したがって、前節の単変量比較では様々な変数に群間の差が見られたものの、実際には希望者全員が65歳以降就業可能である（i.e. 全員可能群である）かどうかは定年制度の状況と50代での高齢者の残存率によって大きく規定されており、その影響を取り除いた場合にはほとんどの説明変数は有意性を消失してしまうということになる。

(2)　全員不可群への該当を説明・予測する規定要因

　全員可能群に関する結果とは対照的に、該当者のみ群を基準として全員不可群への該当を説明・予測する推定結果は多くの説明変数が有意となった。

　まず統制変数は、「定年なし、または定年年齢が65歳以上」が負の説明変数として、「『全員不可群』の比率が高い業種」が正の説明変数として、「2015年時点の設立後経過年数」が負の説明変数として有意であった。したがって、定年なしまたは定年年齢が65歳以上の場合、および設立後の経過年数が長い歴史のある企業の場合は全員不可群には該当しにくく[32]、逆にもともと全員不可群の比率が高い業種の企業は全員不可群への該当率が高まる。

　オッズ比から解釈すると、定年なし、または定年年齢が65歳以上の企業は、そうでない企業と比較して全員不可群に該当する確率が0.56倍となる。また金融・保険業、情報通信業、電気・ガス・熱供給・水道

---

[32] なお、前節の単変量の集計では「希望者は65歳以降も全員就業できるとする企業は比較的若い企業が多い」と述べたが、多変量解析では逆に若い企業ほど全員不可群に該当しやすくなるという結果となった。この点について一見矛盾するようにも思われるが、実際には単変量比較においても最も継続年数の平均値が高かったのは「該当者のみ群」であり、他の要因を統制した結果として矛盾しているわけではない。

業に該当する企業はそうでない企業よりも全員不可群への該当確率が1.91 倍に高まる。設立後経過年数に関しては、1 年歴史が古くなることで全員不可群への該当確率が 0.99 倍となる。

　以上の統制変数の影響を統制した上で、人員構成に関する 4 つの説明変数では、「50 歳時正社員の 50 代後半時残存率」を除く 3 変数が有意であった。推定結果の正負から、従業員数が多かったり、正社員率が高かったりする企業では、65 歳以降は就業できないとする確率が高くなり、逆に全従業員に占める 60 〜 64 歳の比率が高い企業では、65 歳以降、就業できないとする確率が低くなる（i.e. 該当者は就業できる、とする確率が高まる）。

　オッズ比の観点から解釈すると、従業員数が 10 倍になることで全員不可群への該当確率は 1.78 倍となる。また全従業員に占める正社員比率が 0（正社員皆無）から 1（全員正社員）になることで、全員不可群への該当確率は 3.21 倍となる。一方、全従業員に占める 60 〜 64 歳の比率が 0（60 代前半層皆無）から 1（全員が 60 代前半層）になることで、全員不可群への該当確率は 0.03 倍となる。

　続いて制度環境については、「確定給付型の企業年金の存在」はHutchens and Grace-Martin（2006）の先行研究と同様に有意でなかったが、「労働組合や労使協議機関の存在」は負の説明変数として有意であった。したがって、労働組合等がある企業では、無い企業と比べて65 歳以降就業できないとする確率が低くなる（i.e. 該当者は就業できる、とする確率が高まる）。オッズ比から解釈すれば、労働組合等があることで全員不可群に該当する確率は 0.63 倍になると考えられる。この労働組合等のポジティブな効果は、山田（2009）や Van Dalen et al.（2015）において労働組合の存在が高齢者の継続的な雇用にネガティブな効果を持っていたことと、やや矛盾するように思われる結果である[33]。

　次に賃金設定に関する 3 変数では、「平均的な従業員の 60 歳前後の賃金下落率」のみ正の説明変数として有意であった。したがって、60 歳前後で急激な賃金低下がある企業ほど、65 歳以降は就業できないとする確率が高くなる。この結果は、山田（2009）の先行研究における知見と一

貫性がある。オッズ比から解釈すれば、賃金の下落幅が 1 ％増加すると、全員不可群への該当確率は 1.03 倍に高まる。

　続いて賃金設定に関する企業意識については、「全年齢での賃金制度の一貫性志向」が負の説明変数として有意であった。したがって、高齢者についても若・中年層と同様に賃金に評価を反映させるべきである、またその賃金制度は若年層も含めた全体として考えるべきであるという意識を持つ企業ほど、65 歳以降に就業できないとする確率は低い（i. e. 該当者は就業できる、とする確率が高まる）ということになる。オッズ比から解釈すると、全年齢での賃金制度の一貫性志向の得点（範囲：2 〜 10 点）が 1 点増加することで全員不可群への該当確率は 0.93 倍となる。

　最後に 60 代前半の継続雇用者への対応状況については、「60 歳前と比較した仕事内容の同一性」のみ負の説明変数として有意であった。すなわち、60 代前半の継続雇用者について 60 歳前と同一性の高い仕事を任せている企業ほど、全員不可群には該当ししにくい。JEED（2012）、および今野（2014）の研究では、「期待する役割」を高齢者の賃金設定のための要素と見なしていたが、同要因は 65 歳以降の就業可否の説明・予測においても役立て得ることが示唆された。オッズ比から解釈すると、60 歳前と比較した仕事内容の同一性得点（範囲：1 〜 4 点）が 1 点上昇することで「全員不可」群への該当確率が 0.78 倍になる。

　なお、以上の各説明変数について標準化 β によって影響力を相対的に比較すると最大の規定要因は「平均的な従業員の 60 歳前後賃金下落率」であった（標準化 β ＝.40）。すなわち、今回投入した説明変数の中で他

---

[33] ただし、先行研究で見出された労働組合等のネガティブな効果とは「法によって義務付けられているわけではない高齢世代の雇用に関して、社会全体の標準的な状況と比べて先進的でありにくくする」、言い換えれば「プラスをゼロにする」する効果であった。この点で、「全員不可群に該当ししにくくする」という今回の分析結果は、「社会全体の標準的な状況（該当者のみ群）と比べて後進的でありにくくする」、すなわち「マイナスをゼロにする」効果とも見なせる。したがって、もし労働組合等がもたらす「雇用関係硬直化」が「社会全体の標準的状態（ゼロ）への回帰」を促すのだとすれば、今回の結果は先行研究と必ずしも矛盾するとは言えないかもしれない。いずれにせよこの点についてはさらなる実証的研究が必要である。

の要因の影響を統制した場合、「60歳前後で賃金が大きく低下していること」が「全員不可群」への該当を最もよく説明・予測する規定要因であると言える。

その他、第2位の規定要因は「全従業員に占める正社員率」（標準化 $\beta = .29$）、第3位が「従業員数（log）」（標準化 $\beta = .25$）、1つ飛ばして第5位が「全従業員に占める60〜64歳の比率」（標準化 $\beta = -.24$）と、人員構成に関する3つの説明変数が上位となった。すなわち、「正社員率が高かったり、従業員数が多かったり、まもなく65歳を迎える高齢者（60代前半層）の比率が低かったりすること」が、「全員不可群」への該当しやすさを説明・予測する上で相対的に大きな規定要因であることが示唆された。

また、第4位は「労働組合や労使協議機関の存在」（標準化 $\beta = -.22$）であった。したがって、賃金下落率や人員構成の諸要因に続いて、労働組合等の存在は「全員不可」への抑止力として少なからぬ影響力を保持していることが示唆されている。

第4節　本章のまとめと政策的含意

本章の最後に、前節で報告した分析結果を踏まえて「希望者全員が65歳以降も働ける企業を増加させる方策」、および「65歳以降は働くことができない企業を減少させる方策」について得られた知見をまとめ、政策的含意を述べる。

1．希望者全員が65歳以降も働ける企業を増加させる方策について

今回の分析では、65歳以降も希望者全員が就業可能である企業を説明・予測するにあたっては定年制度の状況、ならびに50歳時正社員の50代での残存率が役立つことが示唆された。このうち定年制度状況については、一定の意味を見出すことは可能であるものの[34]、あくまで今回の分析では統制変数の位置づけで他の説明変数への影響を統制することが投入の狙いであって、それ自体に政策的含意を求めることは妥当では

ないと考えられる。

そこで注目されるのが、統制変数以外で唯一有意な負の規定要因であった「50 歳時正社員の 50 代後半時残存率」である。この結果は山田（2009）の先行研究における、50 歳代の定年前に正社員の絞り込みをかけている企業ほど 60 歳以上の継続雇用率が高まるという知見と一貫性が見られる。もし今回の結果が、山田（2009）の指摘するように企業側の「絞り込み」によって 50 代正社員の離職が促進され、その結果 65 歳以降に「全員可能」に該当しやすくなることを意味するのだとすれば、Van Dalen et al.（2015）が強調した「企業による高齢者の選別」[35] に当てはまることになる。すなわち、2016 年現在において雇用が義務付けられていないにも関わらず 65 歳以降も希望者が全員就業できる企業とは、実際には 50 代のうちから「選別」に着手しており、結果的に定年等を超えて 65 歳まで残っている「選抜者」については引き続き全員雇用しているという可能性である。

ただし、上記の解釈はあくまで 50 代での離職が企業側の働きかけによるものであるという前提に立ったものであり、今回のデータではこの点について自己都合・会社都合等を判別することができない。したがって、実際には全員可能群の企業では企業側の思惑とは無関係に自発的な離職者が多いということも考えられる [36]。この点について、たとえば 50 代正社員への早期退職優遇制度の有無で見ても、全員可能群は 1.2％と 3 群間で最も低く（該当者のみ群 2.5％、全員不可群 8.2％）、「選別」の

---

[34] たとえば今回の分析結果に基づき、「なにはともあれ、現状の 60 歳定年制度を改革することが『全員可能』な企業を増やす上で有効である」といった解釈を行うこともできる。ただ、この主張はややトートロジックな面もある。なぜなら定年をなくす、もしくは 65 歳超に延長することで 65 歳以降の就業がしやすくなることはほぼ自明であり、「65 歳以降に希望者全員が働けるためには、定年制度改革が必要である」という主張は、「少子化問題を解決するには、出生率を上げる必要がある」というのに近い同義反復的な主張のようにも思われるためである。

[35] 企業による高齢者の選別とは、ある高齢者に対しては早期退職を促し、ある高齢者に対しては手厚く戦力化を図る、といった企業の「デュアル・アプローチ」の根底にある戦略である。詳しくは第 1 節の Van Dalen et al.（2015）のレビューを参照されたい。

[36] 実際にはここでの「自発的」の範囲については大いに議論の余地がある。たとえば 50 代での待遇に雇用者が不満を感じて離職する場合にも「自発的」な離職と言い得るが、そうした雇用者の判断を見越して使用者側があえて劣悪な待遇を提示しているのだとすれば、実質的には「選別」を行っているものと変わらない。

根拠となるデータは確認できない[37]。もし全員可能群の企業において企業側の思惑に反して 50 代での自発的離職者が多いのだとすれば、企業としては辞めずに残ってくれた高齢者を 65 歳以降も全員雇用しているということになり、「選別」という文脈とは大きく異なる解釈も可能となる。

　しかしいずれにせよ、他の要因が一定である場合に、50 代の時点である程度の離職があった企業ほど 65 歳以降に全員就業可能となりやすくなるという結果は示唆深い。この結果から導かれる政策的含意としては、今後、「65 歳以降も全員就業可能」とするよう企業努力を求めていく場合に、その実現のための方策として企業は 50 代での選別激化や、50 代での諸々の待遇悪化による自発的離職者の増大といった方策を選択するリスクがあるため配慮が必要となる、ということが挙げられる。こうした企業の反応は合理的ではあるが、雇用保護という観点、「生涯現役社会」の実現という観点からは抑制されることが望ましい反応と言える。

　さて、上述の通り「50 歳時正社員の 50 代後半時残存率」については一定の知見が得られたものの、分析の全体としては「全員可能群」の説明・予測にあたってほとんどの説明変数は有意ではなく、規定要因を十分に見出すことができなかった。一体なぜ、今回の分析では有意な規定要因をあまり抽出できなかったのだろうか。

　この点について第 1 に考えられるのは、サンプル・サイズの影響である。一般論としてサンプル・サイズが小さいほど標準誤差は大きくなり、説明変数が有意となりにくくなる。この意味で「全員可能群」は $n=195$ と、他群と比べてサイズが小さいので、たとえば全員不可群（$n=619$）と同程度のサンプル・サイズであれば有意性が見出せたであろう説明変数が今回の分析では有意とならなかった可能性がある。ただ、社会科学領域においては 195 というサンプル・サイズは取り立てて小

---

[37] ただし、単変量比較において全員可能群の早期退職優遇制度実施率が低かったのは、全員可能群に中小企業が比較的多いことも影響していると考えられる。

さいとも言い切れないこと、このサンプル・サイズならば母集団に明確な差異があれば説明変数として有意となることが期待されることを踏まえると、この解釈はあまり妥当とは言えないように思われる。

そこで第 2 に考えられるのは、今回の分析結果は「該当者のみ群」と「全員可能群」の母集団が投入した諸要因によって区別できないことを正しく反映している、という解釈である。つまり、調査時現在において 65 歳以降も希望者全員が働ける企業とは、確かに定年なしまたは 65 歳以上の定年年齢を設定していたり、50 代での離職率が高かったりといった性質によって説明・予測され得るものの、それ以外の人員構成や賃金設定等において特徴ある企業というわけではない、ということである。この解釈が正しいのであれば、「65 歳以降も希望者全員が働ける企業」の企業像を何か特殊なものと見なすことには慎重である必要が示唆される。

ただし、以上の解釈はあくまで今回の分析の枠組み内で導かれたものである。今後異なる分析の枠組みで検討した場合に何らかの規定要因が見出されることは十分考えられ、引き続き実証的研究の蓄積が必要と考えられる。

2．65 歳以降は働くことができない企業を減少させる方策について

対照的に、65 歳以降、希望の有無に関わらず就業できない企業であるか否かは、業種や定年制度の状況、設立後経過年数にも左右されるものの、その影響を除外してもなお多数の変数によって規定されていることが示唆された。すなわち、60 歳前後での賃金下落率が高く、正社員率が高く、従業員数が多い企業では「全員不可」となりやすく、逆に正社員に占める 60 代前半層が多く、労働組合等があり、企業としての歴史が長く、全年齢での賃金制度の一貫性を志向し、60 代前半の継続雇用者に 60 歳前と同一性の高い仕事を任せている企業では「全員不可」となりにくい。

このうち人員構成に関する要因は、今回の分析結果が「効果」を示唆したからといって、「正社員率を下げる」「従業員数を減らす」といった

「改善」策を採るよう企業に促す政策は社会通念上も雇用保護の観点からも現実的では無い[38]。むしろ、「こうした人員構成の企業では一般的に 65 歳以降の就業が認められにくい」という現状の傾向を把握した上で、これを少しでも緩和してゆくために該当企業への働きかけを強めること、制度設計を工夫してゆくこと等の意義が示されたと考えるべきである。この点が、1 つの政策的含意ということになる。

　一方、それ以外の規定要因に関しては直接的に「改善」を促してゆくことが考えられる。すなわち、60 歳前後での賃金下落率を緩和させるような賃金制度改革を促したり、労働者側が労働組合等の労使協議機関をつくるよう促したり、企業側に賃金制度の一貫性を高めようとする意識を醸成したり、企業が継続雇用時も定年前（60 歳頃）と同じ仕事を任せるよう促すことが「全員不可」から「該当者のみ可能」へと転換してもらうにあたって考えうる政策の方向性ということになる。

　中でも賃金に関しては、60 歳前後の賃金下落率の大きさが「全員不可」の規定要因として全説明変数の中で最大の影響力を保持していた。つまり、調査時現在において「65 歳以降は働けない」という企業にとりあえず「該当者のみ働ける」状態へ移行してもらうにあたっては、60 歳直前の給与水準と 60 歳以後の給与水準の差[39] を緩和するよう促すことが最も有効と考えられる[40,41]。ただし、賃金下落率の緩和といっても、「定年前の高水準の賃金を定年後も維持してほしい」という働きかけは企業には受け入れがたい。したがって、緩和の実現のためには 60 歳以降の賃金を上げると同時に 60 歳前までの賃金上昇を抑えるという対応が求められることとなる。この点が、本章における最大の政策的含意と言える。

---

[38] なお、「全従業員に占める 60 代前半層比率を上げる」という方法に限っては一考の余地があるかもしれない。継続雇用対象者については基本的に雇用が継続されるものとしても、それ以外にも 60 代前半層の従業員を受け入れるよう促すことで、当該企業が 65 歳以降「全員不可」から「該当者のみ可」に転じるよう促すことができる可能性が示唆されている。また、今後社会全体の高齢化に伴って企業の 60 代前半層比率が高まっていくのだとすれば、新規の政策的介入を行わずとも「全員不可」は次第に減っていくことも予想される。

[39] これは現状の 60 歳定年制下では、「定年前後の給与水準の差」を意味することが多い。

　また、労働組合等の労使協議機関を発足させることも、賃金下落率と人員構成 2 要因に続く第 4 の規定要因として「全員不可」に対する一定の抑止力が期待できる。昨今、労働組合の組織率は長期的な低下傾向にあるが、たとえば前述の「全員不可に該当しやすい人員構成の企業」等で労働組合が未組織の場合に発足を勧める等が考えられる。ただし、先行研究では労働組合の存在は高齢者の継続的な就業という観点ではネガティブに作用する可能性も示唆されていることから、この点についてはさらなるデータ収集に基づくメカニズムの解明が必要と考えられる。

　この他、相対的に見て影響力は小さいものの、企業に賃金制度の一貫

---

[40] ただしこの主張に関しては、60 歳で大幅に賃金をカットし、かつ 65 歳以降は就業不可にするという行動様式は、何か企業の高齢者処遇パターンの類型（e.g. 高齢者の戦力化に否定的な「いやいや雇用」パターン）を表しているのではないか、したがって今回の分析で見られた「全員不可」群の最大の規定要因としての「60 歳前後の賃金下落率」は、質的に異なるカテゴリの存在を端的に代表してしまっただけではないか、との指摘が考えられる。もしそうだとすれば、「60 歳前後の賃金下落率」を緩和するよう企業に求めても、その背景にある構造的な要因が解消されなければ効果が望めないことが考えられる。この点について本章筆者は、確かに「いやいや雇用」的な企業パターンは存在するであろうと考えているが、仮にそうだとしても、その影響力は「高齢者の賃金低下に対する問題意識」や「60 歳以降雇用のための 60 歳前の能力開発」、「本人の希望への配慮」等の他の説明変数にも影響力を持っていたはずであり、そうしたフェアな分析条件の中で「60 歳前後の賃金下落率」だけが突出して高い標準化 β 値を示したということは、同要因の「全員不可群」該当の説明・予測における重要性を示すものであると考えている。別の言い方をすれば、仮に「いやいや雇用」的な企業の行動パターンが背後にあるにせよ、「60 歳前後の賃金下落率」は「正しく」それを代表する指標であったと考えられる。したがって、その緩和に向けた具体的な働きかけに際しては更なる因果関係の解明が必要ではあるものの、その緩和が実現すれば全員不可群への該当確率を抑制する上で有効であるという本章の知見自体の有効性を揺るがすものではないと考えられる。

[41] ここで読者の中には、上述の脚注でも述べたとおり「60 歳前後の賃金下落率の緩和が賃金プロファイル全体の見直しを意味するのだとすれば、図表 4-15 の分析結果で賃金プロファイルの傾き（今回の分析では「初任給に対する最大給与月額比率」）が説明変数として有意でなかったのはなぜか？」と疑問に思われる方もいるかもしれない。この疑問に回答するため、今回の分析結果についてより正確に言うと「賃金プロファイルの傾きは『60 歳前後での賃金下落率』の要因の影響を統制するとその規定要因としての有意性を喪失する」ということになる。というのも、60 歳前後での賃金低下率（i.e.「平均的な従業員の 60 歳前後の賃金下落率」）を説明変数から除外しそれ以外は同じ枠組みで再分析してみると、賃金プロファイルの傾きは「全員不可群」の説明・予測にあたって正の説明変数として有意となったためである。したがって賃金プロファイルの傾きを緩やかにするという方策は、確かに「全員不可」を抑制する上で有効である可能性がある。しかし、仮にそうだとしても、あくまでその効力の実態は「60 歳前後での賃金下落率を緩和する」ことに因る面が大きいのだと言える。したがって、たとえば初任給を高く設定すれば賃金プロファイルの傾きが緩やかになるが、定年前後の賃金下落率が変わっていなければ 65 歳以降の就業可否には影響を及ぼさないだろう。つまり、「賃金プロファイルの修正」は「60 歳前後の賃金下落率」を実現するために必要条件であるが、十分条件ではない。（なお「全員可能群」の説明・予測に関しては、上述の 60 歳前後での賃金下落率を除外した再分析においても業種・定年以外に有意な説明変数は見られなかった。）

性をたかめようとする意識を醸成することも「全員不可」への該当確率を下げる効果が期待できる。ここで「賃金制度の一貫性志向」とは、高齢者の賃金制度のあり方に関する「高齢期だけでなく若年期も含めた全体としての賃金制度として考えるべき」と、「定年後の高年齢者も、評価制度に基づき賃金を決めるのが望ましい」の2項目の加算得点であった。このことから、「継続雇用者等については仕事の評価を行わず、定年前とは独立した賃金制度で処遇すればよい」といった意識から、「継続雇用者等の賃金についても仕事の評価を反映させ、若年層から高齢層までの賃金制度全体の整合性の中で処遇されるべき」といった意識への転換を促すことが有効であることが示唆されている。

　同じく、相対的には影響力は小さいが、企業に継続雇用時も定年前（60歳頃）と同じ仕事を任せるよう促すことも「全員不可」への該当確率を下げる効果が期待できる。本要因は60歳前半の継続雇用者の仕事内容について「定年前（60歳頃）」と比較して「1：まったく異なる仕事」、「2：一部異なる仕事」、「3：同じ仕事であるが、責任の重さが代わる」、「4：まったく同じ仕事」として点数化したものだった。したがって、現状では仕事内容や責任の重さが変わってしまっている企業に対して、可能な範囲で変えないよう求めてゆくことの意義が示されたものと考えられる[42]。

　以上の本章の分析で見出した諸々の知見は、既に先行研究でも「先進的な高齢者雇用の実施企業の規定要因」として指摘されていたものも多い。しかし、2013年の改正高年齢者雇用安定法の施行以後の直近のデータを用いて、65歳以降の継続的な就業の可否についてそれらの規定要因の有効性を再確認し、また他の要因の影響を調整した上で相対的な影響力の大きさを比較検討できたことには一定の意義があったものと考えら

---

[42] ただし「同一労働同一賃金」の観点から言えば、給与水準が下がるのに仕事内容が同じということには別の問題が生じる。また、継続雇用者本人としても体力面等の理由で仕事内容・職責の軽減を希望することがある。したがって、企業に対して「継続雇用者も同じ仕事内容・同じ責任の重さにする」ことを求めるには限度があり、あくまで「可能な範囲で」対応を求めるということになる。

れる。この意味で、「65 歳以降の就業可否の規定要因に関する実証データの蓄積に貢献する」という本章の当初の目的は達成されたものと考えられる。引き続き少子高齢化の進展や法制度改革の議論（特に年金支給開始年齢の変更）等の社会情勢を踏まえ、高齢者の継続的な雇用について実証的知見を蓄積していくことが期待される。

参考文献

浅尾裕（2015）「高齢女性が働くということについて」『エルダー』No.427, pp.7-12

今野浩一郎（2014）『高齢社員の人事管理－戦力化のための仕事・評価・賃金』中央経済社

岩田克彦（2008）「人口高齢化と高齢者雇用・就業政策の現状」髙梨昌（編）『70 歳雇用時代への展望と課題』財団法人社会経済生産性本部生産性労働情報センターブックレット No.13, pp.32-71

岩田克彦（2012）「海外の高齢者雇用・就業の現状と取組み」労働政策研究・研修機構（編）『高齢者雇用の現状と課題』労働政策研究・研修機構, pp.223-252

岩田克彦・北浦正行（2008）「70 歳時代を目指す高齢者雇用・就業政策の提案」髙梨昌（編）『70 歳雇用時代への展望と課題』財団法人社会経済生産性本部生産性労働情報センターブックレット No.13, pp.72-120

梅澤眞一（2012）「高齢者雇用の実態と 65 歳を超えた雇用のあり方をめぐって」労働政策研究・研修機構（編）『高齢者雇用の現状と課題』労働政策研究・研修機構, pp.40-87

OECD（編著）・清家篤（監訳）・山田篤裕・金明中（訳）（2005）『高齢社会日本の雇用政策』明石書店

太田聰一（2010）『若年者就業の経済学』日本経済新聞出版社

鹿生治行・大木栄一・藤波美帆（2016）「継続雇用者の戦力化と人事部門による支援課題－生涯現役に向けた支援のあり方を考える」『日本労働研究雑誌』No.667, pp.66-77

玄田有史（2001）『仕事のなかの曖昧な不安－揺れる若年の現在』中央公論新社

玄田有史（2004）『ジョブ・クリエイション』日本経済新聞社

厚生労働省（2011）「支給開始年齢について」『第 4 回社会保障審議会年金部会資料 1』

<http://www.mhlw.go.jp/stf/shingi/2r9852000001r5uy-att/2r9852000001r5zf.pdf>（2017/01/18 参照）

厚生労働省職業安定局（2016）「平成 28 年『高年齢者の雇用状況』集計結果」

<http://www.mhlw.go.jp/stf/houdou/0000140837.html>（2017/01/18 参照）

高齢・障害・求職者雇用支援機構（2012）『高齢者雇用に向けた賃金の現状と今後の方向－「70 歳まで働ける企業」基盤作り推進委員会報告書－』高齢・障害・求職者雇用支援機構

高齢・障害・求職者雇用支援機構（2015a）『高齢者の人事管理と人材活用の現状と課題－ 70 歳雇用時代における一貫した人事管理のあり方研究委員会報告書』高齢・障害・求職者雇用支援機構

高齢・障害・求職者雇用支援機構（2015b）「『高齢者雇用の現状と人事管理の展望－「高齢者調査」と「経営者・管理職調査」から－』をまとめました」『独立行政法人高齢・障害・求職者雇用支援機構ニュース』第 174 号

菅野和夫（2004）『新・雇用社会の法［補訂版］』有斐閣

田中丈夫（2015）「生涯現役社会の実現に向けた高齢社員の戦力化」『エルダー』No.424，pp.11-14

豊田秀樹（1998）『共分散構造分析［入門編］－構造方程式モデリング』朝倉書店

永野仁（2012）「65 歳以上高齢者の就業の現状－ 2 つの調査結果から」『政經論叢』Vol.80，pp.287-309

藤本真（2012）「雇用管理措置をめぐる企業の人事管理上の取組みと課題」労働政策研究・研修機構（編）『高齢者雇用の現状と課題』労

働政策研究・研修機構，pp.88-113

藤本真（2015）「どうなっている？海外の高齢者雇用事情－特別編高齢者雇用をめぐる新たな動き」『エルダー』No.423，pp.46-49

柳澤武（2016）「高齢者雇用をめぐる法制度の現状と課題」『DIO』No.313，pp.9-11

山田篤裕（2009）「高齢者就業率の規定要因－定年制度、賃金プロファイル、労働組合の効果」『日本労働研究雑誌』No.589，pp.4-19

労働政策研究・研修機構（2016a）『高年齢者の雇用に関する調査（企業調査）』JILPT調査シリーズNo.156

労働政策研究・研修機構（2016b）『中高年齢者の転職・再就職調査』JILPT調査シリーズNo.149

労働政策研究・研修機構（2016c）『労働力不足時代における高年齢者雇用』労働政策研究報告書No.186

Cahill, K. E., Giandrea, M. D., and Quinn, J. F.（2006）"Retirement patterns from career employment," *The Gerontologist*, 46, pp.514-523

Cook, S. L.（2015）"Redirection: an extension of career during retirement," *The Gerontologist*, 55(3), pp.360-373

Dingemans, E., Henkens, K., and Van Solinge, H.（2015）"Access to bridge employment: who finds and who does not find work after retirement?" *The Gerontologist Advance Access* published February11, 2015. doi:10.1093/geront/gnu182

Hutchens, R. and Grace-Martin, K.（2006）"Employer willingness to permit phased retirement: why are some more willing than others?" *Industrial and Labor Relations Review*, 59(4), pp.525-546

Ruhm, C.（1990）"Bridge jobs and partial retirement," *Journal of Labor Economics*, 8(4), pp.482-501

Van Dalen, H. P., Henkens, K., and Wang, M.（2015）. "Recharging or retiring older workers? Uncovering the age-based strategies of European employers," *The Gerontologist*, 55(5), pp.814-824

<高齢者の活躍や関連施策の課題>

第5章

年金支給開始年齢引上げに伴う 就業率上昇と所得の空白
厚生労働省「中高者縦断調査（2014年）」に基づく分析

第1節　はじめに

　男性の特別支給の老齢厚生年金（報酬比例部分）の支給開始年齢は2013年に60歳から61歳に引上げられた。この引上げは2000年の年金制度改正に基づくものであり、男性では2013−2025年の13年間で65歳まで引上げられる（女性は5年遅れで引上げられる）。すでに1994年の年金制度改正により、男性の特別支給の老齢厚生年金（定額部分）の支給開始年齢については2001−2013年までの間に60歳から65歳へと引上げられている。

　こうした定額・報酬比例部分の支給開始年齢の引上げは「『60歳引退社会』に代わる『65歳現役社会』の実現を目的として、高齢者雇用の一層の促進を図る」ことを目的としている（社会保障審議会年金部会 2011, p.3）。しかし2013年開始の報酬比例部分の支給開始年齢引上げは、60歳台前半の高齢者雇用が促進されない限り、あるいは繰り上げ受給が選択されない限り、60歳台前半の雇用と年金との接続に空白が生じることも意味する。

　本章の目的は3つある。2013年の報酬比例部分の支給開始年齢引上げの対象出生コーホートで①就業率が上昇したかどうか、②所得確保は適切に行われたか、③定額部分の支給開始年齢引上げの際とどのように相違するのかについて明らかにすることである。

　本章の構成は以下の通りである。まず次節で高年齢者雇用安定法や特別支給の老齢厚生年金の支給開始年齢引上げ等の制度改正と60歳台前半の就業率の推移を概観する。第3節で関連する先行研究を紹介した上、残されている分析課題について指摘する。続く第4節で本章の分析で使用する厚生労働省「中高年者縦断調査」と分析枠組について説明する。第5節で分析結果を要約し、第6節で結びにかえ、まとめと若干の政策含意について述べる。

　あらかじめ本章の主要な発見事実をまとめると5点ある。第一に、2013年の報酬比例部分の支給開始年齢引上げに伴い60歳の就業率は、59歳時に正規職員・従業員であった男性では7％、59歳時に300人以上規模企業に勤めていた男性では10％上昇した。第二に、この引上げにより60歳で

公的年金を含む本人所得がある比率は、男性全体で 5％低下し、59 歳時に正規職員・従業員であった男性では 3％低下した。第三に、所得の空白が生じていた人々の存在にも関わらず、60 歳での失業率上昇は確認できなかった。第四に、公的年金を含む本人所得がある男性では、60 歳での所得額の減少は確認できなかった。第五にこの引上げによる就業率の上昇が起こった属性およびその上昇幅は、定額部分の支給開始年齢引上げと雇用確保措置義務化上限年齢引上げによるものと同程度であった。

第 2 節　制度的背景と 60 歳台前半の就業率

1．年金制度改正と高年齢者雇用安定法改正

　　冒頭でも述べたように、まず 1994（平成 6）年の年金制度改正により、特別支給の老齢厚生年金の定額部分（以下、定額部分と略す）の支給開始年齢は 2001 年から 2013 年までの間に 60 歳から 65 歳まで引上げられた。引上げは 2 出生年度コーホート毎に順次行われ、この改正の対象となる最初の出生コーホートが 1941・1942 年度生まれの男性であり、定額部分の支給開始年齢は 2001 年に 60 歳から 1 歳引上げられ 61 歳となった。その後も段階的に 1 歳ずつ引上げられ、男性で、1943・44 年度生まれは 62 歳、1945・1946 年度生まれは 63 歳、1947・1948 年度生まれは 64 歳、そして 1949 年度生まれ以降で 65 歳となった[1]。

　　さらに 2000 年の年金制度改正により、特別支給の老齢厚生年金の報酬比例部分（以下、報酬比例部分と略す）の支給開始年齢は 2013 年から 2025 年までの間に 60 歳から 65 歳へと引上げられることになった。報酬比例部分の支給開始年齢も 2 出生年度コーホート毎に 1 歳ずつ引上げられ、男性では 1953・1954 年度生まれが 61 歳、1955・56 年度生まれが 62 歳、1957・58 年度生まれが 63 歳、1959・60 年度生まれが 64 歳、そして最終的に 1961 年度以降の出生コーホートで 65 歳となる。

---

[1] 女性については、男性より 5 年度新しいコーホート（＝1946 年度生まれ）から、男性と同じく 2 出生年度コーホート毎に支給開始年齢引上げスケジュールが順次適用されていく。

この改正により繰上げ受給を選択しない限り、60歳台前半層が受給できる特別支給の老齢厚生年金はなくなる[2]。なお2004年の年金制度改革では60歳台前半の在職老齢年金制度による一律2割の年金支給停止も廃止（2005年4月施行）された。

　こうした支給開始年齢引上げに対し、雇用政策側の対応は遅れた。2000年の高年齢者雇用安定法（以下、高齢法と略す）[3]の改正は65歳までの雇用確保を「努力義務」とした。しかし2004年改正を決定づけた（森戸2014，p.6）とされる、「今後の高齢者雇用対策に関する研究会」の報告書では、すでに定額部分の支給開始年齢引上げが始まっていた2003年時点で「少なくとも65歳まで働ける場を確保する企業は71.8%、そのうち原則として希望者全員を対象とする企業は28.8%」であることを認識しており、努力義務に基づく企業側の対応状況は不十分なことを認めている（今後の高齢者雇用対策に関する研究会2003、II-1-(2)項および参考図4-1）。また前年の2001年度末に出された総務省勧告でも「希望者全員について65歳までの雇用が十分に確保されていない」と、すでに指摘されていた（総務省2002）ところである。

　このため労働政策審議会の建議を経て2004年に改正された高齢法では2006年度以降、65歳未満の定年の定めをしている企業に対し、定額部分の支給開始年齢までの雇用確保措置を講じることを義務付けた。雇用確保措置とは、①定年年齢の引上げ、②継続雇用制度の導入（再雇用制度及び勤務延長制度により雇用を確保するが定年年齢自体は据置）、③定年の定めの廃止（年齢を理由とした労働契約の終了を行わない）の3種類である。

　2004年改正高齢法による雇用確保措置の義務化は2006年に施行[4]されたが、その時点で特別支給の老齢厚生年金（定額部分）引上げ開始

---

[2] 女性については、男性より5年度新しいコーホート（＝1958年度生まれ）から、男性と同じく2出生年度コーホート毎に支給開始年齢引上げスケジュールが順次適用されていく。

[3] 中高年齢者等雇用促進法の全面改正により、高齢法は1986年に制定され、60歳定年が努力義務化された。1990年改正では定年後再雇用の努力義務化、1994年改正では60歳定年が義務化（1998年施行）された。

（2001 年）からすでに 5 年が経過しており、定額部分の支給開始年齢は
すでに 62 歳であった。このため、改正高齢法の施行時点（2006 年 4 月）
での雇用確保措置義務化上限年齢は 61 歳ではなく 62 歳となった[5]。その
後、定額部分の支給開始年齢の引上げに合わせ 2013 年までに 65 歳まで
段階的に引上げられた。

　さらに高齢法は 2013 年から始まった報酬比例部分の支給開始年齢引
上げに対応するため、2012 年にも改正（施行は 2013 年）された[6]。その
改正内容は、①継続雇用制度の対象者を限定できる仕組みの廃止、②継
続雇用制度の対象者を雇用する企業の範囲の拡大、③義務違反の企業に
対する公表規定の導入、④高年齢者雇用確保措置の実施および運用に関
する指針の策定である。この中、①継続雇用制度の対象者を限定できる
仕組みの廃止は経過措置が設けられており、報酬比例部分の支給開始年
齢に到達した以降の者については、その基準を引き続き利用できること
になっている。つまり報酬比例部分の支給開始年齢の引上げ期間内
（2013 年から 2025 年までの間）の経過措置がある。

2．60 歳台前半の男性就業率の推移

　このような制度改正を背景に 60 歳台前半の男性の就業率はどのよう
に推移していたのだろうか。それを示したのが**図表 5-1** である。

　半世紀近く前の 1968 年には 81％であった男性 60－64 歳の就業率は

---

[4] なお厚生労働省が行った調査によれば、施行から 1 か月半以上経過した時点で、義務化さ
れた雇用確保措置が未導入であった 300 人以上規模企業は 4.4％にのぼっていた（厚生労
働省 2006）。

[5] 高齢法改正時点の厚生労働省「雇用管理調査（平成 16 年）」によれば、一律定年制を定め
ている企業（事業規模 30 人以上）は 88.6％、さらにその中、定年年齢を 60 歳に定めてい
るのは 90.5％である。つまり大半の企業で定年年齢を 60 歳に定めていた。改正高齢法に
よる雇用確保措置が施行される 2006 年度に 60 歳定年を迎える 1946 年度生まれは、2006
年度の雇用確保措置の義務化年齢は 62 歳であるが、特別支給の老齢厚生年金（定額部分）
の支給開始年齢（男性）は 63 歳であるため、実際には 63 歳までの雇用確保措置が適用さ
れる。一方、1945 年度生まれは、2005 年度に 60 歳定年を迎えても、改正高齢法施行前で
あるため 62 歳までの雇用確保措置の適用対象外となった。

[6] 以下の 2012 年改正高齢法の説明は、厚生労働省の「高年齢者雇用安定法の改正～「継続
雇用制度」の対象者を労使協定で限定できる仕組みの廃止～」
（http://www.mhlw.go.jp/seisakunitsuite/bunya/koyou_roudou/koyou/koureisha/topics/
tp120903-1.html、2016 年 10 月 7 日最終閲覧）に基づく。

図表 5-1　60 歳台男性の就業率のトレンド（1968 年−2015 年）

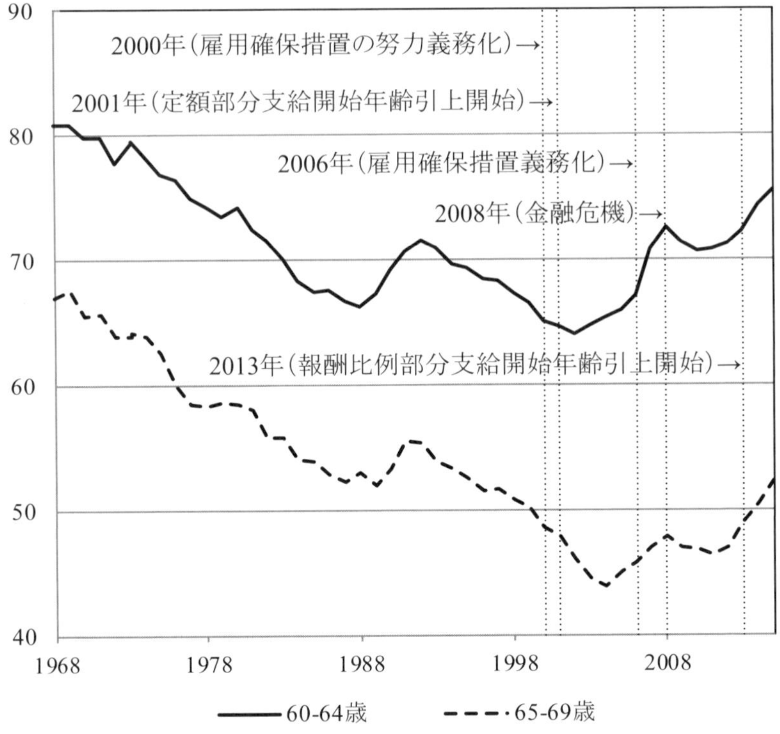

出所：総務省『労働力調査（長期時系列）』

長期的に低下し続け 1989 年には 67％となった。その後、1992 年までの 3 年間で 72％にいったんは上昇するが、いわゆるバブル経済崩壊後の景気後退にともない、その後も低下し続けた。

　次に 60−64 歳の男性就業率の低下傾向が反転した時期は、定額部分の支給開始年齢が 60 歳から 61 歳に引上げられた時期と重なる。定額部分の支給開始年齢引上げ開始の 2001 年の翌々年、すなわち 60 歳から 61 歳への引上げ効果が 1941・42 年度生まれ男性すべてに及んだと考えられる 2003 年に 60−64 歳の男性就業率は反転、前年より 1％ポイント上昇し 65％となった。

　さらに 2004 年改正高齢法による雇用確保措置の義務化が施行された

2006 年からの 1 年間に就業率は 4％ポイント近く改善した。ただし金融危機（いわゆるリーマンショック）があった 2008 年から 2 年間に 2％ポイント低下し 73％となる。同時期には 65－69 歳の就業率も低下している。しかし 2010 年から直近の 2015 年まで 60－64 歳の男性就業率は上昇し続け 76％になり、40 年前の 1976 年と同水準まで回復した。

　以上の 60－64 歳の男性就業率の長期的な推移やその反転のタイミングから、特別支給の老齢厚生年金の支給開始年齢の引上げや改正高齢法が影響したと推察される。しかし、就業者には、制度改革の影響を受けにくいと考えられる自営業等さまざまな就業形態を含む上、制度改正の影響は生年度コーホート毎に異なるにも関わらず、**図表 5-1** ではそれらを 60－64 歳で括った就業率をみているに過ぎない。景気動向の影響も少なからず受けている。さらに制度改革の結果、就業率が上昇したとしても、雇用と年金の接続が適切に行われているかといった、そもそもの政策目標が達成されたかどうかは不明である。

　本章では、次節で制度改正の効果を精緻に分析した日本国内の先行研究を概観した上、就業率への影響のみならず、雇用と年金の接続が適切に行われているのかどうかも視野に入れた分析を行う。

第 3 節　先行研究

　特別支給の老齢厚生年金の支給開始年齢引上げと 2004 年改正高齢法に関するこれまでの研究はいずれも就業率引上げに効果あり、との結論で一致する。

　樋口・山本（2002）は 3 時点（1992 年、1996 年、2000 年）の厚生労働省（旧労働省）「高年齢者就業実態調査（個人調査）」の個票を用い、構造形の労働供給モデルに基づくシミュレーションにより、定額部分・報酬比例部分共に支給開始年齢を 65 歳に引上げると、60－64 歳のフルタイム雇用率は 9％ポイント、パートタイム雇用率は 1％ポイントそれぞれ上昇することを示した[7]。また石井・黒澤（2009）は、定額部分の支給開始年齢引上げ開始年をまたぐ 2 時点（2000 年、2004 年）の厚生労働省「高年齢

者就業実態調査（個人調査）」を用い、定額部分の支給開始年齢引上げは、60－61歳の厚生年金受給資格者のフルタイム就業率を4～9％ポイント増大させ、非就業率を3～7％減少させた一方[8]、パートタイム就業率や失業率には統計的に有意な影響を与えなかった、と結論付けている。

　改正高齢法前後（2006年と2007年）の「慶應義塾家計パネル調査（KHPS）」を用いた山本（2008）は、改正高齢法により60－62歳の就業率が12～14％上昇したこと、就業率の上昇の就業形態（正規雇用と非正規雇用）による偏りはなかったと報告している[9]。2006年と2007年の間は、特別支給の老齢厚生年金（定額部分）の支給開始年齢の引上げがなかったため、就業率上昇は改正高齢法単体の効果として解釈されている。2012年までの総務省「労働力調査」の個票を用いた近藤（2014）も2006年の改正高齢法施行の対象となった1946－1950年度生まれで60歳直後の退職が男性全体で2～6％減少したこと、失業は減少し、臨雇・日雇など不安定雇用は増大しなかったことを報告している。さらにKondo and Shigeoka（2016）では同個票を用い、改正高齢法の効果と年金支給開始年齢引上げの効果の相違について、生年度を統御[10]することによって識別・評価している。その結果、やはり改正高齢法と特別支給の老齢厚生年金（定額部分）の支給開始年齢の引上げが同時に行われた出生コーホートでは被用者比率が4％上昇した一方、改正高齢法あるいは支給開始年齢のみの効果しか及ばない出生コーホートでは被用者比率の上昇は2～3％にとどまり、

---

[7] 樋口・山本（2002）のp.57の表6におけるシミュレーション（ケース5の設定）で示されている結果に基づく。

[8] 結果の幅は誘導形による推計か構造的モデルの推計かによる。誘導形による推計結果の方が絶対値が大きくなっている理由として、使用した両調査（2000年と2004年）の間に起きた労働市場の変化（定年制度の変更等、労働需要側の要因）を誘導形の推計では統御しきれていない可能性を指摘している（石井・黒澤2009、p.58）。

[9] 山本（2008）では改正高齢法の影響を受ける群（処置群）として55歳時点で雇用者だった60－62歳サンプルを、改正の影響を受けない群（統御群）として55歳時点で自営業者だった60－62歳サンプルと55歳時点で雇用者だった57－59歳サンプルを用い、差の差（Difference in Difference）と差の差の差（Difference in Difference in Difference）分析により統計的に比較している。

[10] 具体的には、男性で①1945・1946年度生まれ、②1946・47年度生まれ、③1944・45年度生まれという2コーホートずつを1対（若い方の出生コーホートが処置群）とする3つのサブ・サンプルが、各々①改正高齢法単体の効果、②改正高齢法と年金支給開始年齢引上げの混合効果、③年金支給開始年齢引上げの単体効果を推計するために用いられた。

またその上昇は大企業（500 人以上規模）でのみ確認できると報告している。

　以上のように、就業について改正高齢法や支給開始年齢引上げが及ぼした影響についての研究蓄積は進んできており就業率を上昇させる効果があったことについて一致している。一方、管見の限り、雇用と年金の接続への影響についての研究は多くない。厚生労働省「中高年者縦断調査（第 1 〜 7 回調査）」の個票を用いた山田（2015）は、特別支給の老齢厚生年金（定額部分）の支給開始年齢と雇用確保措置義務化上限年齢が 63 歳から 64 歳に引上げられた 1947 年度生まれと、63 歳であった 1946 年度生まれとを比較し、63 歳時点の就業率が上昇したこと以外に、中所得層の所得は低下したが、低所得層の所得は低下しなかったことを示した。

　雇用と年金の接続がより重要な政策課題となるのは 2013 年度以降である。なぜなら 2012 年度までは、たとえ雇用が確保されなくとも、報酬比例部分は存在するため、所得の空白期間が生まれることはなかった。しかし、2013 年度以降、定額部分はなくなり報酬比例部分の支給開始年齢も引上げられたことで雇用が確保されていないと（繰上げ受給を選択しない限り）60 歳台前半に所得の空白期間が生まれる。

　次節以降の実証分析では、厚生労働省「中高年者縦断調査」の個票を用い、2013 年の報酬比例部分の支給開始年齢引上げに伴い、雇用と年金の接続に空白が生まれたかどうか、就業率の変化と合わせ検証するとともに、これまでの定額部分の支給開始年齢引上げ時における変化と比較する。

第 4 節　使用データ・分析枠組

1. 使用データ

　本章で用いるデータは、統計法第 33 条に基づき二次データ利用が許可された、厚生労働省「中高年者縦断調査（第 1 〜 10 回調査）」の個票[11] である。この調査は 2005 年 10 月末現在 50−59 歳の全国の男女を対象として、健康、就業、社会活動について経時的変化が追えるよう設計

---

[11] データは個人が特定化できないよう匿名化処理されている。

された縦断（パネル）調査である。調査項目として、就業状況、所得源、収入額、公的年金受給額（第4回以降）などがあり、雇用と年金の接続に関し豊富な情報が含まれている。

調査対象は生年度コーホートでみると、1945年度生まれから1955年度生まれを含んでいる。ただし、1945年度生まれでも1945年10月以前生まれは2005年10月末時点ですでに60歳であるため調査対象（50−59歳）には含まれず、同様に1955年度生まれでも1955年11月以降生まれは2005年10月末時点でまだ49歳であるため調査対象には含まれない。そのため、コーホートの一部分しか観察できない1945年度生まれと1955年度生まれは分析対象から外した。

男性で1946−1954年度生まれの出生コーホートが経験した、特別支給の老齢厚生年金の支給開始年齢引上げと雇用確保措置義務化上限年齢の引上げは計3回存在する。それを整理したのが**図表5-2**である。

第一に1947・1948年度生まれを対象に2010年度に雇用確保措置義務化年齢と定額部分の支給開始年齢は63歳から64歳へと引上げられた。

図表5-2　高年齢者雇用安定法による雇用確保措置義務化年齢と特別支給の老齢厚生年金支給開始年齢の引上げ（男性）

ペア番号	生年度	高年齢者雇用確保措置義務化年齢（男女共通）	特別支給の老齢厚生年金支給開始年齢（男性）	
			定額部分	報酬比例部分
	1945年度	60	63	
(1)	1946年度	63	63	
	1947年度	64	64	60
(2)	1948年度	64	64	
	1949年度	65	65	
	1950年度	65	65	
	1951年度	65	65	
(3)	1952年度	65	65	
	1953年度	65	65	61
	1954年度	65	65	
	1955年度	65	65	62

出所：筆者作成

第二に 1949 年度以降生まれを対象に 2013 年度に雇用確保措置義務化年齢と定額部分の支給開始年齢は 64 歳から 65 歳へと引上げられた。第三に同年度には 1953・1954 年度生まれを対象に、報酬比例部分の支給開始年齢が 60 歳から 61 歳に引上げられるとともに、継続雇用制度の対象者を限定できる仕組みが廃止された。

2．分析対象コーホート・年齢

本章の分析では、利用可能な最新の第 10 回調査までに観測可能な上述の計 3 回の支給開始年齢・雇用確保措置義務化上限年齢の引上げが、男性の雇用および雇用と年金との接続にどのような変化をもたらしたのかを分析対象とする。そのため、当該引上げが行われた出生年度コーホートを引上げの影響を受けた処置群（treatment group）とし、当該引上げが行われる直前の出生年度コーホートを引上げの影響を受けなかった統御群（control group）とし、3 組の統御群・処置群のペア 1～3 を作成、分析対象コーホートとした。より具体的には**図表 5-3** に示すとおりである。

第一の 2010 年度に雇用確保措置義務化年齢と定額部分の支給開始年齢が 63 歳から 64 歳へと引上げられた影響は、1946 年度生まれをその影響を受けない「統御群」、1947 度生まれをその影響を受ける「処置群」とし、両コーホートの 63 歳時点での就業率・本人所得の有無等の差異を比較し政策効果を検証する。同様に第二の雇用確保措置義務化年齢と

図表 5-3　分析対象とする政策効果および処置群と統御群の出生コーホート

ペア 番号	男性		分析対象とする政策効果
	統御群	処置群	
(1)	1946年度 生まれ	1947年度 生まれ	雇用確保措置義務化年齢・特別支給の老齢厚生年金（定額部分）の63歳から64歳への引上げ（<u>63歳時点での効果</u>）
(2)	1948年度 生まれ	1949年度 生まれ	雇用確保措置義務化年齢・特別支給の老齢厚生年金（定額部分）の64歳から65歳への引上げ（<u>64歳時点での効果</u>）
(3)	1952年度 生まれ	1953年度 生まれ	雇用確保措置義務化年齢・特別支給の老齢厚生年金（報酬比例部分）の60歳から61歳への引上げ（<u>60歳時点での効果</u>）

出所：筆者作成

定額部分の支給開始年齢が 64 歳から 65 歳へと引上げられた影響は 1948 年度生まれをその影響を受けない「統御群」、1949 度生まれをその影響を受ける「処置群」とし、両コーホートの 64 歳時点での差異を比較し政策効果を検証する。同様に第三の報酬比例部分の支給開始年齢が 60 歳から 61 歳に引上げられた影響と継続雇用制度の対象者を限定できる仕組みが廃止された影響は 1952 年度生まれをその影響を受けない「統御群」、1953 度生まれをその影響を受ける「処置群」とし、両コーホートの 60 歳時点での差異を比較し政策効果を検証する。

調査は毎年 10 月に実施されるため、たとえば 1946 年度生まれの 63 歳時を観測する場合、第 5 回調査（以下、本文・図表とも W5 というように調査回を略記する）の情報では足りない。というのも 1946 年生まれで 11 月以降が誕生月の場合、W5 では未だ 62 歳であるため、63 歳時の情報を得るためには W6 の情報も必要になるからである。そのため、本章の分析では、たとえば 1946 年度生まれで 63 歳時点の就業率を計測する際には W5 と W6 の両調査の情報を利用している。これは他のコーホート、年齢についても同様であり、この関係を**図表 5-4** として整理した。

例えば統御群・処置群のペアとなる 1946 年度生まれコーホートと 1947 年度生まれ両コーホートの一部は、同じ調査年（W6）で同じ 63 歳時点の状況が把握されている。このことにより、調査年が同じであれば経済環境（失業率等）も同じであるため、調査年毎の経済環境変化による就業率・本人所得の有無等の相違を、引上げの効果として捉える可能性はある程度まで低減されていると考えられる。

また先述のように、あるコーホートの特定年齢の情報を得るためには 2 時点の調査情報が必要になるため、W1 と W10 では各コーホートの年齢最小値と年齢最大値の情報は一部のサンプルでしか観測されない。たとえば 1946 年度生まれでは 58 歳時の情報は W1 の一部のサンプルのみ、同じく 68 歳時の情報は W10 の一部のサンプルからしか得られない。そこで分析対象コーホート内の年齢を揃えるため、W1 と W10 で観測される各コーホートの年齢最小値と年齢最大値の情報は用いない。さ

図表 5-4　分析対象コーホートの年齢と厚生労働省「中高年者縦断調査」の調査回

調査時点の年齢	統御群・処置群のペア (1)		統御群・処置群のペア (2)		統御群・処置群のペア (3)	
	1946年度生	1947年度生	1948年度生	1949年度生	1952年度生	1953年度生
51						W1
52					W1	W1+W2
53					W1+W2	W2+W3
54					W2+W3	W3+W4
55				W1	W3+W4	W4+W5
56			W1	W1+W2	W4+W5	W5+W6
57		W1	W1+W2	W2+W3	W5+W6	W6+W7
58	W1	W1+W2	W2+W3	W3+W4	W6+W7	W7+W8
59	W1+W2	W2+W3	W3+W4	W4+W5	W7+W8	W8+W9
60	W2+W3	W3+W4	W4+W5	W5+W6	W8+W9	W9+W10
61	W3+W4	W4+W5	W5+W6	W6+W7	W9+W10	W10
62	W4+W5	W5+W6	W6+W7	W7+W8	W10	
63	W5+W6	W6+W7	W7+W8	W8+W9		
64	W6+W7	W7+W8	W8+W9	W9+W10		
65	W7+W8	W8+W9	W9+W10	W10		
66	W8+W9	W9+W10	W10			
67	W9+W10	W10				
68	W10					

出所：筆者作成

らに 2 つのコーホート間で比較する年齢を揃えるため、たとえばペア 1（1946・47 年度生まれ）では 59 歳以上 66 歳以下を分析対象年齢とする。同様にペア 2（1948・49 年度生まれ）では 57 歳以上 64 歳以下、ペア 3（1952・53 年度生まれ）では 53 歳以上 60 歳以下を分析対象年齢とする。

　縦断調査では回を重ねるに従い、サンプルの脱落が発生する。もしペアとなる 2 つのコーホート間で残存率が大きく異なれば、推計結果には脱落によるバイアスがかかる可能性も懸念される。**図表 5-5** は分析対象のコーホート毎に残存率を示したものである。

　W10 で 1946 年度生まれの残存率は 66％、1953 年度生まれの残存率は 60％と 6％ポイントの差がある。ただしペアとなるコーホート間での残存率はほぼ等しい。W10 で 1946・47 年度生まれの残存率はどちらも 66％、1948・49 年度生まれの残存率はどちらも 64％、1952・53 年度生まれは若干の残存率の差があるが、それでも 1952 年度生まれが 62％に対し、1953 年度生まれについては 60％となっている。このことからペアとなるコーホート間で、脱落率の差により推計結果にバイアスのかかる

図表 5-5　分析対象（男性）コーホートの脱落率

男性		統御群・処置群のペア (1)						統御群・処置群のペア (2)						統御群・処置群のペア (3)					
		1946			1947			1948			1949			1952			1953		
調査年	回	残存率	N		残存率	N		残存率	N		残存率	N		残存率	N		残存率	N	
2005	W1	98%	1584		99%	2029		98%	1931		98%	1907		98%	1550		98%	1401	
2006	W2	94%	1510		93%	1914		93%	1831		93%	1809		92%	1459		92%	1314	
2007	W3	89%	1441		88%	1816		88%	1736		88%	1717		88%	1381		86%	1237	
2008	W4	86%	1395		85%	1751		84%	1665		84%	1643		84%	1327		83%	1191	
2009	W5	84%	1347		83%	1696		82%	1613		81%	1580		82%	1294		81%	1165	
2010	W6	76%	1231		76%	1565		74%	1460		74%	1450		73%	1153		71%	1019	
2011	W7	74%	1192		73%	1500		72%	1412		72%	1399		69%	1095		69%	984	
2012	W8	71%	1142		70%	1434		67%	1317		67%	1311		66%	1042		64%	920	
2013	W9	69%	1120		69%	1412		66%	1310		67%	1298		65%	1026		63%	908	
2014	W10	66%	1068		66%	1349		64%	1262		64%	1249		62%	978		60%	857	

出所：厚生労働省「中高年者縦断調査（第1～10回）」個票に基づく筆者計算。

可能性は低いものと判断する。

3．分析枠組

　上述した3回の支給開始年齢・雇用確保措置義務化上限年齢の引上げについて、2つの出生年度コーホートを各々統御群・処置群とする3組のサブ・サンプル（計6コーホート）に基づき、差の差（Difference in Difference）分析を行う。具体的には下式を推計する。

$$L_i = \alpha + \beta 1 \cdot age + \beta 2 \cdot cohort + \beta 3 \cdot (age \times cohort) + \gamma \cdot Z_i + \varepsilon_i$$

　ここで L_i は被説明変数を表す。本章では①就業状態、②公的年金を含む本人所得の有無、③公的年金を含む本人所得額、④失業を採用した。①就業状態は「ふだん何か収入になる仕事をしている」場合を1、「していない」場合を0とする2値変数である。②公的年金を含む本人所得の有無は「この1か月間に収入あり」の場合を1、「なし」の場合を0とする2値変数である。また③公的年金を含む本人所得額[12] は自然対数を取ったものである。④失業は、「ふだん何か収入になる仕事をしていない」

---

[12]「中高年者縦断調査」では、各所得源（働いて得た所得、雇用保険、私的年金、資産収入、公的年金、その他の社会保障給付金、仕送り、その他）からの収入の有無は識別できるが各々の額は識別できない。W4以降、公的年金額のみ本人の総収入額から識別可能となった。

かつ「仕事を探している」場合を 1、そうでない場合を 0 とする 2 値変数である。

　説明変数は、各年齢を表すダミー変数（*age*）、各ペアについて処置群コーホートに該当する場合を 1、統御群コーホートに該当する場合を 0 と置くダミー変数（*cohort*）、およびこれら 2 つの変数の交差項（*age* × *cohort*）である。年齢（*age*）やコーホート（*cohort*）[13]をコントロールした上でもなお、引上げ前の年齢（ペア 1 は 63 歳、ペア 2 は 64 歳、ペア 3 は 60 歳）の交差項（*age* × *cohort*）の係数が有意に 0 と異なれば、それは引上げによる影響と解釈される。

　年齢（*age*）や交差項（*age* × *cohort*）のダミー変数は、引上げ前の年齢以外に、観測期間内のすべての年齢について作成する。もし引上げ前の年齢以外に、交差項（*age* × *cohort*）の係数が有意に 0 と異なれば、それは引上げという制度要因以外の影響の可能性もある[14]ことを示唆する。

　さらに 59 歳時の従業上の地位毎、59 歳時の勤め先の企業・団体などの組織全体の従業者数（従業員規模）毎のサブ・サンプルに分けた推計も行った。具体的には 59 歳時の従業上の地位については正規職員・従業員、パート・派遣・嘱託等（非正規）、自営業[15]の 3 つのサブ・サン

---

[13] なお固定効果モデルを採用したため、コーホート（*cohort*）の係数 $\beta 2$ は、学歴等と同様、個人固有の効果となり推計されない。

[14] とはいえ、ひとつの可能性として、企業は雇用確保措置上限年齢を 1 歳引き上げるため、賃金水準を引下げることで、従業員一人あたりの賃金総額は一定に保つような調整を行うことも考えられる。そのような調整を行っている場合、公的年金を含む本人所得額に関し、引上げ前の年齢よりも低い年齢での交差項の係数はマイナスになる可能性もある。また賃金水準の引き下げにより、引上げ前の年齢よりも低い年齢での就業率等にも影響が及ぶ可能性もある。

[15] 「中高年者縦断調査（W1 ～ 7）」を用いた山田（2015）は、W1 で 1 回限りの質問となった働き方に関する項目（W1 問 28）を用いて被用者職歴と自営業職歴のサブ・サンプルを定義し、差の差分析を行っている。当該変数では 20 年以上継続した勤務先、同分野の仕事、自営業などで職歴を分類している（継続年数に関する変数は入手できない）。しかし本章では、1946 年から 1953 年まで 7 年離れたコーホートを同一の枠組みで分析するため、20 年以上というベンチマークで職歴を分けてしまうと、実態としては同じ職歴であるにも関わらず、若いコーホートほど特定の職歴に該当しなくなる可能性がある。そこで W10 と同年の厚生労働省「就労条件総合調査（平成 26 年）」でも一律定年制を採用し定年年齢を 60 歳に設定している企業が大多数（調査対象企業の 81％）であることから、その前の 59 歳時点の従業上の地位・従業員規模の情報に基づき、サブ・サンプルを分けた。そのため、山田（2015）でも男性で 1946・47 年度生まれを用いた分析を行っているが、サブ・サンプルの分け方が異なるため、また説明変数も異なるため、定量的な結果は一致しない可能性がある。

プルと、従業員規模（59歳時に自営業者であった人々を除く）については30人未満、30〜299人、300人以上の3つのサブ・サンプルに分けた。引上げの効果は、制度上、常用労働者が多く、厚生年金[16]適用比率が高いと考えられる正規職員・従業員、また実態上、定年年齢が65歳未満に定められる割合が相対的に高い[17]大企業において、強く表れると考えられる。また高齢法と厚生年金の支給開始年齢の引上げの影響を受けにくいと考えられる自営業[18]において、引上げられた後の年齢に関する交差項（$age \times cohort$）の係数が有意に0と異なれば、それは引上げという制度要因以外の影響があることを示唆する。

　こうした説明変数以外に、Z_iとして主観的不健康感[19]、景気変動の影響[20]を統御するため総務省「労働力調査」の都道府県別失業率[21]を採用した。なお各変数の記述統計量については章末の附表Aに示している。

第5節　就業と本人所得に関する計量経済分析

1．推計結果の要約

　固定効果線形モデルにより、①就業状態、②公的年金を含む本人所得の有無、③公的年金を含む本人所得額、④失業の4つの被説明変数に関

---

[16] 「中高年者縦断調査」では公的年金の種別ごとの受給有無は識別できない。そのため年金支給開始年齢以降の厚生年金受給の有無から遡って厚生年金の適用を識別することもできない。

[17] たとえばW10と同年の厚生労働省「就労条件総合調査（平成26年）」によれば、一律定年制を定めている企業は300〜999人規模で98％、30〜99人規模で99％とわずかしか異ならないが、定年年齢が65歳以上であるのは300〜999人規模で7％、30〜99人規模では18％であり、大きな開きがある。

[18] 過去に被用者としての職歴があり、厚生年金の適用を受けていれば、制度上、自営業者も厚生年金を受給している可能性はある。

[19] 「主観的不健康感」は「現在の健康状態」に関する6段階の主観的な評価（大変良い・良い・どちらかといえば良い・どちらかといえば悪い・悪い・大変悪い）の中、「どちらかといえば悪い」、「悪い」、「大変悪い」場合を1、それ以外を0と置くダミー変数である。

[20] 2008年9月に起こった金融危機（いわゆるリーマン・ショック）はW4の調査時点（2008年10月）に重なっている。しかし図表5-4の網掛けで示されるように各ペアの引上げ前の年齢を捉える調査回とは重なっていない。

[21] 都道府県別失業率の情報を各サンプルのデータに付加するにあたり、W1における在住都道府県情報を用いた。ただし、この変数はW1以外、在住都道府県情報は取れないため、W2以降で県境を超える居住地の移動があった場合、実際の居住地とは異なる都道府県別失業率を当てはめているという留保がある。

する推計結果を要約したのが**図表 5-6** である。4 つの被説明変数につい
て、3 つのペア、該当コーホート全体と 59 歳時の従業上の地位 3 種類
と 59 歳時の勤務先企業の従業員規模 3 種類のサブ・サンプルについて
推計しているので推計式は合計 84 本（＝4×3×[1＋3＋3]）ある。

　本章が採用した分析枠組では各ペアについて引上げ前の年齢と統御群
を示す交差項（*age*×*cohort*）の係数に注目している。具体的には 1946・
47 年度生まれ（ペア 1）では「63 歳×1947 年度生まれ」、1948・49 年
度生まれ（ペア 2）では「64 歳×1949 年度生まれ」、1952・53 年度生ま
れ（ペア 3）では「60 歳×1953 年度生まれ」である。図表 5-6 では注目
する交差項の年齢を「交差項年齢」（4 列目）として 63、64、60 の数値
だけ示している（4 列目）。

　（a）この交差項の係数（図表 5- 中では「効果」の列に示している）
が統計的に有意（5％水準）に 0 と異なり、かつ（b）他の年齢の交差項
（*age*×*cohort*）の係数が 0 と有意には異ならず（その場合、**図表 5-6** 中で
は「他の交差項で有意な年齢」の列で「無」として示している）、さら
に（c）制度上・実態上引上げの効果が大きいと考えられる 59 歳時に正
規職員・従業員や 59 歳時に 300 人以上規模企業に勤めていたサブ・サ
ンプルにおいて、注目する年齢の交差項が有意であれば、当該被説明変
数について、引上げの効果があったと判断される。

　他の年齢の交差項（*age*×*cohort*）の係数が 0 と有意に異なる場合には、
図表 5-6 では「他の交差項で有意な年齢」の列で「有」として、該当す
る交差項年齢も併せて括弧内に示している。また注目する年齢の交差項
の係数を示した「効果」のセルに入っている数値（5、7、9、11、13、
15、17 列目）が、本章末尾の附表 B ～ M で示した 84 本の推計式の各
係数の中、5％水準で有意な場合のみ示したものである。

2．収入になる仕事の有無に関する推計結果

　まず①収入になる仕事の有無の交差項の係数（「効果」の列）に注目
すると、3 回の引上げはいずれも 59 歳時に正規職員・従業員であった男
性の就業率を 6 ～ 7％（5 列目）、59 歳時に 300 人以上規模企業に勤めて

図表 5-6　固定効果線形モデルによる推計結果の要約

被説明変数	ペア番号	附表	交差項年齢	該当コーホート計		サブ・サンプル											
						59歳時の従業上の地位（該当コーホートのサブ・サンプル）						59歳時の勤め先の企業・団体等の組織全体の従業者数（除：自営業）					
						正規職員・従業員		パート・派遣・嘱託等		自営業		300人以上		30～299人		30人未満	
				効果	他の交差項で有意な年齢	効果	他の交差項で有意な年齢	効果	他の交差項で有意な年齢	効果	他の交差項で有意な年齢	効果	他の交差項で有意な年齢	効果	他の交差項で有意な年齢	効果	他の交差項で有意な年齢
①収入になる仕事の有無（有＝1）	(1)	B	63	3%	無	6%	無					11%	無		無		無
	(2)	C	64		無	7%	無					11%	無		有(57)		無
	(3)	D	60	4%	無	7%	無					10%	無		無		無
②公的年金含む本人所得の有無（有＝1）	(1)	E	63		有(60)		無				有(61)		有(60,66)		有(61)		無
	(2)	F	64	無	有(60)	3%	有(61,63)		無		無	9%	有(57,58,61,62,63)		無		無
	(3)	G	60	-5%	有(60)	-3%	無		無		無		無		無		無
③公的年金含む本人所得額（ln、円）	(1)	H	63		有(62)		有(62)		無		有(61)		有(62)		無		有(60)
	(2)	I	64	-14%	無	-14%	無		無	-24%	有(62)		無		無	-24%	無
	(3)	J	60		無		無		無		無		無		無		無
④失業（収入になる仕事無し・仕事を探している=1）	(1)	K	63		無		無		無		無		無		無		無
	(2)	L	64		無		無		無		無		無		無		無
	(3)	M	60		無		無		有(56)		無		無		無		無

出所：厚生労働省「中高年者縦断調査（第1～10回）」個票に基づく筆者推計。

注1：「効果」の各セルは各推計式（84本）の引上げの影響を捉えるための年齢の交差項（age×cohort）が5％水準で統計的に有意な場合の係数の値を示す。推計結果全体は附表B～Mとして章末に掲げた。

注2：頑健推定に基づき、引上げの影響を捉えるための年齢の交差項（age×cohort）の係数が1％あるいは5％水準で有意に0と異なり、かつ引上げの影響を捉えるための年齢以外の交差項の係数がすべて統計的に有意に0と異ならなかった場合（「他の交差項で有意な年齢」の項目が「無」となる場合）に網掛けしている。

注3：「③公的年金含む本人所得額」の分析は、当該所得がないサンプルを除いた推計である。

いた男性の就業率を 10 ～ 11％（13 列目）上昇させたことが分かる。男性全体では就業率を 3 ～ 4％（ただし附表 C に示すように 1948・49 年度生まれのペア 2 では 10％水準で有意）上昇させた。しかし、59 歳時に非正規社員（パート・派遣・嘱託等）であった男性あるいは 299 人以下規模企業に勤務していた男性の就業率については 3 回の引上げの効果は統計的に有意ではない。

　ペア 1 とペア 2 は定額部分の支給開始年齢引上げと雇用確保措置義務化上限年齢の引上げ、ペア 3 は報酬比例部分の支給開始年齢引上げと継続雇用制度の対象者を限定できる仕組みの廃止等の影響という内容の異なる制度の効果を受けるにも関わらず、興味深いことにその係数の値はペア 1 ～ 3 まで同じである。

3．公的年金を含む本人所得の有無に関する推計結果

　次に本章のより中心的な分析課題である、雇用が継続されず老齢厚生年金も支給されないことで（繰上げ受給を選択しない限り）無収入となる者が生じる可能性について検討したのが②公的年金を含む本人所得の有無の推計である。ペア 1 と 2 については定額部分の支給開始年齢が引上げられても、報酬比例部分についてはまだ受給可能であるため、雇用と年金との間の空白期間は制度上生じない。実際、ペア 1 と 2 で交差項（「効果」の列）は統計的に有意に 0 とは異ならない。

　一方、定額部分がなくなり、60 歳から 61 歳に報酬比例部分が引上げられたペア 3 の 1953 年度生まれは、（繰上げ受給を選択しない限り）所得の空白期間が生じる可能性がある。実際、公的年金含む本人所得が有る比率は該当コーホート全体では5％低下し、正規職員・従業員でも3％低下した。

4．公的年金を含む本人所得額に関する推計結果

　さらに公的年金からの所得減少分を、就労所得を中心とする他の所得で埋め合わせられているのか検証したのが③公的年金を含む本人所得額（自然対数）の推計である。この推計では公的年金を含む本人所得があ

る人のみを対象としている。

　ペア1と3ではいずれのサブ・サンプルでも注目する交差項の係数は統計的に0と有意に異ならない。つまり、1947年度生まれも1953年度生まれも、公的年金を含む本人所得がある人々の所得額が低下したことを確認できない。

　ペア1と同じく、ペア2では（引上げられた年齢は異なるが）、定額部分の支給開始年齢と雇用確保措置上限年齢の引上げ（64歳から65歳）があった。しかし、結果はペア1と異なる。ペア2の1949年度生まれでは、1948年度生まれと比較し、公的年金を含む本人所得額は、該当コーホート全体で14％減少、59歳時に正規職員・従業員であった人で14％減少、59歳時に30人未満規模企業に勤務していた人で24％減少している。

5．失業（仕事を探している）に関する推計結果

　報酬比例部分の支給開始年齢が61歳となった1953年度生まれの一部では、60歳時点において雇用と年金に空白期間が生まれたが、それに伴い④失業が増大したかについて最後に検討しよう。

　ペア3では交差項の係数は統計的に有意に0と異なっておらず、1953年度生まれは1952年度生まれと比較すると60歳時に所得の空白期間が生じた人が増えたにも関わらず、コーホート全体あるいはいずれのサブ・サンプルでも仕事を探す人が増えたことは確認できなかった。

　またペア2では、先述のように1949年度生まれでは、1948年度生まれと比較し、64歳時に所得の空白期間は生じなかったが、公的年金を含む本人所得額が64歳時点で59歳時に正規職員・従業員であった人あるいは59歳時に30人未満規模企業に勤務していた人では減少した。その一方で、1949年度生まれで64歳時に（就業率自体は上昇したためか）仕事を探す人の割合が増えたことは確認できなかった。

第 6 節　結びにかえて

　本章では厚生労働省「中高年者縦断調査（第 1 〜 10 回）」を用い、2013 年度の特別支給の老齢厚生年金（報酬比例部分）の支給開始年齢引上げおよび継続雇用制度の対象者を限定できる仕組みの廃止の対象出生コーホートである 1953 年度生まれの男性で、①就業率が上昇したかどうか、②所得確保は適切に行われたか、③定額部分の支給開始年齢引上げとどのように相違するのか、について引上げが行われる直前の 1952 年度生まれの男性と比較（差の差分析）することで検証した。

　主な発見事実は 5 つある。第一に、2013 年に 61 歳へ報酬比例部分の支給開始年齢が引上げられた 1953 年度生まれの 60 歳時の就業率は、まだ支給開始年齢が 60 歳であった 1952 年度生まれと比較し、59 歳時に正規職員・従業員であった男性では 7 ％、59 歳時に 300 人以上規模企業に勤めていた男性では 10 ％上昇した。一方、59 歳時に非正規（パート・派遣・嘱託等）であった男性、59 歳時に 299 人以下規模企業に勤めていた男性では、60 歳時の就業率に有意な差を確認できなかった。

　第二に、1952 年度生まれと比較し、1953 年度生まれの 60 歳時の公的年金を含む本人所得のある比率は、該当コーホート男性全体で 5 ％低く、59 歳時に正規職員・従業員であった男性で 3 ％ほど低かった。このことは、2012 年改正高齢法によっても、雇用と年金との間に生じた空白期間を完全に防止することはできなかったことを示唆する。

　第三に、雇用と年金との間に生じた空白期間が生じていた人々が存在するにも関わらず、1952 年度生まれと比較し、1953 年度生まれの 60 歳時の失業率の上昇は確認できなかった。雇用と年金に空白期間が生じた人は、仕事を探すのではなく、非労働力となり、空白期間の生計を退職金や貯蓄の取り崩し、あるいは他の世帯員の収入により維持しているものと推察される。

　第四に、公的年金を含む本人所得がある男性では、1952 年度生まれと比較し、1953 年度生まれの 60 歳時の本人所得額の減少を確認できなかった。

これは報酬比例部分の支給開始年齢引上げにより途絶した年金所得を、就労所得を中心とする他の所得（あるいは年金の繰上げ受給）等で埋め合わせできたことを示唆する結果である。

第五に、2013 年度における報酬比例部分の支給開始年齢引上げと継続雇用制度の対象者を限定できる仕組みの廃止[22]により就業率上昇が起こった属性（59 歳時に正規職員・従業員あるいは 300 人以上規模企業に勤務）および就業率の上昇幅は、定額部分の支給開始年齢引上げと雇用確保措置義務化上限年齢引上げによるものと同じであった。

最後に若干の政策含意を述べる。2013 年度の特別支給老齢厚生年金（報酬比例部分）の支給開始年齢引上げ（60 歳から 61 歳）に伴う所得の空白期間は最大でも 1 年間[23]であり、退職金や貯蓄の取り崩しなどでやりくりすることも可能と考えられる。実際、所得空白期間の出現にも関わらず、1953 年度生まれ男性の 60 歳時の失業率の上昇は本章の分析でも確認できていない。

しかし、今後の支給開始年齢の引上げに伴い（繰上げ受給を選択しない限り）徐々に所得の空白期間が延びる人々が増大するリスクが懸念される。加えて給付乗率の逓減の影響で老齢厚生年金額はすでに低下してきており（厚生労働省年金局数理課 2015: 81）、65 歳以降も低下した年金給付水準を就労所得により補わなくてはならない人々が増加するリスクも懸念される。

今後ともこれらのリスクを注視していく必要があり、もしこれらのリスクが顕在化した場合は、60 歳台前半のみならず 65 歳以降の継続雇用の在り方を含め、より踏み込んだ高年齢者雇用政策と社会保障制度の連携が求められよう。

---

[22] なお 2012 年の高齢法改正の効果は本章の分析枠組みでは識別できていない。しかし企業側が継続雇用時の賃金率を低く抑え、継続雇用を高齢者に希望させなくすることは可能であり、2012 年改正高齢法の効果を相殺している可能性もある。実際、改正前のデータではあるが、継続雇用時の賃金率の低さと継続雇用率の低さの関係について山田（2009）、Yamada（2010）が実証している。

[23] 年度末に定年退職がまとめて実施される企業に勤めていた場合には 1 年未満になる可能性もある。

参考文献

石井加代子・黒澤昌子（2009）「年金制度改正が男性高齢者の労働供給行動に与える影響の分析」『日本労働研究雑誌』No.589：pp.43-64

厚生労働省（2006）「改正高齢法に基づく高年齢者雇用確保措置の導入状況について（平成 18 年 6 月 9 日発表）」
（http://www.mhlw.go.jp/houdou/2006/06/h0609-1.html，2016 年 10 月 24 日最終確認）

厚生労働省年金局数理課（2015）『平成 26 年財政検証結果レポート：「国民年金及び厚生年金に係る財政の現況及び見通し」（詳細版）』厚生労働省年金局数理課

今後の高齢者雇用対策に関する研究会（2003）「今後の高齢者雇用対策について：雇用と年金との接続を目指して（平成 15 年 7 月）」
（http://www.mhlw.go.jp/houdou/2003/07/h0731-3.html，2016 年 10 月 24 日最終確認）

社会保障審議会年金部会（2011）「支給開始年齢について（平成 23 年 10 月 11 日，第 4 回，資料 1）」
（http://www.mhlw.go.jp/stf/shingi/2r9852000001r5uy-att/2r9852000001r5zf.pdf，2016 年 10 月 24 日最終確認）

総務省（2002）「高齢者雇用対策に関する行政評価・監視結果に基づく勧告（平成 14 年 3 月）」
（http://www.soumu.go.jp/main_sosiki/hyouka/hyouka_kansi_n/ketsuka_nendo/pdf/h13_02.pdf，2016 年 10 月 24 日閲覧）

樋口美雄・山本勲（2002）「わが国男性高齢者の労働供給行動メカニズム：年金・賃金制度の効果分析と高齢者就業の将来像」『金融研究』2002.10：pp.31-78

森戸英幸（2014）「高年齢者雇用安定法：2004 年改正の意味するもの」『日本労働研究雑誌』No.642：pp.5-12

山田篤裕（2009）「高齢者就業率の規定要因：定年制度、賃金プロファイル、労働組合の効果」『日本労働研究雑誌』No.589：pp.4-19

山田篤裕（2015）「特別支給の老齢厚生年金定額部分の支給開始年齢引上げ（2010 年）と改正高年齢者雇用安定法による雇用と年金の接続の変化」『三田学会雑誌』第 107 巻 4 号：pp.107-128

山本勲（2008）「高年齢者雇用安定法改正の効果分析」樋口美雄・瀬古美喜・慶應義塾大学経商連携 21 世紀 COE 編『日本の家計行動のダイナミズム IV』所収、慶應義塾大学出版会

Kondo, Ayako and Hitoshi Shigeoka（2016）"The Effectiveness of Government Intervention to Promote Elderly Employment: Evidence from Elderly Employment Stabilization Law," *Industrial and Labor Relations Review, forthcoming*

Yamada, Atsuhiro（2010）"The Effectiveness of New Job Security Measure for the Older Employees in Japan," Anette Schad-Seifert and Shingo Shimada（eds.）, *Demographic Change in Japan and the EU; Comparative Perspectives*, Dusseldorf University Press, pp.155-192

男性	1946・1947年度生まれ（59〜66歳）		1948・1949年度生まれ（57〜64歳）		1952・1953年度生まれ（53〜60歳）	
	Mean	[Std. Dev]	Mean	[Std. Dev]	Mean	[Std. Dev]
収入になる仕事の有無（有＝1）	0.743	[0.437]	0.832	[0.374]	0.924	[0.265]
公的年金含む本人所得の有無（有＝1）※1（本人所得「不詳」除く）	0.932	[0.252]	0.924	[0.264]	0.923	[0.266]
公的年金含む本人所得（ln、円）※2（本人所得「不詳・無し」除く）	12.499	[0.822]	12.581	[0.827]	12.814	[0.812]
失業（収入になる仕事無し・仕事を探している＝1）	0.040	[0.197]	0.035	[0.185]	0.024	[0.154]
59歳時の従業上の地位：						
正規職員・従業員	0.460	[0.498]	0.478	[0.500]	0.440	[0.496]
パート・アルバイト・派遣・契約社員・嘱託	0.093	[0.290]	0.097	[0.296]	0.100	[0.300]
自営業（自営業主・家族従業者）	0.220	[0.414]	0.203	[0.402]	0.149	[0.356]
59歳時の勤務先従業者数（除自営業）：						
30人未満	0.193	[0.395]	0.178	[0.382]	0.151	[0.358]
30〜299人	0.206	[0.404]	0.217	[0.412]	0.201	[0.401]
300人以上	0.198	[0.399]	0.223	[0.416]	0.205	[0.404]
都道府県別失業率	4.202	[0.878]	4.199	[0.910]	4.253	[0.925]
主観的不健康感	0.209	[0.407]	0.207	[0.405]	0.179	[0.384]
処置群の出生コーホートの比率	0.548	[0.498]	0.486	[0.500]	0.459	[0.498]
N	23415		24637		18615	
N ※1（本人所得「不詳」除く）	21173		21625		15919	
N ※2（本人所得「不詳・無し」除く）	19729		19990		14696	

出所：厚生労働省「中高年者縦断調査（第1〜10回）」個票に基づく筆者推計。

附表 B　就業率に関する固定効果線形確率モデルの推計結果（統御・処置群ペア 1 : 男性 1946・1947 年度生まれ、59 ～ 66 歳）

被説明変数	収入になる仕事の有無（1946・1947年度生）							
	該当コーホート計		59歳時の従業上の地位（該当コーホートのサブ・サンプル）					
			正規職員・従業員		パート・派遣・嘱託等		自営業	
	Coef.	[Std. Err.]	Coef.	[Std. Err.]	Coef.	[Std. Err.]	Coef.	[Std. Err.]
説明変数								
都道府県別失業率	-0.006	[0.007]	-0.005	[0.011]	0.022	[0.028] **	0.003	[0.011]
主観的不健康感	-0.039	[0.008] ***	-0.019	[0.013]	-0.066	[0.030] **	-0.033	[0.011] ***
60歳	-0.075	[0.009] ***	-0.153	[0.014] ***	-0.137	[0.033] ***	-0.031	[0.010] ***
61歳	-0.098	[0.010] ***	-0.193	[0.016] ***	-0.170	[0.037] ***	-0.025	[0.009] ***
62歳	-0.127	[0.011] ***	-0.223	[0.017] ***	-0.253	[0.043] ***	-0.052	[0.013] ***
63歳	-0.198	[0.014] ***	-0.326	[0.021] ***	-0.369	[0.052] ***	-0.074	[0.017] ***
64歳	-0.245	[0.014] ***	-0.388	[0.021] ***	-0.394	[0.049] ***	-0.088	[0.018] ***
65歳	-0.310	[0.014] ***	-0.480	[0.021] ***	-0.463	[0.051] ***	-0.106	[0.019] ***
66歳	-0.340	[0.015] ***	-0.519	[0.021] ***	-0.445	[0.051] ***	-0.133	[0.021] ***
60歳×1947年度生	0.009	[0.012]	0.000	[0.019]	0.048	[0.039]	0.018	[0.012]
61歳×1947年度生	0.010	[0.014]	0.023	[0.022]	0.010	[0.048]	-0.014	[0.016]
62歳×1947年度生	0.003	[0.016]	0.006	[0.024]	0.021	[0.054]	-0.014	[0.021]
63歳×1947年度生	0.033	[0.017] **	0.058	[0.025] **	0.063	[0.058]	-0.016	[0.021]
64歳×1947年度生	0.008	[0.018]	0.022	[0.027]	0.006	[0.062]	-0.023	[0.024]
65歳×1947年度生	0.009	[0.019]	0.034	[0.028]	0.000	[0.066]	-0.030	[0.027]
66歳×1947年度生	0.011	[0.020]	0.046	[0.029]	-0.034	[0.066]	-0.031	[0.030]
定数項	0.934	[0.028] ***	1.024	[0.043] ***	0.930	[0.113] ***	0.995	[0.045] ***
R-sq within	0.135		0.214		0.221		0.071	
R-sq between	0.022		0.056		0.080		0.054	
R-sq overall	0.068		0.128		0.147		0.056	
観測値数	23415		10762		2177		5152	
N	3451		1537		322		770	

被説明変数	収入になる仕事の有無（1946・1947年度生）							
	（再掲）該当コーホート計		59歳時の勤め先の企業・団体等の組織全体の従業者数（除:自営業）					
			300人以上		30～299人		30人未満	
	Coef.	[Std. Err.]	Coef.	[Std. Err.]	Coef.	[Std. Err.]	Coef.	[Std. Err.]
説明変数								
都道府県別失業率	-0.006	[0.007]	-0.017	[0.017]	-0.014	[0.016]	0.020	[0.016]
主観的不健康感	-0.039	[0.008] ***	-0.001	[0.021]	-0.061	[0.020] ***	-0.030	[0.019]
60歳	-0.075	[0.009] ***	-0.196	[0.024] ***	-0.130	[0.020] ***	-0.090	[0.019] ***
61歳	-0.098	[0.010] ***	-0.257	[0.027] ***	-0.158	[0.022] ***	-0.103	[0.019] ***
62歳	-0.127	[0.011] ***	-0.300	[0.028] ***	-0.171	[0.023] ***	-0.151	[0.023] ***
63歳	-0.198	[0.014] ***	-0.412	[0.033] ***	-0.243	[0.030] ***	-0.249	[0.031] ***
64歳	-0.245	[0.014] ***	-0.459	[0.032] ***	-0.323	[0.031] ***	-0.310	[0.032] ***
65歳	-0.310	[0.014] ***	-0.560	[0.031] ***	-0.422	[0.032] ***	-0.359	[0.032] ***
66歳	-0.340	[0.015] ***	-0.604	[0.031] ***	-0.419	[0.033] ***	-0.396	[0.033] ***
60歳×1947年度生	0.009	[0.012]	0.016	[0.032]	0.000	[0.026]	0.005	[0.024]
61歳×1947年度生	0.010	[0.014]	0.055	[0.038]	0.016	[0.030]	-0.016	[0.027]
62歳×1947年度生	0.003	[0.016]	0.055	[0.040]	0.009	[0.033]	-0.046	[0.032]
63歳×1947年度生	0.033	[0.017] **	0.108	[0.040] ***	0.013	[0.036]	0.029	[0.035]
64歳×1947年度生	0.008	[0.018]	0.053	[0.042]	-0.021	[0.040]	0.022	[0.039]
65歳×1947年度生	0.009	[0.019]	0.015	[0.043]	0.006	[0.043]	0.033	[0.042]
66歳×1947年度生	0.011	[0.020]	0.065	[0.043]	-0.037	[0.043]	0.037	[0.043]
定数項	0.934	[0.028] ***	1.066	[0.068] ***	1.069	[0.064] ***	0.926	[0.065] ***
R-sq within	0.135		0.256		0.194		0.165	
R-sq between	0.022		0.071		0.046		0.050	
R-sq overall	0.068		0.155		0.119		0.100	
観測値数	23415		4641		4824		4515	
N	3451		653		711		658	

出所：厚生労働省「中高年者縦断調査（第 1 ～ 10 回）」個票に基づく筆者推計。

注：頑健推定に基づき、***、**、* は各々 1、5、10％水準で係数が有意に 0 と異なることを表す。

附表 C　就業率に関する固定効果線形確率モデルの推計結果（統御・処置群ペア 2：男性 1948・1949 年度生まれ、57 ～ 64 歳）

被説明変数	収入になる仕事の有無（1948・1949年度生）							
	該当コーホート計		59歳時の従業上の地位（該当コーホートのサブ・サンプル）					
			正規職員・従業員		パート・派遣・嘱託等		自営業	
説明変数	Coef.	[Std. Err.]	Coef.	[Std. Err.]	Coef.	[Std. Err.]	Coef.	[Std. Err.]
都道府県別失業率	-0.007	[0.006]	-0.004	[0.010]	-0.005	[0.021]	-0.015	[0.007] **
主観的不健康感	-0.031	[0.008] ***	-0.016	[0.011]	-0.042	[0.026]	-0.027	[0.012] **
57歳	0.030	[0.007] ***	-0.010	[0.005] *	-0.082	[0.022] ***	-0.016	[0.008] **
58歳	0.010	[0.006] *	-0.011	[0.004] ***	-0.088	[0.021] ***	-0.010	[0.005] *
60歳	-0.071	[0.009] ***	-0.150	[0.014] ***	-0.112	[0.027] ***	-0.021	[0.009] **
61歳	-0.105	[0.012] ***	-0.212	[0.019] ***	-0.112	[0.034] ***	-0.036	[0.013] ***
62歳	-0.126	[0.012] ***	-0.226	[0.018] ***	-0.160	[0.035] ***	-0.043	[0.014] ***
63歳	-0.166	[0.012] ***	-0.286	[0.018] ***	-0.197	[0.034] ***	-0.065	[0.015] ***
64歳	-0.222	[0.013] ***	-0.370	[0.019] ***	-0.245	[0.036] ***	-0.090	[0.017] ***
57歳×1949年度生	-0.008	[0.010]	-0.012	[0.010]	-0.014	[0.035]	-0.006	[0.011]
58歳×1949年度生	0.006	[0.009]	-0.002	[0.008]	-0.008	[0.032]	-0.010	[0.008]
60歳×1949年度生	-0.016	[0.012]	-0.008	[0.019]	-0.044	[0.039]	-0.002	[0.013]
61歳×1949年度生	-0.001	[0.015]	0.020	[0.022]	-0.068	[0.044]	0.011	[0.016]
62歳×1949年度生	0.004	[0.016]	0.024	[0.024]	-0.031	[0.050]	0.016	[0.017]
63歳×1949年度生	0.003	[0.017]	0.011	[0.025]	-0.053	[0.053]	0.015	[0.020]
64歳×1949年度生	0.032	[0.018] *	0.071	[0.027] ***	-0.026	[0.057]	0.015	[0.023]
定数項	0.938	[0.026] ***	1.018	[0.041] ***	1.031	[0.086] ***	1.068	[0.029] ***
R-sq within	0.094		0.177		0.075		0.031	
R-sq between	0.017		0.029		0.029		0.010	
R-sq overall	0.052		0.122		0.062		0.023	
観測値数	24637		11767		2392		4994	
N	3697		1599		333		700	

被説明変数	収入になる仕事の有無（1948・1949年度生）							
	（再掲）該当コーホート計		59歳時の勤め先の企業・団体等の組織全体の従業者数（除：自営業）					
			300人以上		30～299人		30人未満	
説明変数	Coef.	[Std. Err.]	Coef.	[Std. Err.]	Coef.	[Std. Err.]	Coef.	[Std. Err.]
都道府県別失業率	-0.007	[0.006]	0.015	[0.015]	-0.023	[0.014]	0.021	[0.014]
主観的不健康感	-0.031	[0.008] ***	-0.018	[0.019]	-0.052	[0.018] ***	-0.004	[0.014]
57歳	0.030	[0.007] ***	-0.008	[0.007]	-0.005	[0.007]	-0.057	[0.013] ***
58歳	0.010	[0.006] *	-0.019	[0.007] ***	-0.022	[0.008] ***	-0.027	[0.009] ***
60歳	-0.071	[0.009] ***	-0.189	[0.022] ***	-0.142	[0.020] ***	-0.067	[0.016] ***
61歳	-0.105	[0.012] ***	-0.266	[0.029] ***	-0.150	[0.025] ***	-0.149	[0.026] ***
62歳	-0.126	[0.012] ***	-0.292	[0.029] ***	-0.200	[0.024] ***	-0.139	[0.024] ***
63歳	-0.166	[0.012] ***	-0.335	[0.027] ***	-0.257	[0.025] ***	-0.184	[0.025] ***
64歳	-0.222	[0.013] ***	-0.424	[0.028] ***	-0.326	[0.026] ***	-0.194	[0.025] ***
57歳×1949年度生	-0.008	[0.010]	-0.002	[0.014]	-0.027	[0.014] **	0.023	[0.020]
58歳×1949年度生	0.006	[0.009]	0.018	[0.012]	-0.007	[0.013]	-0.010	[0.016]
60歳×1949年度生	-0.016	[0.012]	-0.027	[0.030]	0.004	[0.027]	-0.019	[0.020]
61歳×1949年度生	-0.001	[0.015]	0.040	[0.034]	-0.004	[0.031]	0.026	[0.030]
62歳×1949年度生	0.004	[0.016]	0.032	[0.037]	0.007	[0.033]	0.027	[0.031]
63歳×1949年度生	0.003	[0.017]	0.050	[0.038]	-0.004	[0.037]	0.007	[0.036]
64歳×1949年度生	0.032	[0.018] *	0.107	[0.041] ***	0.037	[0.038]	0.021	[0.038]
定数項	0.938	[0.026] ***	0.944	[0.059] ***	1.104	[0.059] ***	0.917	[0.055] ***
R-sq within	0.094		0.207		0.155		0.071	
R-sq between	0.017		0.033		0.014		0.013	
R-sq overall	0.052		0.141		0.105		0.048	
観測値数	24637		5487		5343		4375	
N	3697		739		729		615	

出所：厚生労働省「中高年者縦断調査（第 1 ～ 10 回）」個票に基づく筆者推計。

注：頑健推定に基づき、***、**、* は各々 1、5、10％水準で係数が有意に 0 と異なることを表す。

附表 D　就業率に関する固定効果線形確率モデルの推計結果（統御・処置群ペア 3：男性 1952・1953 年度生まれ、53 〜 60 歳）

被説明変数	収入になる仕事の有無（1952・1953年度生）						
	該当コーホート計		59歳時の従業上の地位（該当コーホートのサブ・サンプル）				
			正規職員・従業員		パート・派遣・嘱託等		自営業
	Coef.	[Std. Err.]	Coef.	[Std. Err.]	Coef.	[Std. Err.]	Coef.	[Std. Err.]
説明変数								
都道府県別失業率	-0.001	[0.005]	-0.005	[0.005]	0.003	[0.019]	0.002	[0.006]
主観的不健康感	-0.024	[0.007] ***	-0.001	[0.007]	-0.021	[0.024]	-0.004	[0.009]
53歳	0.052	[0.009] ***	-0.010	[0.004] **	-0.077	[0.024] ***	-0.005	[0.005]
54歳	0.038	[0.009] ***	-0.024	[0.007] ***	-0.093	[0.025] ***	-0.009	[0.007]
55歳	0.032	[0.009] ***	-0.023	[0.009] ***	-0.091	[0.026] ***	-0.014	[0.009]
56歳	0.035	[0.008] ***	-0.009	[0.004] **	-0.064	[0.021] ***	-0.005	[0.005]
57歳	0.020	[0.008] ***	-0.006	[0.005]	-0.095	[0.028] ***	-0.011	[0.008]
58歳	0.013	[0.007] *	-0.010	[0.005] **	-0.081	[0.026] ***	-0.016	[0.010]
60歳	-0.097	[0.011] ***	-0.168	[0.016] ***	-0.100	[0.028] ***	-0.037	[0.014] ***
53歳×1953年度生	-0.010	[0.013]	0.001	[0.006]	0.013	[0.033]	-0.027	[0.015] *
54歳×1953年度生	0.005	[0.013]	0.010	[0.008]	-0.002	[0.038]	-0.003	[0.011]
55歳×1953年度生	-0.002	[0.013]	0.007	[0.009]	-0.029	[0.042]	-0.013	[0.016]
56歳×1953年度生	-0.011	[0.013]	-0.005	[0.009]	-0.073	[0.042] *	-0.018	[0.011] *
57歳×1953年度生	-0.006	[0.011]	-0.005	[0.007]	-0.028	[0.041]	0.004	[0.010]
58歳×1953年度生	-0.007	[0.010]	-0.002	[0.007]	0.004	[0.035]	-0.011	[0.016]
60歳×1953年度生	0.037	[0.015] **	0.067	[0.021] ***	-0.004	[0.041]	0.011	[0.019]
定数項	0.917	[0.023] ***	1.022	[0.021] ***	0.995	[0.080] ***	0.990	[0.027] ***
R-sq within	0.038		0.081		0.023		0.010	
R-sq between	0.005		0.003		0.009		0.007	
R-sq overall	0.023		0.068		0.019		0.009	
観測値数	18615		8189		1867		2780	
N	2830		1042		238		355	

被説明変数	収入になる仕事の有無（1952・1953年度生）						
	（再掲）該当コーホート計		59歳時の勤め先の企業・団体等の組織全体の従業者数（除：自営業）				
			300人以上		30〜299人		30人未満
	Coef.	[Std. Err.]	Coef.	[Std. Err.]	Coef.	[Std. Err.]	Coef.	[Std. Err.]
説明変数								
都道府県別失業率	-0.001	[0.005]	0.000	[0.007]	-0.009	[0.008]	-0.010	[0.013]
主観的不健康感	-0.024	[0.007] ***	0.000	[0.011]	-0.011	[0.012]	-0.012	[0.015]
53歳	0.052	[0.009] ***	-0.011	[0.007]	-0.043	[0.013] ***	-0.012	[0.007]
54歳	0.038	[0.009] ***	-0.039	[0.012] ***	-0.029	[0.011] ***	-0.046	[0.015] ***
55歳	0.032	[0.009] ***	-0.040	[0.012] ***	-0.017	[0.008] **	-0.055	[0.016] ***
56歳	0.035	[0.008] ***	-0.019	[0.009] **	-0.024	[0.010] **	-0.010	[0.007]
57歳	0.020	[0.008] ***	-0.024	[0.011] **	-0.024	[0.012] **	-0.010	[0.012]
58歳	0.013	[0.007] *	-0.024	[0.010] **	-0.016	[0.009] *	-0.026	[0.013] **
60歳	-0.097	[0.011] ***	-0.232	[0.027] ***	-0.118	[0.021] ***	-0.088	[0.021] ***
53歳×1953年度生	-0.010	[0.013]	0.012	[0.007] *	0.021	[0.016]	-0.033	[0.018] *
54歳×1953年度生	0.005	[0.013]	0.017	[0.016]	0.006	[0.014]	-0.008	[0.022]
55歳×1953年度生	-0.002	[0.013]	0.012	[0.017]	-0.012	[0.014]	0.001	[0.023]
56歳×1953年度生	-0.011	[0.013]	-0.020	[0.016]	0.000	[0.016]	-0.024	[0.021]
57歳×1953年度生	-0.006	[0.011]	-0.010	[0.015]	0.004	[0.015]	-0.021	[0.018]
58歳×1953年度生	-0.007	[0.010]	0.005	[0.013]	0.000	[0.012]	-0.008	[0.020]
60歳×1953年度生	0.037	[0.015] **	0.100	[0.035] ***	0.025	[0.029]	0.000	[0.031]
定数項	0.917	[0.023] ***	1.001	[0.031] ***	1.039	[0.036] ***	1.046	[0.054] ***
R-sq within	0.038		0.104		0.035		0.022	
R-sq between	0.005		0.006		0.000		0.000	
R-sq overall	0.023		0.084		0.027		0.015	
観測値数	18615		3820		3748		2804	
N	2830		486		477		358	

出所：厚生労働省「中高年者縦断調査（第 1 〜 10 回）」個票に基づく筆者推計。

注：頑健推定に基づき、***、**、* は各々 1、5、10％水準で係数が有意に 0 と異なることを表す。

附表 E　公的年金含む本人所得の有無に関する固定効果線形確率モデルの推計結果（統御・処置群ペア1：男性1946・1947年度生まれ、59～66歳）

被説明変数	公的年金含む本人所得の有無（1946・1947年度生）							
	該当コーホート計		59歳時の従業上の地位（該当コーホートのサブ・サンプル）					
			正規職員・従業員		パート・派遣・嘱託等		自営業	
	Coef.	[Std. Err.]	Coef.	[Std. Err.]	Coef.	[Std. Err.]	Coef.	[Std. Err.]
説明変数								
都道府県別失業率	0.003	[0.005]	0.001	[0.006]	0.002	[0.011]	0.011	[0.011]
主観的不健康感	-0.011	[0.007]	-0.006	[0.009]	0.016	[0.021]	-0.024	[0.013] *
60歳	-0.008	[0.009]	-0.064	[0.011] ***	-0.047	[0.028] *	0.016	[0.017]
61歳	0.040	[0.009] ***	-0.023	[0.008] ***	-0.075	[0.030] **	0.049	[0.016] ***
62歳	0.064	[0.008] ***	-0.005	[0.006]	-0.009	[0.021]	0.048	[0.017] ***
63歳	0.036	[0.010] ***	-0.028	[0.010] ***	-0.101	[0.039] ***	0.036	[0.021] *
64歳	0.022	[0.010] **	-0.039	[0.010] ***	-0.094	[0.034] ***	0.020	[0.021]
65歳	0.019	[0.010] *	-0.045	[0.011] ***	-0.112	[0.038] ***	0.048	[0.018] ***
66歳	0.000	[0.011]	-0.080	[0.013] ***	-0.115	[0.037] ***	0.027	[0.020]
60歳×1947年度生	0.032	[0.012] ***	0.043	[0.013] ***	0.032	[0.035]	-0.019	[0.023]
61歳×1947年度生	0.018	[0.012]	0.016	[0.011]	0.084	[0.036] **	-0.030	[0.023]
62歳×1947年度生	-0.020	[0.012]	-0.019	[0.011] *	-0.005	[0.031]	-0.036	[0.023]
63歳×1947年度生	-0.018	[0.013]	-0.016	[0.013]	0.051	[0.045]	-0.034	[0.026]
64歳×1947年度生	-0.007	[0.013]	-0.008	[0.014]	0.042	[0.041]	-0.027	[0.027]
65歳×1947年度生	-0.001	[0.014]	-0.024	[0.015]	0.076	[0.044] *	-0.020	[0.027]
66歳×1947年度生	0.025	[0.015] *	0.018	[0.017]	0.073	[0.045]	0.013	[0.027]
定数項	0.898	[0.020] ***	0.990	[0.025] ***	0.968	[0.046] ***	0.888	[0.043] ***
R-sq within	0.011		0.019		0.025		0.010	
R-sq between	0.013		0.023		0.003		0.002	
R-sq overall	0.010		0.016		0.014		0.010	
観測値数	21173		9975		1984		4426	
N	3372		1513		315		745	

被説明変数	公的年金含む本人所得の有無（1946・1947年度生）							
	（再掲）該当コーホート計		59歳時の勤め先の企業・団体等の組織全体の従業者数（除：自営業）					
			300人以上		30～299人		30人未満	
	Coef.	[Std. Err.]	Coef.	[Std. Err.]	Coef.	[Std. Err.]	Coef.	[Std. Err.]
説明変数								
都道府県別失業率	0.003	[0.005]	-0.006	[0.009]	0.002	[0.009]	0.011	[0.009]
主観的不健康感	-0.011	[0.007]	-0.014	[0.015]	-0.008	[0.013]	0.009	[0.012]
60歳	-0.008	[0.009]	-0.076	[0.017] ***	-0.040	[0.014] ***	-0.056	[0.017] ***
61歳	0.040	[0.009] ***	-0.023	[0.012] *	-0.030	[0.012] **	-0.028	[0.013] **
62歳	0.064	[0.008] ***	-0.004	[0.008]	-0.004	[0.010]	-0.023	[0.013] *
63歳	0.036	[0.010] ***	-0.015	[0.013]	-0.052	[0.019] ***	-0.042	[0.017] **
64歳	0.022	[0.010] **	-0.047	[0.017] ***	-0.044	[0.017] ***	-0.060	[0.018] ***
65歳	0.019	[0.010] *	-0.059	[0.017] ***	-0.045	[0.016] ***	-0.064	[0.019] ***
66歳	0.000	[0.011]	-0.095	[0.020] ***	-0.050	[0.016] ***	-0.092	[0.022] ***
60歳×1947年度生	0.032	[0.012] ***	0.069	[0.020] ***	0.030	[0.018] *	0.015	[0.022]
61歳×1947年度生	0.018	[0.012]	0.023	[0.016]	0.051	[0.016] ***	0.008	[0.018]
62歳×1947年度生	-0.020	[0.012]	0.001	[0.014]	-0.003	[0.017]	-0.020	[0.020]
63歳×1947年度生	-0.018	[0.013]	-0.014	[0.018]	0.026	[0.023]	-0.029	[0.022]
64歳×1947年度生	-0.007	[0.013]	0.009	[0.020]	-0.004	[0.023]	0.016	[0.023]
65歳×1947年度生	-0.001	[0.014]	-0.010	[0.024]	-0.012	[0.024]	0.029	[0.024]
66歳×1947年度生	0.025	[0.015] *	0.055	[0.024] **	-0.003	[0.024]	0.031	[0.028]
定数項	0.898	[0.020] ***	1.020	[0.034] ***	0.979	[0.037] ***	0.944	[0.037] ***
R-sq within	0.011		0.026		0.018		0.016	
R-sq between	0.013		0.018		0.008		0.006	
R-sq overall	0.010		0.024		0.011		0.011	
観測値数	21173		4348		4400		4118	
N	3372		641		696		647	

出所：厚生労働省「中高年者縦断調査（第1～10回）」個票に基づく筆者推計。

注：頑健推定に基づき、***、**、*は各々1、5、10％水準で係数が有意に0と異なることを表す。

附表 F　公的年金含む本人所得の有無に関する固定効果線形確率モデルの推計結果（統御・処置群ペア 2：男性 1948・1949 年度生まれ、57 ～ 64 歳）

被説明変数	公的年金含む本人所得の有無（1948・1949 年度生）											
	該当コーホート計			59歳時の従業上の地位（該当コーホートのサブ・サンプル）								
				正規職員・従業員			パート・派遣・嘱託等			自営業		
	Coef.	[Std. Err.]		Coef.	[Std. Err.]		Coef.	[Std. Err.]		Coef.	[Std. Err.]	
説明変数												
都道府県別失業率	0.004	[0.005]		0.009	[0.005]		-0.018	[0.014]		0.009	[0.010]	
主観的不健康感	-0.016	[0.007]	**	0.001	[0.008]		-0.021	[0.021]		-0.021	[0.014]	
57歳	0.039	[0.008]	***	0.009	[0.007]		0.026	[0.025]		0.015	[0.015]	
58歳	0.024	[0.007]	***	0.009	[0.006]		0.002	[0.023]		0.004	[0.014]	
60歳	0.024	[0.010]	**	-0.043	[0.011]	***	0.012	[0.023]		-0.009	[0.017]	
61歳	0.044	[0.011]	***	-0.028	[0.011]	**	0.041	[0.025]		0.002	[0.020]	
62歳	0.035	[0.010]	***	-0.031	[0.011]	***	-0.004	[0.026]		0.015	[0.017]	
63歳	0.036	[0.010]	***	-0.038	[0.011]	***	0.003	[0.025]		0.020	[0.019]	
64歳	0.029	[0.010]	***	-0.034	[0.010]	***	-0.002	[0.025]		0.008	[0.019]	
57歳×1949年度生	0.013	[0.012]		0.020	[0.012]		-0.058	[0.043]		-0.004	[0.022]	
58歳×1949年度生	0.007	[0.011]		0.018	[0.011]	*	-0.023	[0.038]		-0.015	[0.021]	
60歳×1949年度生	0.012	[0.013]		0.025	[0.015]	*	0.020	[0.033]		0.018	[0.023]	
61歳×1949年度生	0.004	[0.014]		0.033	[0.014]	**	-0.039	[0.039]		-0.004	[0.027]	
62歳×1949年度生	0.011	[0.015]		0.024	[0.016]		0.009	[0.042]		-0.013	[0.025]	
63歳×1949年度生	0.016	[0.015]		0.036	[0.017]	**	-0.041	[0.046]		0.006	[0.025]	
64歳×1949年度生	0.029	[0.015]	*	0.032	[0.016]	**	0.007	[0.041]		0.011	[0.027]	
定数項	0.874	[0.021]	***	0.937	[0.022]	***	1.021	[0.060]	***	0.904	[0.041]	***
R-sq within	0.006			0.011			0.008			0.005		
R-sq between	0.017			0.000			0.004			0.005		
R-sq overall	0.008			0.004			0.004			0.008		
観測値数	21625			10500			2120			4169		
N	3628			1595			329			682		

被説明変数	公的年金含む本人所得の有無（1948・1949 年度生）											
	（再掲）該当コーホート計			59歳時の勤め先の企業・団体等の組織全体の従業者数（除：自営業）								
				300人以上			30～299人			30人未満		
	Coef.	[Std. Err.]		Coef.	[Std. Err.]		Coef.	[Std. Err.]		Coef.	[Std. Err.]	
説明変数												
都道府県別失業率	0.004	[0.005]		0.021	[0.008]	**	-0.006	[0.008]		0.008	[0.009]	
主観的不健康感	-0.016	[0.007]	**	0.017	[0.010]	*	-0.032	[0.012]	***	-0.006	[0.014]	
57歳	0.039	[0.008]	***	0.000	[0.007]		0.030	[0.012]	**	-0.009	[0.015]	
58歳	0.024	[0.007]	***	-0.007	[0.008]		0.027	[0.011]	***	-0.003	[0.012]	
60歳	0.024	[0.010]	**	-0.061	[0.015]	***	-0.016	[0.016]		-0.020	[0.014]	
61歳	0.044	[0.011]	***	-0.058	[0.016]	***	0.007	[0.015]		-0.024	[0.019]	
62歳	0.035	[0.010]	***	-0.056	[0.016]	***	-0.009	[0.015]		-0.027	[0.017]	
63歳	0.036	[0.010]	***	-0.070	[0.016]	***	-0.015	[0.016]		-0.034	[0.017]	**
64歳	0.029	[0.010]	***	-0.063	[0.015]	***	-0.022	[0.016]		-0.021	[0.016]	
57歳×1949年度生	0.013	[0.012]		0.040	[0.018]	**	-0.003	[0.021]		0.008	[0.023]	
58歳×1949年度生	0.007	[0.011]		0.050	[0.017]	***	-0.002	[0.018]		-0.002	[0.021]	
60歳×1949年度生	0.012	[0.013]		0.033	[0.023]		0.019	[0.022]		0.003	[0.020]	
61歳×1949年度生	0.004	[0.014]		0.061	[0.022]	***	0.013	[0.023]		0.022	[0.024]	
62歳×1949年度生	0.011	[0.015]		0.051	[0.025]	**	0.019	[0.024]		0.008	[0.026]	
63歳×1949年度生	0.016	[0.015]		0.076	[0.025]	***	0.023	[0.026]		0.009	[0.026]	
64歳×1949年度生	0.029	[0.015]	*	0.086	[0.024]	***	0.020	[0.028]		0.003	[0.024]	
定数項	0.874	[0.021]	***	0.889	[0.034]	***	0.987	[0.033]	***	0.940	[0.036]	***
R-sq within	0.006			0.018			0.012			0.004		
R-sq between	0.026			0.001			0.005			0.000		
R-sq overall	0.010			0.007			0.009			0.001		
観測値数	21625			4991			4686			3816		
N	3628			734			726			612		

出所：厚生労働省「中高年者縦断調査（第 1 ～ 10 回）」個票に基づく筆者推計。

注：頑健推定に基づき、***、**、* は各々 1、5、10％水準で係数が有意に 0 と異なることを表す。

附表G 公的年金含む本人所得の有無に関する固定効果線形確率モデルの推計結果（統御・処置群ペア3：男性1952・1953年度生まれ、53～60歳）

上段パネル

被説明変数	（所得）該当コーホート計		公的年金含む本人所得の有無（1952・1953年度生）							
			該当コーホート計		59歳時の従業上の地位（該当コーホート・サンプル）					
					正規職員・従業員		パート派遣・嘱託等		自営業	
説明変数	Coef	[Std Err]	Coef	[Std Err]	Coef	[Std Err]	Coef	[Std Err]	Coef	[Std Err]
都道府県別失業率	0.000	[0.006]	0.000	[0.007]	0.003	[0.007]	0.014	[0.018]	-0.014	[0.012]
主観的不健康感	-0.028	[0.008] ***	-0.028	[0.008] ***	-0.012	[0.008]	-0.005	[0.025]	-0.006	[0.020]
53歳	0.034	[0.009] ***	0.034	[0.009] ***	0.001	[0.005]	-0.069	[0.029] **	-0.003	[0.013]
54歳	0.037	[0.010] ***	0.037	[0.010] ***	0.003	[0.007]	-0.039	[0.026]	0.002	[0.017]
55歳	0.014	[0.010]	0.014	[0.010]	-0.014	[0.009]	-0.085	[0.033] **	-0.003	[0.014]
56歳	0.002	[0.010]	0.002	[0.010]	-0.032	[0.010] ***	-0.086	[0.031] ***	0.018	[0.015]
57歳	0.010	[0.010]	0.010	[0.010]	-0.022	[0.010] **	-0.096	[0.033] **	0.009	[0.024]
58歳	0.013	[0.008] *	0.013	[0.008] *	-0.003	[0.006]	-0.098	[0.029] ***	0.005	[0.019]
60歳	0.017	[0.009] *	0.017	[0.009] *	-0.021	[0.008] **	-0.026	[0.026]	-0.014	[0.022]
53歳×1953年度生	0.004	[0.014]	0.004	[0.014]	0.001	[0.009]	-0.016	[0.040]	0.029	[0.029]
54歳×1953年度生	-0.014	[0.014]	-0.014	[0.014]	-0.011	[0.010]	-0.056	[0.040]	-0.012	[0.033]
55歳×1953年度生	-0.009	[0.015]	-0.009	[0.015]	-0.024	[0.015]	0.025	[0.042]	0.008	[0.034]
56歳×1953年度生	0.009	[0.015]	0.011	[0.015]	0.011	[0.015]	-0.025	[0.046]	-0.031	[0.032]
57歳×1953年度生	0.011	[0.013]	0.016	[0.011]	0.016	[0.011]	0.028	[0.038]	0.018	[0.033]
58歳×1953年度生	-0.014	[0.012]	-0.006	[0.010]	-0.006	[0.010]	0.022	[0.039]	-0.015	[0.032]
60歳×1953年度生	-0.050	[0.014] ***	-0.033	[0.015] **	-0.033	[0.015] **	-0.072	[0.039] *	-0.019	[0.034]
定数項	0.914	[0.024] ***	0.977	[0.027] ***	0.977	[0.027] ***	0.930	[0.076] ***	0.997	[0.052] ***
R-sq within	0.009		0.014		0.014		0.021		0.006	
R-sq between	0.008		0.001		0.001		0.002		0.001	
R-sq overall	0.009		0.011		0.011		0.014		0.003	
観測値数	15919		7142		7142		1690		2303	
N	2747		1037		1037		238		348	

下段パネル

被説明変数	（所得）該当コーホート計		公的年金含む本人所得の有無（1952・1953年度生）							
			59歳時の勤める先の企業・団体等の従業者数（除：自営業）							
			300人以上		30～299人		30人未満			
説明変数	Coef	[Std Err]	Coef	[Std Err]	Coef	[Std Err]	Coef	[Std Err]		
都道府県別失業率	0.000	[0.006]	0.004	[0.009]	-0.002	[0.011]	0.011	[0.013]		
主観的不健康感	-0.028	[0.008] ***	-0.008	[0.011]	-0.006	[0.014]	-0.022	[0.016]		
53歳	0.034	[0.009] ***	-0.009	[0.012]	-0.011	[0.013]	-0.020	[0.012] *		
54歳	0.037	[0.010] ***	0.000	[0.012]	-0.002	[0.013]	-0.021	[0.016]		
55歳	0.014	[0.010]	-0.027	[0.017]	-0.016	[0.016]	-0.054	[0.018] ***		
56歳	0.002	[0.010]	-0.041	[0.017] **	-0.053	[0.019] ***	-0.041	[0.018] **		
57歳	0.010	[0.010]	-0.028	[0.016] *	-0.031	[0.018] *	-0.040	[0.019] **		
58歳	0.013	[0.008] *	-0.011	[0.012]	-0.007	[0.012]	-0.043	[0.015] ***		
60歳	0.017	[0.009] *	-0.024	[0.015]	-0.028	[0.015] *	-0.015	[0.013]		
53歳×1953年度生	0.004	[0.014]	0.016	[0.014]	0.006	[0.019]	-0.018	[0.025]		
54歳×1953年度生	-0.014	[0.014]	-0.007	[0.016]	-0.025	[0.019]	-0.015	[0.027]		
55歳×1953年度生	-0.009	[0.015]	-0.011	[0.026]	-0.010	[0.022]	0.007	[0.031]		
56歳×1953年度生	0.009	[0.013]	0.009	[0.024]	0.046	[0.024] *	-0.013	[0.031]		
57歳×1953年度生	0.011	[0.012]	0.017	[0.018]	0.029	[0.019]	0.016	[0.022]		
58歳×1953年度生	-0.014	[0.012]	-0.002	[0.016]	0.010	[0.016]	-0.005	[0.024]		
60歳×1953年度生	-0.050	[0.014] ***	-0.043	[0.024] *	-0.018	[0.023]	-0.036	[0.024]		
定数項	0.914	[0.024] ***	0.977	[0.038] ***	0.992	[0.049] ***	0.942	[0.054] ***		
R-sq within	0.009		0.018		0.011		0.011			
R-sq between	0.008		0.007		0.006		0.014			
R-sq overall	0.009		0.015		0.009		0.012			
観測値数	15919		3372		3272		2483			
N	2747		484		475		358			

出所：厚生労働省「中高年者縦断調査（第1～10回）」個票に基づく筆者推計。

注：頑健推定に基づき、***、**、*は各々1、5、10％水準で係数が有意に0と異なることを表す。

附表 H　公的年金含む本人所得額（ln、円）に関する固定効果線形確率モデルの推計結果（統御・処置群ペア1：男性1946・1947年度生まれ、59～66歳、「本人所得無し」を除く）

被説明変数	ln 公的年金含む本人所得額（1946・1947年度生）　※「所得無し」を除く						
	該当コーホート計		59歳時の従業上の地位（該当コーホートのサブ・サンプル）				
			正規職員・従業員		パート・派遣・嘱託等		自営業
	Coef. [Std. Err.]		Coef. [Std. Err.]		Coef. [Std. Err.]		Coef. [Std. Err.]
説明変数							
都道府県別失業率	-0.009 [0.014]		-0.018 [0.018]		-0.025 [0.034]		0.024 [0.035]
主観的不健康感	-0.057 [0.017] ***		-0.040 [0.022] *		-0.119 [0.046] ***		-0.039 [0.040]
60歳	-0.196 [0.021] ***		-0.327 [0.030] ***		-0.055 [0.067]		-0.039 [0.045]
61歳	-0.299 [0.024] ***		-0.463 [0.032] ***		-0.060 [0.072]		-0.085 [0.053]
62歳	-0.416 [0.027] ***		-0.572 [0.037] ***		-0.171 [0.083] **		-0.212 [0.058] ***
63歳	-0.325 [0.029] ***		-0.453 [0.039] ***		-0.070 [0.096]		-0.242 [0.072] ***
64歳	-0.207 [0.027] ***		-0.326 [0.035] ***		0.055 [0.088]		-0.045 [0.067]
65歳	-0.230 [0.027] ***		-0.393 [0.036] ***		0.018 [0.074]		-0.062 [0.064]
66歳	-0.277 [0.028] ***		-0.448 [0.035] ***		-0.043 [0.073]		0.008 [0.067]
60歳×1947年度生	-0.051 [0.028] *		-0.027 [0.038]		0.089 [0.085]		-0.106 [0.065]
61歳×1947年度生	-0.054 [0.034]		-0.020 [0.045]		0.141 [0.093]		-0.181 [0.079] **
62歳×1947年度生	0.123 [0.036] ***		0.124 [0.048] ***		0.225 [0.108] **		0.027 [0.083]
63歳×1947年度生	0.069 [0.037] *		0.043 [0.048]		0.117 [0.115]		0.160 [0.090] *
64歳×1947年度生	-0.045 [0.036]		-0.096 [0.046] **		0.088 [0.113]		-0.080 [0.083]
65歳×1947年度生	-0.023 [0.036]		-0.019 [0.047]		0.124 [0.101]		-0.083 [0.083]
66歳×1947年度生	0.036 [0.037]		0.019 [0.046]		0.124 [0.097]		-0.039 [0.091]
定数項	12.786 [0.056] ***		12.960 [0.072] ***		12.316 [0.145] ***		12.612 [0.141] ***
R-sq within	0.040		0.094		0.018		0.016
R-sq between	0.038		0.035		0.027		0.009
R-sq overall	0.030		0.059		0.022		0.010
観測値数	19729		9561		1869		4186
N	3316		1510		314		734

被説明変数	ln 公的年金含む本人所得額（1946・1947年度生）　※「所得無し」を除く						
	（再掲）該当コーホート計		59歳時の勤め先の企業・団体等の組織全体の従業者数（除：自営業）				
			300人以上		30～299人		30人未満
	Coef. [Std. Err.]		Coef. [Std. Err.]		Coef. [Std. Err.]		Coef. [Std. Err.]
説明変数							
都道府県別失業率	-0.009 [0.014]		-0.018 [0.027]		-0.034 [0.029]		-0.011 [0.031]
主観的不健康感	-0.057 [0.017] ***		-0.028 [0.031]		-0.078 [0.035] **		-0.036 [0.037]
60歳	-0.196 [0.021] ***		-0.388 [0.045] ***		-0.280 [0.042] ***		-0.030 [0.044]
61歳	-0.299 [0.024] ***		-0.489 [0.050] ***		-0.343 [0.046] ***		-0.202 [0.052] ***
62歳	-0.416 [0.027] ***		-0.662 [0.051] ***		-0.391 [0.058] ***		-0.341 [0.063] ***
63歳	-0.325 [0.029] ***		-0.549 [0.056] ***		-0.265 [0.062] ***		-0.267 [0.070] ***
64歳	-0.207 [0.027] ***		-0.377 [0.049] ***		-0.233 [0.058] ***		-0.224 [0.066] ***
65歳	-0.230 [0.027] ***		-0.461 [0.050] ***		-0.307 [0.060] ***		-0.139 [0.064] **
66歳	-0.277 [0.028] ***		-0.525 [0.049] ***		-0.355 [0.060] ***		-0.307 [0.057] ***
60歳×1947年度生	-0.051 [0.028] *		0.049 [0.057]		0.024 [0.055]		-0.162 [0.060] ***
61歳×1947年度生	-0.054 [0.034]		-0.008 [0.071]		0.022 [0.070]		-0.071 [0.072]
62歳×1947年度生	0.123 [0.036] ***		0.179 [0.072] **		0.099 [0.072]		0.123 [0.086]
63歳×1947年度生	0.069 [0.037] *		0.105 [0.070]		0.053 [0.077]		-0.023 [0.084]
64歳×1947年度生	-0.045 [0.036]		-0.094 [0.068]		-0.031 [0.074]		0.025 [0.085]
65歳×1947年度生	-0.023 [0.036]		0.055 [0.068]		0.004 [0.078]		-0.096 [0.081]
66歳×1947年度生	0.036 [0.037]		0.054 [0.066]		0.042 [0.075]		0.087 [0.076]
定数項	12.786 [0.056] ***		13.077 [0.107] ***		12.942 [0.114] ***		12.727 [0.127] ***
R-sq within	0.040		0.115		0.050		0.036
R-sq between	0.038		0.030		0.019		0.006
R-sq overall	0.030		0.065		0.028		0.019
観測値数	19729		4182		4222		3923
N	3316		640		693		647

出所：厚生労働省「中高年者縦断調査（第1～10回）」個票に基づく筆者推計。

注：頑健推定に基づき、***、**、*は各々1、5、10％水準で係数が有意に0と異なることを表す。

附表 I　公的年金含む本人所得額（ln、円）に関する固定効果線形確率モデルの推計結果（統御・処置群ペア 2：男性 1948・1949 年度生まれ、57 ～ 64 歳、「本人所得無し」を除く）

被説明変数	ln 公的年金含む本人所得額（1948・1949年度生）　※「所得無し」を除く							
	該当コーホート計		59歳時の従業上の地位（該当コーホートのサブ・サンプル）					
			正規職員・従業員		パート・派遣・嘱託等		自営業	
	Coef.	[Std. Err.]	Coef.	[Std. Err.]	Coef.	[Std. Err.]	Coef.	[Std. Err.]
説明変数								
都道府県別失業率	-0.041	[0.015] ***	-0.023	[0.019]	-0.022	[0.039]	-0.089	[0.040] **
主観的不健康感	-0.024	[0.017]	-0.022	[0.021]	-0.017	[0.046]	-0.052	[0.043]
57歳	0.092	[0.018] ***	0.055	[0.021] ***	0.205	[0.063] ***	0.114	[0.048] **
58歳	0.073	[0.017] ***	0.036	[0.020] *	0.129	[0.059] **	0.118	[0.044] ***
60歳	-0.204	[0.023] ***	-0.359	[0.031] ***	0.157	[0.059] ***	-0.032	[0.053]
61歳	-0.179	[0.029] ***	-0.391	[0.040] ***	0.096	[0.084]	0.140	[0.070] **
62歳	-0.167	[0.028] ***	-0.374	[0.034] ***	0.243	[0.073] ***	0.093	[0.074]
63歳	-0.233	[0.025] ***	-0.436	[0.032] ***	0.194	[0.069] ***	-0.041	[0.061]
64歳	-0.149	[0.027] ***	-0.356	[0.033] ***	0.333	[0.076] ***	-0.020	[0.064]
57歳×1949年度生	-0.021	[0.028]	-0.045	[0.033]	0.042	[0.089]	-0.059	[0.076]
58歳×1949年度生	-0.038	[0.028]	-0.057	[0.033] *	0.015	[0.086]	-0.036	[0.072]
60歳×1949年度生	0.016	[0.033]	-0.007	[0.044]	-0.049	[0.077]	0.101	[0.079]
61歳×1949年度生	-0.014	[0.037]	-0.012	[0.048]	0.013	[0.108]	-0.059	[0.086]
62歳×1949年度生	-0.058	[0.038]	-0.060	[0.048]	-0.201	[0.100] **	-0.007	[0.104]
63歳×1949年度生	-0.037	[0.039]	-0.038	[0.048]	-0.022	[0.113]	-0.044	[0.095]
64歳×1949年度生	-0.140	[0.040] ***	-0.141	[0.049] ***	-0.241	[0.114] **	-0.094	[0.098]
定数項	12.861	[0.061] ***	12.946	[0.078] ***	12.228	[0.162] ***	12.963	[0.161] ***
R-sq within	0.058		0.145		0.027		0.014	
R-sq between	0.022		0.014		0.004		0.002	
R-sq overall	0.034		0.091		0.015		0.004	
観測値数	19990		10134		1993		3944	
N	3538		1590		324		673	

被説明変数	ln 公的年金含む本人所得額（1948・1949年度生）　※「所得無し」を除く							
	（再掲）該当コーホート計		59歳時の勤め先の企業・団体等の組織全体の従業者数（除：自営業）					
			300人以上		30～299人		30人未満	
	Coef.	[Std. Err.]	Coef.	[Std. Err.]	Coef.	[Std. Err.]	Coef.	[Std. Err.]
説明変数								
都道府県別失業率	-0.041	[0.015] ***	0.014	[0.028]	-0.056	[0.029] *	-0.017	[0.032]
主観的不健康感	-0.024	[0.017]	-0.003	[0.033]	-0.019	[0.033]	-0.042	[0.034]
57歳	0.092	[0.018] ***	0.080	[0.039] **	0.055	[0.030] *	0.034	[0.037]
58歳	0.073	[0.017] ***	0.073	[0.037] **	0.067	[0.031] **	-0.005	[0.033]
60歳	-0.204	[0.023] ***	-0.403	[0.051] ***	-0.217	[0.043] ***	-0.113	[0.045] **
61歳	-0.179	[0.029] ***	-0.482	[0.058] ***	-0.200	[0.057] ***	-0.155	[0.064] **
62歳	-0.167	[0.028] ***	-0.430	[0.057] ***	-0.217	[0.049] ***	-0.110	[0.059] *
63歳	-0.233	[0.025] ***	-0.457	[0.048] ***	-0.297	[0.051] ***	-0.176	[0.060] ***
64歳	-0.149	[0.027] ***	-0.432	[0.050] ***	-0.180	[0.053] ***	0.012	[0.063]
57歳×1949年度生	-0.021	[0.028]	-0.039	[0.056]	-0.013	[0.050]	0.035	[0.060]
58歳×1949年度生	-0.038	[0.028]	-0.070	[0.052]	-0.065	[0.051]	0.038	[0.060]
60歳×1949年度生	0.016	[0.033]	-0.090	[0.069]	0.095	[0.063]	-0.002	[0.065]
61歳×1949年度生	-0.014	[0.037]	0.041	[0.070]	-0.001	[0.070]	-0.012	[0.088]
62歳×1949年度生	-0.058	[0.038]	-0.067	[0.074]	-0.022	[0.069]	-0.058	[0.082]
63歳×1949年度生	-0.037	[0.039]	-0.016	[0.070]	0.043	[0.079]	-0.098	[0.091]
64歳×1949年度生	-0.140	[0.040] ***	-0.109	[0.071]	-0.148	[0.077] *	-0.236	[0.093] **
定数項	12.861	[0.061] ***	12.936	[0.111] ***	12.931	[0.119] ***	12.738	[0.127] ***
R-sq within	0.058		0.175		0.069		0.034	
R-sq between	0.022		0.035		0.004		0.001	
R-sq overall	0.034		0.111		0.033		0.016	
観測値数	19990		4812		4512		3657	
N	3538		733		723		606	

出所：厚生労働省「中高年者縦断調査（第 1 ～ 10 回）」個票に基づく筆者推計。

注：頑健推定に基づき、***、**、* は各々 1、5、10％水準で係数が有意に 0 と異なることを表す。

附表 J　公的年金含む本人所得額（ln、円）に関する固定効果線形確率モデルの推計結果（統御・処置群ペア3：男性1952・1953年度生まれ、53～60歳、「本人所得無し」を除く）

被説明変数	ln 公的年金含む本人所得額(1952・1953年生)　※「所得無し」を除く						
	該当コーホート計		59歳時の従業上の地位（該当コーホートのサブ・サンプル）				
			正規職員・従業員		パート・派遣・嘱託等		自営業
	Coef.	[Std. Err.]	Coef.	[Std. Err.]	Coef.	[Std. Err.]	Coef.	[Std. Err.]
説明変数							
都道府県別失業率	0.010	[0.017]	0.038	[0.022] *	0.026	[0.049]	-0.036	[0.056]
主観的不健康感	-0.009	[0.020]	-0.029	[0.027]	0.000	[0.051]	0.037	[0.066]
53歳	0.012	[0.029]	-0.077	[0.038] **	0.256	[0.079] ***	0.089	[0.074]
54歳	0.008	[0.029]	-0.091	[0.036] **	0.319	[0.085] ***	0.100	[0.075]
55歳	-0.025	[0.030]	-0.075	[0.038] **	0.149	[0.087] *	-0.005	[0.075]
56歳	-0.056	[0.031] *	-0.100	[0.042] **	0.008	[0.096]	-0.007	[0.076]
57歳	-0.010	[0.032]	-0.069	[0.042]	0.030	[0.093]	0.104	[0.089]
58歳	0.009	[0.033]	-0.041	[0.043]	-0.014	[0.095]	0.110	[0.078]
60歳	-0.242	[0.035] ***	-0.409	[0.046] ***	0.124	[0.096]	0.030	[0.083]
53歳×1953年度生	-0.010	[0.043]	0.033	[0.055]	0.068	[0.122]	-0.136	[0.112]
54歳×1953年度生	-0.029	[0.042]	-0.006	[0.053]	-0.061	[0.127]	-0.121	[0.111]
55歳×1953年度生	-0.016	[0.046]	-0.031	[0.059]	0.033	[0.146]	-0.069	[0.117]
56歳×1953年度生	0.013	[0.050]	-0.057	[0.064]	0.278	[0.151] *	-0.035	[0.125]
57歳×1953年度生	-0.020	[0.046]	-0.017	[0.060]	0.096	[0.137]	-0.071	[0.117]
58歳×1953年度生	-0.018	[0.047]	-0.055	[0.061]	0.119	[0.131]	-0.022	[0.121]
60歳×1953年度生	0.038	[0.053]	0.068	[0.069]	0.049	[0.145]	-0.095	[0.122]
定数項	12.807	[0.075] ***	12.867	[0.096] ***	12.086	[0.204] ***	12.967	[0.238] ***
R-sq within	0.017		0.047		0.034		0.007	
R-sq between	0.000		0.000		0.000		0.002	
R-sq overall	0.007		0.026		0.016		0.000	
観測値数	14696		6968		1560		2156	
N	2664		1034		238		341	

被説明変数	ln 公的年金含む本人所得額(1952・1953年度生)　※「所得無し」を除く						
	(再掲) 該当コーホート計		59歳時の勤め先の企業・団体等の組織全体の従業者数（除：自営業）				
			300人以上		30～299人		30人未満
	Coef.	[Std. Err.]	Coef.	[Std. Err.]	Coef.	[Std. Err.]	Coef.	[Std. Err.]
説明変数							
都道府県別失業率	0.010	[0.017]	0.080	[0.037] **	-0.025	[0.034]	-0.007	[0.032]
主観的不健康感	-0.009	[0.020]	-0.059	[0.038]	0.008	[0.042]	-0.062	[0.044]
53歳	0.012	[0.029]	-0.103	[0.061] *	-0.066	[0.055]	0.116	[0.056] **
54歳	0.008	[0.029]	-0.125	[0.064] *	-0.056	[0.052]	0.120	[0.054] **
55歳	-0.025	[0.030]	-0.140	[0.063] **	-0.082	[0.058]	0.101	[0.059] *
56歳	-0.056	[0.031] *	-0.170	[0.067] **	-0.108	[0.066]	0.066	[0.059]
57歳	-0.010	[0.032]	-0.116	[0.070] *	-0.084	[0.055]	0.132	[0.064] **
58歳	0.009	[0.033]	-0.130	[0.068] *	0.024	[0.064]	0.065	[0.063]
60歳	-0.242	[0.035] ***	-0.538	[0.077] ***	-0.276	[0.061] ***	0.072	[0.069]
53歳×1953年度生	-0.010	[0.043]	0.121	[0.082]	0.008	[0.083]	-0.010	[0.092]
54歳×1953年度生	-0.029	[0.042]	0.065	[0.082]	-0.032	[0.081]	-0.111	[0.089]
55歳×1953年度生	-0.016	[0.046]	0.040	[0.091]	-0.031	[0.085]	-0.021	[0.114]
56歳×1953年度生	0.013	[0.050]	0.079	[0.104]	-0.031	[0.095]	-0.036	[0.111]
57歳×1953年度生	-0.020	[0.046]	0.080	[0.094]	-0.004	[0.083]	-0.091	[0.105]
58歳×1953年度生	-0.018	[0.047]	0.129	[0.094]	-0.107	[0.092]	-0.013	[0.099]
60歳×1953年度生	0.038	[0.053]	0.192	[0.107] *	0.088	[0.106]	-0.089	[0.110]
定数項	12.807	[0.075] ***	12.797	[0.157] ***	12.992	[0.145] ***	12.694	[0.135] ***
R-sq within	0.017		0.063		0.019		0.007	
R-sq between	0.000		0.000		0.000		0.007	
R-sq overall	0.007		0.026		0.009		0.007	
観測値数	14696		3278		3164		2364	
N	2664		484		473		357	

出所：厚生労働省「中高年者縦断調査（第1～10回）」個票に基づく筆者推計。

注：頑健推定に基づき、***、**、*は各々1、5、10％水準で係数が有意に0と異なることを表す。

附表 K　失業に関する固定効果線形確率モデルの推計結果（統御・処置群ペア 1：男性 1946・1947 年度生まれ、59 〜 66 歳）

被説明変数	失業（1946・1947年度生）						
	該当コーホート計		59歳時の従業上の地位（該当コーホートのサブ・サンプル）				
			正規職員・従業員		パート・派遣・嘱託等		自営業
説明変数	Coef.	[Std. Err.]	Coef.	[Std. Err.]	Coef.	[Std. Err.]	Coef.	[Std. Err.]
都道府県別失業率	0.006	[0.004]	0.007	[0.006]	-0.015	[0.015]	-0.003	[0.005]
主観的不健康感	-0.011	[0.005] **	-0.018	[0.008] **	-0.009	[0.014]	0.004	[0.005]
60歳	0.014	[0.006] **	0.054	[0.009] ***	0.055	[0.023] **	0.002	[0.003]
61歳	0.005	[0.006]	0.030	[0.007] ***	0.065	[0.024] ***	0.006	[0.005]
62歳	0.016	[0.007] **	0.048	[0.008] ***	0.100	[0.030] ***	0.013	[0.006] **
63歳	0.017	[0.008] **	0.052	[0.011] ***	0.101	[0.030] ***	0.005	[0.006]
64歳	0.009	[0.008]	0.044	[0.010] ***	0.064	[0.025] **	0.008	[0.006]
65歳	0.021	[0.008] ***	0.070	[0.011] ***	0.077	[0.027] ***	0.032	[0.011] ***
66歳	0.015	[0.007] **	0.056	[0.010] ***	0.037	[0.020] *	0.012	[0.007] *
60歳×1947年度生	0.007	[0.008]	0.003	[0.012]	-0.012	[0.027]	0.000	[0.004]
61歳×1947年度生	0.004	[0.008]	0.016	[0.011]	-0.013	[0.031]	-0.002	[0.007]
62歳×1947年度生	0.001	[0.010]	0.005	[0.014]	0.009	[0.034]	-0.003	[0.009]
63歳×1947年度生	-0.004	[0.009]	-0.010	[0.012]	-0.008	[0.035]	0.009	[0.007]
64歳×1947年度生	0.002	[0.009]	0.002	[0.012]	0.001	[0.029]	0.011	[0.009]
65歳×1947年度生	-0.003	[0.010]	-0.013	[0.014]	-0.008	[0.034]	-0.022	[0.013] *
66歳×1947年度生	-0.003	[0.010]	-0.010	[0.013]	0.014	[0.027]	-0.006	[0.009]
定数項	0.006	[0.016]	-0.025	[0.024]	0.057	[0.059]	0.010	[0.019]
R-sq within	0.002		0.013		0.022		0.008	
R-sq between	0.001		0.007		0.002		0.001	
R-sq overall	0.001		0.010		0.013		0.005	
観測値数	23415		10762		2177		5152	
N	3451		1537		322		770	

被説明変数	失業（1946・1947年度生）						
	（再掲）該当コーホート計		59歳時の勤め先の企業・団体等の組織全体の従業者数（除：自営業）				
			300人以上		30〜299人		30人未満
説明変数	Coef.	[Std. Err.]	Coef.	[Std. Err.]	Coef.	[Std. Err.]	Coef.	[Std. Err.]
都道府県別失業率	0.006	[0.004]	0.009	[0.010]	0.010	[0.009]	-0.005	[0.009]
主観的不健康感	-0.011	[0.005] **	-0.011	[0.013]	-0.010	[0.012]	-0.025	[0.010] ***
60歳	0.014	[0.006] **	0.055	[0.013] ***	0.053	[0.013] ***	0.042	[0.013] ***
61歳	0.005	[0.006]	0.027	[0.010] ***	0.053	[0.013] ***	0.032	[0.011] ***
62歳	0.016	[0.007] **	0.054	[0.014] ***	0.063	[0.015] ***	0.051	[0.014] ***
63歳	0.017	[0.008] **	0.065	[0.017] ***	0.031	[0.014] **	0.072	[0.018] ***
64歳	0.009	[0.008]	0.021	[0.011] *	0.066	[0.018] ***	0.059	[0.017] ***
65歳	0.021	[0.008] ***	0.055	[0.015] ***	0.077	[0.018] ***	0.053	[0.016] ***
66歳	0.015	[0.007] **	0.052	[0.014] ***	0.052	[0.014] ***	0.048	[0.015] ***
60歳×1947年度生	0.007	[0.008]	0.007	[0.019]	0.004	[0.018]	-0.005	[0.016]
61歳×1947年度生	0.004	[0.008]	0.028	[0.018]	-0.010	[0.019]	0.010	[0.015]
62歳×1947年度生	0.001	[0.010]	0.006	[0.023]	-0.012	[0.021]	0.010	[0.019]
63歳×1947年度生	-0.004	[0.009]	-0.019	[0.021]	0.002	[0.016]	-0.014	[0.021]
64歳×1947年度生	0.002	[0.009]	0.028	[0.017] *	-0.028	[0.020]	-0.007	[0.020]
65歳×1947年度生	-0.003	[0.010]	0.027	[0.022]	-0.019	[0.022]	-0.013	[0.020]
66歳×1947年度生	-0.003	[0.010]	-0.013	[0.018]	-0.002	[0.019]	0.009	[0.021]
定数項	0.006	[0.016]	-0.034	[0.038]	-0.041	[0.036]	0.027	[0.037]
R-sq within	0.002		0.016		0.014		0.013	
R-sq between	0.001		0.010		0.004		0.007	
R-sq overall	0.001		0.013		0.009		0.009	
観測値数	23415		4641		4824		4515	
N	3451		653		711		658	

出所：厚生労働省「中高年者縦断調査（第 1 〜 10 回）」個票に基づく筆者推計。

注：頑健推定に基づき、***、**、* は各々 1、5、10％水準で係数が有意に 0 と異なることを表す。

附表 L　失業に関する固定効果線形確率モデルの推計結果（統御・処置群ペア 2：男性 1948・1949 年度生まれ、57 ～ 64 歳）

被説明変数	失業（1948・1949年度生）							
	該当コーホート計		59歳時の従業上の地位（該当コーホートのサブ・サンプル）					
			正規職員・従業員		パート・派遣・嘱託等		自営業	
	Coef.	[Std. Err.]	Coef.	[Std. Err.]	Coef.	[Std. Err.]	Coef.	[Std. Err.]
説明変数								
都道府県別失業率	0.010	[0.003] ***	0.006	[0.005]	0.020	[0.012] *	0.008	[0.004] **
主観的不健康感	0.007	[0.004]	-0.005	[0.006]	0.020	[0.017]	0.002	[0.006]
57歳	-0.010	[0.005] **	0.001	[0.002]	0.047	[0.017] ***	0.003	[0.004]
58歳	0.001	[0.004]	0.000	[0.000] *	0.064	[0.018] ***	0.010	[0.005] *
60歳	0.023	[0.007] ***	0.064	[0.009] ***	0.061	[0.021] ***	0.001	[0.004]
61歳	0.011	[0.007]	0.050	[0.010] ***	0.049	[0.023] **	0.013	[0.008]
62歳	0.003	[0.007]	0.042	[0.008] ***	0.056	[0.024] **	0.006	[0.007]
63歳	0.015	[0.007] **	0.051	[0.009] ***	0.059	[0.021] ***	0.018	[0.009] **
64歳	0.009	[0.006]	0.047	[0.008] ***	0.056	[0.019] ***	0.010	[0.006]
57歳×1949年度生	0.010	[0.007]	0.009	[0.005] *	0.017	[0.027]	0.006	[0.006]
58歳×1949年度生	-0.001	[0.006]	0.006	[0.003] *	0.002	[0.025]	-0.005	[0.005]
60歳×1949年度生	0.011	[0.009]	0.008	[0.013]	0.031	[0.032]	0.001	[0.006]
61歳×1949年度生	0.010	[0.009]	0.003	[0.012]	0.043	[0.035]	-0.015	[0.008] *
62歳×1949年度生	0.006	[0.009]	-0.007	[0.011]	-0.002	[0.032]	-0.002	[0.008]
63歳×1949年度生	-0.001	[0.009]	-0.009	[0.012]	-0.034	[0.027]	-0.008	[0.010]
64歳×1949年度生	0.001	[0.009]	-0.012	[0.011]	-0.041	[0.023] *	0.007	[0.009]
定数項	-0.015	[0.014]	-0.022	[0.020]	-0.087	[0.051] *	-0.034	[0.016] **
R-sq within	0.008		0.029		0.026		0.007	
R-sq between	0.001		0.000		0.000		0.000	
R-sq overall	0.005		0.021		0.017		0.002	
観測値数	24637		11767		2392		4994	
N	3697		1599		333		700	

被説明変数	失業（1948・1949年度生）							
	（再掲）該当コーホート計		59歳時の勤め先の企業・団体等の組織全体の従業者数（除：自営業）					
			300人以上		30～299人		30人未満	
	Coef.	[Std. Err.]	Coef.	[Std. Err.]	Coef.	[Std. Err.]	Coef.	[Std. Err.]
説明変数								
都道府県別失業率	0.010	[0.003] ***	0.005	[0.007]	0.017	[0.008] **	0.002	[0.007]
主観的不健康感	0.007	[0.004]	-0.006	[0.009]	0.005	[0.011]	0.002	[0.007]
57歳	-0.010	[0.005] **	0.001	[0.004]	0.001	[0.004]	0.022	[0.008] **
58歳	0.001	[0.004]	0.002	[0.003]	0.010	[0.005] *	0.017	[0.007] **
60歳	0.023	[0.007] ***	0.071	[0.014] ***	0.069	[0.015] ***	0.034	[0.011] ***
61歳	0.011	[0.007]	0.050	[0.014] ***	0.041	[0.015] ***	0.054	[0.015] ***
62歳	0.003	[0.007]	0.054	[0.015] ***	0.042	[0.013] ***	0.026	[0.010] **
63歳	0.015	[0.007] **	0.047	[0.013] ***	0.069	[0.015] ***	0.045	[0.013] ***
64歳	0.009	[0.006]	0.036	[0.011] ***	0.051	[0.012] ***	0.048	[0.013] ***
57歳×1949年度生	0.010	[0.007]	0.010	[0.008]	0.014	[0.009]	0.003	[0.013]
58歳×1949年度生	-0.001	[0.006]	0.003	[0.005]	0.005	[0.008]	0.004	[0.010]
60歳×1949年度生	0.011	[0.009]	0.025	[0.021]	0.015	[0.021]	-0.004	[0.015]
61歳×1949年度生	0.010	[0.009]	0.014	[0.019]	0.025	[0.021]	-0.020	[0.019]
62歳×1949年度生	0.006	[0.009]	-0.021	[0.018]	0.015	[0.019]	-0.016	[0.012]
63歳×1949年度生	-0.001	[0.009]	-0.013	[0.017]	-0.015	[0.020]	-0.025	[0.017]
64歳×1949年度生	0.001	[0.009]	-0.012	[0.015]	0.006	[0.018]	-0.032	[0.017] *
定数項	-0.015	[0.014]	-0.019	[0.029]	-0.070	[0.032] **	-0.007	[0.027]
R-sq within	0.008		0.036		0.035		0.011	
R-sq between	0.001		0.000		0.001		0.002	
R-sq overall	0.005		0.026		0.023		0.009	
観測値数	24637		5487		5343		4375	
N	3697		739		729		615	

出所：厚生労働省「中高年者縦断調査（第 1 ～ 10 回）」個票に基づく筆者推計。

注：頑健推定に基づき、***、**、* は各々 1、5、10％水準で係数が有意に 0 と異なることを表す。

附表 M　失業に関する固定効果線形確率モデルの推計結果（統御・処置群ペア 3：男性 1952・1953 年度生まれ、53 ～ 60 歳）

被説明変数	失業（1952・1953年度生）							
	該当コーホート計		59歳時の従業上の地位（該当コーホートのサブ・サンプル）					
			正規職員・従業員		パート・派遣・嘱託等		自営業	
説明変数	Coef.	[Std. Err.]	Coef.	[Std. Err.]	Coef.	[Std. Err.]	Coef.	[Std. Err.]
都道府県別失業率	0.004	[0.003]	0.008	[0.004] **	0.002	[0.017]	-0.007	[0.004] *
主観的不健康感	0.004	[0.005]	-0.003	[0.004]	-0.001	[0.021]	0.004	[0.005]
53歳	-0.010	[0.006] *	0.005	[0.003] *	0.053	[0.020] ***	-0.001	[0.001]
54歳	0.000	[0.006]	0.009	[0.004] **	0.078	[0.023] ***	0.007	[0.007]
55歳	0.003	[0.007]	0.010	[0.004] ***	0.092	[0.025] ***	0.012	[0.009]
56歳	-0.004	[0.006]	0.003	[0.003]	0.045	[0.018] **	0.000	[0.000]
57歳	0.000	[0.006]	-0.003	[0.003]	0.084	[0.026] ***	0.009	[0.006]
58歳	0.004	[0.006]	0.003	[0.003]	0.062	[0.023] ***	0.013	[0.008]
60歳	0.028	[0.008] ***	0.069	[0.011] ***	0.036	[0.017] **	-0.002	[0.001] *
53歳×1953年度生	0.014	[0.008] *	0.005	[0.004]	-0.025	[0.025]	0.006	[0.006]
54歳×1953年度生	0.002	[0.008]	-0.001	[0.005]	-0.011	[0.033]	-0.009	[0.007]
55歳×1953年度生	0.004	[0.009]	-0.006	[0.005]	-0.005	[0.037]	-0.003	[0.011]
56歳×1953年度生	0.011	[0.009]	-0.002	[0.005]	0.076	[0.039] **	0.013	[0.007] *
57歳×1953年度生	0.006	[0.008]	0.006	[0.005]	-0.005	[0.036]	-0.005	[0.005]
58歳×1953年度生	0.007	[0.008]	0.001	[0.005]	-0.016	[0.030]	0.002	[0.012]
60歳×1953年度生	-0.004	[0.011]	-0.027	[0.014] *	0.009	[0.026]	0.006	[0.007]
定数項	0.003	[0.015]	-0.033	[0.015] **	-0.009	[0.072]	0.028	[0.016] *
R-sq within	0.004		0.033		0.024		0.008	
R-sq between	0.000		0.000		0.000		0.002	
R-sq overall	0.002		0.024		0.019		0.005	
観測値数	18615		8189		1867		2780	
N	2830		1042		238		355	

被説明変数	失業（1952・1953年度生）							
	（再掲） 該当コーホート計		59歳時の勤め先の企業・団体等の組織全体の従業者数（除：自営業）					
			300人以上		30～299人		30人未満	
説明変数	Coef.	[Std. Err.]	Coef.	[Std. Err.]	Coef.	[Std. Err.]	Coef.	[Std. Err.]
都道府県別失業率	0.004	[0.003]	0.004	[0.006]	0.013	[0.007] *	0.008	[0.010]
主観的不健康感	0.004	[0.005]	-0.009	[0.007]	0.001	[0.009]	0.003	[0.012]
53歳	-0.010	[0.006] *	0.008	[0.005]	0.032	[0.011] ***	0.001	[0.001]
54歳	0.000	[0.006]	0.013	[0.007] *	0.027	[0.010] ***	0.029	[0.012] **
55歳	0.003	[0.007]	0.018	[0.008] **	0.019	[0.008] **	0.044	[0.014] ***
56歳	-0.004	[0.006]	0.012	[0.007] *	0.016	[0.008] *	0.004	[0.005]
57歳	0.000	[0.006]	0.009	[0.008]	0.017	[0.010]	0.006	[0.010]
58歳	0.004	[0.006]	0.019	[0.009] **	0.005	[0.007]	0.017	[0.011]
60歳	0.028	[0.008] ***	0.099	[0.019] ***	0.041	[0.012] ***	0.039	[0.015] ***
53歳×1953年度生	0.014	[0.008] *	-0.008	[0.005]	-0.023	[0.012] *	0.019	[0.011] *
54歳×1953年度生	0.002	[0.008]	0.001	[0.010]	-0.016	[0.011]	0.005	[0.017]
55歳×1953年度生	0.004	[0.009]	-0.010	[0.010]	0.004	[0.013]	-0.016	[0.018]
56歳×1953年度生	0.011	[0.009]	0.007	[0.012]	-0.004	[0.013]	0.033	[0.020] *
57歳×1953年度生	0.006	[0.008]	0.009	[0.011]	-0.008	[0.013]	0.007	[0.013]
58歳×1953年度生	0.007	[0.008]	-0.011	[0.011]	-0.001	[0.009]	0.006	[0.016]
60歳×1953年度生	-0.004	[0.011]	-0.047	[0.024] *	-0.002	[0.017]	0.003	[0.021]
定数項	0.003	[0.015]	-0.015	[0.023]	-0.054	[0.029] *	-0.034	[0.045]
R-sq within	0.004		0.039		0.010		0.013	
R-sq between	0.000		0.000		0.001		0.002	
R-sq overall	0.002		0.029		0.006		0.007	
観測値数	18615		3820		3748		2804	
N	2830		486		477		358	

出所：厚生労働省「中高年者縦断調査（第 1 ～ 10 回）」個票に基づく筆者推計。

注：頑健推定に基づき、***、**、* は各々 1、5、10％水準で係数が有意に 0 と異なることを表す。

第1節　はじめに

　少子化・高齢化が進んでいる日本社会で、労働力不足や年金財源の不足
などの問題が深刻化している。一方、労働供給の視点から、若年層、中年
層と異なり、高年層の場合、年金受給により生活が安定するため、就業の
みならず、就業以外の社会活動に参加できる可能性は高いと考えられる。
したがって、エイジフリーの社会を実現するため、継続就業のみならず、
ボランティア活動を含むより広い視点で、高年齢者の多様な社会活動に参
加できる社会環境を構築することが、重要な課題となっている。また介護
労働者不足の背景下では保健医療福祉分野において非営利組織（Nonprofit
Organization、以下「NPO」と略称）活動における中高年齢者の活躍が期
待される。

　このような社会的要請に応じ、高齢者の社会進出活動を促進するため、
どのような要因が高齢者における NPO 活動の継続意欲に影響を与えるの
か、この問題に関する実証研究が必要である。本章では、労働政策研究・
研修機構（JILPT）が 2014 年に実施した「NPO 法人の活動と働き方に関
する調査（個人調査票）」および「NPO 法人の活動と働き方に関する調査
（団体調査票）」を活用し、ボランティア活動に参加している個人、および
NPO 法人のマッチングデータを構築し、全年齢層（19 歳以上）、および
中高齢層の各グループ（50 ～ 59 歳、60 ～ 64 歳、65 歳以上）における
NPO 活動の継続意欲の決定要因に関する 4 つの仮説（①人的資本活用仮
説、②消費モデル仮説、③活動動機仮説、④報酬要因仮説）を検証し、中
高年齢者の NPO 活動継続のメカニズムを解明する。

　本章の構成は以下の通りである。第 2 節で先行研究をサーベイしたうえ
で、仮説を設定する。第 3 節で計量分析の方法について述べる。そして第
4 節、第 5 節でクロス集計の結果、計量分析の結果を説明し、最後に第 6
節で結論および政策インプリケーションをまとめる。

第 2 節　先行研究のサーベイと仮説の設定

　なぜ、人々がボランティア活動に参加するのか。まず、欧米に関する実証研究において、Schram and Dunsing（1981）、Vaillancourt（1994）、Freeman（1997）、Carlin（2001）、Segal and Weisbord（2002）は、プロビット分析モデル、トービト分析モデル、最小二乗法やヘックマンの二段階推定法などの計量分析モデルによる分析結果を用いて、所得要因（賃金、世帯総所得、非勤労所得、労働時間）、人的資本（教育水準、年齢、結婚後の就業年数、職種）、個人属性（性別、人種、結婚年数、社会地位、本人が長男・長女であること、本人通院の状況）、家族構成（婚姻状況、子供の状況、世帯主の職種、配偶者の有無）、心理要因（離職意欲、仕事満足度）、その他の要因（寄付金、住居形態、都市規模、地域、税制）が、ボランティア供給に影響を与えることを示している。ボランティア供給のメカニズムについては、Menchik and Weisbrod（1987）は、消費モデル（consumption model）と人的資本モデル（human capital model）を提唱している。消費モデルによると、ボランティア活動が余暇の一部であるため、非勤労所得が高くなるほど余暇嗜好は高くなり、ボランティア活動に参加する確率が高くなること（あるいはボランティア供給時間が長くなること）が説明されている。また人的資本モデルによれば、ボランティア活動に参加することにより、人的資本が多くなり、将来、よい仕事に就く可能性が高くなるため、ボランティア供給は若年層が中年層、高年層より多いことが説明されている。

　次に、日本に関する実証研究については、跡田・金・前川（1999）、跡田・福重（2000）、山内（2001）、小野（2006）、森山（2007）、Ma and Ono（2013）、馬（2012a、2012b、2014）は、プロビットモデル、トービトモデル、OLS を用いて実証分析を行い、①所得要因（賃金率、世帯年収、世帯主の労働時間、世帯主の労働日数）、②人的資本（教育水準、年齢、過去のボランティア経験）、③個人属性（性別）、④家族構成（婚姻状況、子供の数）、⑤団体の状況（組織への所属、制度、団体属性、活動内容、

謝礼金）、⑥その他（寄付金、都市規模、地域）などの各要因がボランティア供給に影響を与えることを明らかにしている。

　次に、どのような要因がNPO活動の継続意欲に影響を与えるのか。馬（2016）は賃金要因（賃金水準、賃金格差、賃金の変化）の影響に着目し、順序ロジットモデルを用いた分析結果を用いて、NPO法人で賃金水準が職員の継続意欲に有意な影響を与えていないが、同グループの平均賃金に比べ賃金水準が高い者、および賃金水準が上昇する者の各グループで職員の活動継続意欲が高いことを示している。森山（2016）は、JILPTが2004年と2015年に実施した2時点の調査データをプロビットモデルによって分析した結果、賃金水準はNPO活動の継続意欲に有意な影響を与えていないが、「理念・活動目的への共感」、「組織に対する意見反映」がNPO活動を続けていく上で重要なファクターとなることを指摘している。

　上記の先行研究に基づいて、本研究では主に中高年齢者グループ（50歳以上）を分析対象とし、以下の4つの要因を中心にして仮説検証に関する実証分析を行う（**図表 6-1** 参照）。

　【仮説1：人的資本活用仮説】、Menchik and Weisbrod（1987）は、NPO活動参加の決定要因に関して、人的資本モデル（human capital model）を提唱している。具体的に説明すると、NPO活動への参加を人的資本投資の一部と見ると、NPO活動に参加することを通じて仕事の能力を高めることは、将来の市場労働にプラスの効果を持つと考えられる。しかし、高齢者がNPO活動に参加する行動は、こうした人的資本投資モデルに当てはまらないと考えられる。なぜならば、高年齢者の大多数が定年退職後に年金生活で暮らし、再就職しても（雇用延長しても）、人的資本の上昇によるキャリアアップは少ないと思われるからである。一方、過去に蓄積された人的資本（専門職の資格の取得、NPO活動に参加した経験など）がNPO活動の参加に影響を与えると考えられる。たとえば、医療・福祉系資格を取得する者は、医療・福祉分野のNPO活動に参加する可能性が高く、その継続意欲も高いと考えられる。また、人的資本理論（Becker, 1964；Mincer, 1974）では、経験年数は人的資本の代理指標の一つとして用いられている。過去にボランティアなどの社会貢献活動を行っていた経

図表 6-1　仮説検証のイメージ図

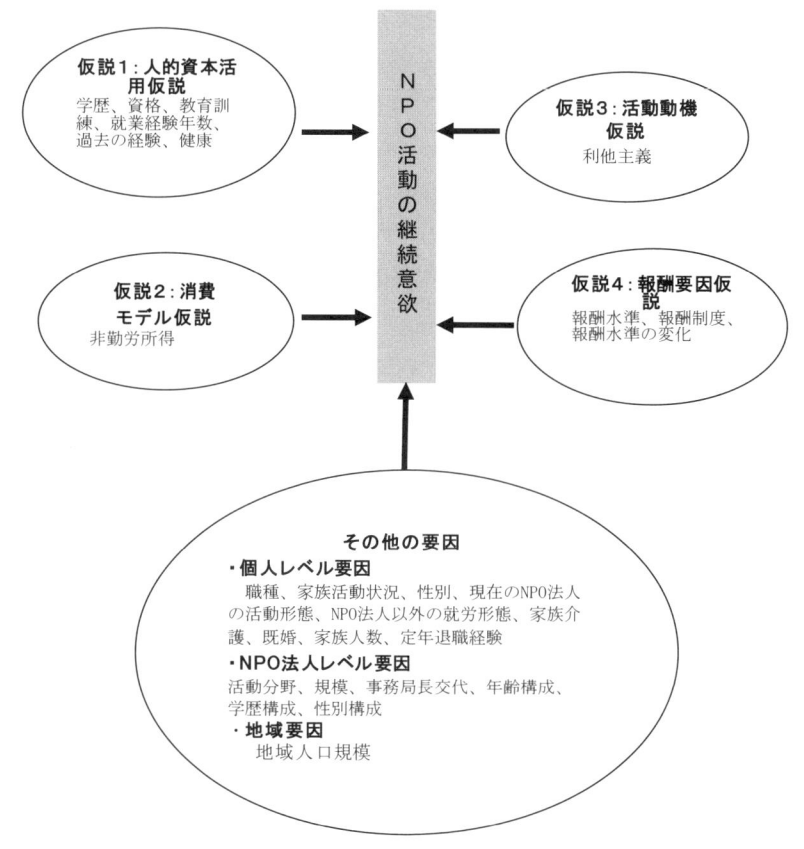

出所：筆者作成

験は、調査時点の NPO 活動状況に影響を与えると考えられる。具体的に
説明すると、過去、ボランティアなどの社会貢献活動を行っていなかった
グループに比べ、ボランティアなどの社会貢献活動を行っていた経験を
持つグループで NPO 活動の経験年数が長く、NPO 活動へのコミットが
高いため、NPO 活動の継続意欲が高いだろう。

　ただし、人的資本理論で指摘されている学歴や教育訓練は人的資本の一
部であるが、その NPO 活動の継続意欲に与える影響を推測するのは難し
い。たとえば、学歴が高いほど、市場労働から得られる勤労所得が多いと

考えられる。勤労所得が上昇すると、代替効果が所得効果より高い場合[1]、市場労働に専念する意欲が強く、NPO 活動の継続意欲が低い可能性があろう。一方、高学歴者は学習能力や潜在的能力が高いため、NPO 活動を通じて新しい仕事に挑戦する意欲が高ければ、NPO 活動の継続意欲が高い可能性も存在する。したがって、学歴や教育訓練などの要因がどの程度高齢者の NPO 活動の継続意欲に影響を与えるのかに関しては、実証分析の結果を用いて検討する必要がある。

【仮説 2：消費モデル仮説】、Menchik and Weisbrod（1987）は、NPO 活動の参加に関して消費モデル（consumption model）も提唱している。具体的に説明すると、就業・余暇の選択に関する主体均衡モデルによると、就業（あるいは余暇）に関する意思決定は、予算制約線（市場賃金率と非勤労所得に依存[2]）と余暇選好によって決定される。時間制約が存在するため、市場労働に参加すると、余暇時間が減少し、つまり労働時間と余暇時間は競合関係（trade off）にある。総所得（市場賃金と非勤労所得の合計）が低い場合、非勤労所得が一定であれば、労働者は労働時間を増やし、余暇時間を減らすことを選択する可能性が高いと考えられる。一方、余暇選好、市場賃金率が一定である場合、非勤労所得が高くなる（予算制約線の切片が高くなる）と、総所得が高くなる。そのため、労働者は労働時間を減らし、余暇時間を長くする可能性がある。NPO 活動を余暇の一部とみなすと、余暇選好、市場賃金率が一定である場合、非勤労所得が高いほど、NPO 活動の時間が長く、NPO 活動を続けていく可能性が高いと考えられる。

ただし、上記の推測は、「余暇選好、市場賃金が一定である場合」を前提条件としたものである。余暇選好、市場賃金が変化すると、消費モデルはかならずしも成立するといえない。たとえば、市場賃金が下落する場

---

[1] 就業決定に関する主体均衡モデルによると、市場賃金率が上昇すると、市場賃金が留保賃金より高くなり、市場労働が増加し（労働時間が長くなる）、余暇時間が短くなる可能性が存在する（代替効果）。一方、市場賃金率が上昇すると、期待所得が一定であれば、余暇が上級財となると、市場労働が減少し（労働時間が短くなる）、余暇時間が長くなる可能性も存在する（所得効果）。

[2] 主体均衡モデルによると、予算制約線の傾きは市場賃金率によって決められ、予算制約線の切片は非勤労所得によって決められる。

合、予算制約線の傾きが変化すると、余暇嗜好が変化しなくても、労働時間・余暇時間（NPO 活動時間）が変化し、NPO 活動の継続意欲も変化すると考えられる。また、個人によって余暇嗜好が異なるため、市場賃金、非勤労所得が一定である場合、労働時間・余暇時間（NPO 活動時間）の選好は異なり、NPO 活動を続けていく意欲も異なると考えられる。非勤労所得がどのように NPO 活動の継続意欲に影響を与えるのかに関しては、実証分析の結果を用いて検討する必要がある。

【仮説 3：活動動機仮説】、NPO 活動の参加動機は、大きく「利他主義」と「利己主義」の 2 つに分けられる。他の要因が一定であれば、利他主義精神が強いグループで、NPO 活動に積極的に参加し、その継続意欲が高いと考えられる。

【仮説 4：報酬要因仮説】、市場労働に参加する動機とは異なり、NPO 活動に参加する主な目的は勤労所得を獲得することではないが、今回の分析対象は無償ボランティアだけではなく、有償ボランティアおよび NPO 法人に勤務する正規職員・非正規職員も含めている。NPO 法人に勤務する職員、とくに正規職員は生計を維持するため、勤労所得を獲得することが必要であろう。そのため、金銭的報酬水準は中高齢者における NPO 活動の継続意欲に影響を与える可能性があると考えられる。また、人事経済学で、「結果的公平性」[3] のみならず、「手続きの公平性」[4]（procedural justice、たとえば、報酬分配のルール、賃金制度は公平であるかどうか）は、仕事の満足度や組織へのコミットに影響を与えることが指摘されている（Ball *et al.* 1994；Cole and Flint, 2004）。したがって、NPO 法人における報酬制度が NPO 活動の継続意欲に影響を与えると考えられる。

まとめると、本章では、以下のような 4 つの要因を仮説として設定し、それらの NPO 活動の継続意欲に及ぼす影響を明らかにする。経済学の理論によると、これらの仮説は必ずしも成立するとはいえない。そのため、以下では、実証分析を行い、これらの仮説が支持されるかどうかに関する

---

[3] 「結果の公平」とは、希少な資源（たとえば、労働報酬）を分配する際に感じられる結果の公平性である。

[4] 「手続きの公正」とは、意思決定の手続き（たとえば、労働報酬を分配するルール）に関して感じられる手段の公平性である。

エビデンスを提供する。

- **【仮説 1：人的資本活用仮説】**
  過去に蓄積された人的資本（たとえば、資格、過去社会貢献活動に参加していた経験）が中高齢者における NPO 活動の継続意欲に影響を与える。

- **【仮説 2：消費モデル仮説】**
  非勤労所得が中高齢者における NPO 活動の継続意欲に影響を与える。

- **【仮説 3：活動動機仮説】**
  利他主義精神が強いほど中高齢者における NPO 活動の継続意欲が高い。

- **【仮説 4：報酬要因仮説】**
  金銭的報酬（賃金・謝礼金）水準および NPO 法人の報酬制度が中高齢者における NPO 活動の継続意欲に影響を与える。

第 3 節　分析方法

1．データ

労働政策研究・研修機構が 2014 年に実施した「NPO 法人の活動と働き方に関する調査（個人調査票）」および「NPO 法人の活動と働き方に関する調査（団体調査票）」を活用し、NPO 法人の個票データと NPO 法人に勤める職員・ボランティアの個票データをマッチングし、マッチングデータセット（Employee-employer matched data）を構築し、それぞれの変数を設定した[5]。

本調査では、サンプリングする際に、震災地域に関するサンプルは

---

[5] 各変数の記述統計量に関しては、紙幅の制約上で掲載を省略している。

やや多めに抽出されたため、計量分析では、47 都道府県地域の抽出ウエイト[6]を用いてウエイト付け分析を行っている。

2．変数設定

・被説明変数

継続意欲関数では、NPO 活動の継続意欲に関するカテゴリー変数を、「可能な限り現在の NPO 法人で継続＝4、一定期間だけ現在の NPO 法人で継続＝3、他の NPO 法人に転職＝2、活動をやめたい＝1」のように設定した。

・説明変数

①人的資本活用仮説

学歴、資格、就業経験年数、過去の活動状況、教育訓練、健康状態を人的資本の代理指標として設定した。

・学歴

質問項目に基づいて、中学校、高校、短大・高専、大学、大学院、その他の 6 種のダミー変数を設定した。

・資格

資格取得を、法律・税理系資格、教育系資格、医療系資格、その他の資格、資格なしの 5 種に分けてそれぞれのダミー変数を設定した。

・教育訓練

教育訓練ダミーは、「教育訓練を受けた場合＝1、それ以外＝0」のように設定した。

・就業経験年数

今回の調査には、就業経験年数に関しては、詳しく調査項目が設けら

---

[6] 47 都道府県地域の抽出ウエイトの詳細に関しては、『NPO 法人の活動と働き方に関する調査（団体調査・個人調査）―東日本大震災復興支援活動も視野に入れて―』（JILPT 調査シリーズ No.139、2015 年 5 月）の 3 ページ図表 1-1-1 を参照されたい。

れているため、これらを活用して、就業経験年数は、「現在の NPO・正規就業年数」、「現在の NPO・非正規就業年数」、「現在の NPO・経営者就業年数」、「他の NPO 法人就業年数」、「非 NPO 法人就業年数」に分けてそれぞれの変数を設定した。

・過去の活動状況

過去の活動状況に関しては、質問項目「あなたは、現在の NPO 法人活動する前から、ボランティアなどの社会貢献活動を行っていましたか」に対して、「1. 自主的に活動していた、2. 学校や会社の取り組みで経験した、3. 活動していない（現在の NPO 法人ははじめて）という回答に基づいて、「自発活動」、「非自発活動」、「活動なし」の 3 つのダミー変数を設定した。過去自発的に NPO 活動に参加した者のグループで、今後の活動継続意欲が相対的に高いと推測している。

・健康状態

先行研究では、健康状態は広義の人的資本要因の 1 種として用いられている。本章では、健康状態を、「良くない」、「あまり良くない」、「良い」、「非常に良い」の 4 種に分けてそれぞれのダミー変数を設定した。

前述したように、人的資本が NPO 活動の継続意欲に与える影響では、正の影響と負の影響の両方が存在するため、これらの要因の推定結果を予測できない。負の影響が正の影響より大きければ、推定係数が負の値となると考えられる。

②消費モデル仮説

非勤労所得を「世帯総所得―調査対象者の個人所得」のように算出した。非勤労所得の推定値は正の値となることが期待される。

③活動動機仮説

質問項目に基づいて利他主義ダミーを設定した。具体的に説明する

と、「あなたが現在の NPO 法人で活動を始めた動機として、どの程度あてはまるか」の質問「(a) 人の役に立ち、社会や地域に貢献のため」に対して、「あてはまる」、「ややあてはまる」と選択した場合＝ 1、それ以外＝ 0 のようにダミー変数を設定した。利他主義ダミー変数の推定結果は正の値となることが期待される。

④報酬要因仮説

報酬要因に関しては、まず、結果的公平の指標として、報酬水準の変数を設定した。質問項目に基づいて、NPO 活動の形態は大きく職員とボランティアの 2 つに分けられるため、正規・非正規職員の賃金、およびボランティアの謝礼金を報酬水準の変数として用いている。

次に、人事経済学で報酬の公平性を議論する際に、手続きの公平性が必要であることが指摘されている（Ball *et al.* 1994 ; Cole and Flint, 2004）。本章では、報酬制度は手続きの公平性を示す代理指標として用いている。具体的な設定方法に関しては、「あなたの現在の NPO 法人における賃金は、主にどのようなルール（賃金表など）に基づいて決定されていますか」の質問に対して、「年齢・勤続給（1. 年齢や勤続年数に応じて決定）」、「資格・能力給（2. 資格や能力に応じて決定）」、「職務・職種給（3. 職務や職種に応じて決定）」、「成果主義給（4. 個人の貢献や成果に応じて決定）」、「一律時間給（5. 時給などで一律に決定）」、「明確なルールなし（6. 場合に応じて決定（明確なルールがない）、）」、「わからない（7. わからない）」の 7 種のダミー変数を設定した。

これらの変数の推定値が統計的に有意になれば、手続きの公平性（賃金制度）が継続意欲に影響を与えることを意味する。ただし、個々の労働者が好む賃金制度が異なるため、これらの諸制度のダミー変数の推定結果を予測できない。たとえば、大多数の NPO 活動者が年功制度を好む場合、「年齢・勤続給」ダミーの推定結果は正の値となる可能性があるが、大多数の NPO 活動者が「成果主義給」を好む場合、「成果主義給」ダミーの推定結果は正の値、「年齢・勤続給」ダミーの推定結果は負の値となる可能性も存在する。そのため、諸賃金制度の影響に関しては、

実証分析の結果に基づいて検討する。

⑤他の要因

　先行研究によると、他の要因が NPO 活動の継続意欲に影響を与えると考えられる。これらの要因の影響をコントロールするため、以下のような変数も設定した。

　・個人レベルの他の変数
　職種[7]、家族活動状況[8]、性別（男性ダミー）、現在の NPO 法人の活動形態[9]、NPO 法人以外の就労形態[10]、家族介護[11]、既婚ダミー、家族人数[12] も説明変数として設定した。
　・NPO 法人レベルの他の変数
　NPO 法人の活動分野[13]、規模[14]、事務局長交代[15]、年齢構成、学歴構

[7]　職種も広義の人的資本の 1 種であるため、職種を、経営者・事務局長、現場活動者、管理職、事務職、経理・人事職、専門職、その他の 7 種に分けてそれぞれのダミー変数を設定した。

[8]　家族活動状況に関しては、他の家族が NPO 活動を「している」、「していた」、「していない」の 3 つに分けてそれぞれのダミー変数を設定した。

[9]　現在の NPO 法人の活動形態に関しては、個人票の質問項目に基づいて、正規職員、非正規職員、有償ボランティア、無償・事務局、無償・その他の 5 種に分けてそれぞれのダミー変数を設定した。

[10]　NPO 法人以外の就労形態に関しては、個人票の質問項目に基づいて、正規雇用者、非正規雇用者、経営者・自営業主、専業主婦、非就業者、その他の 6 種に分けてそれぞれのダミー変数を設定した。

[11]　家族介護状況を「介護している」、「介護していた」、「介護していなかった」の 3 種に分けてそれぞれのダミー変数を設定した。

[12]　個人票の質問項目に基づいて、家族人数を、1 人、2 人、3 人、4 人、5 人、6 人以上の 6 種に分けてそれぞれのダミー変数を設定した。

[13]　団体調査票による、活動分野は、1. 保健医療・福祉、2. 社会教育、3. まちづくり、4. 観光振興、5. 農村漁村・中山間地域振興、6. 学術、文化、芸術、スポーツ、7. 環境保全、8. 災害救援、9. 地域安全、10. 人権擁護・平和、11. 国際協力、12. 男女共同参加、13. 子供の健全育成、14. 情報化社会の構築、15. 科学技術振興、16. 経済活動の活性化、17. 職業能力開発・雇用機会拡充、18. 消費者の保護、19.NOP 支援、20. 条例指定に分けられるが、分析可能なサンプルを確保するため、活動分野を再分類してそれぞれのダミー変数を設定した。具体的に説明すると、「1. 保健医療・福祉」を保健医療福祉分野、「3. まちづくり」をまちづくり分野、「6. 学術、文化、芸術、スポーツ」を学術文化芸術スポーツ分野、「7. 環境保全」を環境保全分野、「13. 子供の健全育成」を子供の健全育成分野、そして「2. 社会教育、4. 観光振興、5. 農村漁村・中山間地域振興、8. 災害救援、9. 地域安全、10. 人権擁護・平和、11. 国際協力、12. 男女共同参加、14. 情報化社会の構築、15. 科学技術振興、16. 経済活動の活性化、17. 職業能力開発・雇用機会拡充、18. 消費者の保護、19.NOP 支援、20. 条例指定」をその他の分野として 6 種類のダミー変数を設定した。

成、性別構成 [16] も NPO 法人レベルの説明変数として設定した。

・地域要因

　小野（2006）、馬（2012a, 2012b, 2014）、Ma and Ono（2013）は人口規模が NPO 活動に影響を与えることを明らかにしている。また、地域によって労働市場の需給状況や NPO 活動に対する促進政策などが異なる可能性があろう。これらの要因の影響をコントロールするため、個人の居住地の人口規模を「政令指定都市」、「人口 10 万人以上の市」、「人口 10 万人未満の市」、「町村」の 4 種に分けてそれぞれのダミー変数を設定した。

3．推定モデル

　活動継続意欲関数を推定するとき、質問項目を最大限に利用するため、順序ロジットモデルを用いている。

$$R = a + \gamma_H H_{ij} + \gamma_O O_{ij} + \gamma_X X_{ij} + \gamma_z Z_{ij} + + v_{ij} \tag{1}$$

$$\Pr(U = m) = \Pr(k_{(m-1)ij} < b + \beta_H H_{ij} + \beta_C C_{ij} + \beta_O O_{ij} + \beta_R R_{ij} + \beta_X X_{ij} + \varepsilon_{ij} < k_{(m+1)ij}) \tag{2}$$

　（2）式において、U は活動継続意欲の序数、m は、順序づけの選択肢（四段階評価）、k は効用水準、i は個人、j は NPO 法人、H は人的資本活用要因、C は消費モデル仮説要因、O は活動動機要因、R は報酬要因、X は他の要因をそれぞれ示す。に関する各変数である。β はそれらの推定係数、ε は誤差項をそれぞれ示す。β_H、β_C、β_O、β_R を用いて人的資本活用仮説、消費モデル仮説、利他主義仮説、報酬要因仮説を検証する。

　ただし、分析では、報酬要因の 1 つの代理指標として、報酬水準の変

---

[14] NPO 法人調査の質問項目に基づいて、NPO 法人の規模を「10 人未満」、「10 〜 49 人未満」、「50 〜 99 人未満」、「100 人以上」の 4 種に分けてそれぞれのダミー変数を設定した。

[15] NPO 法人の経営陣が不安定である場合、NPO 活動の継続意欲が低いだろう。経営陣の安定状況の影響をコントロールするため、事務局長の交代ダミー（事務局長の交代があった場合＝1、それ以外＝0）を設定した。

[16] 団体調査票では、「貴団体の人材構成についてお聞きします」のような質問項目が設けられている。「A 若年層（35 歳未満）が多い、B 中高齢者が多い」、「A 男性が多い、B 女性が多い」、「A 大卒以上の学歴の者が多い、B 学歴はばらばら」に関しては、4 つの選択肢（「A に近い、やや A に近い、やや B に近い、B に近い」）が設けられている。回答は「A に近い」を選択する者はそれぞれ「職員平均年齢が若い団体」、「大卒割合が多い団体」、「男性職員割合が多い団体」の各ダミー変数として設定した。

数を用いる。報酬水準と NPO 活動の継続意欲において内生性の問題が存在する可能性がある。たとえば、報酬水準が高いため、NPO 活動の継続意欲が高い可能性が存在する。一方、NPO 活動の継続意欲が高いため、就業意欲が高くなり、一生懸命努力した結果として、報酬水準が高くなる可能性もあろう。こうした内生性の問題に対応するため、本章では、2 段階の推定を行う。具体的に説明すると、まず、(1) 式で示されるように一段階で、報酬関数を推定する。次に、(2) 式で示されるように、二段階の継続意欲関数を推定する際に、報酬関数によって計測された報酬の推定値[17]を用いている。操作変数を用いる分析は必要であるが、適切な操作変数を見つけるのが難しいため、今回一段階の推定には、活動開始年、年齢、地域を識別変数 Z として用いている。より厳密的な操作変数を用いる実証分析は今後の課題としたい。

第 4 節　クロス集計から観察された諸要因別 NPO 活動の継続意欲

本節では、クロス集計の結果を用い、仮説に関連する諸要因が NPO 活動の継続意欲との関連性を考察する。就労状況は年齢階層によって異なるため、年齢階層を 50 歳未満、50 ～ 59 歳、60 ～ 64 歳、65 歳以上の 4 種類に分けてそれぞれの集計を行った。

1．人的資本活用仮説に関連する集計結果

学歴と NPO 活動の継続意欲（**図表 6-2**）に関しては、「可能な限り現在の NPO で継続する」と回答した者の割合は 50 歳未満、50 ～ 59 歳、60 ～ 64 歳の各グループで中学校卒者が最も多い（50 歳未満 100%、50 ～ 59 歳、60 ～ 64 歳とも 88.9%）。一方、65 歳以上のグループで大学院

---

[17] 報酬関数では、活動動機、活動開始年、年齢、学歴、教育訓練、資格、成績点数、現在 NPO 法人の就労状態、NPO 法人以外の就労状態、NPO 法人以外の労働時間、性別、健康状態、定年退職経験を個人レベル変数とし、また企業規模、平均労働生産性、事務局長変更、平均年齢が若い団体、大卒者の割合が多い団体、非正規老僧者が多い団体、活動分野を NPO 法人レベル変数として用いて推定を行った。

図表 6-2　学歴別・年齢階層別 NPO 活動の継続意欲の分布

	可能な限り現在のNPOで継続	一定期間だけ現在のNPOで継続	他のNPOに転職	活動をやめたい	合計
50歳未満					
中学校	9	0	0	0	9
	100.0	0.0	0.0	0.0	100.0
高校	229	51	17	12	309
	74.1	16.5	5.5	3.9	100.0
短大・高専	141	31	8	7	187
	75.4	16.6	4.3	3.7	100.0
大学	405	110	28	26	569
	71.2	19.3	4.9	4.6	100.0
大学院	55	15	5	4	79
	69.6	19.0	6.3	5.1	100.0
その他	142	31	5	4	182
	78.0	17.0	2.8	2.2	100.0
合計	981	238	63	53	1,335
	73.5	17.8	4.7	4.0	100.0
50～59歳					
中学校	8	0	1	0	9
	88.9	0.0	11.1	0.0	100.0
高校	195	54	7	4	260
	75.0	20.8	2.7	1.5	100.0
短大・高専	99	35	7	4	145
	68.3	24.1	4.8	2.8	100.0
大学	282	52	7	11	352
	80.1	14.8	2.0	3.1	100.0
大学院	28	5	3	0	36
	77.8	13.9	8.3	0.0	100.0
その他	70	16	3	7	96
	72.9	16.7	3.1	7.3	100.0
合計	682	162	28	26	898
	76.0	18.0	3.1	2.9	100.0
60～64歳					
中学校	8	0	0	1	9
	88.9	0.0	0.0	11.1	100.0
高校	115	43	2	11	171
	67.3	25.2	1.2	6.4	100.0
短大・高専	48	15	1	6	70
	68.6	21.4	1.4	8.6	100.0
大学	142	77	3	11	233
	60.9	33.1	1.3	4.7	100.0
大学院	13	7	0	1	21
	61.9	33.3	0.0	4.8	100.0
その他	23	9	0	2	34
	67.7	26.5	0.0	5.9	100.0
合計	349	151	6	32	538
	64.9	28.1	1.1	6.0	100.0
65歳以上					
中学校	15	8	0	0	23
	65.2	34.8	0.0	0.0	100.0
高校	235	107	4	12	358
	65.6	29.9	1.1	3.4	100.0
短大・高専	45	13	2	2	62
	72.6	21.0	3.2	3.2	100.0
大学	287	140	7	14	448
	64.1	31.3	1.6	3.1	100.0
大学院	30	8	0	2	40
	75.0	20.0	0.0	5.0	100.0
その他	29	11	0	1	41
	70.7	26.8	0.0	2.4	100.0
合計	641	287	13	31	972
	66.0	29.5	1.3	3.2	100.0

出所：JILPT2014「NPO法人の活動と働き方に関する調査」（個人票）に基づき計測。
注：上段：人数（人）、下段：割合（％）。

グループ（75.0％）が最も高い。加齢とともに高学歴グループでNPO
活動の継続意欲が高くなる傾向にある。

2．消費モデル仮説に関連する集計結果

図表 **6-3** には非勤労所得と NPO 法人継続活動意欲の分布状況をまとめている。消費モデル仮説に関しては、非勤労所得を代理指標として用いると、以下のことが観察される。

50 歳未満、50 ～ 59 歳の両グループで、「可能な限り現在の NPO で継続する」と回答した者の割合は中所得層（所得第 3 五分位）が低所得層、高所得層より多い（50 歳未満 75.0％、50 ～ 59 歳 83.4％）。

60 ～ 64 歳グループで、「可能な限り現在の NPO で継続する」と回答した者の割合は中高所得層（所得第 4 五分位）が最も多く（73.9％）。一方、高所得層（所得第 5 五分位）が最も少ない（56.5％）。

65 歳以上のグループで「可能な限り現在の NPO で継続する」と回答した者の割合は高所得層（所得第 5 五分位）が 76.9％で最も多い。

年齢階層によって非勤労所得が NPO 活動の継続意欲に与える影響が異なり、加齢とともにその影響が大きくなる傾向が見て取れた。

3．活動動機仮説に関連する集計結果

通常、利他主義動機を持つ者グループで NPO 活動の継続意欲が高いと考えられる。果たして活動動機によって NPO 活動の継続意欲が異なるのか。**図表 6-4** で活動動機別・年齢階層別 NPO 活動の継続意欲の分布状況をまとめている。調査票（個人票）における「あなたが現在の NPO 法人で活動を始めた動機として、どの程度あてはまるか」の質問「(a) 人の役に立ち、社会や地域に貢献のため」に対して、「あてはまる」、「ややあてはまる」、「あまりあてはまらない」、「あてはまらない」の 4 つの選択肢に基づいて、「利他主義 1」（「あてはまる」と回答したグループ）、「利他主義 2」（「ややあてはまる」と回答したグループ）、「利他主義 3」（「あまりあてはまらない」と回答したグループ）、「利他主義 4」（「あてはまらない」と回答したグループ）の 4 つのグループに分けて集計した。利他主義 1 は利他主義精神が最も強いグループ、利他主義 4 は利他主義精神が最も弱いグループを意味する。

50 歳未満、50 ～ 59 歳、60 ～ 64 歳、65 歳以上の各グループのいずれ

図表 6-3　非勤労所得階層別・年齢階層別 NPO 活動の継続意欲の分布

	可能な限り現在のNPOで継続	一定期間だけ現在のNPOで継続	他のNPOに転職	活動をやめたい	合計
50歳未満					
所得第1五分位	246	71	18	10	345
	71.3	20.6	5.2	2.9	100.0
所得第2五分位	102	27	8	7	144
	70.8	18.8	5.6	4.8	100.0
所得第3五分位	159	38	9	6	212
	75.0	17.9	4.3	2.8	100.0
所得第4五分位	170	38	11	13	232
	73.3	16.4	4.7	5.6	100.0
所得第5五分位	159	37	12	6	214
	74.3	17.3	5.6	2.8	100.0
合計	836	211	58	42	1,147
	72.9	18.4	5.1	3.6	100.0
50～59歳					
所得第1五分位	119	28	4	6	157
	75.8	17.8	2.6	3.8	100.0
所得第2五分位	65	17	2	2	86
	75.6	19.8	2.3	2.3	100.0
所得第3五分位	121	20	2	2	145
	83.4	13.8	1.4	1.4	100.0
所得第4五分位	101	20	6	4	131
	77.1	15.3	4.6	3.0	100.0
所得第5五分位	149	43	7	5	204
	73.0	21.1	3.4	2.5	100.0
合計	555	128	21	19	723
	76.8	17.7	2.9	2.6	100.0
60～64歳					
所得第1五分位	71	26	1	3	101
	70.3	25.7	1.0	3.0	100.0
所得第2五分位	51	22	2	2	77
	66.2	28.6	2.6	2.6	100.0
所得第3五分位	63	32	1	6	102
	61.7	31.4	1.0	5.9	100.0
所得第4五分位	48	11	1	5	65
	73.9	16.9	1.5	7.7	100.0
所得第5五分位	35	22	0	5	62
	56.5	35.5	0.0	8.0	100.0
合計	268	113	5	21	407
	65.8	27.8	1.2	5.2	100.0
65歳以上					
所得第1五分位	99	45	2	2	148
	66.9	30.4	1.3	1.4	100.0
所得第2五分位	91	43	3	1	138
	65.9	31.2	2.2	0.7	100.0
所得第3五分位	99	40	3	8	150
	66.0	26.7	2.0	5.3	100.0
所得第4五分位	87	32	1	1	121
	71.9	26.5	0.8	0.8	100.0
所得第5五分位	60	16	1	1	78
	76.9	20.5	1.3	1.3	100.0
合計	436	176	10	13	635
	68.7	27.7	1.6	2.0	100.0

出所：JILPT2014「NPO 法人の活動と働き方に関する調査」（個人票）に基づき計測。
注：上段：人数（人）、下段：割合（％）。

図表 6-4　活動動機別・年齢階層別 NPO 活動の継続意欲の分布

	可能な限り現在のNPOで継続	一定期間だけ現在のNPOで継続	他のNPOに転職	活動をやめたい	合計
50歳未満					
利他主義1	512	90	20	13	635
	80.6	14.2	3.2	2.0	100.0
利他主義2	340	98	23	22	483
	70.4	20.3	4.8	4.5	100.0
利他主義3	82	32	9	8	131
	62.6	24.4	6.9	6.1	100.0
利他主義4	42	18	10	10	80
	52.5	22.5	12.5	12.5	100
合計	976	238	62	53	1,329
	73.4	17.9	4.7	4.0	100.0
50〜59歳					
利他主義1	422	80	12	11	525
	80.4	15.2	2.3	2.1	100.0
利他主義2	197	60	12	6	275
	71.6	21.8	4.4	2.2	100.0
利他主義3	37	15	2	7	61
	60.6	24.6	3.3	11.5	100.0
利他主義4	16	6	1	2	25
	64.0	24.0	4.0	8.0	100.0
合計	672	161	27	26	886
	75.8	18.2	3.1	2.9	100.0
60〜64歳					
利他主義1	225	92	3	9	329
	68.4	28.0	0.9	2.7	100.0
利他主義2	97	40	3	13	153
	63.4	26.1	2.0	8.5	100.0
利他主義3	15	13	0	5	33
	45.4	39.4	0.0	15.2	100.0
利他主義4	4	3	0	3	10
	40.0	30.0	0.0	30.0	100.0
合計	341	148	6	30	525
	65.0	28.2	1.1	5.7	100.0
65歳以上					
利他主義1	468	196	7	15	686
	68.2	28.6	1.0	2.2	100.0
利他主義2	139	76	5	9	229
	60.7	33.2	2.2	3.9	100.0
利他主義3	14	9	1	3	27
	51.9	33.3	3.7	11.1	100.0
利他主義4	10	2	0	4	16
	62.5	12.5	0.0	25.0	100.0
合計	631	283	13	31	958
	65.9	29.5	1.4	3.2	100.0

出所：JILPT2014「NPO 法人の活動と働き方に関する調査」（個人票）に基づき計測。

注：1）利他主義1：高い

利他主義2：やや高い

利他主義3：ふつう

利他主義4：低い

2）上段：人数（人）、下段：割合（％）。

においても、利他主義精神が最も強い者（利他主義 1）グループで、「可能な限り現在の NPO で継続する」と回答した者の割合は最も多く（50歳未満 80.6％、50 〜 59 歳 80.4％、60 〜 64 歳 68.4％、65 歳以上 68.2％）、「活動をやめたい」と回答した者の割合は最も少ない（50 歳未満 2.0％、50 〜 59 歳 2.1％、60 〜 64 歳 2.7％、65 歳以上 2.2％）。一方、利他主義精神が最も弱い者（利他主義 4）グループで、「活動をやめたい」と回答した者の割合は最も多い（50 歳未満 12.5％、50 〜 59 歳 8.0％、60 〜 64 歳 30.0％、65 歳以上 25.0％）。

各年齢階層グループのいずれにおいても、利他主義精神が強い者ほど、今後 NPO 活動を続けていく意欲が強いことが示された。

4．報酬要因仮説に関連する集計結果

まず、NPO 法人の報酬制度と活動継続意欲に関しては、**図表 6-5** によると、50 〜 59 歳グループで「可能な限り現在の NPO で継続する」と回答した者の割合は「明確なルールなし」と回答した NPO 法人に勤める者が 84.9％で最も多い。一方、50 歳未満グループで、その割合は「資格・能力給」が採用されている NPO 法人に勤める者が 78.3％で最も多く、60 〜 64 歳グループでその割合は「成果給」が実施されている NPO 法人に勤める者が 75.0％で最も多く、また 65 歳以上グループでその割合は「年齢・勤続給」が実施されている NPO 法人に勤める者が 74.2％で最も多い。年齢階層によって報酬制度の影響が異なるようだ。

次に、報酬変化と NPO 活動の継続意欲（**図表 6-6**）に関しては、50 〜 59 歳グループ以外の各年齢層において、「上昇」グループに比べ、「低下」グループで「可能な限り現在の NPO で継続する」と回答した者の割合は少ない。また、65 歳以上グループにおいて、「不変」グループで可能な限り現在の NPO で継続する」と回答した者の割合が最も多い。賃金水準が上昇したグループ、および賃金水準が変化しなかったグループに比べ、賃金水準が低下したグループで、NPO 活動の継続意欲が低い傾向にある。

上記のクロス集計の結果より、人的資本活用要因（学歴、資格取得）、

図表 6-5　NPO 法人の報酬制度別・年齢階層別 NPO 活動の継続意欲の分布

	可能な限り現在のNPOで継続	一定期間だけ現在のNPOで継続	他のNPOに転職	活動をやめたい	合計
50歳未満					
年齢・勤続給	247	48	16	9	320
	77.2	15.0	5.0	2.8	100.0
資格・能力給	162	33	6	6	207
	78.3	15.9	2.9	2.9	100.0
職務・職種給	227	59	17	4	307
	74.0	19.2	5.5	1.3	100.0
成果主義給	63	12	2	4	81
	77.8	14.8	2.5	4.9	100.0
一律時間給	205	71	9	10	295
	69.5	24.1	3.0	3.4	100.0
明確なルールなし	134	38	12	4	188
	71.3	20.2	6.4	2.1	100.0
わからない	165	52	16	14	247
	66.8	21.0	6.5	5.7	100.0
合計	1,203	313	78	51	1,645
	73.1	19.1	4.7	3.1	100.0
50〜59歳					
年齢・勤続給	56	14	4	0	74
	75.7	18.9	5.4	0.0	100.0
資格・能力給	67	13	2	2	84
	79.7	15.5	2.4	2.4	100.0
職務・職種給	92	29	5	3	129
	71.3	22.5	3.9	2.3	100.0
成果主義給	28	5	1	1	35
	80.0	14.3	2.8	2.9	100.0
一律時間給	82	27	5	5	119
	68.9	22.7	4.2	4.2	100.0
明確なルールなし	62	9	1	1	73
	84.9	12.3	1.4	1.4	100.0
わからない	55	17	2	4	78
	70.5	21.8	2.6	5.1	100.0
合計	442	114	20	16	592
	74.7	19.2	3.4	2.7	100.0
60〜64歳					
年齢・勤続給	24	10	1	0	35
	68.6	28.6	2.6	0.0	100.0
資格・能力給	34	16	0	3	53
	64.1	30.2	0.0	5.7	100.0
職務・職種給	44	28	1	6	79
	55.7	35.4	1.3	7.6	100.0
成果主義給	9	3	0	0	12
	75.0	25.0	0.0	0.0	100.0
一律時間給	46	21	0	2	69
	66.7	30.4	0.0	2.9	100.0
明確なルールなし	29	14	0	4	47
	61.7	29.8	0.0	8.5	100.0
わからない	17	11	1	2	31
	54.8	35.5	3.2	6.5	100.0
合計	203	103	3	17	326
	62.3	31.6	0.9	5.2	100.0
65歳以上					
年齢・勤続給	23	7	0	1	31
	74.2	22.6	0.0	3.2	100.0
資格・能力給	15.0	7.0	1.0	0.0	23.0
	65.2	30.4	4.4	0.0	100.0
職務・職種給	45	30	2	0	77
	58.4	39.0	2.6	0.0	100.0
成果主義給	9	5	0	1	15
	60.0	33.3	0.0	6.7	100.0
一律時間給	52	25	0	3	80
	65.0	31.2	0.0	3.8	100.0
明確なルールなし	41	21	2	3	67
	61.2	31.3	3.0	4.5	100.0
わからない	20	22	0	0	42
	47.6	52.4	0.0	0.0	100.0
合計	205	117	5	8	335
	61.2	34.9	1.5	2.4	100.0

出所：JILPT2014「NPO 法人の活動と働き方に関する調査」（NPO 法人票）に基づき計測。
注：上段：人数（人）、下段：割合（％）。

図表 6-6　報酬変化類型別・年齢階層別 NPO 活動の継続意欲の分布

	可能な限り現在のNPOで継続	一定期間だけ現在のNPOで継続	他のNPOに転職	活動をやめたい	合計
50歳未満					
上昇	537	107	26	13	683
	78.6	15.7	3.8	1.9	100.0
不変	55	22	8	6	91
	60.4	24.2	8.8	6.6	100.0
低下	603	182	44	31	860
	70.1	21.2	5.1	3.6	100.0
合計	1,195	311	78	50	1,634
	73.1	19.0	4.8	3.1	100.0
50〜59歳					
上昇	170	49	6	1	226
	75.2	21.7	2.7	0.4	100.0
不変	30	13	2	3	48
	62.5	27.1	4.2	6.2	100.0
低下	240	52	12	11	315
	76.2	16.5	3.8	3.5	100.0
合計	440	114	20	15	589
	74.7	19.4	3.4	2.5	100.0
60〜64歳					
上昇	66	25	0	2	93
	71.0	26.9	0.0	2.1	100.0
不変	21.0	14.0	1.0	1.0	37.0
	56.8	37.8	2.7	2.7	100.0
低下	115	62	2	14	193
	59.6	32.1	1.0	7.3	100.0
合計	202	101	3	17	323
	62.5	31.3	0.9	5.3	100.0
65歳以上					
上昇	54	30	2	2	88
	61.4	34.1	2.3	2.2	100.0
不変	25	7	1	2	35
	71.4	20.0	2.9	5.7	100.0
低下	116	76	1	4	197
	58.9	38.6	0.5	2.0	100.0
合計	195	113	4	8	320
	60.9	35.3	1.3	2.5	100.0

出所：JILPT2014「NPO 法人の活動と働き方に関する調査」（NPO 法人票）に基づき計測。
注：上段：人数（人）、下段：割合（％）。

消費モデル仮説要因（非勤労所得）、活動動機仮説要因（活動動機）、報酬仮説要因（報酬制度、報酬変化類型）によって、NPO 活動の継続意欲の分布が異なることが示されたが、これらは他の要因をコントロールしていない集計結果である。他の要因が一定である場合、諸要因がどの程度 NPO 活動の継続意欲に影響を与えるのか。以下では、計量分析の結果を用いて仮説検証を行う。

第5節　計量分析の結果

1．全年齢層における仮説検証の結果

　全体サンプルを用いた仮説検証の結果は表**図表 6-7**、**図表 6-8** にまとめている。

　まず、**図表 6-7** の分析結果に基づいて、19 歳以上の年齢層サンプルに関する仮説検証の結果を説明する。

　第 1 に、人的資本活用仮説（仮説 1）に関しては、①学歴ダミーの推定結果は統計的に有意ではなく、学歴間の差異が確認されなかった。②法律・税理系、教育系のダミー変数の推定値は−0.802、−0.340 であり、またこれらの推定値のいずれも 5％水準で統計的に有意である。一方、医療系ダミー変数の推定結果は統計的に有意ではない。資格なしグループに比べ、法律・税理系、教育系の資格を取得した者グループで活動継続意欲が低い。一方、医療系資格を取得した者グループが資格なしグループとの差は小さい。これらの分析によると、人的資本活用仮説が支持されなかった。③教育訓練ダミーの推定値は−0.429 であり、また 5％水準で統計的に有意である。教育訓練を受けたグループに比べ、教育訓練を受けなかったグループで NPO 活動を続けていく意欲が低い。教育訓練の分析結果によると、人的資本活用仮説が確認された。

　以上の分析から、人的資本活用仮説の一部だけが支持された。

　第 2 に、消費モデル仮説（仮説 2）に関しては、所得階層ダミーのいずれも統計的に有意ではない。NPO 活動の継続意欲で非勤労所得階層間の差異が小さいことが示され、消費モデル仮説が支持されなかった。

　第 3 に、活動動機仮説（仮説 3）に関しては、利他主義ダミーの推定値は 0.646 で、また 1％水準で統計的に有意である。利己主義グループに比べ、利他主義グループで NPO 活動の継続意欲が強い。よって、活動動機仮説が支持された。

　第 4 に、報酬要因仮説（仮説 4）の検証結果に関しては、報酬水準およびその二次項の推定結果は統計的に有意ではない。全体的にみると、

図表 6-7　仮説検証の結果（全年齢層）—(1)

仮説	各変数	推定係数	z値
人的資本活用仮説	学歴（大学）		
（仮説1）	中学校	0.357	0.63
	高校	−0.154	−0.86
	短大・高専	0.013	0.06
	大学院	0.134	0.43
	その他	−0.238	−0.95
	資格（資格なし）		
	法律・税理系資格	−0.802 **	−2.17
	教育系資格	−0.340 **	−1.81
	医療系資格	−0.267	−1.45
	その他の資格	0.212	1.33
	教育訓練（あり）		
	教育訓練なし	−0.429 **	−2.40
	就業経験年数		
	現在のNPO・正規就業年数	−0.016 *	−1.76
	現在のNPO・非正規就業年数	0.021	1.21
	現在のNPO・経営者就業年数	−0.008	−0.73
	他のNPO法人就業年数	0.011	1.40
	過去の活動状況（自発活動）		
	非自発活動	0.108	0.55
	活動なし	−0.220	−1.44
	健康状態（良くない）		
	非常に良い	0.042	0.08
	良い	−0.109	−0.21
	ふつう	−0.637	−1.19
消費モデル仮説	非勤労所得（所得第1五分位）		
（仮説2）	所得第2五分位	−0.195	−0.94
	所得第3五分位	0.114	0.60
	所得第4五分位	−0.014	−0.07
	所得第5五分位	0.065	0.31
活動動機仮説	活動動機（利己主義）		
（仮説3）	利他主義	0.646 ***	3.26
報酬要因仮説	NPO法人の報酬	0.383	1.24
（仮説4）	NPO法人の報酬二乗	−0.009	−0.43
サンプルサイズ		2313	
最大対数尤度		−2520.576	
決定係数		0.079	

出所：JILPT2014「NPO 法人の活動と働き方に関する調査」（個人調査票と団体調査票）
に基づき計測。

注：1)　*、**、*** は有意水準 10％、5％、1％をそれぞれ示す。

　　2)　個人レベル要因における家族介護、既婚、家族人数、家族活動状況、性別、現
　　　　在 NPO 活動状態、NPO 以外の就労状況、職種、定年退職経験、NPO 法人レベ
　　　　ル要因における NPO 法人規模、事務局長交代、年齢構成、学歴構成、性別構
　　　　成、活動分野、および人口規模を計測したが、掲載を省略している。

　報酬水準が NPO 活動の継続意欲に与える影響は統計的に確認されてお
らず、報酬要因仮説が支持されなかった。

　　次に他の要因が一定である場合、諸要因の影響で年齢階層による差異
が存在するのか。この問題を解明するため、50 歳以上ダミーと各仮説
の代理指標の交叉項を用いる分析を行った。これらの結果は**図表 6-8** に
まとめており、以下のことが確認された。

図表 6-8　仮説検証の結果（全年齢層）—(2)

仮説	各変数	推定係数	z値
	年齢（50歳以下）		
	50歳以上	-0.098	-0.14
人的資本活用仮説	学歴（大学）		
（仮説1）	中学校	3.982 ***	18.93
	高校	-0.043	-0.15
	短大・高専	0.012	0.04
	大学院	0.313	0.70
	その他	-0.287	-0.78
	資格（資格なし）		
	法律・税理系資格	-1.954 ***	-3.21
	教育系資格	-0.392	-1.28
	医療系資格	-0.071	-0.26
	その他の資格	-0.019	-0.07
	学歴*50歳以上ダミー（大学）		
	中学校*50歳以上ダミー	-3.985 ***	-15.06
	高校*50歳以上ダミー	-0.128	-0.36
	短大・高専*50歳以上ダミー	0.017	0.04
	大学院*50歳以上ダミー	-0.390	-0.69
	その他*50歳以上ダミー	0.092	0.18
	資格*50歳以上ダミー（資格なし）		
	法律・税理系資格*50歳以上ダミー	1.548 **	2.12
	教育系資格*50歳以上ダミー	0.027	0.07
	医療系資格*50歳以上ダミー	-0.413	-1.29
	その他の資格*50歳以上ダミー	0.282	0.82
	就業経験年数		
	現在のNPO・正規就業年数	-0.016 *	-1.62
	現在のNPO・非正規就業年数	0.021	1.19
	現在のNPO・経営者就業年数	-0.007	-0.54
	他のNPO法人就業年数	0.011	1.45
	過去の活動状況（自発活動）		
	非自発活動	0.089	0.45
	活動なし	-0.210	-1.40
	教育訓練（あり）		
	教育訓練なし	-0.430 **	-2.37
	健康状態（良くない）		
	非常に良い	0.014	0.03
	良い	-0.092	-0.19
	ふつう	-0.610	-1.17
消費モデル仮説	非勤労所得（所得第1五分位）		
（仮説2）	所得第2五分位	-0.570	-1.57
	所得第3五分位	-0.142	-0.43
	所得第4五分位	-0.268	-0.80
	所得第5五分位	0.266	0.78
	非勤労所得*50歳以上ダミー（所得第1五分位）		
	所得第2五分位*50歳以上ダミー	0.620	1.43
	所得第3五分位*50歳以上ダミー	0.386	1.01
	所得第4五分位*50歳以上ダミー	0.430	1.08
	所得第5五分位*50歳以上ダミー	-0.306	-0.77
活動動機仮説	活動動機（利己主義）		
（仮説3）	利他主義	0.579 **	2.02
	活動動機*50歳以上ダミー（利己主義）		
	利他主義*50歳以上ダミー	0.146	0.37
報酬要因仮説	NPO法人の報酬	0.015	0.53
（仮説4）	NPO法人の報酬二乗	0.201 *	1.77
	NPO法人の報酬*50歳以上ダミー	-0.036	-1.51
	NPO法人の報酬二乗*50歳以上ダミー	-0.036	-1.47
サンプルサイズ		2313	
最大対数尤度		-2520.576	
決定係数		0.079	

出所：JILPT2014「NPO法人の活動と働き方に関する調査」（個人調査票と団体調査票）に基づき計測。

注：1）*、**、*** は有意水準10%、5%、1%をそれぞれ示す。

　　2）個人レベル要因における家族介護、既婚、家族人数、家族活動状況、性別、現在NPO活動状態、NPO以外の就労状況、職種、定年退職経験、NPO法人レベル要因におけるNPO法人規模、事務局長交代、年齢構成、学歴構成、性別構成、活動分野、および人口規模を計測したが、掲載を省略している。

　第 1 に、人的資本活用仮説（仮説 1）に関しては、①中学校ダミーと 50 歳以上ダミーの交叉項の推定値は−3.985 であり、また 1％水準で統計的に有意である。50 歳未満グループに比べ、50 歳以上グループで、中卒者の NPO 活動の継続意欲が低いことが示された。②法律・税理系資格ダミーと 50 歳以上ダミーの交叉項の推定値は 1.548 であり、また 5％水準で統計的に有意である。50 歳未満グループに比べ、50 歳以上グループで、法律・税理系資格を持っている者の NPO 活動の継続意欲がより高い。他の個人属性要因や NPO 法人の属性要因が一定である場合、人的資本諸要因の影響において 50 歳未満グループと 50 歳以上グループ間の差が存在することが示された。

　第 2 に、消費モデル仮説（仮説 2）に関しては、非勤労所得の影響については、所得階層ダミーの推定結果のいずれも統計的に有意ではない。また各所得階層ダミーと 50 歳以上ダミーの交叉項のいずれも統計的に有意ではない。これらの分析結果より、50 歳未満、50 歳以上の両グループのいずれにおいても、非勤労所得階層間の差異が統計的に確認されておらず、消費モデル仮説が支持されなかった。

　第 3 に、活動動機仮説（仮説 3）に関しては、利他主義ダミーと 50 歳以上ダミーの交叉項の推定値は統計的に有意ではないが、利他主義ダミーの推定値は 0.579 であり、また 5％水準で統計的に有意である。50 歳以上グループに比べ、50 歳未満グループで、利他主義が NPO 活動の継続意欲に与えるプラスの影響はより大きい。

　第 4 に、報酬要因仮説（仮説 4）に関しては、報酬水準の二次項が 10％水準で統計的に有意であり、報酬水準が一定程度を超えると、報酬水準の上昇とともに、NPO 活動の継続意欲が強くなる傾向にある。こうした報酬水準の影響は、50 歳未満グループが 50 歳以上グループに比べてより大きい。

　これらの分析結果によると、他の要因が一定である場合、50 歳未満グループに比べ、50 歳以上グループで利他主義要因、報酬要因の影響が相対的に小さいが、人的資本活用要因の影響が相対的に大きいことが示された。

ただし、年齢階層ごとに各グループの属性が異なる可能性がある。中高齢層において、年齢グループによって各要因がNPO活動の継続意欲に与える影響は異なるのか。この問題を解明するため、以下では、50歳以上のグループを50〜59歳、60〜64歳、65歳以上の3つのグループに分けてそれぞれの分析を行い、諸仮説を検証し、各要因の影響における年齢グループ間の差異も考察する。

2．中高年齢者グループにおける年齢階層別仮説検証の結果

　中高年齢者グループを50〜59歳、60〜64歳、65歳以上の3つのグループに分けて分析した結果は、**図表6-9**にまとめており、以下のことが示された。

　第1に、人的資本活用仮説（仮説1）に関しては、（1）65歳以上グループで人的資本活用諸要因がNPO活動の継続意欲に与える影響が医療系資格保有を除いて統計的に有意ではなく、人的資本活用仮説が検証されなかった。

　（2）一方、50〜59歳グループ、60〜64歳グループで人的資本活用仮説が支持された。

　具体的に説明すると、50〜59歳グループで、①中学校ダミーの推定値は−4.262であり、また1％水準で統計的に有意である。高学歴者（大学卒者）に比べ、低学歴者（中学校卒者）グループで活動継続意欲が低い。②その他の資格ダミーの推定値は0.666であり、また5％水準で統計的に有意である。一方、医療系資格ダミーの推定値は−0.690であり、また5％水準で統計的に有意である。資格なしグループに比べ、法律・税理系、教育系、医療系以外の資格を取得した者グループで活動継続意欲が高いが、医療系資格を取得した者グループでNPO活動を続けていく意欲が低い。③他には、非自発活動ダミーの推定値は−0.852であり、5％水準で統計的に有意である。過去に自発的にNPO活動に参加した経験を持つ者に比べ、非自発的にNPO活動に参加した者グループで活動継続意欲が低い。

　60〜64歳グループで、①中学校ダミーの推定値は5.988であり、ま

図表 6-9　中高年齢者グループにおける年齢階層別仮説検証の結果

仮説	各変数	50～59歳 推定係数	z値	60～64歳 推定係数	z値	65歳以上 推定係数	z値
人的資本活用仮説	学歴（大学）						
（仮説1）	中学校	-4.262 ***	-2.59	5.988 ***	7.84	0.315	0.43
	高校	-0.529	-1.23	1.035	1.06	0.573	1.43
	短大・高専	-0.104	-0.25	0.719	0.66	0.406	0.64
	大学院	-0.256	-0.34	-0.384	-0.34	-0.269	-0.27
	その他	-1.081 **	-2.03	0.326	0.33	1.261	1.50
	資格（資格なし）						
	法律・税理系資格	-0.692	-0.84	0.253	0.17	0.823	0.74
	教育系資格	0.040	0.10	-1.419 *	-1.68	-0.342	-0.77
	医療系資格	-0.690 **	-2.08	-1.671 **	-2.39	-0.815 *	-1.87
	その他の資格	0.666 *	1.99	-0.393	-0.58	-0.429	-1.18
	教育訓練（あり）						
	教育訓練なし	-0.670	-1.45	-1.977 ***	-3.56	-0.422	-0.92
	就業経験年数						
	現在のNPO・正規就業年数	-0.025	-1.05	0.003	0.09	-0.007	-0.40
	現在のNPO・非正規就業年数	0.045	1.28	0.110	1.38	0.007	0.17
	現在のNPO・経営者就業年数	-0.047 *	-1.62	0.111 **	2.12	0.004	0.20
	他のNPO法人就業年数	0.006	0.35	0.006	0.29	-0.004	-0.32
	過去の活動状況（自発活動）						
	非自発活動	-0.852 **	-2.24	-0.461	-0.56	0.224	0.47
	活動なし	-0.064	-0.20	-0.802	-1.29	-0.762	-2.43
	健康状態（良くない）						
	非常に良い	1.356	1.30	5.461 ***	2.96	0.015	0.01
	良い	0.809	0.83	4.808 ***	3.20	0.140	0.13
	ふつう	0.417	0.40	3.304 *	1.93	-0.327	-0.29
消費モデル仮説	非勤労所得（所得第1五分位）						
（仮説2）	所得第2五分位	-0.406	-0.73	1.750 *	1.81	0.211	0.53
	所得第3五分位	1.057 **	2.23	-0.405	-0.49	0.039	0.09
	所得第4五分位	-0.043	-0.11	0.915	1.29	0.547	1.20
	所得第5五分位	-0.204	-0.54	-2.091 **	-2.17	1.634 **	2.50
活動動機仮説	活動動機（利己主義）						
（仮説3）	利他主義	0.672	1.35	0.859	0.74	2.1886 ***	3.70
報酬要因仮説	NPO法人の報酬	1.231	1.46	-1.315	-1.01	0.2513	0.31
（仮説4）	NPO法人の報酬二乗	-0.069	-1.24	0.193 **	2.10	-0.0159	-0.33
サンプルサイズ		622		259		491	
最大対数尤度		-562.470		-195.841		-393.977	
決定係数		0.184		0.407		0.231	

出所：JILPT2014「NPO 法人の活動と働き方に関する調査」（個人調査票と団体調査票）に基づき計測。

注：1）＊、＊＊、＊＊＊ は有意水準10％、5％、1％をそれぞれ示す。

　　2）個人レベル要因における家族介護、既婚、家族人数、家族活動状況、性別、現在 NPO 活動状態、NPO 以外の就労状況、職種、定年退職経験、NPO 法人レベル要因における NPO 法人規模、事務局長交代、年齢構成、学歴構成、性別構成、活動分野、および人口規模を計測したが、掲載を省略している。

た 1％水準で統計的に有意である。高学歴者（大学卒者）に比べ、低学歴者（中学校卒者）グループで活動継続意欲が低い。②医療系資格ダミーの推定値は-1.671 であり、5％水準で統計的に有意である。資格なしグループに比べ、医療系資格を取得した者グループで NPO 活動を続けていく意欲が低い。③他には、教育訓練なしダミーの推定値は-1.977であり、1％水準で統計的に有意である。教育訓練を受けたグループに比べて教育訓練を受けていないグループの方が継続意欲が低い。現在のNPO・経営者就業年数の推定値は 0.111 であり、また 5％水準で統計的

に有意である。現在 NPO に勤め、しかも経営者としての活動年数が長いほど継続意欲が高い。また健康状態が非常に良いダミー、健康状態が良いダミーの推定値はそれぞれ 5.461、4.808 であり、これらの推定値のいずれも 1% 水準で統計的に有意である。健康状態が良くないグループに比べ、健康状態が「非常に良い」、「良い」の両グループで継続意欲が高い。

第 2 に、消費モデル仮説（仮説 2）に関しては、50 〜 59 歳、65 歳以上の両グループで仮説 2 が支持された。具体的に説明すると、50 〜 59 歳グループで、所得第 3 五分位ダミーの推定値は 1.057、65 歳以上グループで所得第 5 五分位ダミーの推定値は 1.634 であり、またこれらの推定値のいずれも 5% 水準で統計的に有意である。低所得層（所得第 1 五分位）に比べ、50 〜 59 歳グループで、活動継続意欲は中所得層（所得第 3 五分位）が高く、65 歳以上グループで活動継続意欲は最高所得層（所得第 5 五分位）が高いことが示された。

一方、60 〜 64 歳グループで所得第 5 五分位ダミーの推定値は −2.091 であり、また 5% 水準で統計的に有意である。低所得層（所得第 1 五分位）に比べ、活動継続意欲は高所得層（所得第 5 五分位）が低い傾向にある。60 〜 64 歳グループで消費モデル仮説が確認されなかった。

第 3 に、活動動機仮説（仮説 3）に関しては、65 歳以上のグループで、利他主義ダミーの推定値は 2.189 であり、また 1% 水準で統計的に有意である。一方、50 〜 59 歳、60 〜 64 歳の両グループのいずれにおいても、利他主義ダミーの推定値は統計的に有意ではない。他の要因が一定であれば、65 歳以上の高年齢層グループで利他主義精神が強いほど活動継続意欲が強いことが示され、活動動機仮説が支持された。一方、中高年齢層（50 〜 59 歳、60 〜 64 歳）グループで活動動機仮説が確認されなかった。加齢とともに利他主義の活動動機が活動継続意欲に与える影響はより大きくなることが明確である。

第 4 に、報酬要因仮説に関しては、60 〜 64 歳グループで報酬二乗の推定値は 0.193 で、5% 水準で統計的に有意である。60 〜 64 歳グループで 60 〜 64 歳グループで報酬水準が一定程度を超えると、報酬上昇とと

もに活動継続意欲が強くなることが示された。一方、50 〜 59 歳、65 歳以上の両グループで報酬水準および報酬二乗の推定結果のいずれも統計的に有意ではない。

ただし、前述したように、報酬の影響には結果の公平と手続きの公平の 2 つの要因が存在すると考えられる。2 つの要因の影響を考察するため、報酬制度を考慮した分析も行った。

これらの分析結果を**図表 6-10** にまとめている。【パネル A】は報酬水準一次項、二次項変数のみを用いた分析結果、【パネル B】は報酬制度変数のみを用いた分析結果、パネル C】報酬水準と報酬制度の両方を分析した結果、【パネル D】は報酬変化と報酬制度の両方を分析した結果である。分析結果より、以下のことが示された。

（1）【パネル A】報酬水準のみを分析した結果、60 〜 64 歳グループで報酬二乗の推定値は 0.193 であり、また 5％水準で統計的に有意である。一方、50 〜 59 歳、65 歳以上の両グループで報酬水準の影響は統計的に有意ではない。60 〜 64 歳グループで報酬水準が一定程度を超えると、報酬上昇とともに活動継続意欲が強くなる。一方、50 〜 59 歳、65 歳以上の両グループで報酬水準が継続意欲に影響を与えていない。（2）【パネル B】報酬制度のみを分析した結果、「明確なルールなし」NPO 法人に勤める者グループに比べ、60 〜 64 歳グループで活動継続意欲が「職務・職種給」が実施されている NPO 法人に勤める者グループが低いが、それ以外では、活動継続意欲における報酬制度間の差異が大きくない。また 50 〜 59 歳グループ、65 歳グループのいずれにおいても、活動継続意欲における報酬制度間の差異が小さい。

（3）【パネル C】報酬水準と報酬制度の両方を用いた分析結果によると、報酬水準に関しては、50 〜 59 歳、60 〜 64 歳グループで報酬水準の影響が確認されなかったが、65 歳以上グループで報酬水準の影響は統計的に有意となった。具体的に説明すると、60 〜 64 歳グループで、最初報酬水準の上昇とともに活動継続意欲が上昇するが、報酬水準が一定程度を超えると、報酬水準が高い者は活動継続意欲が低い傾向にある。

図表 6-10　報酬制度を考慮した年齢階層別報酬要因仮説に関する検証結果のまとめ

【Panel A: 賃金水準】

	50〜59歳		60〜64歳		65歳以上	
	推定係数	z 値	推定係数	z 値	推定係数	z 値
報酬（推定値）	1.231	1.46	-1.315	-1.01	0.251	0.31
報酬二乗（推定値）	-0.069	-1.24	0.193 **	2.10	-0.016	-0.33
サンプルサイズ	622		259		491	
最大対数尤度	-562.470		-195.841		-393.977	
決定係数	0.184		0.407		0.231	

【Panel B: 報酬制度】

各変数	50〜59歳		60〜64歳		65歳以上	
	推定係数	z 値	推定係数	z 値	推定係数	z 値
報酬制度（明確なルールなし）						
年齢・勤続給	-1.450 *	-1.75	1.305	1.09	-0.650	-0.56
資格・能力給	-1.302 *	-1.69	-0.482	-0.47	0.147	0.09
職務・職種給	-1.262 *	-1.80	-1.780 **	-2.35	-0.104	-0.09
成果主義給	-1.552 *	-1.75	3.269	1.14	-1.169	-0.66
一律時間給	-1.477 *	-1.93	-0.009	-0.01	1.737 *	1.70
わからない	-1.622 **	-1.97	-2.118 *	-1.82	-2.486 **	-2.36
サンプルサイズ	447		214		194	
最大対数尤度	-377.410		-145.839		-111.864	
決定係数	0.255		0.480		0.518	

【Panel C: 報酬水準＋報酬制度】

各変数	50〜59歳		60〜64歳		65歳以上	
	推定係数	z 値	推定係数	z 値	推定係数	z 値
NPO報酬	-4.759	-0.67	-4.696	-1.52	5.147 **	2.26
NPO報酬二乗	0.412	0.79	3.023	1.54	-3.724 **	-2.29
報酬制度（明確なルールなし）						
年齢・勤続給	-1.455 *	-1.81	0.336	0.25	1.487	0.83
資格・能力給	-1.285 *	-1.70	-1.382	-0.95	2.151	1.33
職務・職種給	-1.207 *	-1.72	-2.958 ***	-2.73	0.237	0.16
成果主義給	-1.681 *	-1.85	3.616	1.11	-3.026 *	-1.81
一律時間給	-1.628 **	-2.07	-0.684	-0.65	3.889 **	2.54
わからない	-1.558 *	-1.89	-2.772 **	-2.08	-0.556	-0.39
サンプルサイズ	431		207		189	
最大対数尤度	-366.492		-135.811		-77.356	
決定係数	0.266		0.491		0.476	

【Panel D: 報酬変化＋報酬制度】

各変数	50〜59歳		60〜64歳		65歳以上	
	推定係数	z 値	推定係数	z 値	推定係数	z 値
報酬変化（変化なし）						
上昇	-0.251	-0.64	-2.568 **	-2.36	0.584	0.74
低下	-0.754	-1.24	-2.415 *	-1.64	2.517	1.09
報酬制度（明確なルールなし）						
年齢・勤続給	-1.595 *	-1.89	0.293	0.21	0.049	0.03
資格・能力給	-1.486 *	-1.88	-0.972	-0.83	1.305	0.68
職務・職種給	-1.393 **	-1.97	-2.328 **	-2.39	0.375	0.31
成果主義給	-1.694 *	-1.88	3.444	1.19	-1.926	-0.89
一律時間給	-1.554 **	-1.99	0.335	0.29	1.639	1.49
わからない	-1.785 **	-2.09	-1.800 *	-1.66	-2.416 **	-2.38
サンプルサイズ	445		213		188	
最大対数尤度	-372.608		-138.084		-104.904	
決定係数	0.262		0.507		0.532	

出所：JILPT2014「NPO 法人の活動と働き方に関する調査」（個人調査票と団体調査票）に基づき計測。

注：1）*、**、*** は有意水準10％、5％、1％をそれぞれ示す。

　　2）個人レベル要因における学歴、資格、経験年数、過去の活動状況、教育訓練、健康状態、非勤労所得、利他主義、報酬、、家族介護、既婚、家族人数、家族活動状況、性別、現在 NPO 活動状態、NPO 以外の就労状況、職種、定年退職経験、NPO 法レベル要因における NPO 法人規模、事務局長交代、年齢構成、学歴構成、性別構成、活動分野、および人口規模を計測したが、掲載を省略している。

　【パネル A】の分析結果と比較すると、報酬制度が一定である場合、60 〜 64 歳グループで、報酬水準の影響が確認されなかった一方で、65 歳以上のグループで報酬水準の影響は強く現れている。60 〜 64 歳グループで報酬要因の影響には手続きの公平性（報酬制度）の影響が結果の公平性（同一報酬水準）より大きいが、65 歳以上のグループで、報酬制度が一定である場合、報酬水準の影響がより大きいことが示された。65 歳以上のグループにおける大多数の者が年金生活者であるため、NPO 活動を続けていくことには報酬水準の影響が大きいということは、加齢とともに、高齢者が NPO 活動に参加する金銭的報酬要因の影響がより大きくなることが示される。ただし、65 歳以上の高年齢者グループで、報酬水準がある程度を超えると、報酬水準が高くなるものの、活動継続意欲が低くなることがうかがえる。65 歳以上の高報酬者グループにおいて、報酬水準以外、他の要因の影響も大きいだろう。

　また報酬制度に関しては、「一律時間給」が実施される NPO 法人に勤める者グループにおいて、その活動継続意欲は 50 〜 59 歳グループが低い（推定値−1.628）が、65 歳以上グループが高い（推定値 3.889）。また「職務・職種給」が実施される NPO 法人に勤める者グループにおいて、その活動継続意欲は 60 〜 64 歳グループが低い（推定値−2.958）。【パネル B】の分析結果に比較すると、報酬水準が一定である場合、報酬制度の影響の方向性は同じであるが、それらの推定値が大きくなり、またそれらの変数の有意水準が高くなっている。報酬水準が一定である場合、報酬制度の影響はより強く表れている。

　（4）【パネル D】報酬変化と報酬制度の両方を分析した結果、報酬変化に関しては、60 〜 64 歳グループで、報酬水準が変化なしグループに比べ、変化ありの両グループ（「上昇」、「低下」）のいずれにおいても、活動継続意欲が低い傾向にある。報酬水準が安定する NPO 法人に勤めると活動継続意欲が高いことが示された。一方、報酬変化は 50 〜 59 歳、65 歳以上の両グループにおける活動継続意欲に与える影響は確認されなかった。

　また、報酬制度の影響に関する分析結果の傾向は【パネル B】と類似

している。また、【パネルB】の分析結果に比較すると、報酬変化が一定である場合、報酬制度の影響の方向性は同じであるが、それらの推定値が大きくなり、またそれらの変数の有意水準が高くなっている。報酬水準が一定である場合、報酬制度の影響はより強く表れている。

報酬要因に関する分析結果より、（1）報酬水準（結果の公平性）の影響については、60 〜 64 歳グループ（【パネル D】）、65 歳以上グループ（【パネル C】）において、報酬水準が NPO 活動の継続意欲に影響を与えており、報酬要因仮説（仮説 4）が再確認された。（2）報酬制度（手続きの公平性）の影響については、報酬水準、報酬変化の要因を考慮しても、各年齢層のいずれにおいても、報酬制度が NPO 活動の継続意欲に影響を与えており、手続きの公平性要因の影響が存在することが示された。また報酬水準、報酬変化の要因をコントロールすると、報酬制度要因の影響がより強くなることがわかった。

3．中高年齢者グループにおける保健医療福祉分野と非保健医療福祉分野別分析結果

活動分野によって、諸要因が中高年齢者グループにおける NPO 活動の継続意欲に与える影響は異なるのか。この問題を解明するため、活動分野を大きく保健医療福祉分野と非保健医療福祉分野の 2 つに分けてそれぞれの分析を行った。年齢階層別・活動分野別分析のサンプルを確保するため、中高年齢者グループの年齢階層を 50 〜 59 歳、60 歳以上の 2 つのグループに分けてそれぞれの分析を行った。分析結果を**図表 6-11**にまとめている。

第 1 に、人的資本仮説（仮説 1）に関しては、①学歴については、保健医療福祉分野・50 〜 59 歳グループで、高学歴者（大学卒者）に比べ、低学歴者（中学校卒者）グループで活動継続意欲が低い（推定値−6.896）。一方、保健医療福祉分野・60 歳以上グループ、および非保健医療福祉分野・50 〜 59 歳グループで低学歴者（中学校卒者）グループのほうが活動継続意欲は高い（推定値はそれぞれ 2.533、2.318）。

②資格なしグループに比べ、医療系資格を取得した場合、保健医療福

図表 6-11　中高年齢者グループにおける保健医療福祉分野と非保健医療福祉分野別諸仮説の検証結果

仮説	各変数	保健医療福祉分野 50〜59歳 推定係数	z値	60歳以上 推定係数	z値	非保健医療福祉分野 50〜59歳 推定係数	z値	60歳以上 推定係数	z値
人的資本活用仮説 (仮説1)	学歴（大学）								
	中学校	-6.896 **	-2.23	2.533 **	2.18	2.318 ***	7.15	0.937	0.89
	高校	-0.112	-0.16	0.342	0.78	-1.078 *	-1.77	0.522	1.14
	短大・高専	0.605	0.77	0.943	1.12	-0.881	-1.23	0.003	0.00
	大学院	-0.912	-0.58	-0.799	-0.79	-0.650	-0.7	0.449	0.59
	その他	-1.360 *	-1.70	0.948	1.09	-0.044	-0.05	0.734	0.98
	資格（資格なし）								
	法律・税理系資格	-1.803 *	-1.67	-1.144	-1.16	-1.024	-0.8	1.748	1.20
	教育系資格	0.728	0.99	-0.842 *	-1.61	-0.579	-1.02	-1.204 ***	-2.66
	医療系資格	-1.224 **	-2.34	0.042	0.13	0.448	0.66	-1.646 ***	-2.88
	その他の資格	1.182 **	2.19	-0.206	-0.46	0.561	0.94	0.324	1.01
	教育訓練（あり）								
	教育訓練なし	-1.274 *	-1.64	-1.023 **	2.00	-0.895	-1.30	-1.023 **	-2.02
	就業経験年数								
	現在のNPO・正規就業年数	-0.002	-0.04	0.015	0.74	0.003	0.07	2.960E-04	0.02
	現在のNPO・非正規就業年数	0.084	1.37	0.030	0.90	0.050	0.87	0.080 *	1.63
	現在のNPO・経営者就業年数	0.030	0.65	0.043	1.72	-0.069	-1.39	0.033	1.19
	他のNPO法人就業年数	-0.042	-1.23	-0.004	-0.29	0.016	0.59	-0.001	-0.09
	過去の活動状況（自発活動）								
	非自発活動	-0.830	-1.15	-0.637	-1.10	-1.070	-1.54	0.586	1.03
	活動なし	-0.550	-1.11	-0.642	-1.59	-0.053	-0.12	-0.098	-0.28
	健康状態（良くない）								
	非常に良い	1.771	1.10	0.015	0.01	-1.788	0.02	-1.284	-1.17
	良い	1.178	0.83	-0.291	-0.18	-1.889	0.12	-0.285	-0.27
	ふつう	0.951	0.67	-0.953	-0.56	-1.248 ***	-19.52	-0.695	-0.59
消費モデル仮説 (仮説2)	非勤労所得（所得第1五分位）								
	所得第2五分位	-2.291 **	-2.30	0.182	0.36	0.752	0.97	0.235	0.52
	所得第3五分位	0.501	0.74	-0.324	-0.65	1.470 **	2.22	0.068	0.17
	所得第4五分位	-0.364	-0.49	-0.226	-0.38	0.526	0.79	0.366	0.73
	所得第5五分位	-1.454 **	-2.22	0.878	1.44	0.507	0.84	-0.181	-0.33
活動動機仮説 (仮説3)	活動動機（利己主義）								
	利他主義	1.783 **	2.86	0.433	0.44	-0.146	-0.21	1.505 ***	2.82
報酬要因仮説 (仮説4)	NPO報酬	0.186	0.09	0.092	0.11	2.108	1.58	0.352	0.50
	NPO報酬二乗	0.005	0.03	0.016	0.27	-0.100	-1.26	0.011	0.24
サンプルサイズ		311		349		312		464	
最大似然尤度		-186.531		-307.432		-289.418		-406.611	
決定係数		0.328		0.218		0.288		0.238	

出所：JILPT2014「NPO 法人の活動と働き方に関する調査」（個人調査票と団体調査票）に基づき計測。

注：1）*、**、*** は有意水準 10%、5%、1%をそれぞれ示す。

　　2）個人レベル要因における家族介護、既婚、家族人数、家族活動状況、性別、現在ＮＰＯ活動状態、NPO 以外の就労状況、職種、定年退職経験、NPO 法人レベル要因における NPO 法人規模、事務局長交代、年齢構成、学歴構成、性別構成、および人口規模を計測したが、掲載で省略している。

祉分野・50 〜 59 歳、非保健医療福祉分野・60 歳以上の両グループのいずれにおいても、活動継続意欲が低い（推定値はそれぞれ−1.224、−1.646）。

　また非保健医療福祉分野・60 歳以上のグループにおいて、活動継続意欲は教育系資格を取得した者が資格なし者より低い（推定値−1.204）。

　これらの分析結果によると、資格のような人的資本が NPO 活動には活用されていないようだ。

　③他には、教育訓練を受けたグループに比べ、教育訓練を受けなかった場合、保健医療福祉分野・60 歳以上、非保健医療福祉分野・60 歳以

上の両グループで活動継続意欲が弱い（推定値はいずれも−1.023）。ま
た、非保健医療福祉分野・50 〜 59 歳グループにおいて、健康状況が良
くないと回答した者グループに比べ、健康状況が普通と回答した者グル
ープで活動継続意欲が弱い。

これらの分析結果によると、人的資本活用仮説の一部だけが支持され
た。また、保健医療福祉と非保健医療福祉分野別、年齢階層別（50 〜
59 歳、60 歳以上）によって人的資本活用に関連する諸要因の影響が異
なることがわかる。また保健医療福祉分野と非保健医療福祉分野のいず
れにおいても、医療系資格、教育系資格が活用されていないようだ。

第 2 に、消費モデル仮説（仮説 2）に関しては、非保健医療福祉分
野・50 〜 59 歳グループで、低所得層（所得第 1 五分位）に比べ、活動
継続意欲は中所得層（所得第 3 五分位）が高いことが示され、消費モデ
ル仮説が支持されたが、他のグループで消費モデル仮説が確認されなか
った。

第 3 に、活動動機仮説（仮説 3）に関しては、保健医療福祉・50 〜 59
歳グループ、非保健医療福祉・60 歳以上グループのいずれにおいても、
他の要因が一定であれば、利他主義精神が強いほど NPO 活動の継続意
欲が高いことが示され（推定値はそれぞれ 1.783、1.505）、活動動機仮説
が支持された。

第 4 に、報酬要因仮説（仮説 4）に関しては、報酬水準のみを分析し
た結果により、各グループのいずれにおいても、報酬水準の推定値は統
計的に有意ではない。

報酬制度を考慮した分析も行った。これらの分析結果を**図表 6-12** に
まとめており、以下のことが確認された。

（1）【パネル A】報酬水準のみを分析した結果、保健医療福祉分野と
非保健医療福祉の両グループのいずれにおいても報酬水準の影響は統計
的に有意ではない。

（2）【パネル B】報酬制度のみを分析した結果、保健医療福祉分野で
「明確なルールなし」NPO 法人に勤める者グループに比べ、「年齢・勤

図表 6-12　報酬制度を考慮した年齢階層別・活動分野別報酬要因仮説に関する検証結果のまとめ

【Panel A：報酬水準】

各変数	保健医療福祉分野 50～59歳 推定係数	z値	60歳以上 推定係数	z値	非保健医療福祉分野 50～59歳 推定係数	z値	60歳以上 推定係数	z値
NPO報酬	0.186	0.09	0.092	0.11	2.108	1.58	0.352	0.50
NPO報酬二乗	0.005	0.03	0.016	0.27	-0.100	-1.26	0.011	0.24
サンプルサイズ	311		349		311		464	
最大対数尤度	-186.531		-307.432		-289.418		-406.611	
決定係数	0.328		0.218		0.288		0.238	

【Panel B：報酬制度】

各変数	保健医療福祉分野 50～59歳 推定係数	z値	60歳以上 推定係数	z値	非保健医療福祉分野 50～59歳 推定係数	z値	60歳以上 推定係数	z値
報酬制度（明確なルールなし）								
年齢・勤続給	-3.973 **	-2.16	2.191 **	2.43	-2.859 *	-1.70	0.437	0.18
資格・能力給	-3.271 *	-1.88	0.982	1.07	-0.251	-0.16	1.126	0.33
職務・職種給	-2.758	-1.49	0.058	0.07	-1.756	-1.17	0.432	0.25
成果主義給	-2.419	-1.41	2.065 *	1.77	-5.076 **	-2.42	4.450	1.25
一律時間給	-3.267 *	-1.78	0.410	0.45	-1.120	-0.68	2.038	1.31
わからない	-4.494 **	-2.32	0.151	0.18	-2.112	-1.27	-2.898 *	-1.79
サンプルサイズ	274		241		173		167	
最大対数尤度	-150.458		-201.251		-162.853		-68.143	
決定係数	0.368		0.318		0.479		0.690	

【Panel C：報酬水準＋報酬制度】

各変数	保健医療福祉分野 50～59歳 推定係数	z値	60歳以上 推定係数	z値	非保健医療福祉分野 50～59歳 推定係数	z値	60歳以上 推定係数	z値
NPO報酬	-9.755	-0.76	-2.708 *	-1.84	-4.241	-0.14	4.245 *	1.63
NPO報酬二乗	0.715	0.77	2.108 *	1.87	0.231	0.10	-2.746	-1.44
報酬制度（明確なルールなし）								
年齢・勤続給	-3.709 **	-1.99	2.003 **	2.06	-2.793	-0.89	-4.692 *	-1.63
資格・能力給	-3.099 *	-1.72	1.091	1.14	-2.659	-0.48	-0.539	-0.25
職務・職種給	-2.890	-1.55	-0.134	-0.17	-0.549	-0.28	-2.744	-1.20
成果主義給	-1.844	-1.12	1.947	1.42	1.541 *	1.79	-6.774 **	-2.00
一律時間給	-3.495 *	-1.85	0.560	0.60	1.925	0.81	-2.579	-1.09
わからない	-4.624 **	-2.19	0.265 **	0.30	-2.715 *	-1.83	-2.584	-1.13
サンプルサイズ	262		236		172		158	
最大対数尤度	-143.178		-190.722		-147.504		-58.027	
決定係数	0.385		0.342		0.513		0.718	

【Panel D：報酬変化＋報酬制度】

各変数	保健医療福祉分野 50～59歳 推定係数	z値	60歳以上 推定係数	z値	非保健医療福祉分野 50～59歳 推定係数	z値	60歳以上 推定係数	z値
報酬変化（変化なし）								
上昇	0.328	0.59	-0.744	-1.22	0.755	0.59	0.459	0.44
低下	-1.956 **	-2.22	-0.516	-0.61	-1.250	-0.69	-0.826	-0.38
報酬制度（明確なルールなし）								
年齢・勤続給	-4.153 **	-2.13	2.129 **	2.29	-3.000	-1.01	-2.641	-1.46
資格・能力給	-3.399 *	-1.83	1.195	1.27	0.181	0.11	-0.479	-0.25
職務・職種給	-2.916	-1.51	0.003	0.00	-4.335 *	-1.66	-2.400	-1.35
成果主義給	-2.169	-1.17	2.154 *	1.81	-7.475 **	-2.34	-5.551 **	-2.35
一律時間給	-2.990	-1.54	0.583	0.62	-1.945	-0.83	-1.381	-0.73
わからない	-4.467 **	-2.18	0.208	0.23	-2.407	0.59	-3.115 *	-1.61
サンプルサイズ	273		237		172		168	
最大対数尤度	-147.093		-196.044		-155.004		-57.699	
決定係数	0.380		0.326		0.503		0.552	

出所：JILPT2014「NPO 法人の活動と働き方に関する調査」（個人調査票と団体調査票）に基づき計測。

注：1）*、**、*** は有意水準 10％、5％、1％をそれぞれ示す。

2）個人レベル要因における学歴、資格、経験年数、過去の活動状況、教育訓練、健康状態、非勤労所得、利他主義、報酬、、家族介護、既婚、家族人数、家族活動状況、性別、現在 NPO 活動状況、NPO 以外の就労状況、職種、定年退職経験、NPO 法レベル要因における NPO 法人規模、事務局長交代、年齢構成、学歴構成、性別構成、および人口規模を計測したが、掲載を省略している。

続給」が実施されている NPO 法人に勤める者グループで、活動継続意欲は 50 〜 59 歳年齢層が低い（推定値−3.973）が、60 歳以上の年齢層が高い（推定値 2.191）。一方、非保健医療福祉分野で「明確なルールなし」NPO 法人に勤める者グループに比べ、「成果主義給」が実施されている NPO 法人に勤める者グループで、活動継続意欲は 50 〜 59 歳年齢層が低い（推定値−5.076）。

　（3）【パネル C】報酬水準と報酬制度の両方を分析した結果、報酬水準に関する分析結果の傾向は【パネル A】の分析結果に類似する。報酬制度については、「年齢・勤続給」に関する分析結果は、【パネル B】に類似するが、非保健医療福祉分野で「明確なルールなし」NPO 法人に勤める者グループに比べ、「成果主義給」が実施されている NPO 法人に勤める者グループで、活動継続意欲は 60 歳以上の年齢層が低い（推定値−6.774）。

　（4）【パネル D】報酬変化と報酬制度の両方を分析した結果、報酬変化に関しては、保健医療福祉分野・50 〜 59 歳グループで、報酬水準が変化なしグループに比べ、活動継続意欲は「低下」グループが低い（−1.956）。保健医療福祉分野で報酬水準が安定する NPO 法人に勤めると活動継続意欲が高いことが示された。一方、報酬制度に関する分析結果は【パネル B】、【パネル C】に類似する。

　要するに、報酬要因仮説に関する分析結果より、（1）保健医療福祉分野、非保健医療福祉分野のいずれにおいても、報酬水準が活動継続意欲に影響を与えていないが、報酬変化、報酬制度が活動継続意欲に影響を与えていることが示され、報酬要因仮説（仮説 4）の一部が支持された。（2）ただし、活動分野、年齢階層によってその影響は異なる。（3）また、保健医療福祉分野で報酬水準が安定する NPO 法人に勤めると活動継続意欲が高いことがうかがえる。

第 6 節　まとめ

　本章では、労働政策研究・研修機構が 2014 年に実施した「NPO 法人の活動と働き方に関する調査（個人調査票）」および「NPO 法人の活動と働き方に関する調査（団体調査票）」を活用し、NPO 活動に参加している個人、および NPO 法人のマッチングデータを構築し、中高齢者の各グループ（50 〜 59 歳、60 〜 64 歳、65 歳以上）における NPO 活動の継続意欲の決定要因に関する 4 つの仮説（①人的資本活用仮説、②消費モデル仮説、③活動動機仮説、④報酬要因仮説）を検証した。主な結論は以下の通りである（**図表 6-13**、**図表 6-14** 参照）。

　第 1 に、全体的にみると、人的資本活用仮説、活動動機仮説が支持された。一方、消費モデル仮説、報酬要因仮説が確認されなかった。

図表 6-13　年齢階層別仮説検証結果のまとめ

	全年齢層	50〜59歳	60〜64歳	65歳以上
仮説1：人的資本活用仮説	○	○	○	×
仮説2：消費モデル仮説	×	◎	×	◎
仮説3：活動動機仮説	◎	×	×	◎
仮説4：報酬要因仮説	×	×	◎	×

出所：図表 6-5-1、図表 6-5-2、図表 6-5-3、図表 6-5-4 に基づき筆者作成。

注：◎：仮説が強く支持された

　　○：仮説が弱く支持された（あるいは仮説の一部が支持された）

　　×：仮説が支持されなかった。

図表 6-14　中高齢者グループにおける年齢階層別・活動分野別仮説検証結果のまとめ

	保健医療福祉分野		非保健医療福祉分野	
	50〜59歳	60歳以上	50〜59歳	60歳以上
仮説1：人的資本活用仮説	○	○	○	○
仮説2：消費モデル仮説	×	×	◎	×
仮説3：活動動機仮説	◎	×	×	◎
仮説4：報酬要因仮説	×	×	×	×

出所：図表 6-5-5、図表 6-5-6 に基づき筆者作成。

注：◎：仮説が強く支持された

　　○：仮説が弱く支持された（あるいは仮説の一部が支持された）

　　×：仮説が支持されなかった。

第2に、他の要因が一定である場合、年齢階層によって各要因の影響が異なる。たとえば、50歳以下グループに比べ、50歳以上グループで人的資本要因、利他主義要因、報酬要因の影響が相対的に小さいことが示された。

　第3に、50歳以上の中高年齢層において、年齢階層グループごとに、NPO活動の継続意欲の決定要因が異なる。具体的に説明すると、（1）人的資本活用要因が50〜59歳、60〜64歳の各グループに影響を与えるが、65歳以上グループで人的資本活用仮説が確認されなかった。（2）50〜59歳、65歳以上の両グループで消費モデル仮説は支持された。それに対して、60〜64歳グループでこの仮説が確認されなかった。（3）活動動機仮説が65歳以上グループで確認された。一方、50〜59歳、60〜64歳の両グループでこの仮説が支持されなかった。（4）60〜64歳グループで報酬要因仮説が支持されたが、50〜59歳、65歳の両グループでこの仮説が確認されなかった。

　第4に、活動分野によって、人的資本活用要因、消費モデル、報酬要因の影響の方向性がほぼ同じであるが、活動動機の影響に関しては、保健医療福祉分野と非保健医療福祉分野別年齢階層別によって異なっている。

　これらの実証分析の結果は以下のような政策含意を持つと考えられる。

　第1に、人的資本活用仮説に関する分析結果によると、教育の効果が表れているが、資格の影響については、資格なしグループに比べ、医療系資格を取得した場合、保健医療福祉分野・50〜59歳、非保健医療福祉分野・60歳以上の両グループのいずれにおいても、活動継続意欲が弱い。これらの分析結果によると、資格のような人的資本がNPO活動には活用されていないようだ。

　資格に関する分析結果については、以下のことが考えられる。本調査では、NPO活動以外の就業業種に関する調査は行われていないが、保健医療福祉業は専門性が高い業種であるため、その業種に勤める大多数の労働者は保健医療福祉に関連する資格を取得したと考えられる。50〜59歳は現役労働者であるため、時間制約上で保健医療福祉分野のNPO活動を継

続する意欲が弱いと考えられる。また保健医療福祉業は労働者不足である
ため、60 歳以上の場合、保健医療福祉資格を持つ者は保健医療福祉業に勤
める可能性が高い。そのため、医療系資格を取得した者は非保健医療福祉
分野で NPO 活動を継続する意欲は弱いだろう。高齢化の進展とともに医
療介護産業における労働力不足の問題が深刻化している背景下では、保健
医療福祉業には NPO 活動を促進することは重要な課題となっている。そ
のため、既に医療系資格を取得した専門職としての中高年齢者が保健医療
福祉分野の NPO 活動を行いやすい環境を構築すると同時に、介護福祉専
門資格の取得を促進する政策を検討する必要があろう。地域連携型保健医
療福祉分野の NPO 法人創立支援政策、医療系資格を持つ者に対して NPO
活動参加の支援政策、介護福祉資格を取得するための補助金政策などを考
案する必要があろう。

　第 2 に、報酬要因仮説に関する分析結果によると、報酬水準が変化する
NPO 法人に勤める者グループに比べ、報酬水準が不変である場合、中高
年齢者の活動継続意欲が高い傾向になることが示された。したがって、
NPO 活動を継続させるため、NPO 法人で安定な報酬制度を実施すべきで
あろう。また年齢階層ごとに報酬制度の影響が異なることには注意すべき
である。NPO 法人にとって年齢階層ごとに異なる報酬制度を設定・実施
することは困難であると思われるが、年齢階層によって NPO 活動継続の
動機付けの方法が異なることを留意すべきであろう。

　第 3 に、活動動機仮説の検証の結果、加齢とともに利他主義動機が活動
継続意欲に与える影響が大きくなる傾向にあるが、65 歳以下の年齢層にお
いて活動動機の影響が小さいことが示された。NPO 活動の継続が個人的
価値観（活動動機）の影響を受けているが、65 歳以下の年齢層グループ
で活動動機以外の要因の影響はより大きいことがうかがえる。今後、中高
年齢者に対して NPO 活動に関する広報・教育を行うことが必要であるが、
他の政策（たとえば、企業の柔軟な労働時間制度、NPO 活動休暇制度など）
に取り組む必要があろう。

　第 4 に、消費モデル仮説に関する分析結果によると、高年齢層（65 歳
以上）の両グループで活動継続意欲が非勤労所得の影響を受けており、中

高所得層に比べ、低所得層グループで活動継続意欲が弱く、NPO活動を
やめたいと考える可能性が高いことが示された。低所得の高年齢者グルー
プに対して、生活保護などの所得再分配政策を実施すると同時に、NPO
活動を続けていく支援・促進政策も検討する必要があろう。

参考文献

跡田直澄・金領佑・前川聡子（1999）「社会福祉とボランティア－日韓
　の事例研究」『季刊・社会保障研究』Vol.35，No.3，pp.264-275

跡田直澄・福重元嗣（2000）「中高年のボランティア活動への参加構造
　－アンケート調査個票に基づく要因分析」『季刊・社会保障研究』
　Vol.36，No.2，pp.246-255

小野晶子（2006）「有償ボランティアの働き方と意識－謝礼は活動継続
　につながるか」労働政策研究・研修機構（編）『NPOの有給職員と
　ボランティア－その働き方と意識』JILPT労働政策研究報告書
　No.60，pp.103-141

馬欣欣（2012a）「高年齢者が社会活動に参加する決定要因－ボランティ
　ア供給を中心に」（独立行政法人）労働政策研究・研修機構（編）『高
　齢者の社会貢献活動に関する研究－定量的分析と定性的分析から』
　JILPT労働政策研究報告書No.142，pp.39-72

馬欣欣（2012b）「中高年齢者における社会貢献活動の参加動機およびそ
　の活動形態に与える影響」（独立行政法人）労働政策研究・研修機
　構（編）『高齢者の社会貢献活動に関する研究－定量的分析と定性
　的分析から』JILPT労働政策研究報告書No.142，pp.73-102

馬欣欣（2014）「高齢者におけるボランティア供給の決定要因に関する
　実証分析」『日本労働研究雑誌No.643，pp.70-80

馬欣欣（2016）「NPO法人職員の賃金構造およびその満足度、活動継続
　意欲に及ぼす影響」独立行政法人）労働政策研究・研修機構（編）
　『NPO就労に関する研究－恒常的成長と震災を機とした変化を捉え
　る－』JILPT労働政策研究報告書No.183，pp.54-97

森山智彦（2007）「事務局長のキャリア、役割、働き方」労働政策研究・

研修機構（編）『NPO の就労発展への道筋－人材・財政・法制度から考える』JILPT 労働政策研究報告書 No.82，pp.64-93

森山智彦（2016）「キャリアとしての NPO － 2004 年，2015 年調査との比較分析」独立行政法人）労働政策研究・研修機構（編）『NPO 就労に関する研究－恒常的成長と震災を機とした変化を捉える－』JILPT 労働政策研究報告書 No.183，pp.98-120

山内直人（2001）「ジェンダーからみた非営利市場－主婦はなぜ NPO を目指すか」『日本労働研究雑誌』No.493，pp.30-41

Becker, G. S.（1965）"A Theory of the Allocation of Time," *The Economic Journal*, 75, 299, pp.493-517

Ball, G.A., Trevino, L.K. and Sims, H.P. Jr（1994）"Just and Unjust Organizational Punishment: Influences on Subordinate Performance and Citizenship", *Academy of Management Journal*, 37, pp.299-322

Carlin, P. S.（2001）"Evidence on the Volunteer Labor Supply of Married Women," *Southern Economic Journal*, 67, 4, pp.801-824

Cole, N. D. and Flind, D. H.（2004）"Perceptions of Distributive and Procedural Justice in Employee Benefits: Flexible versus Traditional Benefit Plans," *Journal of Managerial Psychology*, 19, 1, pp.19-40

Freeman, R. B.（1997）"Working for Nothing: The Supply of Volunteer Labor," *Journal of Labor Economics*, 15, 1, pp.140-166

Ma, X. and Ono, A.（2013）"Determining Factors in Middle-Aged and Older Person's Participation in Volunteer Activity and Willingness to Participate," *Japan Labor Review*, 10, 4, pp.90-119

Menchik, P. L. and Weisbrod, B. A.（1987）"Volunteer Labor Supply," *Journal of Public Economics*, 32, pp.159-183

Mincer, J.（1974）*Schooling, Experience and Earning*, New York: Columbia University Press

Schram, V. R. and Dunsing, M. M.（1981）"Influences on Married Women's Volunteer Work Participation," *The Journal of Consumer Research*, 7, 4, pp.372-379

Segal, L. M. and Weisbrod, B. A. (2002) "Volunteer Labor Sorting across Industries," *Journal of Policy Analysis and Management*, 21, 3, pp.427-447

Vaillancourt, F. (1994) "To Volunteer or Not: Canada, 1987,"*Canadian Journal of Economics*, 27, 4, pp.813-826

第7章　高齢者の就業と健康・介護

第1節　はじめに

　少子高齢化が本格的に進行している日本社会においては、高齢者の就業を通じた社会参加や自己実現への希望を叶えるとともに、将来の労働力を確保しつつ社会の活力を維持するためにも、高齢者が個々の能力を十分に発揮して就業することの重要性が増している。

　高齢者の就業を促進するためには就業を希望する高齢者の存在が前提となるが、日本の高齢者は、諸外国と比較しても就業希望率が高いとされている。内閣府が2015年に日本、アメリカ、ドイツ、スウェーデンの4か国で60歳以上の高齢者を対象に行った第8回「高齢者の生活と意識に関する国際比較調査」によると、「今後も収入の伴う仕事をしたい（続けたい）」と思っている人の割合は、日本では44.9％であり、他の調査国であるアメリカ（39.4％）、スウェーデン（36.6％）、ドイツ（22.7％）よりも高い水準となっている。

　それでは、高齢者が就業を希望する理由は何だろうか。同調査では、今後も収入の伴う仕事をしたい（続けたい）と回答した高齢者にその主な理由を質問している。（**図表 7-1** 参照。）

　これによると、日本では、「収入がほしいから」が49.0％と最も多くなっているが、それに次いで多いのは「働くのは体によいから、老化を防ぐから」が24.8％であり、他の調査国であるスウェーデン（16.9％）、アメリカ（14.9％）、ドイツ（14.8％）よりも多くなっている。また、「仕事を通じて友人や仲間を得ることができるから」（7.1％）との回答も他の調査国（スウェーデン（3.0％）、アメリカ（2.8％）、ドイツ（0.9％））と比べて最も多くなっている。

　一方で、就労の継続を希望する主な理由として、「仕事そのものが面白いから、自分の活力になるから」と回答した日本の高齢者の割合は16.9％にとどまっており、他の調査国であるスウェーデン（54.4％）、ドイツ（48.9％）、アメリカ（28.1％）と比べて最も低くなっている。

　これらのことから、日本の高齢者は「働く」こと（就業）を、収入を得

図表 7-1　高齢者の就業希望理由（国際比較）

就労の継続を希望する理由　（今後も収入の伴う仕事をしたい（続けたい）と答えた方に質問）　　　　　　　（%）

	日本	アメリカ	ドイツ	スウェーデン
収入が欲しいから	49.0	52.7	31.9	20.8
仕事そのものが面白いから、自分の活力になるから	16.9	28.1	48.9	54.4
仕事を通じて友人や、仲間を得ることができるから	7.1	2.8	0.9	3.0
働くのは体によいから、老化を防ぐから	24.8	14.9	14.8	16.9
その他	2.2	1.5	3.1	4.9
無回答	–	–	0.4	–

〔出典〕平成 27 年度第 8 回高齢者の生活と意識に関する国際比較調査結果（内閣府）

る手段や自己実現の手段としてだけではなく、健康維持及び老化防止、そして他者とのつながりのための好機として捉えているといえる。また、他者とのつながりは、自身の行動範囲の拡大や日常生活への満足感の向上を通じて、総じて身体的にも精神的にも高齢者の健康ポジティブな影響を与えるものと考えられる。これらのことから、「働くことは健康に良い」「健康のために働く」という考え方が、他の先進諸国と比較して、高齢者にも一般的に受容されているといえよう。

　このように日本の高齢者就業において健康は特に考慮される要素であるといえるが、一般的な就業と健康の関係性について着目すると、両者の間には双方向の因果関係があるとされている。

　一つは、健康が就業に与える影響である。高齢者の労働供給関数の推定などの先行研究において、主観的健康感は高齢者の就業にプラスの影響を及ぼすとされており、「健康だから働く」という因果関係が成り立っているといえる。

　もう一つは、上述してきた就業が健康に与える影響である。本章で分析の対象とする独立行政法人労働政策研究・研修機構が 2014 年に実施した「60 代の雇用・生活調査」の調査報告書（抽出率の逆数によるウェイトバック集計）においても、60 代男性就業者の 23.2％、60 代女性就業者の22.9％が就業の理由として「健康上の理由（健康に良いなど）」を回答している（複数回答可）。また社会疫学における健康の社会的決定要因に関する研究では、健康は、学歴・職業などの社会経済的因子によっても決定さ

れるとされており、就業は社会経済的因子の重要な要素の一つであるとされている。（近藤（2007））

　このように「働くことは健康に良い」「健康のために働く」という考え方は一般的であるが、一方で就業が健康へ及ぼす影響に関する実証研究は必ずしも多くはないのが現状である。

　また、高齢者の就業や健康の関係性について考える上で無視できないのは、高齢者の介護負担の問題である。社会全体で見れば、高齢者は介護される側であり、現役世代が介護をする側であるという構図だが、現実的に高齢者の多くが老親や配偶者等の介護者でもある。事実、高齢化率の上昇や核家族化の進行に伴い、老老介護という言葉がメディア等でクローズアップされていることに象徴されるように、高齢者の介護負担の増加が指摘されている。介護負担は、介護者の健康や就業のいずれにも影響を与える可能性があり、高齢者の介護負担の軽減は重要な課題となっている。

　本章[1]では、2014 年の「60 代の雇用・生活調査」の個人票を用いて、60代の高齢者を対象に、主観的健康感及び介護負担が高齢者の就業に与える影響を分析するとともに、就業が主観的健康感に与える影響について分析する。

　本章の構成は次のようになる。第 2 節で関係する海外及び国内における先行研究及び本章の位置付けを示し、第 3 節で推定モデル、第 4 節で利用するデータ及び利用変数について示す。第 5 節では、分析結果を示し、第6 節ではまとめとして、分析結果の考察、政策的インプリケーション、分析に関する留意点と今後の検討課題について述べる。

第 2 節　先行研究及び本章の位置付け

1．先行研究

(1)　海外の研究動向

　Staudinger（2016）は、高齢者の就業が健康に与える影響に関する国

---

[1] 本章は、三村（2016）を基に加筆・修正したものである。

際的な研究動向についてレビューを行っている。

　これによると、先進諸国における就業の健康への影響に関する学術的・政策的な議論は、これまではストレスや疲労といった就業のネガティブな側面を取り扱うことがほとんどであったが、近年の研究では、就業のポジティブな側面が取り上げられているとしている。

　就業の健康影響については、身体的及び精神的な健康に与える影響に関する先進諸国での先行研究[2]を紹介し、これらの研究結果は、総じて就業の高齢者の健康に対する長期的効果を認める結論に収斂する傾向にあるとする一方、どれくらいの就業時間が適当かはいまだ明らかにされていないとしている。また、就業が脳の認知的な健康に与える影響については、研究が積極的に蓄積されていることを紹介するとともに、現時点での調査結果は、就業における適度な新規性が、脳の活性化や機能の低下の抑制に効果があることを示している。

　以上から、就業は高齢者の健康にポジティブな影響があるとし、先進国における政策的インプリテーションとして、①社会保障や雇用に関する制度を退職の延長や高齢者の就業を促進するように変更すること、②企業における高齢者の雇用を促進すること、③高齢者のエンプロイアビリティ（Employability）を高めることを提言している。

(2)　国内の先行研究①：主観的健康感と就業の関係について

　主観的健康感（self-rated health）は、自分がどの程度健康だと考えているかを示す自己評価に基づいた健康度指標である。例えば、本章で分

---

[2] 主な先行研究は以下のとおりである。Luoh and Herzog（2002）によると、米国の80代以上の高齢者が報酬の有無に関わらず月に10時間以上程度の就業を行った場合、身体的・精神的な健康が維持するのに有益であるとしている。Maimaris,Hogan and Lock（2010）によると、オーストラリア、日本、米国における10の横断的調査をレビューした結果、4つの調査で退職年齢以降の就業・ボランティアの健康へのポジティブな効果を示している一方、ネガティブな効果を示すものはなかったとしている。Baker et al.（2005）によると、米国の縦断調査の結果として、60歳以上のグループで、生産的活動にかかわる時間が長いほど、生活満足度の改善幅が大きかったとしている。Dave,Rashad and Spasojevic（2006）によると、米国の1992-2003のHealth and Retirement Studyというパネルデータを用いた分析の結果、完全に退職することにより、動作や日常生活の困難さは23％〜29％増加し、不健康状態は8％増加し、精神的な健康度は11％減少するとしている。このことから、退職年齢を延長させる、高齢による不健康状態を減少または先送りさせ、幸福感を高め、医療サービス（特に急性期）の利用を減少させると結論付けている。

析を行う「60 代の雇用・生活調査」では、「あなたの普段の健康状態はいかがですか」との質問に対して、「大変良い」「良い」「あまり良くない」「良くない」の 4 段階の選択肢で回答する形式となっている。

主観的健康感と高齢者の就業との相関関係については、清家・山田（2004）をはじめとする高齢者の労働供給を分析している多くの先行研究で取り上げられてきており、これまで主に着目されてきたのは、健康状態が労働供給に与える影響であり、ほぼ一貫して健康状態が悪い場合は就業しないという結果が得られているとされている（小川（2009））。

高齢者の就業決定要因の推定に関する先行研究では、60 代の雇用・生活調査の前身である厚生労働省の「高年齢者就業実態調査」を用いたものが多い。清家・馬（2008）は、1980 年から 2004 年までの同調査の個人票データを用いて、55 歳時点で雇用者であった 60 代の男性高齢者における就業決定の規定要因を明らかにしたうえで、主観的健康感が良好な場合には就業確率が各年代を通して約 3 割上昇することを明らかにしている。

一方、岩本（2000）、大石（2000）は、従来の先行研究では健康は外生的な従属的要因として扱われることが多かったのに対して、不就業の言い訳として健康状態が悪いと回答する可能性、主観的健康感が真の健康状態を必ずしも投影していないことを指摘して、健康の内生性や同時決定バイアスを考慮したモデルを分析している。

特に大石（2000）は、就業状態が健康状態に与える影響も考慮しており、健康と就業の同時性に関する検討が可能となっているが、モデルの制約上、就業状態から真の健康状態への影響力と就業状態から自己申告された健康状態への影響力の合計を効果しか識別できないため、個別にこの 2 つの効果を測定することは難しいとしている。また、山本（2010）は、大石（2000）と同様の分析の枠組みを用いて、1980 年から2004 年までの健康と就業状態の同時決定関係を考慮した上で分析を行っている。

一方、疫学分野の先行研究では、主観的健康感は、単なる調査時点での主観的な健康状態を示すもの以上の意味をもつ指標として扱われてい

る。主観的健康感は医師による臨床的判断と一致しない場合においても、主観的健康感は回答者の現在及び将来の健康状態に予測力を持つことが指摘されており、高齢者の主観的健康感は、精神的健康度のみならず身体的・社会的健康度に寄与し、個人の生活の質を包括的に評価できる指標とされている。（近藤（2007））

また、社会疫学の分野の先行研究では、健康の社会的決定要因（Social Determinants of Health）の議論などにおいて、主観的健康状態は、性別、年齢、学歴、経済的要因、地理的要因など様々な要素で規定されるとしており、職業階層や就業の有無も重要な要素の一つであるとされている。（近藤（2005））

日本の高齢者の就業や就業経験と主観的健康感の関係に関する経済分野での先行研究としては、Kajitani（2012）と梶谷（2012）がある。

Kajitani（2012）は、男性高齢者の就業行動が健康状態に与える影響について、1990年と1993年の「全国高齢者パネル調査」を用いて就業と健康状態との同時性・内生性を考慮した操作変数法を用いた分析を計量的に分析しており、その結果、日本の男性高齢者は年をとるにつれて相対的に労働時間を減らす傾向にあるものの、高齢期の就業が日本の男性高齢者の健康度を高めていると分析している。

また、梶谷（2012）は、就労期に最も長く従事した仕事（キャリアジョブ）の違いが高齢者の健康度に与える影響についてマイクロデータを用いて分析した結果、男性高齢者において、教育水準や資産、健康投資行動をコントロールしても、キャリアジョブがブルーカラー職であった場合と比べて専門的・管理的仕事や自営業である場合に高齢者の健康度が高まると分析している。

高齢者の就業ではないものの、就業と健康の内生性や同時決定性を考慮したうえで、就業の健康への影響を分析した先行研究としては、菅・小塩（2015）がある。菅・小塩（2015）では、国民生活基礎調査の個票データを用いて、Bivariate Probit Model（2変量Probitモデル）により、25歳から45歳までの短期雇用者となる内生的な決定プロセスを説明する式と、短期雇用の「健康状態が悪い確率」に与える効果を説明する式

の二式を同時推定し、短期雇用者となることがメンタルヘルスに影響を与えていることを示している

(3)　国内の先行研究②：介護負担と就業の関係について

　介護負担と就業の関係性に関する研究については、当初は女性の就労行動との関係性に重点がおかれてきたが、近年では高齢者の就業への影響についても研究が行われている。

　酒井・佐藤（2007）は、高齢者を対象としたパネルデータに基づき分析を行い、家庭内の要介護者の存在によって家族の就業は抑制される傾向にあり、具体的には男性では正規雇用や自営業の就業・退職決定に影響するのに対して、女性では非正規雇用の就業・退職決定に影響を与えるとしている。また、就業と介護については、介護のために就業しないケースと、就業していないために介護者となっているケースの両方が考えられるため、介護しているか否かを説明変数とした場合には介護の就業に与える影響を過大評価する同時性バイアスがあると考えられることを指摘するとともに、介護の就業に与える影響を推定する際の介護状態の変数として、「家庭内に要介護者がいる」と「回答者本人が介護しているかどうか」を使った場合では、係数に差があることを指摘している。

　一方、岸田（2014）は、介護と就業は同時決定の関係にあることに配慮して操作変数法を用いるとともに、家事援助・身体介護等の介護の内容も考慮するために、介護負担の指標として、1週間の平均的な介護時間に加え、その内訳である身体介護時間、家事援助時間を用いた推定を行っている。その結果、介護が、就業確率、労働時間、収入を下げることを示すとともに、介護の影響は、男女とも介護時間（合計）よりも、身体介護時間や家事援助時間の方が大きいとしている。

2．本章の位置付け

　本章では、独立行政法人労働政策研究・研修機構が 2014 年に実施した「60 代の雇用・生活調査」の個票を用いて、60 代の高齢者を対象に、

主観的健康感及び介護負担が高齢者の就業に与える影響を分析するとともに、就業が主観的健康感に与える影響について分析する。

実証分析の方法については、基本的にはこれまでの先行研究を踏まえた形となっているが、本章の分析において、これまでの先行研究と比較して特に留意した点を述べる。

第一は、分析対象の範囲である。高齢者の労働供給に関する先行研究では、分析の対象を55歳時点で雇用者であった者や、男性に限定しているものが多い。これは労働供給の決定要因として、定年による雇用の断絶や年金の受給権の影響等を主要な分析対象としていたことが関係している。本章では、雇用以外の就業形態も含めた就業の効果を分析するため、就業経験や性別による限定を行わず、全ての60代全体を分析対象としている。その上で、男性と女性、または60代前半と後半との間の労働市場の違いを考慮して、60代前半男性、60代後半男性、60代前半女性、60代後半女性の4つのカテゴリーに区分して分析を行っている。

第二は、健康関数の推定方法である。本章では、これまでの先行研究で指摘されてきた就業と健康状態の同時決定性や内生性に考慮するため、2つの就業確率関数と健康関数との誤差項の相関を仮定した最尤推定法である Bivariate Probit Model を用いて分析を行っている。

第三は、調整する共変量の範囲である。社会疫学分野における先行研究において、健康の決定要因として、就業の有無のみならず、学歴や職業階層などの幅広い社会経済的因子が指摘されている。また、今回の実証分析に用いる「60代の雇用・生活調査」は、その前身の調査である「高年齢者就業実態調査」と同様に、クロスセクションデータでありながら、55歳時点での就業状況等をレトロスペクティブに質問している。これらを踏まえて、被説明変数が就業である場合のみならず、主観的健康感である場合についても、55歳当時の職業状況、家族構成、持ち家・住宅ローン・貯蓄の有無や、厚生年金受給資格の有無などを共変量として説明変数に盛り込み調整を行っている。

第四に、介護負担については、介護と就業の内生性・同時決定性が指

摘されていることから操作変数法等により考慮した分析が望ましいが、「60 代の雇用・生活調査」では介護時間等の情報を捕捉していないため、介護が必要な同居家族がいる場合については、本人が主な介護者である場合と、本人以外が介護者である場合とを区別してダミー変数化するなどの処理を行って対応している。

　変数の設定の詳細については、第 4 節で個別に示している。

第 3 節　推定モデル

1．推定モデルの概略

　本章では、前節で述べたような点に留意して以下の手順で推定を行う[3]。

(1)　就業確率関数（誘導型）及び市場賃金関数の推定

　主観的健康感や介護負担の就業に与える影響を検討するため、市場賃金が留保賃金を上回れば就業を選択するという理論的枠組を採用し、就業・非就業による賃金のサンプル・セレクション・バイアスを考慮するためヘックマンの二段階推定法を用いる（Heckman（1976））。

　具体的には、第 1 段階で就業確率関数を Probit Model で推定し、第 2 段階で市場賃金関数を推定するモデルを用いる。

　なお、ヘックマンの二段階推定法によって推定した市場賃金関数については、逆ミルズ比の有意性によりサンプル・セレクション・バイアスの考慮の必要性について確認し、有意性が確認できない場合は、通常の最小二乗法（OLS）により推定する。

(2)　就業確率関数（構造型）及び健康関数の推定

　(1) で推定した市場賃金関数に基づいて、賃金率を推定し、これを説明変数に加えることで、構造型の就業確率関数を推定する。また、就業の有無を説明変数に含む健康関数も同時に推定することとして、推定に

---

[3] 分析モデルの定式化については、三村（2016）を参照。

当たっては、就業と健康の同時決定性を考慮するため、構造型就業確率関数と健康関数の誤差項における相関を考慮した Bivariate Probit Model により推定する。

　推定後は、atanhρ 値の検定及び Wald 検定により有意性を確認し、同時決定性を考慮する必要性について確認する。有意性を確認できない場合は、それぞれの関数を 1 変数 2 値の通常の Probit Model により推定する。

第 4 節　利用するデータ及び利用変数

1．利用するデータ

　本章では、独立行政法人労働政策研究・研修機構が 60 歳代の雇用・生活の実態と 65 歳を超えた雇用促進の条件把握のために、2014 年 7 月 〜 8 月に 60 〜 69 歳の 5,000 人（有効回答 3,244 人）の個人を対象に実施した「60 代の雇用・生活調査」の調査票データを利用している。

　分析で利用する変数の記述統計量は、**図表 7-2** のとおりである[4]。

2．主要な変数

　ここでは、本章の分析の上で特に重要な変数である、主観的健康感、現時点の就業状況、賃金率（対数変換）、介護負担について説明する。これらの変数の記述統計量は**図表 7-3** のとおりである。また、各変数の定義及び特徴は以下の通りである。

① 主観的健康感

　主観的健康感は、健康関数の被説明変数であるとともに、就業確率関数（誘導型）及び市場賃金関数の説明変数となる。60 代の雇用・生活調査では、主観的健康感については、「あなたの普段の健康状態はいかがですか」との質問に対し、「大変良い」「良い」「あまり良くない」「良くない」の 4 つの選択肢から選ぶ形となっており、「大変良い」「良い」を

---

[4] 60 代前半男性、60 代後半男性、60 代前半女性及び 60 代後半女性の基本統計量については、三村（2016）を参照のこと。

図表 7-2 記述統計量

		サンプルサイズ	平均値	標準偏差	最小値	最大値
主観的健康感	大変良い・良い＝1 （あまり良くない・良くない＝0）	3,244	0.685	0.465	0	1
現在の仕事の状況	現時点で就業	3,244	0.597	0.491	0	1
	賃金率（対数変換）	1,642	0.215	0.776	-3.778	5.687
	現在の仕事の経験年数	3,244	11.871	15.979	0	52
経済状態	一人当たり生計費（対数変換）	2,524	4.950	0.504	2.016	7.968
介護負担の状態	本人が主な介護者	3,244	0.055	0.228	0	1
	家族が主な介護者	3,244	0.111	0.314	0	1
年齢	年齢	3,244	63.850	2.600	60	70
	年齢の2乗	3,244	4,803.563	334.496	3,600	4,900
最終学歴	中学卒	3,244	0.189	0.392	0	1
	高校卒	3,244	0.483	0.500	0	1
	短大・高専・専門学校卒	3,244	0.125	0.331	0	1
	大学・大学院卒	3,244	0.197	0.398	0	1
55歳当時の仕事状況	55歳当時雇用者ではない	3,244	0.208	0.406	0	1
	55歳当時雇用者（正社員）	3,244	0.283	0.450	0	1
	55歳当時雇用者（正社員以外）	3,244	0.011	0.106	0	1
55歳当時の企業規模	55歳当時100人規模未満企業	3,244	0.333	0.471	0	1
	55歳当時100人～499人規模企業	3,244	0.132	0.338	0	1
	55歳当時500人以上企業規模	3,244	0.187	0.390	0	1
	官公庁	3,244	0.048	0.213	0	1
55歳以降の定年経験	55歳以降の定年経験あり	3,244	0.346	0.476	0	1
55歳の定年・退職後に仕事をしていた場合の職種（定年なし就業中も含む）	管理的な仕事	3,244	0.080	0.271	0	1
	専門的・技術的な仕事	3,244	0.099	0.299	0	1
	事務的な仕事	3,244	0.051	0.219	0	1
	販売の仕事	3,244	0.033	0.179	0	1
	サービスの仕事	3,244	0.046	0.209	0	1
	保安の仕事	3,244	0.006	0.078	0	1
	農林漁業の仕事	3,244	0.006	0.078	0	1
	生産工程の仕事	3,244	0.034	0.182	0	1
	輸送・機械運転の仕事	3,244	0.016	0.127	0	1
	建設・採掘の仕事	3,244	0.016	0.127	0	1
	運搬・清掃・包装等の仕事	3,244	0.012	0.109	0	1
婚姻状態	配偶者あり	3,244	0.749	0.434	0	1
経済状態	同居家族人数	3,244	1.837	1.531	0	12
	持ち家あり	3,244	0.882	0.323	0	1
	住宅ローンあり	3,244	0.132	0.339	0	1
	貯蓄あり	3,244	1.616	0.962	1	4
	厚生年金受給資格あり	3,244	0.509	0.500	0	1
地域ブロック	北海道・東北	3,244	0.128	0.334	0	1
	関東甲信越	3,244	0.337	0.473	0	1
	東海・北陸	3,244	0.162	0.369	0	1
	近畿	3,244	0.151	0.358	0	1
	中国・四国	3,244	0.102	0.302	0	1
	九州・沖縄	3,244	0.120	0.325	0	1
都市規模	21大市	3,244	0.230	0.421	0	1
	20万以上都市	3,244	0.232	0.422	0	1
	10万以上都市	3,244	0.174	0.379	0	1
	その他の市	3,244	0.256	0.436	0	1
	町村	3,244	0.108	0.310	0	1
50歳前後になってから、定年時を意識して転職や職業能力向上のために取り組んだこと（複数回答）	自営業を始めるための準備をした	3,244	0.036	0.187	0	1
	資格取得について調べた	3,244	0.052	0.222	0	1
	資格を取得するために自分で勉強した	3,244	0.058	0.233	0	1
	資格を取得するために学校に通ったり、通信講座を受講したりした	3,244	0.045	0.208	0	1
	職業能力の向上に取り組んだことはないが、転職の準備はした	3,244	0.041	0.198	0	1
	過去の職務経歴を振り返って、自分なりに自分の職務能力分析を行った	3,244	0.097	0.297	0	1
	その他	3,244	0.023	0.148	0	1
	特に取り組んだことはない	3,244	0.647	0.478	0	1
地域の健康状態	健康寿命（都道府県・性別）	3,244	71.326	1.839	68.640	75.310
	健康寿命（都道府県・性別）の2乗	3,244	5.091	263	4.711	5.672

図表 7-3　主要変数の記述統計量

		【全体】			【60代前半・男性】			【60代後半・男性】			【60代前半・女性】			【60代後半・女性】		
		サンプルサイズ	平均値	標準偏差	サンプルサイズ	平均値	標準偏差	サンプルサイズ	平均値	標準偏差	サンプルサイズ	平均値	標準偏差	サンプルサイズ	平均値	標準偏差
主観的健康感	大変良い・良い=1（あまり良くない・良くない=0）	3,244	0.685	0.465	1,250	0.698	0.459	690	0.678	0.467	838	0.687	0.464	466	0.655	0.476
仕事の状況	現時点で就業	3244	0.597	0.491	1250	0.749	0.434	690	0.559	0.497	838	0.510	0.500	466	0.401	0.491
	賃金率(対数変換)	1642	0.215	0.776	828	0.366	0.746	307	0.274	0.788	363	-0.049	0.717	144	-0.107	0.804
介護負担	本人が主な介護者	3244	0.055	0.228	1250	0.032	0.176	690	0.025	0.155	838	0.103	0.304	466	0.077	0.267
	家族が主な介護者	3,244	0.111	0.314	1,250	0.146	0.353	690	0.128	0.334	838	0.075	0.264	466	0.058	0.234

図表 7-4　年齢・性別区分別の主観的健康感（4 段階評価）の分布

(%)

	大変良い	良い	あまり良くない	良くない	無回答
全体	5.43	63.04	26.60	4.59	0.34
60代前半・男性	6.24	63.52	25.52	4.48	0.24
60代後半・男性	5.94	61.88	26.38	5.07	0.72
60代前半・女性	4.42	64.32	26.97	4.18	0.12
60代後半・女性	4.29	61.16	29.18	4.94	0.43

選択した場合は 1、それ以外は 0 とするダミー変数を設定している。なお、集計前の 4 段階の主観的健康感の年齢・性別区分別の分布は**図表 7-4** のとおりである。

主観的健康感については、良好である（4 段階で「大変良い」「良い」と回答している）割合は、全体では 68.5％、60 代前半男性は 69.8％、60 代後半男性は 67.8％、60 代前半女性は 68.7％、60 代後半は 65.5％となっており、年齢・性別区分によって大きな差がないのが特徴である。

② 現時点の就業状況

現時点の就業状況については、就業確率関数（誘導型及び構造型）の被説明変数であるとともに、健康関数の説明変数である。60 代の雇用・生活調査では、「あなたは平成 26 年 6 月、収入になる仕事をしましたか。なお『仕事』には家業の手伝いや内職も含みます。また、仕事をもっていて 6 月中に休職・休業していた方は、『した』を選んでください。」という質問に対して、「した」と選択した場合は 1、「しなかった」の場合

は 0 となるようにダミー変数を設定した。

　現時点で就業している割合は、全体では 59.7％、60 代前半男性が 74.9％、60 代後半男性は 55.9％、60 代前半女性は 51.0％、60 代後半は 40.1％となっており、60 代後半の場合、または女性の場合に割合が低下するのが特徴である。

③　賃金率（対数変換）

　賃金率（対数変換）は、市場賃金関数の被説明変数であるとともに、その推定値（推定賃金率）は就業確率関数（構造型）の説明変数となっている。60 代の雇用・生活調査では、2014 年 6 月に就業していた者に対して、6 月の賃金等収入及び同年 1 年間でもらえる見込みの賞与（いずれも税込み。千円単位）、並びに 6 月中に働いた日数、1 日の勤務時間について質問しており、その回答から、年間の賃金等収入及び年間の労働時間の算定を経て、1 時間あたりの賃金率を算定し、それを対数変換している。

　賃金収入がある者のデータしかないので、サンプル数は、全体で1,642 となっている。それぞれの対数変換後の賃金率は、60 代前半男性は 0.776、60 代後半男性は 0.274、60 代前半女性は－0.049、60 代前半女性は－0.107 となっている。

④　介護負担

　介護負担は、就業確率関数、健康関数の説明変数として用いている。60 代の雇用・生活調査では、介護が必要な家族がいると回答した者を対象に「介護を主にされている方はどなたですか」と質問をしており、主な介護者は「あなた自身」と回答して場合は「本人が主な介護者」、それ以外の場合は「家族が主な介護者」として設定している。主な介護者の違いによる介護の就業や健康への影響の違いについて分析するため、両者の重複はない形でダミー変数を設定している。

　本人が主な介護者の割合については、全体では 5.5％、60 代前半男性は 3.2％、60 代後半男性は 2.5％、60 代前半女性は 10.3％、60 代後半女

性は 7.7% となっている。男性より女性の方が、また 60 代後半より 60 代前半の方が割合が高くなっている。

　一方、家族が主な介護者の割合については、全体では 11.4%、60 代前半男性は 14.6%、60 代後半男性は 12.8%、60 代前半女性は 7.5%、60 代後半女性は 5.8% となっている。本人が主な介護者の場合と異なり、女性より男性の方が、また 60 代前半より 60 代後半の方が割合が高くなっている。

2．その他の説明変数

　説明変数については、上述の変数のほか、年齢や学歴、55 歳当時の就業状況、年金受給権、定年経験、家族人数、地域などに関する変数が、それぞれの特性に応じて、高齢者の就業、市場賃金及び健康に影響を与えると考えられるため、個々に説明変数として設定している。

　具体的には、一人当たり生計費[5]、年齢[6]、最終学歴[7]、55 歳当時の雇用の状況[8]、55 歳当時の企業規模[9]、55 歳の定年・退職後に仕事をしていた場合の職種[10]、55 歳以降の定年経験[11]、婚姻状態[12]、同居家族人数[13]、

---

[5] 世帯所得は、社会経済的地位を示す重要な指標であるが、高齢者は収入元が稼働所得、年金収入、財産収入、貯金の取り崩し、仕送りなど多様であることを踏まえ、本章では、支出ベースの生計費を、健康関数の説明変数として用いている。60 代の雇用・生活調査では、「6 月のあなたの世帯の生計費」について質問している。変数では、回答のあった月額の生計費（千円単位）を世帯人数の平方根で除した上で対数変換している。

[6] 就業確率関数、市場賃金関数、健康関数の説明変数として用いる。1 歳刻みとなっている。非線形の相関の可能性も考慮するため、年齢の 2 乗値も説明変数として追加している。なお、60 代の雇用・生活調査では、70 歳の回答者（n＝10）も含まれているが、本章では、これらの回答者も分析対象に含めており、60 代後半に分類している。

[7] 人的資本投資及び社会経済的地位を表す変数として、就業確率関数、市場賃金関数、健康関数の説明変数として用いる。中学卒をレファレンスとして、「高校卒」「短大・高専・専門学校卒」「大学・大学院卒」のダミー変数を設定している。

[8] 55 歳当時の職業経験及び職業階層を表すものとして、就業確率関数、市場賃金関数、健康関数の説明変数として用いる。60 代の雇用・生活調査では、55 歳当時に雇用者であった者に対し、55 歳当時勤めていたときの雇用形態を質問しており、正社員と回答した場合は「55 歳当時雇用者（正社員）」とし、パート・アルバイト、嘱託、契約社員、派遣労働者、その他と回答した場合は、「55 歳当時雇用者（正社員以外）」としている。

[9] 55 歳当時の職業経験及び職業階層を表すものとして、就業確率関数、市場賃金関数、健康関数の説明変数として用いる。60 代の雇用・生活調査では、55 歳当時に雇用者であった者に対し、55 歳当時勤めていた企業の本社・支社等の企業全体の従業員数を質問しており、回答に応じて「55 歳当時 100 人規模未満企業」「55 歳当時 100 人〜 499 人規模企業」「55 歳当時 500 人以上企業規模」「官公庁」に分類して設定している。

持ち家あり [14]、住宅ローンあり [15]、貯蓄あり [16]、厚生年金受給資格あり [17]、地域ブロック [18]、都市規模 [19]、50 歳前後になってから定年時を意識して転職や職業能力向上のために取り組んだこと [20]、健康寿命 [21] を説明変数としている。

---

[10] 55 歳当時の職業経験を表すものとして、市場賃金関数の説明変数として用いる。60 代の雇用・生活調査では、最初の定年に到達した直後または 55 歳当時に雇われていた会社等を定年前に退職した直後に仕事をしていた方に対して、仕事の種類（職種）を質問している。選択肢としては、「管理的な仕事」「専門的・技術的な仕事」「事務的な仕事」「販売の仕事」「サービスの仕事」「保安の仕事」「農林漁業の仕事」「生産工程の仕事」「輸送・機械運転の仕事」「建設・採掘の仕事」「運搬・清掃・包装等の仕事」が設定されている、また、これに加えて、これまで定年を経験しないで現在も 55 歳当時と同じ職種で就業している方の職種についてもあわせて集計している。

[11] 先行研究では、定年経験は高齢者の就業に影響を及ぼす要因とされていることから、就業確率関数、健康関数の説明変数として用いる。60 代の雇用・生活調査では、55 歳以降現在までに定年を経験していると回答した場合は 1、それ以外の場合は 0 としている。

[12] 婚姻関係の有無は社会経済的地位の一つを示していることから、就業確率関数、市場賃金関数、健康関数の説明変数として用いる。60 代の雇用・生活調査では、現時点で既婚（配偶者あり）と回答した場合は 1、それ以外の場合は 0 としている。

[13] 同居家族人数（本人を除く）の数は、世帯構成を示していることから、就業確率関数、健康関数の説明変数として用いる。60 代の雇用・生活調査では生計を共にしている同居の家族数を質問している。

[14] 持ち家の有無は、所有資産の状況や家賃支出の有無を反映しており、社会経済的地位を示す変数の一つであることから、就業確率関数及び健康関数の説明変数として用いる。60 代の雇用・生活調査では、「現在のあなたのお住まいはどれですか」と選択式で質問しており、持ち家と回答した場合は 1、それ以外の場合は 0 としている。

[15] 住宅ローンの有無は、負債や固定的な支出有無を反映しており、社会経済的地位を示す変数の一つであることから、就業確率関数及び健康関数の説明変数として用いる。60 代の雇用・生活調査では、現在の借入金の状況を質問した後、住宅ローンの返済部分の有無について質問しており、あると回答した場合は 1、それ以外の場合は 0 としている。

[16] 貯蓄の有無は、資産所有の状況を反映しており、社会経済的地位を示す変数の一つであることから、就業確率関数及び健康関数の説明変数としている。60 代の雇用・生活調査では、「あなたの世帯には貯蓄がありますか」と質問しており、あると回答した場合は 1、それ以外の場合は 0 としている。

[17] 厚生年金受給資格の有無は、先行研究において、高齢者の就業に影響を及ぼす要因とされていることから、就業確率関数、健康関数の説明変数としている。60 代の雇用・生活調査では、「老齢厚生年金の受給資格はありますか。（全額支給停止されている場合は「ある」を選んで下さい。）」と質問しており、あると回答した場合は 1、それ以外の場合は 0 としている。

[18] 地域ブロックは、高齢者の労働市場、就業状況及び健康状態の地域差を調整するため、就業確率関数、市場賃金関数、健康関数の説明変数としている。60 代の雇用・生活調査では、関東甲信越エリアをレファレンスとして、北海道・東北エリア、東海・北陸エリア、近畿エリア、中国・四国エリア、九州・沖縄エリアの区分でダミー変数を設定している。

[19] 都市規模は、地域特性の労働市場、就業、健康状態への影響を調整するため、就業確率関数、市場賃金関数、健康関数の説明変数としている。60 代の雇用・生活調査では、その他の市（人口 10 万人未満の市）をレファレンスとして、21 大市、人口 20 万以上都市、人口 10 万以上都市及び町村の区分でダミー変数を設定している。

各変数の記述統計量については、**図表 7-2** のとおりである。また、各関数の推定に利用した変数は**図表 7-5** のとおりである。

図表 7-5　各関数の推定に利用した変数一覧

	就業確率関数(誘導型) Heckman Probit	市場賃金関数 Heckman OLS	就業確率関数(構造型) Bivariate Probit	就業確率関数(構造型) Probit	健康関数 Bivariate Probit Probit
主観的健康感(4段階)	○	○	-	○	●
現時点で就業	●	-	●	●	○
賃金率(対数変換)	-	●	□	□	-
現在の仕事の経験年数	-	○	-	-	-
一人当たり生計費(対数変換)	-	-	-	-	○
介護負担の状態	○	○	○	○	○
年齢	○	○	○	○	○
年齢の2乗	○	○	○	○	○
最終学歴	○	○	○	○	○
55歳当時の仕事状況	○	○	○	○	○
55歳当時の企業規模	○	○	○	○	○
55歳以降の定年経験	○	○	○	○	○
55歳の定年・退職後に仕事をしていた場合の職種(定年なし就業中も含む)	-	○	-	-	-
配偶者あり	○	-	○	○	○
同居家族人数	○	-	○	○	○
持ち家あり	○	-	○	○	○
住宅ローンあり	○	-	○	○	○
貯蓄あり	○	-	○	○	○
厚生年金受給資格あり	○	-	○	○	○
地域ブロック	○	○	○	○	○
都市規模	○	○	○	○	○
50歳前後になってから、定年時を意識して転職や職業能力向上のために取り組んだこと(複数回答)	○	-	○	○	-
健康寿命(都道府県・性別)	-	-	-	-	○
健康寿命(都道府県・性別)の2乗	-	-	-	-	○

●：被説明変数　　　○：説明変数　　　□：推定値が説明変数

---

[20] 50 歳前後になってからの転職や職業能力向上の準備状況は、各個人の 60 代の就業に関する意欲や関心の大きさや就業可能性を反映しているため、就業確率関数の説明変数としている。60 代の雇用・生活調査では、全ての回答者に対して、「50 歳前後になってから、定年時を意識してご自分の職業能力のことを考えたり、転職や職業能力向上のために何かに取り組んだりしたこと」について選択式の複数回答可で質問している。選択肢としては「自営業を始めるための準備をした」「資格取得について調べたことがある」「資格を取得するために自分で勉強したことがある」「資格を取得するために学校に通ったり、通信講座を受講したりしたことがある」「職業能力の向上に取り組んだことはないが、転職の準備はしたことがある」「過去の職務経歴を振り返って、自分なりに自分の職務能力分析を行ったことがある」「その他」が設定されている。

[21] 本章では、地域における高齢者の健康状況を反映するため、都道府県及び性別の健康寿命（健康上の問題で日常生活が制限されることなく生活できる期間）を説明変数として用いる。本章で用いたデータは、2010 年に厚生労働科学研究費補助金「健康寿命における将来予測と生活習慣病対策の費用対効果に関する研究」において示されたものを用いている。また、非線形の相関の可能性についても考慮するため、健康寿命の 2 乗値も説明変数としている。

第 5 節　分析の結果

1．市場賃金関数及び就業確率関数（誘導型）の推定

　市場賃金関数及び就業確率関数（誘導型）の推定結果は、**図表 7-6** 及び**図表 7-7** のとおりである[22]。

　ヘックマンの二段階推定法による逆ミルズ比の推定結果を見ると、いずれの年齢・性別区分においても、統計的に有意ではなかったため、市場賃金関数については、OLS による推定結果に基づいて分析する。これによると、主観的健康感の市場賃金への影響は統計的に有意ではなかった。

　続いて、就業確率関数の推定結果を見ると、主観的健康感の就業確率への影響は、いずれの年齢・性別区分においても有意にプラスであった。限界効果は、男性については、60 代前半は 15.5 ％、60 代後半は 22.8 ％、女性については、60 代後半は 12.4 ％、女性については 20.0 ％となっている。

　介護負担の就業確率への影響については、本人が主な介護者である場合は、60 代前半の男性、60 代後半の男性、60 代前半の女性において、有意にマイナスとなっている。限界効果は、60 代前半男性は−21.1%、60 代後半男性は−33.5%、60 代前半女性は−15.3 ％となっている。一方で、家族が主な介護者である場合は、いずれの年齢・性別区分においても有意な影響はなかった。

2．就業確率関数（構造型）及び健康関数の推定結果

　構造型の就業確率関数及び健康関数の推定結果は、**図表 7-8** から**図表**

---

[22] 図表 7-6 及び図表 7-7 では、紙幅の制約から、「年齢」「最終学歴」「55 歳当時の雇用の状況 」「55 歳当時の企業規模 」「55 歳以降の定年経験 」「婚姻状態 」「同居家族人数」「持ち家あり」「住宅ローンあり」「貯蓄あり」「厚生年金受給資格あり」「地域ブロック」「都市規模」「50 歳前後になってから定年時を意識して転職や職業能力向上のために取り組んだこと」「現在の仕事の経験年数」「65 歳の定年・退職後に仕事をしていた場合の職種」を説明変数としているが、これらの変数に関する推定結果については紙幅の制限から省略している。これらの説明変数に関する詳細な推定結果については、三村（2016）を参照。

図表 7-6　就業確率関数（誘導型）及び市場賃金関数の推定結果（60 代前半男性・60 代後半男性）

		男性 60代前半（60〜64歳） ヘックマン二段階推定法 第2段階 市場賃金関数 係数	第1段階 就業確率関数 係数	第1段階 就業確率関数 限界効果	OLS 市場賃金関数 係数	男性 60代後半（65〜69歳） ヘックマン二段階推定法 第2段階 市場賃金関数 係数	第1段階 就業確率関数 係数	第1段階 就業確率関数 限界効果	OLS 市場賃金関数 係数
主観的健康感	大変良い・良い=1	-0.0143	0.595***	0.155***	0.0160	0.0464	0.676***	0.228***	-0.0165
	（あまり良くない、良くない=0）	(0.0638)	(0.0987)	(0.0246)	(0.0578)	(0.122)	(0.126)	(0.0394)	(0.112)
介護負担の状態	本人が主な介護者		-0.809***	-0.211***			-0.994**	-0.335**	
			(0.256)	(0.0659)			(0.429)	(0.143)	
	家族が主な介護者		0.00954	0.00248			-0.193	-0.0651	
			(0.132)	(0.0345)			(0.169)	(0.0567)	
逆ミルズ比		-0.124				0.188			
		(0.120)				(0.183)			
標本数			1,142		828		611		307
センサリング数			314				304		
非センサリング数			828				307		
尤度比検定			0.0000				0.0000		
自由度調整済決定係数					0.196				0.155

出所：「60 代の雇用・生活調査」（2015）より推定。
注1：*、**、*** はそれぞれ有効水準10％、5％、1％を示す。
注2：下段括弧は標準誤差
注3：本推計では、「年齢」「最終学歴」「55 歳当時の雇用の状況」「55 歳当時の企業規模」「55 歳以降の定年経験」「婚姻状態」「同居家族人数」「持ち家あり」「住宅ローンあり」「貯蓄あり」「厚生年金受給資格あり」「地域ブロック」「都市規模」「50 歳前後になってから定年時を意識して転職や職業能力向上のために取り組んだこと」「現在の仕事の経験年数」「65 歳の定年・退職後に仕事をしていた場合の職種」を説明変数としているが、これらの変数に関する推定結果については紙幅の制限から省略している。

図表 7-7　就業確率関数（誘導型）及び市場賃金関数の推定結果（60 代前半女性・60 代後半女性）

		女性 60代前半（60〜64歳） ヘックマン二段階推定法 第2段階 市場賃金関数 係数	第1段階 就業確率関数 係数	第1段階 就業確率関数 限界効果	OLS 市場賃金関数 係数	女性 60代後半（65〜69歳） ヘックマン二段階推定法 第2段階 市場賃金関数 係数	第1段階 就業確率関数 係数	第1段階 就業確率関数 限界効果	OLS 市場賃金関数 係数
主観的健康感	大変良い・良い=1	0.0976	0.414***	0.124***	-0.0165	-0.116	0.708***	0.200***	-0.0868
	（あまり良くない、良くない=0）	(0.102)	(0.115)	(0.0337)	(0.112)	(0.177)	(0.180)	(0.0481)	(0.187)
介護負担の状態	本人が主な介護者		-0.513***	-0.153***			-0.202	-0.0570	
			(0.180)	(0.0531)			(0.291)	(0.0819)	
	家族が主な介護者		-0.149	-0.0446			-0.0427	-0.0120	
			(0.197)	(0.0589)			(0.351)	(0.0989)	
逆ミルズ比		-0.0900				-0.0786			
		(0.201)				(0.182)			
標本数			774		307		423		144
センサリング数			467				279		
非センサリング数			307				144		
尤度比検定			0.0074				0.0000		
自由度調整済決定係数					0.155				0.338

出所：「60 代の雇用・生活調査」（2015）より推定。
注1：*、**、*** はそれぞれ有効水準10％、5％、1％を示す。
注2：下段括弧は標準誤差
注3：本推計では、「年齢」「最終学歴」「55 歳当時の雇用の状況」「55 歳当時の企業規模」「55 歳以降の定年経験」「婚姻状態」「同居家族人数」「持ち家あり」「住宅ローンあり」「貯蓄あり」「厚生年金受給資格あり」「地域ブロック」「都市規模」「50 歳前後になってから定年時を意識して転職や職業能力向上のために取り組んだこと」「現在の仕事の経験年数」「65 歳の定年・退職後に仕事をしていた場合の職種」を説明変数としているが、これらの変数に関する推定結果については紙幅の制限から省略している。

7-11[23] のとおりである。

　まず、就業確率と主観的健康感の同時決定性を考慮した Bivariate Probit Model の atanh ρ 値及び Wald 検定を確認すると、60 代後半男性及び 60 代前半女性については、統計的に有意であり、同時性が確認されることから、Bivariate Probit Model による推定結果を確認する。一方で、60 代前半男性及び 60 代後半女性については、atanh ρ 値及び Wald 検定によると統計的に有意ではなく、同時性が確認されないことから、通常の Probit Model による推定結果を確認する。

　介護負担の就業確率への影響については、本人が主な介護者である場合は、60 代前半の男性、60 代後半の男性、60 代前半の女性において、有意にマイナスであった。限界効果は、60 代前半男性は－18.3％、60 代後半男性は -20.0%、60 代前半女性は－19.1％となっている。一方、家族が主な介護者である場合は、いずれの年齢・性別区分においても有意な影響はなかった。

　また本人が主な介護者であることの主観的健康感への影響については、60 代前半男性及び 60 代後半女性については統計的に有意であり、限界効果はそれぞれ、－17.1％、－26.1％ であった。

　現時点の就業状態の主観的健康感への影響については、いずれの年齢・性別区分においても有意にプラスであった。限界効果は、Bivariate Probit Model による推定結果では、60 代後半の男性では 46.3％、60 代前半の女性では 46.3％ であり、通常の Probit Model による推定結果では、60 代前半の男性では 15.8％、60 代後半の女性では 19.1% である。

　なお、その他の主観的健康感に対して有意な影響のある説明変数は、一人当たり生計費（対数）（プラス。60 代前半女性）、年齢（プラス。60 代後半男性、60 代前半女性）、年齢の 2 乗値（マイナス。60 代後半

---

[23] 図表 7-8 〜図表 7-11 では、紙幅の制約から、「年齢」「最終学歴」「55 歳当時の雇用の状況」「55 歳当時の企業規模」「55 歳以降の定年経験」「婚姻状態」「同居家族人数」「持ち家あり」「住宅ローンあり」「貯蓄あり」「厚生年金受給資格あり」「地域ブロック」「都市規模」「50 歳前後になってから定年時を意識して転職や職業能力向上のために取り組んだこと」「現在の仕事の経験年数」「65 歳の定年・退職後に仕事をしていた場合の職種」を説明変数としているが、これらの変数に関する推定結果については紙幅の制限から省略している。これらの説明変数に関する詳細な推定結果については、三村（2016）を参照。

図表 7-8　就業確率関数（構造型）及び健康関数の推定結果（60代前半男性）

	bivariate probit 就業確率関数（被説明変数：就業）		bivariate probit 健康関数（被説明変数：主観的健康）		probit 就業確率関数（被説明変数：就業）		probit 健康関数（被説明変数：主観的健康）	
	係数	限界効果	係数	限界効果	係数	限界効果	係数	限界効果
現時点の就業の有無			0.824*** (0.213)	0.241*** (0.0522)			0.528*** (0.106)	0.158*** (0.0307)
推定賃金率(対数変換)	3.384*** (0.491)	0.725*** (0.0953)			3.445*** (0.340)	0.760*** (0.0694)		
主観的健康感					0.546*** (0.102)	0.120*** (0.0217)		
世帯の生計費(対数・調整済)			-0.0383 (0.0939)	-0.0112 (0.0274)			-0.0267 (0.0946)	-0.00798 (0.0282)
介護負担の状態　本人が主な介護者	-0.895*** (0.316)	-0.210*** (0.0676)	-0.465* (0.259)	-0.136* (0.0744)	-0.827*** (0.254)	-0.183*** (0.0553)	-0.574** (0.258)	-0.171** (0.0764)
家族が主な介護者	-0.118 (0.155)	-0.0208 (0.0350)	-0.0752 (0.129)	-0.0220 (0.0376)	-0.0536 (0.139)	-0.0118 (0.0306)	-0.0755 (0.132)	-0.0225 (0.0395)
atanh ρ			-0.236 (0.146)					
Wald検定			0.1053					
尤度比検定					0.0000		0.0000	
擬似決定係数					0.3135		0.2275	
標本数			996		1250		996	

出所：「60代の雇用・生活調査」（2015）より推定。

注1：＊、＊＊、＊＊＊ はそれぞれ有効水準10％、5％、1％を示す。

注2：下段括弧は標準誤差

注3：本推計では、「一人当たり生計費」「年齢」「最終学歴」「55歳当時の雇用の状況」「55歳当時の企業規模」「55歳以降の定年経験」「婚姻状態」「同居家族人数」「持ち家あり」「住宅ローンあり」「貯蓄あり」「厚生年金受給資格あり」「地域ブロック」「都市規模」「50歳前後になってから定年時を意識して転職や職業能力向上のために取り組んだこと」を説明変数としているが、これらの変数に関する推定結果については紙幅の制限から省略している。

図表 7-9　就業確率関数（構造型）及び健康関数の推定結果（60代後半男性）

	bivariate probit 就業確率関数（被説明変数：就業）		bivariate probit 健康関数（被説明変数：主観的健康）		probit 就業確率関数（被説明変数：就業）		probit 健康関数（被説明変数：主観的健康）	
	係数	限界効果	係数	限界効果	係数	限界効果	係数	限界効果
現時点の就業の有無			1.743*** (0.208)	0.463*** (0.0345)			0.616*** (0.133)	0.189*** (0.0385)
推定賃金率(対数変換)	2.539*** (0.479)	0.843*** (0.143)			2.325*** (0.413)	0.753*** (0.124)		
主観的健康感					0.553*** (0.121)	0.179*** (0.0374)		
世帯の生計費(対数・調整済)			0.0378 (0.111)	0.0100 (0.0294)			0.0820 (0.145)	0.0251 (0.0443)
介護負担の状態　本人が主な介護者	-0.602* (0.354)	-0.200* (0.116)	0.113 (0.308)	0.0300 (0.0815)	-0.746** (0.360)	-0.242** (0.116)	-0.299 (0.387)	-0.0915 (0.118)
家族が主な介護者	-0.224 (0.184)	-0.0743 (0.0606)	0.0785 (0.182)	0.0208 (0.0482)	-0.238 (0.165)	-0.0771 (0.0532)	-0.0230 (0.182)	-0.00704 (0.0556)
atanh ρ			-1.227** (0.538)					
Wald検定			0.0227					
尤度比検定					0.0000		0.0000	
擬似決定係数					0.1669		0.1282	
標本数			527		688		572	

出所：「60代の雇用・生活調査」（2015）より推定。

注1：＊、＊＊、＊＊＊ はそれぞれ有効水準10％、5％、1％を示す。

注2：下段括弧は標準誤差

注3：本推計では、「一人当たり生計費」「年齢」「最終学歴」「55歳当時の雇用の状況」「55歳当時の企業規模」「55歳以降の定年経験」「婚姻状態」「同居家族人数」「持ち家あり」「住宅ローンあり」「貯蓄あり」「厚生年金受給資格あり」「地域ブロック」「都市規模」「50歳前後になってから定年時を意識して転職や職業能力向上のために取り組んだこと」を説明変数としているが、これらの変数に関する推定結果については紙幅の制限から省略している。

図表 7-10　就業確率関数（構造型）及び健康関数の推定結果（60 代前半女性）

	bivariate probit				probit		probit	
	就業確率関数（被説明変数：就業）		健康関数（被説明変数：主観的健康）		就業確率関数（被説明変数：就業）		健康関数（被説明変数：主観的健康）	
	係数	限界効果	係数	限界効果	係数	限界効果	係数	限界効果
現時点の就業の有無			1.622***	0.468***			0.285**	0.0905**
			(0.0828)	(0.0166)			(0.127)	(0.0397)
推定賃金率(対数変換)	4.987***	1.467***			0.941*	0.285*		
	(0.445)	(0.125)			(0.535)	(0.161)		
主観的健康感					0.282**	0.0853**		
					(0.123)	(0.0371)		
世帯の生計費(対数・調整済)			0.187**	0.0540**			0.235*	0.0747*
			(0.0939)	(0.0268)			(0.122)	(0.0383)
介護負担の状態　本人が主な介護者	−0.650***	−0.191***	−0.0365	−0.0105	−0.472***	−0.143***	−0.388***	−0.123***
		(0.0516)	(0.158)	(0.0455)	(0.169)	(0.0505)	(0.174)	(0.0547)
家族が主な介護者	0.0420	0.0123	−0.188	−0.0542	−0.0996	−0.0302	−0.332	−0.105
	(0.222)	(0.0654)	(0.212)	(0.0611)	(0.186)	(0.0564)	(0.213)	(0.0673)
atanh ρ	−17.05***							
	(2.876)							
Wald検定	0.0000							
尤度比検定					0.0000		0.0000	
擬似決定係数					0.2265		0.0991	
標本数	635				834		635	

出所：「60 代の雇用・生活調査」（2015）より推定。
注 1：*、**、*** はそれぞれ有効水準 10％、5％、1％を示す。
注 2：下段括弧は標準誤差
注 3：本推計では、「一人当たり生計費」「年齢」「最終学歴」「55 歳当時の雇用の状況」「55 歳当時の企業規模」「55 歳以降の定年経験」「婚姻状態」「同居家族人数」「持ち家あり」「住宅ローンあり」「貯蓄あり」「厚生年金受給資格あり」「地域ブロック」「都市規模」「50 歳前後になってから定年時を意識して転職や職業能力向上のために取り組んだこと」を説明変数としているが、これらの変数に関する推定結果については紙幅の制限から省略している。

図表 7-11　就業確率関数（構造型）及び健康関数の推定結果（60 代後半女性）

	bivariate probit				probit		probit	
	就業確率関数（被説明変数：就業）		健康関数（被説明変数：主観的健康）		就業確率関数（被説明変数：就業）		健康関数（被説明変数：主観的健康）	
	係数	限界効果	係数	限界効果	係数	限界効果	係数	限界効果
現時点の就業の有無			−0.460	−0.136			0.698***	0.191***
			(32.31)	(9.926)			(0.181)	(0.0467)
推定賃金率(対数変換)	1.539	0.469			2.480***	0.746***		
	(34.75)	(10.78)			(0.638)	(0.183)		
主観的健康感					0.797***	0.240***		
					(0.177)	(0.0497)		
世帯の生計費(対数・調整済)			0.0733	0.0218			0.0638	0.0175
			(0.360)	(0.0630)			(0.215)	(0.0589)
介護負担の状態　本人が主な介護者	−0.462	−0.141*	−0.959	−0.284	−0.312	−0.0938	−0.953***	−0.261***
	(0.293)	(0.0834)	(3.362)	(0.283)	(0.280)	(0.0840)	(0.262)	(0.0683)
家族が主な介護者	0.147	0.0448	−0.372	−0.110	0.266	0.0799	−0.447	−0.123
	(3.691)	(1.107)	(4.368)	(1.017)	(0.288)	(0.0865)	(0.344)	(0.0939)
atanh ρ	0.897							
	(34.40)							
Wald検定	0.9792							
尤度比検定					0.0000		0.0000	
擬似決定係数					0.2140		0.2275	
標本数	366				466		366	

出所：「60 代の雇用・生活調査」（2015）より推定。
注 1：*、**、*** はそれぞれ有効水準 10％、5％、1％を示す。
注 2：下段括弧は標準誤差
注 3：本推計では、「一人当たり生計費」「年齢」「最終学歴」「55 歳当時の雇用の状況」「55 歳当時の企業規模」「55 歳以降の定年経験」「婚姻状態」「同居家族人数」「持ち家あり」「住宅ローンあり」「貯蓄あり」「厚生年金受給資格あり」「地域ブロック」「都市規模」「50 歳前後になってから定年時を意識して転職や職業能力向上のために取り組んだこと」を説明変数としているが、これらの変数に関する推定結果については紙幅の制限から省略している。

男性、60代前半男性）、高卒（プラス。60代前半男性、60代前半女性、60代後半女性）、短大・高専・専門学校卒（プラス。60代前半女性、60代後半女性）、大学・大学院卒（プラス。全年齢・性別区分）、55歳当時に正社員以外の雇用者（マイナス。60代後半女性）、55歳当時の企業規模が100人未満、100〜499人、500人以上（プラス。いずれも60代後半女性）、55歳以降の定年経験（プラス。60代前半女性）、配偶者あり（プラス。60代前半男性）、同居家族人数（プラス。60代後半女性）、持ち家あり（プラス。60代前半女性、60代後半女性）、住宅ローンあり（マイナス。60代後半男性）、貯蓄あり（マイナス。60代前半男性、60代後半女性）、東海・北陸在住（マイナス。60代後半男性）、人口20万人以上の都市在住（プラス。60代後半男性）、都道府県・男女別健康寿命（マイナス。60代前半女性）、都道府県・男女別健康寿命の2乗値（プラス。60代前半女性）となっている。

　これらの健康関数の推定結果の要約は、**図表7-12**のとおりである。これを考察すると、いずれの世代・性別の区分においても有意であった説明変数は、現時点の就業の有無と、最終学歴であった。一方で、55歳当時の職業階層は有意な説明力を持たなかった。これらのことから、高

図表7-12　健康関数の推定結果の要約

	60代前半 男性 Probit	60代後半 男性 Bivariate Probit	60代前半 女性 Bivariate Probit	60代後半 女性 Probit
現時点で就業	＋	＋	＋	＋
一人当たり生計費（対数変換）			＋	
介護負担の状態	本人が介護者 −			本人が介護者 −
年齢		＋		
年齢の2乗		−		
最終学歴	高卒＋ 大卒・大学院卒＋	大卒・大学院卒＋	高卒＋ 短大卒＋ 大卒・大学院卒＋	高卒＋ 短大卒＋ 大卒・大学院卒＋
55歳当時の仕事状況				正社員以外の雇用者−
55歳当時の企業規模				100人未満 ＋ 100〜499人＋ 500人以上＋
55歳以降の定年経験			＋	
配偶者あり	＋			
同居家族人数				＋
持ち家あり			＋	＋
住宅ローンあり		−		
貯蓄あり	−			−
厚生年金受給資格あり				
地域ブロック		東海・北陸在住 −		
都市規模		人口20万人都市 ＋		
健康寿命（都道府県・性別）			−	
健康寿命（都道府県・性別）の2乗			＋	

齢者の主観的健康状態については、現在の就業の有無や最終学歴が影響する一方、現役当時の職業的階層の影響力が少ないことが推察される。この点は、先行研究と相違している点もあり、今後も慎重な検討が必要である。

第 6 節　まとめ

1．分析結果の考察

　本章では、独立行政法人労働政策研究・研修機構が 2014 年に実施した「60 代の雇用・生活調査」の個票を用いて、60 代の高齢者を対象に、主観的健康感及び介護負担が高齢者の就業に与える影響を分析するとともに、就業が主観的健康感に与える影響について分析するために計量分析を行った。本章の分析を通じて、以下の点が明らかになった。

　第一に、主観的健康感が就業に与える影響については、全ての年齢・性別区分において有意にプラスであった。したがって、主観的健康感が良好であれば就業する確率は高くなる。これは先行研究に整合的である。

　第二に、介護負担が就業へ与える影響については、本人が主な介護者である場合に限り、60 代後半の女性を除き、有意にマイナスであった。したがって、主な介護者は就業する確率は低くなる。但し、本章ではデータの制約から就業と介護の同時性・内生性については考慮していないモデルとなっていることに留意することが必要である。

　第三に、就業が主観的健康感に与える影響については、いずれの年齢・性別区分においても有意にプラスであった。したがって、就業することによって主観的健康感が高くなる。

2．政策的インプリケーション

　1．で示した分析結果の考察から考えられる政策的なインプリケーションは以下の通りである。

　第一に、高齢者の主観的健康を高めるような政策は高齢者の就業促進

に有効である。高齢者の主観的健康感は、身体的・精神的な社会的健康度や生活の質を反映していることを鑑みると、中高年齢者を対象とした健康増進を含めた幅広い生活支援が高齢者の就業を促進する可能性があることを示唆している。

　第二に、本人が介護者である場合には、就業の抑制が発生する反面、介護者が本人以外の家族である場合は就業を抑制する効果は確認できなかったことは、要介護者との同居自体が負担なのではなく、介護者が直面する介護負担が就業抑制につながっていることを示唆している。したがって、在宅介護支援の充実や介護者以外の家族が介護に参加することを促進するような環境整備等により、介護者の負担を軽減させることが、高齢者の就業促進につながる可能性があることを示唆している。

　第三に、高齢者の就業促進が高齢者の主観的健康感の増加に有効である。働くということは、60代の高齢者にとっては、収入を得て自己実現を果たすことに加えて、高齢者自身の健康状態や生活の質（Quality of Life）に正の影響を及ぼすような外部性を有していることを示唆している。したがって高齢者の就業を促進するような政策は、労働力の確保や高齢者の所得保障の観点からだけではなく、高齢者の健康増進にとっても有効であることを示唆している。

3．分析に関する留意点と今後の課題

　本章の分析に関しては、以下の分析に関する留意点と課題が残されている。

　第一に、クロスセクションデータを用いることによる統計的な限界である。クロスセクションデータ分析では、個体間の異質性を完全に除去することは困難であり、厳密な因果推論についても限界がある。今後もパネルデータを用いた更なる研究を行うことが必要である。

　第二に、データの制約である。「60代の雇用・生活調査」は、クロスセクションデータでありながら55歳時点での就業状況等を把握できる利点がある一方で、主観的健康感については現時点のデータしかなく異時点間の動向が把握できないという制約がある。健康と就業の関係性に

関するより発展的な研究のためには、パネルデータの活用が必要である。

　第三に、ダミー変数の設定方法である。本章では、現在の就業と主観的健康については 2 値モデルでの推定を行ったが、就業については雇用形態（正規／非正規）、勤務時間、勤務日数などに基づいて分類する余地があり、主観的健康感についても 4 段階で回答を得ていることから、多項モデルを用いることにより詳細な分析ができる可能性がある。この点については、高齢者就業形態の分類方法なども含めた更なる検討が必要である。

　第四に、本章の分析結果には世代・年齢区分によって推定結果の差が生じている変数が複数確認されている。その背景にある事実関係や機序について明らかにするためには、更なる研究結果の蓄積が必要である。

参考文献

岩本康志（2000）「健康と所得」国立社会保障・人口問題研究所編『家族・世帯の変容と生活保障機能』東京大学出版会 第 7 章

大石亜希子（2000）「高齢者の就業決定における健康要因の影響」『日本労働研究雑誌 No.481，51-62 頁

小川浩（2009）「高齢者の労働供給」『高齢者の働き方』（清家篤編著）ミネルヴァ書房

梶谷真也（2012）「高齢者の職歴と主観的健康度」2012 年，『明星大学経済学研究紀要』43 巻 2 号，1-18 頁

菅万理・小塩隆士（2015）「不安定雇用と健康－『国民生活基礎調査』からの考察－」CIS Discussion paper series ; No. 640Institute of Economic Research, Hitotsubashi University

岸田研作（2014）「介護が就業，収入，余暇時間に与える影響－介護の内生性および種類を考慮した分析－」医療経済研究 26 巻 1 号 43-58 頁

近藤克則（2005）「健康格差社会」医学書院

―――――編（2007）「検証『健康格差社会』介護予防に向けた社会疫学

的大規模調査」医学書院

酒井正・佐藤一磨（2007）「介護が高齢者の就業・退職決定に及ぼす影響」『日本経済研究』 No.56, 1-25 頁

清家篤・馬欣欣（2008）「男性高齢者の就業決定の規定要因とその変化：1980 ～ 2004」, 労働政策研究報告書 No.100『高齢者の就業実態に関する研究－高齢者の就労促進に関する研究中間報告』JILPT

───・山田篤裕（2004）「高齢者就業の経済学」日本経済新聞社

内閣府（2015） 第 8 回「高齢者の生活と意識に関する国際比較調査」

三村国雄（2016）「高齢者の就業と健康・介護」, 労働政策研究報告書 No.186『労働力不足時代における高年齢者雇用』JILPT

山本克也（2010）「健康要因から見た高年齢者就業の実態－昭和 55 ～平成 16 年の高年齢者就業実態調査から」、労働政策研究報告書 No.120『継続雇用等をめぐる高齢者就業の現状と課題』JILPT

Baker, L., Cahalin, L., Gerst, K., & Burr, J.（2005）. Productive activities and subjective well-being among older adults: The influence of number of activities and time commitment. Social Indicators Research, 73, 431-458. doi:10.1007/s11205-005-0805-6

Dave, D., Rashad, I., & Spasojevic, J.（2006）. The effects of retirement on physical and mental health outcomes. Retrieved from http://www.nber.org/papers/w12123

Heckman, J.（1976）"The Common Structure of Statistical Models of Truncation, Sample Selection, and Limited Development Variables and a Simple Estimator for Such Model," The Annals of Economic and Social Measurement, No.5, pp.475-492

Jeffrey M. Wooldridge（2012）"Introductory Econometrics: A Modern Approach", 5th edition, Cengage Learning

Kajitani, S.（2012）"Working in old age and health outcomes in Japan" Japan and the World Economy 23（3）, pp.153-162

Luoh, M. C., & Herzog, A. R.（2002）. Individual consequences of volunteer and paid work in old age: Health and mortality. Journal of Health and Social Behavior, 43, pp.490-509

Maimaris, W., Hogan, H., & Lock, K.（2010）. The impact of working beyond traditional retirement ages on mental health: Implications for public health and welfare policy. Public Health Reviews, 31, pp.532-548

Staudinger, U., Finkelstein,R., Calvo,E. and Sivaramakrishnan,K.（2016）"A Global View on the Effects of Work on Health in Later Life" The Gerontologist Vol.56, No.S2, pp.S281-S292

　最後に、終章として、各章の概要を説明した後、それを踏まえた今後の課題を述べることとしたい。

第1節　各章の概要

　本節では、序章で述べた課題の分類、すなわち「60代前半層を中心とした高齢者の雇用の課題」、「60代後半層以降又は高齢者全般の雇用の課題」、「高齢者の活躍や関連施策の課題」に沿って、各章の概要を述べることとしたい。

＜60代前半層を中心とした高齢者の雇用の課題＞
（第1章「「実質65歳定年制」時代の定年制」）
　第1章は、学習院大学経済学部の今野浩一郎教授の執筆による分析である。ここでは、①「実質65歳定年制」のもとで「伝統的な定年制」が人事管理上、どのような機能を持つ制度に変化しつつあるか、②「定年制」と60代前半層の労働者（以下「シニア社員」という。）を対象とする人事管理との関連について検討している。そのなかで主張されている主要な点は以下のとおりである。

　まず、65歳まであるいはそれを超えて働く時代になり職業期間が長期化すると、定年制の有無に関わらず高齢期のある段階で役割とキャリアの見直しが必要になるとしている。その理由は、企業の立場からすると、人材の新陳代謝を進めることが必要なので、社員には高齢期のある段階で仕事を次の世代に譲り、新たな役割を担うことを求める。一方、高齢期にある社員も、それまでと同じように高い地位を目指すキャリアを追い求めることが社内事情からみて難しく、また、肉体的にも精神的にも難しくなることから、管理的・リーダー的役割から一担当者（あるいは特定分野のエキスパート）としての役割に転換する必要があるとしている。

　次に、高齢期のある時点で役割・労働条件調整を行う必要があるとしても、それを「定年制が担う必要があるか」を検討している。たとえ役

割とキャリアの転換が経営上の都合からしても、また、個人にとって良好なキャリアを形成するうえで必要であったとしても、労働者は慣れた役割とキャリアに固執し、自発的に転換を行うことが難しい。そうなると企業としては、転換を支援する、あるいは促進するための何らかの仕組みを整備することが必要になる。もちろん高齢者個人によって、役割・労働条件調整を行う最適な時期は異なり、個別に決定することが望ましいが、全ての事情を客観的に評価することが不可能であり、多くの労働者が個々に決定された転換時期を納得して受け入れるとは考えにくい。また、納得して受け入れてもらえるとしても、企業が負担しなければならない説明と説得のコスト（つまり、調整コスト）は非常に大きくなる。このようなことから、年齢を理由にして一斉に役割・労働条件調整を行う「伝統的定年制」が最適とはいえないものの「適当な」仕組みということになるとしている。

　このように、「定年制」は役割・労働条件調整を行う上で有効な仕組みであるが、「定年」を契機に調整された役割・労働条件さらには雇用の質は、「定年」後のシニア社員がどのような役割を担当するのか、それに合わせて人事管理をどのように形成していくのかに依存するとしている。つまり、「定年」を契機に役割とキャリアの方向をどのように転換するかは、経営にとつてはシニア社員を戦力化する観点から、シニア社員にとっては活躍できることにつながるという観点から考えることが重要であるとしている。

　最後に、いま問題になっている定年延長、定年制廃止については、定年延長、定年廃止をとる企業はまずは、「実質65歳定年制」であるにもかかわらず、なぜ定年延長を行う必要があるのかをしっかり考える必要があるとしている。その際の最も重要なポイントは、経営の持続的発展と個人のキャリア形成にとって、高齢期のある時点で社員に役割とキャリアの方向の転換を求めることが必要か否かである。社員に転換を求める必要がない場合には問題にならないが、転換を求める必要がある場合には、「定年制」に調整機能を期待しないことになるので、それに代わる役割・労働条件調整機能を担う仕組みを整備することが必要になると

している。つまり定年延長、定年廃止が望ましい施策であるか否かは、「定年制」に代わる役割・労働条件調整機能を担う仕組みが構築されているか否かに依存する。新たな調整の仕組みを整備することなく定年延長、定年廃止の施策をとることは企業にとっても、労働者にとっても望ましい選択とはいえないとしている。

（第 2 章「60 代前半継続雇用者の企業における役割と人事労務管理」）

　第 2 章は、JILPT 藤本真主任研究員の執筆によるデータ分析である。ここでは、「60 代前半継続雇用者の企業における役割と人事労務管理」と題して、JILPT が 2015（平成 27）年に実施したアンケート調査「高年齢者の雇用に関する調査（企業調査）」から、60 歳定年制を採用する企業が、定年後の継続雇用者をどのように仕事に配置するかに着目し、配置のあり方と継続雇用者を対象とする人事労務管理との間にどのような関連が見られるかを分析するとともに、配置のあり方と継続雇用者の雇用確保に当たっての課題との関係についても明らかにしている。

　継続雇用者の定年後の配置のあり方について、①定年前後で仕事の内容を変えない「無変化型」、②定年前後で仕事の内容は変えないが、管理職から外すなど責任の重さを変える「責任変化型」、③定年前後で仕事の内容を変える「業務変化型」の 3 つの類型を設定し、それぞれの類型の人事労務管理の特徴をアンケート調査のデータを基に探っていったところ、「無変化型」と「業務変化型・責任変化型」とのあいだで、継続雇用者の人事労務管理に差異が見られることがわかった。「無変化型」では定年前後での給与の変化を 2 割以内に抑えるところが多数を占めるのに対し、「責任変化型・業務変化型」では定年に伴い 3 割以上の給与引き下げを行うケースが一般的であった。また、「責任変化型・業務変化型」では大半の企業が、継続雇用者を正社員以外の雇用・就業形態で就業させているのに対し、「無変化型」では定年後も正社員として働くケースが主流であるという企業が、少なからず見られたとしている。

　60 代前半層の雇用確保をめぐる課題については、「無変化型」と他の 2 類型とで状況が大きく異なっていた。「無変化型」では 60 代前半層の

雇用確保について課題を感じないという企業が少なくなかったのに対し、「責任変化型・業務変化型」では少数にとどまっていた。「責任変化型」では管理職についていた社員の扱いが、「業務変化型」では管理職についていた社員の扱いに加え、自社内に高齢者が担当する仕事を確保することが、主要な課題となっていたとしている。

　以上の分析結果から導かれる実践的な示唆の方向性は、まず、60代前半の雇用確保にあたっての課題を抑えられる可能性がより高い、「無変化型」の配置を実現できる企業を増やすというものである。今回明らかにした「無変化型」企業の継続雇用者に対する人事労務管理の特徴や、あるいは今回はデータの制約により検討することができなかった定年前の従業員を対象とした人事労務管理との関連について踏まえた上で、「無変化型」を可能とするような人事労務管理の実現を促していく必要があろうとしている。

　もう一つの方向性としては、「無変化型」とは異なる継続雇用者の配置を実施する企業が直面する課題の解消である。企業規模などの要因により、仕事を定年前後で変えないという配置を、継続雇用者の主要な配置のあり方とするのが難しい企業もあるだろう。そうした企業が直面しやすい、高齢者向けの仕事の確保や管理職だった社員の扱いといった課題の解決につながるサポートを検討していくことも求められるとしている。

＜60代後半層以降又は高齢者全般の雇用の課題＞
（第3章「65歳以降の就業・雇用を考える」）

　第3章は、JILPTの浅尾特任研究員の執筆によるデータ分析である。ここでは、「65歳以降の就業・雇用を考える」と題して、年金と貯蓄の2軸で高齢層を就業ニーズ面からグループ化し、主に、収入確保の緊要度の高い層と自己能力の社会的発揮動機の高い層とにセグメントし、就業緊要度の高い層を中心とした就業促進に向け、JILPTが行った調査結果により、就業可能性の高い分野や働き方を探っている。その際、この層の雇用・就業と高年齢期を中心とした転職経験との関連を考察して

いる。

その結果、まず、転職が 65 歳以降で就業することとかなり関連しており、とりわけ 65 歳以降の就業につながる高年齢期における転職には、雇用形態や賃金水準の変化をはじめ、産業や職種における変化が求められる場合も多い。転職先の産業としては、宿泊・飲食・生活関連・娯楽業や農林漁業、最狭義サービス業、運輸・郵便業、建設業、医療・福祉などが大勢としては 65 歳以上での就業を進める傾向がある。企業規模の視点からは、相対的に規模の小さい企業で就業する場合が多いとしている。

次に、年金・貯蓄グループ別にみた雇用者の就業状態・就業環境については、以下の特徴と課題があるとしている。

① 年金額の相対的に少ない層を中心として、フルタイム勤務で就業している割合が高い傾向がみられること。

② 年金・貯蓄額の少ない層において、「サービスの仕事」や「建設・採掘・運搬・清掃・包装の仕事」、「運送・機械運転の仕事」といったどちらかといえば現業系や（軽）作業系の仕事に従事している場合が相対的に多いこと。また、産業についても、「建設業」や「運輸・郵便業」、「医療・福祉」、「最狭義サービス業」といった産業に総じて集中している傾向が窺われること。

③ これに対して、年金額や貯蓄額の相対的に高い層においては、職業（種）について「管理の仕事」や「事務の仕事」など、産業について「製造業」や「卸売・小売業」など、より多種・多様な仕事や産業で従事している傾向が窺われること。

④ 職業（種）の「専門的・技術的な仕事」に従事する場合は、広範な年金・貯蓄層にみられるが、総じて相対的に年金・貯蓄額の高い区分でその割合が高くなっている傾向が窺われること。

⑤ 勤務先の企業規模については、おしなべて中小企業において就業している場合が多くなっていること。

⑥ 総じて年金額や貯蓄額のより多い層ほど少日数や短時間の程度が大きくなる傾向がみられること。

　以上を踏まえて、65歳以降の就業をめぐる政策課題と施策の方向について以下のとおり整理している。

①　まず、老後の生活を支えるのに十分な蓄積ができていないと考えられる層が少なからず存在し、65〜69歳層の少なくとも2〜3割程度の人々がそうした状態にあると思われる結果となっている。そして、そのうち現に就業している人が6割程度で、4分の1程度の人が広い意味での失業の状態にあると推測される。全体からみれば1割に満たない量であるが、これらの層（就業緊要高齢層）への対応を念頭に高齢期の就業促進が図られる態勢が整備されることが重要であると指摘している。この層には、フルタイムでの就業へのニーズが高く、ハローワークの役割が大きいとしている。

②　次に、老後の生活に十分と思われる蓄積ができた層における就業ニーズとしては、自己の職業能力を発揮したいという面と「人の役に立ちたい」という面との主に二つの方向を持った意欲に基づくものと考えられるとしている。後者の方向が強い場合には、ボランティア活動の範疇に入ることとなるが、後者の方向も併せもちながらも、職業の世界で能力発揮をめざす場合を考えたとき、職業としては「専門的技術的な仕事」が典型的なものであると考えられるとしている。

③　以上のような65歳以上層を中心とした高齢者の再就職促進に直接関係する課題への対応とともに、さらに視野を広げた政策課題として、中期的には、もう少し早い時期、例えば40歳台や50歳台前半の時期において、65歳以降も就業し続けることも狙いの一つとした転職を図ることも考えられてよいと思われるとしている。そうすることによって、高齢期になってから転職を経験することに比べて、より円滑に65歳以降までの就業継続につながり、長期の視点からみればより望ましい成果を享受できるような態勢を構築することが検討されてよいと思われるとしている。

④　また、被用者年金制度についても見直されるべき課題が提起されているとしている。少なくない人々が、公的年金を受給してもなお

老後の生活に不安を覚えざるを得ない状況にある。したがって、建前ではなく実際的な状況に対応した想定の下で、高齢期の入り口における個々の総決算において、少なくともフルタイム就業を余儀なくさせるような状況にはしない程度の水準の確保をめざして、公的年金における対応的工夫が求められると思われるとしている。

（第 4 章「65 歳以降の継続的な就業の可否を規定する企業要因の検討」）

第 4 章は、JILPT アシスタント・フェローの鎌倉哲史氏の執筆によるデータ分析である。ここでは、「65 歳以降の継続的な就業の可否を規定する企業要因の検討」と題して、65 歳以降の就業可否の規定要因に関する実証データの蓄積に貢献することを目的に分析している。その際、65 歳以降の就業可否について「全員可能群」「該当者のみ群」「全員不可群」に分け、「該当者のみ群」を基準に「全員可能群」「全員不可群」の特徴を明らかにしている。

まず、65 歳以降も希望者全員が就業可能であるか否かは、調整変数として投入した定年制度状況以外では、「50 歳時正社員の 50 代後半時残存率」のみが正の説明変数として有意であった。すなわち、50 代で正社員の多くが離職している企業ほど、65 歳以降は希望者全員が就業可能となりやすいことが示唆された。この結果から導かれる政策的含意としては、今後、「65 歳以降も全員就業可能」とするよう企業努力を求めていく場合に、その実現のための方策として企業は 50 代での選別激化や、50 代での諸々の待遇悪化による自発的離職者の増大といった方策を選択するリスクがあるため配慮が必要となることが挙げられるとしている。

対照的に、65 歳以降、希望の有無に関わらず就業できない企業であるか否かは、業種や定年制度の状況にも左右されるものの、その影響を除外してもなお多数の変数によっても規定されていることが示唆された。すなわち、大規模で、正社員率が高く、60 歳前後での賃金下落率が高い企業では「全員不可」となりやすく、逆に企業としての歴史が長く、正社員に占める 60 〜 64 歳の比率が高く、労働組合があり、全年齢での賃

金制度の一貫性を志向[1]し、60代前半の継続雇用者に60歳前と同一性の高い仕事を任せている企業では「希望者のみ可能」となりやすい。

　これらの結果のうち、該当企業への働きかけを強めたり、制度設計を工夫してゆくものとして、60歳前後での賃金下落率を緩和させるような賃金制度改革を行ったり、賃金制度の一貫性を高めようとする意識を醸成したり、労働者側が組合をつくったり、継続雇用時も定年（60歳頃）と同じ仕事を任せたりすることは、「全員不可」から「希望者のみ可能」へと転換してもらうに当たって考えうる政策の方向性になるとしている。

＜高齢者の活躍や関連施策の課題＞
（第5章「年金支給開始年齢引上げに伴う就業率上昇と所得の空白」）

　第5章は、慶應義塾大学経済学部の山田篤裕教授によるデータ分析である。ここでは、「年金支給開始年齢引上げに伴う就業率上昇と所得の空白」と題して、厚生労働省「中高者縦断調査（第1～10回調査）」の個票を用いて、2013年の報酬比例部分の支給開始年齢引上げの対象出生コーホートで①就業率が上昇したかどうか、②所得確保は適切に行われたか、③定額部分の支給開始年齢引上げの際とどのように相違するのかについて分析している。

　その結果、5つの主な発見事実があったとしている。第1に、2013年に61歳へ報酬比例部分の支給開始年齢が引上げられた1953年度生まれの60歳時の就業率は、まだ支給開始年齢が60歳であった1952年度生まれと比較し、59歳時に正規職員・従業員であった男性では7％、59歳時に300人以上規模企業に勤めていた男性では10％上昇した。一方、59歳時に非正規（パート・派遣・嘱託等）であった男性、59歳時に299人以下規模企業に勤めていた男性では、60歳時の就業率に有意な差を確認できなかったとしている。

　第2に、1952年度生まれと比較し、1953年度生まれの60歳時の公的

---

[1] 定義については、第4章第3節2項を参照。

年金を含む本人所得の有る比率は、該当コーホート男性全体で5%、59歳時に正規職員・従業員であった男性で3%ほど低かった。このことは、2012年改正高齢法によっても、雇用と年金との間に生じた空白期間を完全に防止することはできなかったことを示唆するとしている。

第3に、雇用と年金との間に生じた空白期間が生じていた人々が存在するにも関わらず、1952年度生まれと比較し、1953年度生まれの60歳時の失業率の上昇は確認できなかった。雇用と年金に空白期間が生じた人は、仕事を探すのではなく、非就業者となり、空白期間の生計を退職金や貯蓄の取り崩し、あるいは他の世帯員の収入により維持しているものと推察している。

第4に、公的年金を含む本人所得がある男性では、1952年度生まれと比較し、1953年度生まれの60歳時の本人所得額の減少を確認できなかった。これは報酬比例部分の支給開始年齢引上げにより途絶した年金所得を、就労所得を中心とする他の所得（あるいは年金の繰上げ受給）等で埋め合わせできたことを示唆する結果と評価している。

第5に、2013年度における報酬比例部分の支給開始年齢引上げおよび継続雇用制度の対象者を限定できる仕組みの廃止 により就業率上昇が起こった属性（59歳時に正規職員・従業員あるいは300人以上規模企業に勤務）および就業率の上昇幅は定額部分の支給開始年齢引上げと雇用確保措置義務化上限年齢引上げによるものと同程度であったとしている。

最後に政策含意として、2013年度の特別支給老齢厚生年金（報酬比例部分）の支給開始年齢引上げ（60歳から61歳）に伴う所得の空白期間は最大でも1年間 であり、退職金や貯蓄の取り崩しなどでやりくりすることも可能と考えられる。しかし、今後の支給開始年齢の引上げに伴い（繰上げ受給を選択しない限り）徐々に所得の空白期間が延びる人々が増大するリスクが懸念される。加えて給付乗率の逓減の影響で老齢厚生年金額はすでに低下してきており、65歳以降も低下した年金給付水準を就労所得により補わなくてはならない人々が増大するリスクも懸念されるとしている。今後ともこれらのリスクを注視していく必要があり、

もしこれらのリスクが顕在化した場合は、60歳台前半のみならず65歳以降の継続雇用の在り方を含め、より踏み込んだ高齢者雇用政策と社会保障制度の連携が求められるとしている。

（第6章「中高年齢者における NPO 活動の継続意欲の決定要因分析」）

第6章は、一橋大学経済研究所の馬欣欣准教授によるデータ分析である。ここでは、「中高齢者における NPO 活動の継続意欲の決定要因分析」と題して、JILPT が 2014 年に実施した「NPO 法人の活動と働き方に関する調査（個人調査票）」及び「NPO 法人の活動と働き方に関する調査（団体調査票）」を活用し、NPO 活動に参加している個人、および NPO 法人のマッチングデータを構築し、中高齢者の各グループ（50～59歳、60～64歳、65歳以上）における NPO 活動の継続意欲の決定要因に関する4つの仮説（①人的資本活用仮説、②消費モデル仮説、③活動動機仮説、④報酬要因仮説）を検証している。

【人的資本活用仮説】過去に蓄積された人的資本（たとえば、資格、過去社会貢献活動に参加していた経験）が中高齢者における NPO 活動の継続意欲に影響を与える。

【消費モデル仮説】非勤労所得が中高齢者における NPO 活動の継続意欲に影響を与える。

【活動動機仮説】利他主義精神が強いほど中高齢者における NPO 活動の継続意欲が高い。

【報酬要因仮説】金銭的報酬（賃金・謝礼金）水準および NPO 法人の報酬制度が中高齢者における NPO 活動の継続意欲に影響を与える。

その主な結論は、第1に、全体的にみると、人的資本活用仮説、活動動機仮説が支持された。一方、消費モデル仮説、報酬要因仮説が確認されなかった。

第2に、他の要因が一定である場合、年齢階層によって各要因の影響が異なる。たとえば、50歳以下グループに比べ、50歳以上グループで人的資本要因、利他主義要因、報酬要因の影響が相対的に小さいことが示された。

第3に、50歳以上の中高年齢層において、年齢階層グループごとに、NPO活動の継続意欲の決定要因が異なることが示された。

　第4に、活動分野によって、人的資本活用要因、消費モデル、報酬要因の影響の方向性がほぼ同じであるが、活動動機の影響に関しては、保健医療福祉分野と非保健医療福祉分野別年齢階層別によって異なっていた。

　これらの実証分析の結果は以下のような政策含意を持つとしている。

　第1に、人的資本活用仮説に関する分析結果によると、資格の影響については、資格なしグループに比べ、医療系資格を取得した場合、保健医療福祉分野・50～59歳、非保健医療福祉分野・60歳以上の両グループにおいて活動継続意欲が弱い。高齢化の進展とともに医療介護産業における労働力不足の問題が深刻化している背景下で、保健医療福祉業においてNPO活動を促進することは重要な課題となっている。そのため、既に医療系資格を取得した専門職としての中高年齢者が保健医療福祉分野においてNPO活動を行いやすい環境を構築すると同時に、介護福祉専門資格を取得する労働雇用・教育訓練の促進政策を検討する必要があろう。地域連携型保健医療福祉分野のNPO法人創立支援政策、医療系資格を持つ者に対してNPO活動参加の支援政策、介護福祉資格を取得するための補助金政策などを考案する必要があろうとしている。

　第2に、報酬要因仮説に関する分析結果によると、報酬水準が変化するNPO法人に勤める者グループに比べ、報酬水準が不変である場合、中高年齢者の活動継続意欲が高い傾向になることが示された。したがって、NPO活動を継続させるため、NPO法人で安定な報酬制度を実施すべきであろうとしている。

　第3に、活動動機仮説の検証結果、加齢とともに利他主義動機が活動継続意欲に与える影響が大きくなる傾向にあるが、65歳以下の年齢層において活動動機の影響が小さいことが示された。今後、中高年齢者に対してNPO活動に関する広報・教育を行うことが必要であるが、他の政策（たとえば、柔軟な労働時間制度、NPO活動休暇制度など）を取り組む必要があろうとしている。

第4に、消費モデル仮説に関する分析結果によると、高年齢層（65歳以上）の両グループで活動継続意欲が非勤労所得の影響を受けており、中高所得層に比べ、低所得層グループで活動継続意欲が弱く、NPO活動をやめたいと考える可能性が高いことが示された。低所得の高齢者グループに対して、生活保護などの所得再分配政策を実施すると同時に、NPO活動を続けていく支援・促進政策も検討する必要があろうとしている。

（第7章「高齢者の就業と健康・介護」）

第7章は、一橋大学経済研究所の三村国雄講師によるデータ分析である。ここでは、「高齢者の就業と健康・介護」と題して、2014年の「60代の雇用・生活調査」の個人票を用いて、60代の高齢者を対象に、主観的健康感及び介護負担が高齢者の就業に与える影響を分析するとともに、就業が主観的健康感に与える影響について分析している。

その結果、第一に、主観的健康感が就業に与える影響については、全ての年齢・性別区分において有意にプラスであった。したがって、主観的健康感が良好であれば就業する確率は高くなる。これは先行研究に整合的である。

第二に、介護負担が就業へ与える影響については、本人が主な介護者である場合に限り、60代後半の女性を除き、有意にマイナスであった。したがって、主な介護者は就業する確率は低くなる。

第三に、就業が主観的健康感に与える影響については、いずれの年齢・性別区分においても有意にプラスであった。したがって、就業することによって主観的健康感が高くなる。

これらの分析結果から得られる政策的なインプリケーションは以下の通りであるとしている。

第一に、高齢者の主観的健康を高めるような政策は高齢者の就業促進に有効である。高齢者の主観的健康感は、身体的・精神的な社会的健康度や生活の質を反映していることを鑑みると、中高年齢者を対象とした健康増進を含めた幅広い生活支援が高齢者の就業を促進する可能性があ

ることを示唆している。

　第二に、高齢者本人が介護者である場合には、就業の抑制が発生する反面、介護者が本人以外の家族である場合は就業を抑制する効果は確認できなかったことは、要介護者との同居自体が負担なのではなく、介護者が直面する介護負担が就業抑制につながっていることを示唆している。したがって、在宅介護支援の充実や介護者以外の家族が介護に参加することを促進するような環境整備等により、介護者の負担を軽減させることが、高齢者の就業促進につながる可能性があることを示唆している。

　第三に、高齢者の就業促進が高齢者の主観的健康感の増加に有効である。働くということは、60代の高齢者にとっては、収入を得て自己実現を果たすことに加えて、高齢者自身の健康状態や生活の質（Quality of Life）に正の影響を及ぼすような外部性を有していることを示唆している。したがって高齢者の就業を促進するような政策は、労働力の確保や高齢者の所得保障の観点からだけではなく、高齢者の健康増進にとっても有効であることを示唆している。

第2節　まとめと今後の課題

　最後に、序章で述べた高齢者の雇用・就業をめぐる課題や、各章での分析結果・政策的インプリケーションを踏まえつつ、「60代前半層を中心とした高齢者の雇用の課題」、「60代後半層以降又は高齢者全般の雇用の課題」、「高齢者の活躍や関連施策の課題」の3分野ごとに、私見ではあるが、若干のまとめと今後の課題を述べることとしたい。

＜60代前半層を中心とした高齢者の雇用の課題＞
（各章で明らかになったこと）

　序章で述べたとおり、「60代前半層を中心とした高齢者の雇用の課題」は、65歳までの雇用が義務化された中で、如何に従業員からも支持される雇用管理制度を実現していくか、どのような賃金制度が望ましいかな

どを整理し、従業員が納得して働き、高い生産性をあげることのできる雇用管理制度を検討していくことが課題と考えている。

第1章「「実質65歳定年制」時代の定年制」（今野）において、職業期間が長期化すると、定年制の有無に関わらず高齢期のある段階で、役割とキャリアの見直しが必要になり、「定年」を契機に役割とキャリアの方向をどのように転換するかは、経営にとってはシニア社員を戦力化する観点から、シニア社員にとっては活躍できることにつながるという観点から考えることが重要であるとしている点は、60代前半層の高齢者が納得して働き生産性を上げるという観点から有益な分析と考える。また、定年延長、定年制廃止についても、高齢期のある時点で社員に役割とキャリアの方向の転換を求めることが必要か否かを見極め、転換を求める必要がある場合には、「定年制」に代わる役割・労働条件調整機能を担う仕組みを整備することが必要になるとの指摘も、労働政策や企業の人事労務管理にとって新たな視点を投げかける提言と思われる。

第2章「60代前半継続雇用者の企業における役割と人事労務管理」（藤本）において、導かれる一つの方向性としては、定年前後で仕事の内容を変えない「無変化型」の雇用管理が、他の2類型（「責任変化型」、「業務変化型」）に比べて、60代前半の雇用確保にあたっての課題を抑えられる可能性がより高く、「無変化型」の配置を実現できる企業を増やすこととしている。また、別の方向性としては、他の2類型（「責任変化型」、「業務変化型」）を実施する企業が直面しやすい、高齢者向けの仕事の確保や管理職だった社員の扱いといった課題の解決につながるサポートを検討していくことも求められるとしている。60代前半層の雇用管理制度の構築にとって示唆に富む提言と思われる。

（今後の更なる課題）

「60代前半層を中心とした高齢者の雇用の課題」では、高齢者を活用し、生産性を上げる雇用管理の在り方の検討が重要であり、今後とも、様々な観点からの検討、提言を行い、労働政策や企業の人事管理に生かしていくことが重要になると思われる。特に、65歳まで定年延長を実施する際には、第1章で指摘のあった「「定年制」に代わる役割・労働条

件調整機能を担う仕組みを整備することが必要になる」との指摘も十分勘案する必要があるとともに、65歳定年制を円滑に実現していく場合の人事労務管理の諸制度全般の見直しの方向性を示していくことが重要な課題であると考えている。その際、序章でも述べたとおり、政府などの動き（60代前半層の賃金低下の判例、同一労働同一賃金の動き、高年齢雇用継続給付）とも関連する課題であるので、これらの動きを引き続き注視していく必要があろう。

＜60代後半層以降又は高齢者全般の雇用の課題＞
（各章で明らかになったこと）

　序章で述べたとおり、「60代後半層以降又は高齢者全般の雇用の課題」は、①就職希望の高齢者の就職促進、②企業における65歳以降の継続雇用の促進、③高齢者のキャリアチェンジ、能力開発など、様々な課題が考えられる。これらの中でも、今後、人口減少社会が進展する中で、65歳以降の継続雇用や就職促進による雇用拡大が最も重要な課題と考えられる。

　第3章「65歳以降の就業・雇用を考える」（浅尾）においては、65歳以降の就業につながる高年齢期における転職には、雇用形態や賃金水準の変化をはじめ、産業や職種における変化が求められる場合も多く、また、企業規模の視点からは、相対的に規模の小さい企業で就業する場合が多いとしており、ハローワークにおける、高齢求職者の意識変革も含めた、マッチングの重要性が改めて認識される結果と考えられる。

　また、同章では、特に、老後の生活を支えるのに十分な蓄積ができていないと考えられる層（就業緊要高齢層）への就業促進を図る体制整備の重要性を指摘している。高齢者の雇用促進を考える際、本人の生活状況も踏まえた対策が重要との新たな視点を提示しており、傾聴に値すべきものと考えられる。

　第4章「65歳以降の継続的な就業の可否を規定する企業要因の検討」（鎌倉）では、65歳以降の就業継続の可否について分析し、50代で正社員の多くが離職している企業ほど65歳以降は希望者全員が就業可能と

なりやすいことが示唆されたとしている。この結果は、高齢者雇用を考える際、単に 60 歳以降の継続雇用の状況を見るだけでなく、60 歳以前の雇用状況を含めた高齢者雇用の全体像の実態把握の必要性を示唆しているものと考えられる。また、大規模で、正社員率が高く、賃金下落率が高い企業では、65 歳以降の継続雇用が全員不可となりやすいとしており、これらの企業においては 65 歳以降も高齢者を活用していくためには、賃金カーブを含めた雇用管理制度を抜本的に検討する必要があることを示唆していると思われる。

（今後の更なる課題）

「60 代後半層以降又は高齢者全般の雇用の課題」については、どのようにすれば 65 歳以降を中心に高齢者の雇用を拡大できるかが中心的な課題になると考えられる。今般、雇用保険の対象が 65 歳以上に拡大され、高年齢求職者給付金を複数回受給できるようになるので、高齢者の就職市場が活性化すると思われる。一方で、65 歳以降の就業につながる高年齢期における転職には、雇用形態や賃金水準の変化をはじめ、産業や職種における変化が求められる場合も多く、高齢求職者の意識変革も重要と考えられる。企業側も高齢者のニーズ（短時間、近場での勤務など）に沿った求人条件にするなどの工夫も重要であろう。求職者、求人者がお互いのニーズを踏まえた求人求職活動を行うなど、円滑な高齢求職者の再就職のためのマッチング方策の検討が必要であろう。

また、人口減少社会において高齢者の知識、経験を活かしていくためには、企業における 65 歳以降（できれば希望者全員を対象とする 70 歳まで）の継続雇用の促進は重要な課題であり、効果的な推進方法等について、引き続き検討を進めていく必要があろう。その際、65 歳以降の希望者全員の継続雇用には、50 代での離職率も影響していることが明らかになったところであり、65 歳以降の希望者全員の継続雇用に向けて、様々な観点から総合的に検討していく必要があろう。

上記以外にも、高齢者の雇用の維持・拡大に資するキャリアチェンジ・能力開発の方策なども今後深めていく必要のある重要な課題であろう。

<＜高齢者の活躍や関連施策の課題＞

（各章で明らかになったこと）

　序章で述べたとおり、「高齢者の活躍や関連施策の課題」は、①高齢者の雇用と年金、②高齢者の様々な活躍と健康・介護、③多様な形態による高齢者の活躍など、様々な課題が考えられる。これらの課題の中でも、人口減少社会が進展する中で、高齢者の雇用を拡大に資する関連の制度や施策を再検討するとともに、雇用以外の多様な形態による高齢者の活躍を促進していくことが大きな課題と考えている。

　第5章「年金支給開始年齢引上げに伴う就業率上昇と所得の空白」（山田）では、2012年改正高齢法によっても、支給開始年齢の引上げによる、雇用と年金との間に生じた空白期間を完全に防止することはできなかったとし、今後の支給開始年齢の引上げに伴い、徐々に所得の空白期間が延びる人々が増大するリスクが懸念され注意深く監視していく必要があるとの指摘は、今後の労働政策、社会保障施策にとって有益なものと考えられる。

　第6章「中高年齢者におけるNPO活動の継続意欲の決定要因分析」（馬）は、中高年者の各グループ（50〜59歳、60〜64歳、65歳以上）におけるNPO活動の継続意欲の決定要因に関する4つの仮説（人的資本活用仮説、消費モデル仮説、活動動機仮説、報酬要因仮説）を検証している。同章では、政策的インプリケーションとして、NPO活動を継続させるための提言（医療系資格取得者に対するNPO活動の支援、安定的な報酬制度の実施、中高年齢者に対する啓発、非勤労所得の低い層に対する支援）を行っており、高齢者の様々な形態での活躍としてNPO活動を選択する場合の参考になると考えられる。

　第7章「高齢者の就業と健康・介護」（三村）においては、60代の高齢者を対象に、主観的健康感及び介護負担が高齢者の就業を与える影響を分析するとともに、就業が主観的健康感に与える影響について分析している。政策的インプリケーションとして、①中高齢者を対象とした健康増進を含めた幅広い生活支援が高齢者の就業を促進する可能性がある、②介護者の負担を軽減させることが高齢者の就業促進につながる可

能性がある、③高齢者の就業を促進する政策は高齢者の健康増進にとっ
て有効であることが示唆されたとしている。特に、高齢者が健康であれ
ば就業促進となるだけでなく、高齢者の就業促進が高齢者の健康増進に
も役立つことは高齢者雇用政策と健康政策の連携にとっても有益な分析
結果といえよう。また、65 歳以上の高齢者の雇用保険の被保険者とな
り、介護休業給付を受給できるようになったことから、介護負担の軽減
が高齢者の就業促進につながるという分析結果は、介護休業給付をうま
く活用しながら、高齢者の就業が増大する可能性を示しており、注目す
べきと考えられる。

（今後の更なる課題）

「高齢者の活躍や関連施策の課題」については、高齢者の雇用を拡大
に資する関連の制度や施策の再検討や、雇用以外の多様な形態による高
齢者の活躍の促進策の検討が中心的な課題になると考える。中でも、年
金と高齢者雇用の検討については、労働市場への参加を促進するという
観点から在職老齢年金制度との高齢者雇用との関係を検討するなど、ま
だまだ深めていくべき課題は多い。また、今般、高齢者雇用が健康に好
影響を与えるとの分析結果を得たが、更なる詳細な分析を進め、その成
果を発信することにより、高齢者が労働市場に参加することを促進する
ことも重要と思われる。さらに、65 歳以上の高齢者が介護休業給付を受
給できるようになったことから、高齢者が配偶者や親の介護をしながら
就業を継続する効果的な方策についても今後の研究課題となろう。

なお、多様な形態での高齢者の活躍については、地域によって特色あ
る取組みが様々になされており、それを取り上げ情報発信していくこと
も重要であるので、当機構としても引き続き取り組んでいく予定であ
る。

【執筆者略歴】（執筆順）

田原　孝明（たはら　たかあき）：序章、終章
　労働政策研究・研修機構　統括研究員
　主な著作に、「高年齢者雇用の現状と課題」（労働政策研究報告書 No.186「労働力不足時代における高年齢者雇用」（労働政策研究・研修機構、2016年11月）第1章）など。

今野　浩一郎（いまの　こういちろう）：第1章
　学習院大学経済学部　教授
　主な著作に、『正社員消滅時代の人事改革』（日本経済新聞社、2012年）、『高齢社員の人事管理』（中央経済社、2014年）など。専門分野は人的資源管理。

藤本　真（ふじもと　まこと）：第2章
　労働政策研究・研修機構　主任研究員
　主な著作に「60歳以降の勤続をめぐる実態―企業による継続雇用の取組みと高齢労働者の意識」（『日本労働研究雑誌』No.616、2011年11月号）など。産業社会学、人的資源管理論専攻。

浅尾　裕（あさお　ゆたか）：第3章
　労働政策研究・研修機構　特任研究員
　主な著作に、「60代後半以降の雇用・就業と転職」（労働政策研究報告書 No.186「労働力不足時代における高年齢者雇用」（労働政策研究・研修機構、2016年11月）第3章）など。専門分野は労働経済を通じた労働政策研究。

鎌倉　哲史（かまくら　てつし）：第 4 章
　労働政策研究・研修機構　アシスタント・フェロー、博士（学際情報学）
　主な著作に、「東日本大震災の被災事業所における雇用調整助成金の雇用維持効果」（労働政策研究報告書 No.187、「雇用調整助成金の政策効果に関する研究」（労働政策研究・研修機構、2017 年 1 月）第 10 章）など。専門は教育心理学、教育工学。

山田　篤裕（やまだ　あつひろ）：第 5 章
　慶應義塾大学経済学部　教授
　主な著作に『高齢者就業の経済学（共著）』（日本経済新聞社、2004 年）など。専門分野は社会保障論、労働経済学。

馬　欣欣（ま　きんきん）：第 6 章
　一橋大学経済研究所　准教授、博士（商学）
　主な著作に、「NPO 法人職員の賃金構造およびその満足度、活動継続意欲に及ぼす影響」（労働政策研究報告書 No.183、「NPO の就労に関する研究―恒常的成長と震災を機とした変化を捉える―」（労働政策研究・研修機構、2016 年 5 月）第 4 章）、"Determining Factors in Middle-Aged and Older Person's Participation in Volunteer Activity and Willingness to Participate," *Japan Labor Review*, vol.10, no.4, pp.90-119（2013）など。専門分野は労働経済学。

三村　国雄（みむら　くにお）：第 7 章
　一橋大学経済研究所　講師
　主な著作に、「高齢者の就業と健康・介護」（労働政策研究報告書 No.186「労働力不足時代における高年齢者雇用」（労働政策研究・研修機構、2016 年 11 月）第 7 章）など。

JILPT 第3期プロジェクト研究シリーズ No. 2

人口減少社会における高齢者雇用

2017年3月17日　第1刷発行

編　集　(独)労働政策研究・研修機構

発行者　理事長　菅野和夫

発行所　(独)労働政策研究・研修機構

　　　　　〒177-8502　東京都練馬区上石神井4-8-23

　　　　　電話 03-5903-6263

印刷所　株式会社 精興社